Nena Tramountani

Fly & Forget

Roman

PENGUIN VERLAG

FSC
www.fsc.org
MIX
Papier aus verantwortungsvollen Quellen
FSC® C014496

Penguin Random House Verlagsgruppe FSC® N001967

1. Auflage 2021

Dieses Buch wurde vermittelt von der Literaturagentur erzähl:perspektive,
München (www.erzaehlperspektive.de).
Umschlag: bürosüd GmbH
Umschlagmotiv: www.buerosued.de
Redaktion: Melike Karamustafa
Satz: Buch-Werkstatt GmbH, Bad Aibling
Druck und Bindung: GGP Media GmbH, Pößneck
Printed in Germany
ISBN 978-3-328-10619-7
www.penguin-verlag.de

Dieses Buch ist auch als E-Book erhältlich.

Für alle, die ihre Zwanziger nie erleben werden.
Und für die, die es ohne sie tun müssen.
Eines Tages wird es erträglicher.

1. KAPITEL

If it's not okay, it's not the end

LIV

»Bleib stehen.«

»Sorry, Josh, ich muss wirklich los, die letzten beiden Male haben sie mich angesehen, als hätte ich eine Todsünde begangen, nur weil ich zwei Kommata vergessen habe. Sie konnten mich von Anfang an nicht leiden und jetzt …«

Noch ein Meter bis zur Tür, dann war ich in Sicherheit. Ich musste nur ins Treppenhaus gelangen, dorthin würde er mir nicht folgen, nicht wenn er dadurch Gefahr lief, von sämtlichen unserer Nachbarn gehört zu werden.

»Dreh dich um und schau mich an.«

»Später, ja?« Ich hörte selbst, wie hysterisch ich klang.

Die kalte Klinke unter meinen Fingern war die reinste Erlösung. Fast geschafft.

»Nein«, rief er, und ich fuhr zusammen. Wann hatte er das letzte Mal die Stimme erhoben?

»Später wirst du dir eine andere Ausrede einfallen lassen. So wie die letzten gottverdammten Wochen.«

Ich erstarrte. Was sich als großer Fehler erwies.

Im nächsten Moment quetschte er sich zwischen die Tür und mich. Sein Blick brannte sich in meine Haut.

Schnell sah ich weg. Zu den herumliegenden Schuhpaaren, dem Garderobenständer, meinen Stiefelspitzen. Irgendwohin schauen, Hauptsache nicht in sein Gesicht.

»Mir reicht's.« Plötzlich flüsterte er. »Und ich glaube, dir reicht es auch. Sonst würdest du nicht ständig vor mir flüchten.«

Meine Unterlippe bebte. »Ich flüchte nicht. Ich muss zum Teammeeting. Heute ist die Redaktionssitzung für die nächste Ausgabe. Ich kann nicht zu …«

»Liv.«

Stille.

Ich straffte die Schultern, dann hob ich den Kopf. »Was willst du?« Es sollte trotzig klingen, doch leider brach meine Stimme, als würde ich gleich anfangen zu heulen.

Er tastete nach meinem Arm. Seine Bernsteinaugen schimmerten verdächtig, aber als er sprach, klang er entschlossen. »Ich will das tun, was ich schon vor Ewigkeiten hätte tun sollen.«

Mir wurde kotzübel. Hätte ich es vorhin doch lieber beim Kaffee belassen und nicht auch noch das Porridge runtergewürgt.

»Ich habe keine Ahnung, wovon du sprichst.«

»Oh doch, die hast du. Komm, lass uns ins Wohnzimmer gehen.«

Ich schüttelte seine Hand ab. Mein Rucksack glitt mir von der Schulter und polterte auf den Boden. »Nein.«

Mit einem tiefen Seufzer lehnte er sich gegen die Tür. »Gut, dann auf die harte Tour. Wir sollten uns trennen.«

Das durfte nicht wahr sein. Oh Gott, das durfte einfach nicht sein Ernst sein.

»Sollten wir nicht.« Etwas anderes fiel mir nicht ein. Dafür war ich viel zu schockiert.

»Jesus, Liv! Möchtest du etwa so weitermachen? Willst du mir allen Ernstes erzählen, du bist glücklich mit mir?«

»Wir … Wir …« Ich gestikulierte in Richtung Wohnzimmer. »Ich bin vor drei Monaten hier einzogen. Das war *dein* Vorschlag! Das ergibt doch überhaupt keinen Sinn.«

Ein ungläubiger Ausdruck legte sich über seine vertrauten Gesichtszüge. In einer resignierten Geste fuhr er sich über die dunklen Bartstoppeln. »Das beantwortet meine Frage nicht.«

»Ja, natürlich bin ich glücklich«, sagte ich, während sich die Übelkeit verstärkte. »Wir gehören zusammen.«

Er lachte freudlos auf. »Oder du erträgst es nicht, alleine zu sein.«

Nein, nein, nein! In diese Richtung durfte das Gespräch nicht laufen, sonst würde ich einen Schreikrampf bekommen.

»Du bist also nicht glücklich mit mir, ja? Wie wäre es, wenn du das sagst, anstatt die Schuld bei mir zu suchen?«

»Du bist nie richtig anwesend. Wie eine leere Hülle. Ich habe Verständnis, jeder hätte das, aber darum geht es nicht. Es geht nicht um deinen Bruder, wenn wir ehrlich sind. Ich wollte dich immer. Mit allem, was dazugehört. Mir hat es gereicht, mit dir zusammen zu sein, weil du die Liebe meines Lebens bist.«

Hoffnung flammte in mir auf und überlagerte die grausame Realität. »Du bist doch auch …«

»Wag es nicht, diesen Satz zu beenden«, fuhr er mich an, »wenn du noch ansatzweise so etwas wie Respekt für mich übrig hast.«

Fuck. Denk nach, Liv. Denk nach!

»Ich weiß, es ist nicht immer leicht mit mir«, schlug ich einen versöhnlicheren Ton an. »Das Studium macht mir gerade echt zu schaffen, und in der Redaktion herrscht der schlimmste Konkurrenzkampf. Wie wär's, wenn wir mal wieder einen Ausflug machen? Übers Wochenende nach Brighton oder so?«

Er schüttelte den Kopf. »Hör auf, dich selbst zu belügen. Es ist Monate her, dass wir ein richtiges Gespräch miteinander geführt haben. Und ich bin selbst schuld, weil ich die Augen davor verschlossen habe. Ich wollte die Realität nicht wahrhaben. Aber ich ertrag es nicht mehr. Ich bin nicht dein Lückenfüller, Liv.«

Ich zitterte inzwischen am ganzen Körper. »Du warst nie mein Lückenfüller. Nach Riley ... Das war eine harte Zeit. Und du warst für mich da, dafür bin ich dir unendlich dankbar. Aber das ist Jahre her, Josh.«

»Um Riley geht's auch nicht. Ich bin der Letzte, der dir deshalb Vorwürfe macht. Es geht um ...«

»*Sei still!*« Ich hatte die Worte gebrüllt, bevor ich überhaupt realisierte, was geschah. Gerade noch hielt ich mich davon ab, mir beide Ohren zuzuhalten. Ich konnte alles ertragen. Alles außer das.

»Hör dich doch mal an!« Josh, der immer ruhig blieb. Josh, mit dem man überhaupt nicht richtig streiten konnte, schrie zurück. »Ich darf nicht mal seinen Namen in den Mund nehmen, das ist doch krank. *Riley* ist gestorben, verdammt. *Riley*, nicht Noah!«

Glühend heiße Tränen quollen aus meinen Augen und strömten in Bächen über meine Wangen. Nur ein Wort. Vier Buchstaben. Mehr brauchte es nicht, um mich entzweizureißen.

»Er war ein Feigling, der dich im Stich gelassen hat.

Und trotzdem schafft nur er es, dich zum Heulen zu bringen, obwohl ich derjenige bin, der gerade mit dir Schluss macht.«

Blind tastete ich nach meinem Rucksack. »Ich muss los«, krächzte ich, ohne ihn anzusehen. Er hatte eine unsichtbare Grenze überschritten, und ich konnte keine weitere Sekunde mit ihm in einem Raum verbringen.

»Klar, hau ab. Wie immer. Ich habe sowieso alles gesagt.« Er trat von der Tür zurück. »Ich fahr später zu meinen Eltern. Kannst dir also Zeit lassen mit der Wohnungssuche, ich bin erst in zwei Wochen wieder in London.«

Seine Wohnung. Seine Regeln. Sah ganz danach aus, als hätte er alles durchdacht.

Ich würdigte ihn keines weiteren Blickes, bevor ich die Klinke herunterdrückte, über die Schwelle trat und die Tür hinter mir zuknallte.

Obwohl mein ganzer Körper noch vor wenigen Sekunden vor Anspannung gezittert hatte, breitete sich von jetzt auf gleich eine beinahe gespenstische Ruhe in mir aus. Doch die Tränen flossen nach wie vor, bis mir das graue Treppenhaus vor den Augen verschwamm.

Was nun?

Was nun, verflucht noch mal?

Es kostete mich den gesamten Weg zur U-Bahn-Station und gefühlte drei Liter Regenwasser auf meinem Gesicht, um wieder klar denken zu können. Immerhin konnte ich behaupten, dass das Gewitter an meinem verschmierten Make-up schuld war.

Als ich mich in die überfüllte Piccadilly-Line drängte, hatten sich meine Finger bereits verselbstständigt und klickten sich trotz schlechten Empfangs durch sämtliche

WG-Portale, die meine Suchmaschine ausspuckte. Den immer wieder aufblinkenden Chat der Redaktionsgruppe ignorierte ich – um die würde ich mich gleich kümmern.

Keine Zeit für Selbstmitleid. Josh hatte das Gespräch seit Langem geplant, da war ich mir sicher. Das war keine Kurzschlussreaktion gewesen. Also musste ich handeln, bevor mein Gehirn überhaupt verstand, was gerade geschah. Niemals innehalten. Immer weiter.

»Du bist nie richtig anwesend …«

Mein Daumen schwebte über dem Pfeil zum Aktualisieren der Seite, als mir gleichzeitig eine Tasche und ein Ellenbogen in den Rücken gerammt wurden. Ich atmete tief durch und starrte mein eingefrorenes Display an, als könnte ich den Prozess dadurch beschleunigen. Einen Platz im Studentenheim zu kriegen, würde zu lang dauern. Das bedeutete, mir blieb die Wahl zwischen WG und Einzimmerwohnung. Eigentlich war es unvorstellbar für mich, auf engem Raum mit Fremden zusammenzuwohnen. Noch unvorstellbarer war es allerdings, in London ein bezahlbares Einzimmerapartment zu finden.

»Nächster Halt: Holloway Road. Bitte achten Sie auf die Lücke zwischen Zug und Bahnsteigkante.«

Niemand stieg aus, dafür schafften es drei Leute, sich ins Abteil zu quetschen.

Ich atmete durch den Mund und steckte meine Kopfhörer in die Ohren. Nachdem ich eine Billie-Eilish-Playlist ausgewählt hatte, drehte ich die Lautstärke auf die höchste Stufe und begann – trotz des heftigen Wackelns der Bahn – zu tippen. Meine Finger flogen über die Buchstaben, bis ich bei King's Cross in die mindestens genauso volle Metropolitan-Line umstieg. Die Musik erstickte jedes »Sorry!« und jeden Fluch ausweichender Passanten.

Als mein Beschreibungstext fertig war, schaute ich vom Bildschirm auf.

Kommunikationsfreudig, offen, WG-erfahren.

Klang doch ganz nett. Und war in jedem einzelnen Punkt gelogen.

Doch bevor ich meine Selbstbeschreibung weiter anzweifeln konnte, fuhr die Bahn zum Glück in die Euston-Square-Station ein. Inmitten einer Menschentraube ließ ich mich auf die Plattform treiben und presste mich an zwei Architekturstudenten vorbei auf die Rolltreppe. Sie balancierten ein sperriges Gebäude-Modell zwischen sich, und ich musste höllisch aufpassen, keine Ecke davon ins Gesicht zu kriegen. Oben angekommen, inhalierte ich voller Erleichterung die frische Märzluft und wollte mich gerade in Richtung Bloomsbury Coffee House – unserem heutigen Treffpunkt für die Teamsitzung – bewegen, als Billies »bury a friend« jäh von einem eingehenden Anruf unterbrochen wurde. Mein Herz geriet ins Stolpern, und meine Gedanken überschlugen sich.

Josh.

Er bereute unseren Streit. Denn das war alles, was es gewesen war – ein Streit. Hatten wir uns nicht immer darüber lustig gemacht, dass wir nicht wie die anderen Paare waren, weil wir in knapp drei Jahren kein einziges Mal wirklich gestritten hatten? Ha, wir waren es doch! Völlig normal. Das war nur der nächste Schritt in unserer Beziehung. Ich würde ihm heute Abend bei Pizza und Wein auf der Couch mein WG-Anschreiben vorlesen, und wir würden uns gemeinsam totlachen …

Berauscht von Hoffnung, nahm ich das Gespräch an.

»Schatz?!«

Die Stimme zerfetzte mir beinahe das Trommelfell, um

ein Haar hätte ich das Handy fallen lassen. Ich stellte die Lautstärke leiser und beschleunigte meine Schritte. Neben mir kam ein roter Doppeldeckerbus zum Stehen, und weiter vorne hupte ein Auto, weil ein Mädchen bei Rot über die Straße lief. Ich passierte den hässlichen Neubau des Unikrankenhauses und heftete meinen Blick auf das rote Backsteingebäude dahinter, das einen harten Kontrast dazu bildete und inzwischen die Forschung beherbergte. Seine architektonische Schönheit war heute kaum zu ertragen. Jetzt bloß nicht wieder heulen.

»Liv? Hörst du mich?«

Ich räusperte mich. »Hi Mum, ist gerade ein bisschen schlecht, ich bin auf dem Weg zum Redaktionsmeeting.«

Nicht dass sich meine Mutter in irgendeinem Universum mit einer solchen Aussage abspeisen ließe.

»Ich habe Isla im Sainsbury's getroffen«, rückte sie sofort mit dem Grund ihres Anrufs heraus und zog mir damit den Boden unter den Füßen weg. Isla war die größte Tratschtante in ganz Großbritannien. Und leider Gottes auch Joshuas Mutter. »Sie hat mir erzählt, dass Josh für ein paar Tage nach Bath kommt. Warum begleitest du ihn nicht? Ist alles okay bei euch?«

Ich war so was von geliefert. Doch ohne einen Kampf würde ich nicht untergehen.

»Ist das dein Ernst, Mum? Nur weil Josh sein Studium auf die leichte Schulter nimmt und sich mitten im Semester eine Auszeit leistet, heißt das nicht, dass ich genauso drauf bin!«

Okay, das war echt dick aufgetragen, vor allem weil es kein Geheimnis war, dass der perfekte Josh sein Studium mit Bravour meisterte. Ganz im Gegensatz zu mir.

»Weißt du, wie vollgestopft mein Stundenplan ist?« Die

Frage war rhetorisch – Mum und Dad waren über jeden meiner Kurse im Bilde.

»Du klingst seltsam.« Ich sah sie förmlich am anderen Ende der Leitung die Nase rümpfen. »Bist du sicher, dass alles in Ordnung ist?«

»Ich klinge gestresst! Und ich muss auflegen.«

»Liv!«

»Hab dich lieb, Mum«, rief ich und beendete das Telefonat, bevor sie noch etwas erwidern konnte.

Meine Eltern waren super. Sie unterstützten mich, wo sie nur konnten, doch ein falsches Wort von mir, und sie würden die ganze Nacht wach liegen und sich den Kopf darüber zerbrechen, ob ihre arme Tochter in der gefährlichen Millionenstadt in Schwierigkeiten steckte. Sie übertrieben maßlos, aber ihr Gefühl trog sie meist nicht, denn dummerweise rochen sie auf hundert Meilen Entfernung, wenn etwas im Busch war.

Also blieb mir keine andere Wahl. Ich klickte mich zu meinen Favoriten durch und wählte Joshs Nummer, während mein Herz wild in meiner Brust klopfte. Wie ferngesteuert lief ich den gewohnten Weg an der Bibliothek vorbei und stieß dabei mehrmals mit irgendwelchen Studenten zusammen.

Josh nahm erst nach dem achten Klingeln ab. Beim Klang seiner vertrauten Stimme zog sich alles in mir zusammen.

»Liv, es ist mein Ernst. Ich weiß, dass du dir gerade wahrscheinlich einredest, wir haben uns nur gestritten, wir kriegen das wieder hin, aber du musst damit aufhören. Ich brauche Abstand, okay?«

Ich hasste ihn. Ich hasste ihn so sehr dafür, dass er mich in- und auswendig kannte. Und gleichzeitig wollte ich mich schluchzend vor ihm auf die Knie werfen und ihn anbetteln, mich zurückzunehmen.

»Du hast keine Ahnung, wie hart es für mich ist. Keine verdammte Ahnung. Weil es immer nur um dich geht.«

»Mach dir keine Sorgen, ich wollte dich nicht belästigen«, fauchte ich. »Und ich lebe auch in keiner Illusionswelt. Ich wollte nur fragen, ob du eine Weile warten könntest, bis du deinen Eltern von uns erzählst.«

»Wie bitte?«

»Deine Mum wird es brühwarm meiner erzählen, und dann wird die Hölle los sein. Du weißt, wie meine Eltern sind. Die werden alles links liegen lassen und nach London kommen.«

Eine ganze Weile blieb er stumm, und ich hörte nichts als den Verkehr und das rauschende Blut in meinen Ohren.

»Deshalb hast du mich angerufen?«, wisperte er schließlich. »Du lebst also in keiner Illusionswelt?«

»Josh, bitte, du kennst sie! Wahrscheinlich zwingen sie mich, wieder bei ihnen einzuziehen und jeden Tag zur Uni zu pendeln. Sie sind der Meinung, dass ich ohne dich nicht überlebensfähig bin.«

»Und? Liegen sie denn so falsch damit?«

Ich schnappte nach Luft.

»Fahr zur Hölle, Liv.«

Es klang nicht feindselig. Monatelanger, ach was, jahrelanger Schmerz verbarg sich hinter diesem einen Satz. Schmerz, den ich immer ignoriert hatte, weil ich tatsächlich ein egoistisches Miststück war.

Keinen Augenblick später war die Leitung tot – und ich drauf und dran, es dem Mädchen von eben gleichzutun und ohne Rücksicht auf Verluste auf die Straße zu treten.

Schlimmer konnte es jetzt nicht mehr werden, oder?

Cassie: Seid ihr schon alle da?
James: Alle außer Liv ...
Lauren: Überraschung, Überraschung.
Cassie: Ist die überhaupt noch im Team? Hat sie nicht das Studium abgebrochen?

Die Chat-Nachrichten waren schon eine halbe Stunde alt. Ich ließ das Handy sinken und stieß die Tür zum Café auf, obwohl alles in mir danach schrie, den Rückzug anzutreten, nach Hause zu fahren und mich heulend im Bett zu vergraben. Tja, nur dass ich leider kein Zuhause mehr hatte. Normalerweise hielten sich meine Redaktionskollegen im Gruppenchat zurück und beschränkten sich auf böse Blicke. Natürlich hatten sie sich ausgerechnet den heutigen Tag ausgesucht, um ihre falsche Höflichkeit fallen zu lassen.

Der Geruch von frischen Zitronen-Rosmarin-Scones und gemahlenem Kaffee kitzelte mich in der Nase, als ich ins Ladeninnere trat. Das Café befand sich etwas versteckt im Kellergeschoss des St. Athans Hotels, doch unter Studenten war es äußerst beliebt, weil es WLAN und Frühstück rund um die Uhr gab, weshalb es auch heute brechend voll war. Lauren bestand darauf, unsere wichtigen Teambesprechungen hier abzuhalten, auch wenn uns ein kleines Büro auf dem Campus zur Verfügung stand.

Lauren war die Chefredakteurin bei *Newsflash*, dem Studentenmagazin am UCL, für das ich seit Anfang meines Studiums arbeitete, und außerdem hatte sie Kontakte zu *The Gentlewoman*, der coolsten Londoner Zeitschrift für Kunst und Kultur, sprich: meinem absoluten Traumarbeitgeber. Schon ein Vorstellungsgespräch dort zu ergattern, war äußerst schwer gewesen, geschweige denn in die zweite Runde zu kommen. In den letzten Semesterferien war ich eingeladen worden und hatte dann vor Kurzem auch die Zusage für ein zweites Gespräch bekommen, das in ein paar Wochen stattfinden sollte. Allerdings hatte ich momentan keine Ahnung, ob ich den Anforderungen des Jobs gewachsen war, auch wenn es nur um ein Praktikum ging.

Ich entdeckte ihren roten Lockenkopf an einem runden Tisch in der hintersten Ecke neben der Bar. Ihr gegenüber saßen Cassie und James.

Kurz bevor ich an ihrem Tisch angekommen war, erhoben sich alle drei und griffen nach ihren Jacken. Mein Herz rutschte mir in die Hose.

»Hey, Leute.« Ich rang mir ein Lächeln ab. »Tut mir wirklich leid wegen der Verspätung, ich …«

»Ach, Liv, schön, dass du uns auch noch beehrst«, fiel mir Lauren spitz ins Wort, während Cassie und James ihre Sachen zusammenpackten und sich, ohne auch nur ein Wort mit mir zu wechseln, aus dem Staub machten.

»Was ist mit deinem Gesicht passiert?«

Reflexartig fuhr ich mit dem Handrücken über die eingetrockneten Tränenspuren auf meinen Wangen und nuschelte etwas von »Regen«.

»Du hättest dir den Weg sparen können«, erwiderte sie mit erhobenen Augenbrauen und kramte etwas aus ihrer Handtasche hervor. »Aber auch gut, dann kann ich dir das zurückgeben. Was auch immer das sein soll.« Ihre Stimme war lauter geworden, und an den umliegenden Tischen drehten ein paar Gäste die Köpfe in unsere Richtung.

Ich nahm das Blatt Papier entgegen, während mir die Hitze in die Wangen stieg. Es handelte sich um meinen ausgedruckten Artikel von letzter Woche: *Acht Top-Secret-Lernorte in London*. Er war über und über mit roter Korrekturschrift vollgekritzelt.

»Die Vorgabe waren dreitausendfünfhundert Zeichen, das hier sind nicht mal dreitausend. Außerdem wiederholst du dich ständig, und von der Stilblüte im letzten Satz will ich erst gar nicht anfangen.«

Ich öffnete den Mund und klappte ihn direkt wieder zu. Was sollte ich auch sagen? So unausstehlich sie war, sie hatte recht. Der Artikel war die reinste Katastrophe. Wie in Trance hatte ich ihn heruntergetippt, während ich von Café zu Café gewandert war, um erst nach Mitternacht nach Hause zu kommen und Josh schlafend vorzufinden.

»Und auf Platz drei nennst du die British Library? Sorry, Liv, aber soll das ein Scherz sein? Ist das deine Art von Humor?«

»Tut mir leid«, krächzte ich mit einem dicken Kloß im Hals und räusperte mich. »Ich war in letzter Zeit ziemlich abgelenkt.«

Ihre pink geschminkten Lippen verzogen sich zu einem abfälligen Lächeln. »Jetzt mal ehrlich, warum bist du überhaupt in der Redaktion? Das fragen wir uns schon seit einer ganzen Weile.«

Ich bin in der Redaktion, weil ich Journalistin werden will, du blöde Schnepfe.

Ich liebte es, Interviews zu führen, die unterschiedlichsten Menschen aus der Reserve zu locken und nachzuhaken, wenn eine Gesprächspause entstand, hinter der die nächste große Geschichte lauern konnte. Ich liebte es, Struktur und Klarheit in Informationsfluten zu bringen. Ich liebte die Macht der Sprache. Außerdem brauchte ich die Leistungspunkte für meinen Abschluss und um bei meinem Lieblingsmagazin jemals die Chance zu haben, in die engere Auswahl für einen Job zu kommen.

Mir war klar, dass ich in den vergangenen Wochen nicht in Topform gewesen war. Die Trauer kam in Wellen, genau wie die Einsamkeit. Monatelang war es okay, und mir gelang es, die quälenden Gedanken in den Hintergrund zu drängen, doch dann reichte wieder ein kleines Detail aus, um alles zurückzuholen und mich mitzureißen. Doch auch wenn mein letzter Artikel – und vielleicht auch der davor – beschissen gewesen war, schreiben konnte ich sehr wohl. Worte gehorchten mir wie sonst nichts auf der Welt. Ich hatte nur eine schlechte Phase, verdammt!

»Mein Freund hat sich von mir getrennt«, brachte ich hervor, und bei den Worten brannte meine Kehle, als hätte jemand ein Feuer darin gelegt. Wie erbärmlich war ich eigentlich? »Ich bin gerade nicht ich selbst, aber ich kann es besser machen.«

»Das Leben ist kein Wunschkonzert, Liv. Später im Beruf können wir unsere Privatprobleme auch nicht als Ausrede für Faulheit vorschieben.«

»Gibt es noch freie Themen für die nächste Ausgabe?« Es kostete mich das letzte bisschen Selbstbeherrschung, nicht in Tränen auszubrechen oder sie anzuschreien. »Ich nehme alles, was ich kriegen kann.«

Sie schulterte ihre Handtasche und zuckte mit den Schultern. »Nimm's mir nicht übel, aber ich würde mir gerne noch mal grundsätzlich Gedanken darüber machen, wie sinnvoll deine Teilnahme an *Newsflash* ist. Gerade bereitest du uns nämlich lediglich zusätzliche Arbeit.«

Bevor ich dem noch etwas entgegensetzen konnte, strich sie mir in einer absolut entwürdigenden Geste im Vorbeigehen über die Schulter und verließ das Café.

Als ich mich vorsichtig umsah, wurde mir klar, dass inzwischen sämtliche Augenpaare auf mich gerichtet waren. Und jetzt kam auch noch die Kellnerin mit mitleidiger Miene auf mich zu.

»Willst du etwas bestellen? Falls nicht, würde ich den Tisch gerne an die Gruppe dort drüben vergeben.« Sie deutete zum Ausgang, wo fünf Leute mit neugierigen Mienen zu mir herüberschauten.

Anstelle einer Antwort wirbelte ich herum und stürzte aus dem Laden. Sah ganz danach aus, als hätte ich mich geirrt: Es konnte sehr wohl schlimmer werden.

Auf der Suche nach einem Zufluchtsort fiel mir spontan nur das Hauptgebäude der UCL-Bibliothek ein. Der nächste Zusammenbruch nahte, und ich wollte ungern der Öffentlichkeit ausgesetzt sein, wenn er mich mit sich riss. Also rannte ich durch den Regen zurück zu dem pompösen Gebäude mit den hohen Säulen und der kunstvollen Kuppel im griechisch-neoklassischen Stil, ließ meinen Studentenausweis scannen und suchte die Toiletten im ersten Stock auf.

Normalerweise versetzten mich die stuckverzierte Decke und der eindrucksvolle Lesesaal regelmäßig in einen Zustand ehrfürchtigen Staunens. Selbst nach zweieinhalb Jahren Studium hatte ich mich noch nicht an den Luxus gewöhnt. Heute fühlte es sich allerdings nicht wie ein Privileg an, sondern wie eine Zumutung. Als sei ich ganz und gar fehl am Platz.

Immerhin schienen die Toiletten verlassen zu sein. Ein kleiner Hoffnungsschimmer an diesem Desaster-Tag.

Ich beugte mich über das erste Waschbecken und schrak vor meinem Spiegelbild zurück. Zwar trug ich unter meinem schwarzen Trenchcoat eins meiner geliebten Vintage-Teile – ein Latzhosenkleid aus rotem Cord, kombiniert mit einem schwarz-weiß gestreiften Shirt –, doch mein hübsches Outfit konnte nicht vom Rest ablenken: Mein haselnussbrauner Pony klebte unansehnlich an meiner aschfahlen Haut, meine dunkelbraunen Augen waren von verlaufener Mascara umrandet, und mein roter Lippenstift war verschmiert, was mich unwillkürlich an mein letztes Halloweenkostüm denken ließ. Josh und ich waren auf eine Hausparty in Shoreditch gegangen und hatten uns von der fünften *American-Horror-Story*-Staffel inspirieren lassen. Jetzt lebte ich in meiner ganz persönlichen Horrorstory – und sie hatte gerade erst begonnen.

Wie konnte man drei Jahre einfach so aufgeben?

Das Schlimme war, ich kannte die Antwort auf meine Frage nur zu gut. Es war nicht von heute auf morgen geschehen. Und nichts daran war einfach für ihn gewesen. Ich kannte Josh. Er sagte die Wahrheit, das wusste ich. Es hatte ihn sämtliche Kraft gekostet, diese alles zerstörenden Sätze zu mir zu sagen. Drei Jahre hatte er die Zweifel in sich reingefressen. Die Eifersucht. Die Wut. Genau wie er die Augen vor meinen Abgründen verschlossen hatte, hatte ich seine Blicke ignoriert, die sich in den letzten Wochen gehäuft hatten. Einsamkeit war kein Fremdwort für mich, aber noch nie hatte ich diese Art erlebt. Nacht für Nacht ein Bett teilen, jeden Tag Gespräche führen, aber nie über die wirklich wichtigen Dinge. Zusammen und doch immer allein. Wir waren Meister darin geworden, umeinander herumzutanzen. Josh konfrontierte mich nie mit Riley. Das Thema war tabu, und er war immer sehr bedacht darauf gewesen, meine Grenzen zu respektieren. Aber wenn Riley tabu war, was war dann mit *ihm*?

Mein armseliges Spiegelbild zerfloss vor meinen Augen.

Ich hatte *ihn* in den hintersten Winkel meines Gedächtnisses gesperrt. Dorthin, wo der Ursprung meines Schmerzes lauerte und die Erinnerung mich in die Knie zwang. Es war ein Ort, den ich nie wieder betreten wollte.

Wenn Riles mich so sehen könnte ... Manchmal hatte ich Angst, eines Tages aufzuwachen und sein höhnisches Lachen vergessen zu haben, doch in Momenten wie diesen hörte ich es glasklar. Genau wie seine Stimme.

»Gott, Liv«, würde er sagen. »Immer musst du die perfekte Tochter sein. Das brave Mädchen, das sich an die Regeln hält. Das hast du jetzt von deinem Strebergetue und deinem perfekt durchgeplanten Märchenleben. Hast dich schön abhängig von Josh gemacht, was? Mit zwanzig mit seinem Freund zusammenziehen, wer macht so was bitte? Und dann auch noch in eine Wohnung, die auf seinen Namen läuft ... Was für ein Anfängerfehler! Weißt du, was andere Leute in deinem Alter tun? Was *ich* tun würde? Du bist in deinen besten Jahren, verflucht noch mal! Geh feiern, hab Spaß, nimm nicht alles so scheißernst. Und wie wär's eigentlich mit ein paar neuen Freunden außerhalb deiner Beziehung?«

Mit einem lang gezogenen Quietschen flog die Tür zu den Toiletten auf, und ich beugte mich rasch über das Waschbecken, um mir Wasser ins Gesicht zu spritzen. Das Glucksen des rostigen Hahns übertönte erfreulicherweise mein Schluchzen.

Ich richtete mich erst wieder auf, als ich kein Geräusch mehr vernehmen konnte – und zuckte prompt zusammen.

Eine junge Frau stand nur einen Meter von mir entfernt und rührte sich nicht von der Stelle. Trotz meiner Vagabonds mit Absatz war sie ein kleines Stück größer als ich, um die eins siebzig, schätzte ich. Sie trug einen senfgelben Pullover mit der Aufschrift *Ask me about my feminist agenda*, den sie in helle Mom-Jeans gesteckt hatte und der den perfekten Kontrast zu ihrem dunklen Teint und den schwarz schimmernden Locken bildete. In den Händen hielt sie einige goldfarbene Flyer. Offenbar hatte sie nicht vor, in absehbarer Zeit den Blick von mir abzuwenden.

Ich drehte mich wieder zum Spiegel.

Klasse. Das Wasser hatte die Schminke noch mehr verschmiert. Jetzt sah ich wirklich untot aus.

Das Mädchen beugte sich vor, zog ein paar Papiertücher aus dem Spender neben der Tür und hielt sie mir hin.

»Wieso heulst du?«, wollte sie wissen, während ich mir das Gesicht abwischte.

»Ich heule nicht, ich bin nur ins Gewitter gekommen«, erklärte ich mit einem Schniefen.

»Ja nee, ist klar.« Sie trat auf mich zu und lehnte sich gegen das Waschbecken. Ihr Gesichtsausdruck war unergründlich.

»Also?«

»Schon mal was von Privatsphäre gehört?«, zischte ich und biss mir sofort auf die Unterlippe, als könnte ich die Worte dadurch ungesagt machen. Toll, jetzt war ich auch noch unfreundlich zu einer völlig Fremden, die wahrscheinlich nur nett sein wollte.

Sie grinste, was ihre moosgrünen Augen zum Strahlen brachte. »Ist was für Langweiler.«

Ich pfefferte das letzte Papier in den Abfalleimer und deutete auf die Kabinen hinter uns. »Musst du nicht aufs Klo?«

»Eigentlich schon, aber du bist spannender.« Sie hielt mir eine Hand hin. »Matilda.«

Ich starrte auf ihre Hand. Sie war immer noch so freundlich, obwohl ich ihr zwei Gelegenheiten gegeben hatte, sich aus der Affäre zu ziehen. Und sie schaffte es dabei sogar, nicht mal mitleidig auszusehen. Lediglich aufrichtiges Interesse schlug mir entgegen.

»Liv«, erwiderte ich, und dann, bevor ich irgendetwas dagegen unternehmen konnte, brach ich zum dritten Mal an diesem Tag in Tränen aus.

Matilda verzog keine Miene. »Wie stehst du zu Körperkontakt mit Fremden?«

»W-Was?«

»Oh, wow, das klang sehr falsch.« Sie schüttelte den Kopf, anscheinend über sich selbst. »Keine Sorge, ich will dich nicht abschleppen. Ich wollte nur fragen, ob ich dich umarmen darf oder ob du dann noch mehr die Krise kriegst.«

Völlig hilflos hob ich die Schultern. Ein irres Lachen stieg in meiner Kehle hoch und entwich mir genau in dem Moment, in dem sie einen Schritt auf mich zutrat und ihre Arme um mich schlang. Eigentlich weinte ich nicht vor anderen, das war meine goldene Regel, und schon gar nicht vor Unbekannten, aber die Tränen rannen mir trotz der absurden Situation über die Wangen, als gäbe es kein Morgen mehr. Es war alles zu viel gewesen.

»Du riechst gut«, schniefte ich in ihre krausen Locken, während ich ihre Umarmung erwiderte. So seltsam es sich anfühlte, mich von einer Wildfremden trösten zu lassen, so beruhigend waren ihr süßlicher Geruch und die sanften Bewegungen, mit denen sie mir über den Rücken strich.

»Sì all'emozione, sì alla follia, sì all'amore«, rief sie theatralisch und schob mich eine Armlänge von sich. »Sì von Armani. Deshalb rieche ich so gut.«

Erneut musste ich lachen, und dieses Mal reichte es, um den Tränenfluss zu stoppen.

»So, Liv. Besser raus als rein. Her mit den schmutzigen Details. Bist du durch 'ne Prüfung gerasselt? Hat dir jemand das Herz gebrochen? Es gibt für alles eine Lösung. Und wenn nichts mehr hilft: Auftragskiller.«

Keinen Schimmer, wie sie das schaffte, aber schon wieder musste ich kichern. »Warum bist du so nett zu mir? Wir kennen uns doch gar nicht.«

»Bist du nur nett zu Leuten, die du kennst?«

»Nicht mal zu denen. Deshalb verscherze ich es mir immer mit allen.«

»Siehst du, mit mir kannst du es dir gar nicht verscherzen. Ich bin bloß eine Psycho-Studentin auf der Unibib-Toilette. Und richtig hart im Nehmen. Mich erschüttert so schnell nichts.«

Erneut hielt sie mir eine Ladung Papiertücher hin, damit ich mir die Tränen von den Wangen wischen konnte.

»Du studierst Psychologie?«

»Yep, und die Antwort auf deine nächste Frage lautet ebenfalls Ja. Wir haben alle 'nen Schaden. Das ist definitiv ein Klischee, das sich bewahrheitet.«

Mein Gesicht fühlte sich ganz geschwollen an, doch mit einem Mal schien alles ein bisschen leichter.

Matilda hievte sich mit beiden Händen rücklings aufs Waschbecken und schlug die Beine übereinander. »Das hier ist eine einmalige Chance auf eine kostenlose Therapiesitzung mit mir. Du kannst dir nicht vorstellen, wie exorbitant hoch mein Honorar sonst ist.«

»Dann wäre es ziemlich dumm, mir das entgehen zu lassen«, murmelte ich.

»Wäre es.«

Etwas an ihrem Blick gab mir Mut. Und erstaunlicherweise auch Hoffnung.

»Mein Freund hat mit mir Schluss gemacht«, rückte ich raus. »Ich weiß, es klingt absolut trivial. Und naiv und bescheuert und …«

»Stopp, stopp, stopp«, unterbrach sie mich und runzelte die Stirn. »Dr. Wakefield hat immer ein offenes Ohr für dich, aber nur unter einer Voraussetzung. Du hörst auf, so scheiße zu dir zu sein.«

»Dr. Wakefield?«

»Meine Wenigkeit.«

»Trotzdem ist es meine Schuld«, beharrte ich. »Ich hätte es schon länger kommen sehen müssen. Aber stattdessen bin ich auch noch bei ihm eingezogen. Keine Ahnung, wie ich auf die Schnelle etwas Bezahlbares finden soll. Oder meinen Eltern beibringen, dass ich's vermasselt hab.«

Ihr Gesicht leuchtete auf, ohne dass ich mir einen Reim darauf machen konnte. Sie sah aus, als müsste sie sich auf die Zunge beißen, um mich nicht zu unterbrechen.

»Weißt du, ich komme mir so dämlich vor. Ich wollte nie diese Art Mensch sein. Der sich blind in Dinge stürzt und von anderen abhängig macht …«

»Wie lang wart ihr zusammen?«, fragte sie, als ich nicht weitersprach.

»Fast drei Jahre.«

»Okay. Und warum genau ist es deine Schuld, dass er mit dir Schluss gemacht hat? Hast du Mist gebaut?«

Ich zuckte mit den Schultern und war froh, dass sie vor dem Spiegel saß. So blieb mir wenigstens mein Anblick erspart.

»Nicht so, wie du denkst. Ich bin nicht fremdgegangen oder so.«

»Aber du liebst ihn nicht?«

»Wie bitte?«

Sie hob beide Hände. »Sorry.«

Ich schüttelte den Kopf. »Josh und ich gehören zusammen, verstehst du?«

»Also liebst du ihn doch?«

»Klar liebe ich ihn!«

»Aber das ist nicht der Grund, aus dem du heulst.«

»Woher willst du das wissen?« Plötzlich war ich neugierig. Es tat gut, mit jemandem absolut Unbeteiligten zu sprechen. Mit jemandem, der nicht zum Joshua-Fanclub gehörte und der Meinung war, die Beziehung zu ihm wäre die einzig vernünftige Option in meinem Leben.

»Würde mich mein langjähriger Freund verlassen und aus der gemeinsamen Wohnung schmeißen, würd's mir auch beschissen gehen. Aber du hast gesagt, du musst deinen Eltern beibringen, dass du es vermasselt hast. Klingt irgendwie nicht, als wäre das Ende der Beziehung dein größtes Problem.«

Zischend sog ich die Luft ein.

Augenblicklich verzog sie das Gesicht. »Oh Mann, sorry, ich tu's immer wieder. Ich sollte dich ausreden lassen und nicht so dumme Theorien aufstellen, obwohl ich dich nicht mal kenne. Ganz unprofessionell.«

»Schon gut.« Ich winkte ab. »Du liegst nicht mal so falsch. Ich habe gerade auch noch erfahren, dass ich eventuell aus der *Newsflash*-Redaktion fliege. Also beschränkt sich die Katastrophe nicht nur auf mein Liebesleben.«

»*Newsflash?* Dieses Studentenmagazin, das keine Sau liest?«

Stöhnend vergrub ich das Gesicht in den Händen. »Genau das.«

Sie schien einen Augenblick nachzudenken, dann sah ich durch meine gespreizten Finger, wie sie leichtfüßig vom Waschbecken sprang. Im nächsten Moment zog sie mir die Hände vom Gesicht.

»Liv?«

»Matilda?«

»Weißt du, was wir jetzt machen?«

»Aus dem Fenster springen?«, schlug ich hoffnungsvoll vor.

Lächelnd schüttelte sie den Kopf. »Besser.«

»Alkohol?«

Sie zwinkerte mir zu. »Können wir damit verbinden, ja.«

Bevor ich weiterfragen konnte, hielt sie mir einen ihrer goldenen Flyer vor die Nase.

*Mitbewohner*in gesucht*, stand da in fetten schwarzen Lettern. *Soho. 4er-WG. Erschwinglich.* Weiter kam ich nicht.

Entgeistert schaute ich sie an. »Soll das ein Scherz sein?«

»Wieso? Bist du nicht auf Wohnungssuche?«

»Ich … Also …«

»Pass auf. Du hast die Nase voll von Männern, richtig? Die Trennung liegt noch nicht so lang zurück, oder?«

Ich kniff die Augen zusammen und warf einen Blick auf meine Armbanduhr. »Circa 'ne Stunde.«

»Hervorragend.«

»Was hat das eine mit dem anderen zu tun?«

»Äh, nichts. Kommst du?«

»Wohin?«

»Zu mir nach Hause, Baby. Was sagst du zu einem WG-Casting mit freundlicher Unterstützung von Johnnie Walker?«

Gar nichts sagte ich. Ich war nämlich viel zu verdattert. Aber Matilda schien das nicht zu stören. Sie griff nach meiner Hand und zog mich zielstrebig hinter sich her aus dem Waschraum – während ich mich fragte, wie viele einschneidende Ereignisse noch in diesen Tag passten.

Matilda füllte die ganze Fahrt zu ihrer Wohnung mit fröhlichem Geplapper, als spürte sie, dass ich nicht in der Lage war, über mich zu reden. Ein besonders graues London flog hinter den verregneten Scheiben des Doppeldeckerbusses an uns vorbei, während sie mir alles über ihre WG erzählte.

Als wir nach ungefähr fünfzehn Minuten an der Kreuzung zwischen Oxford und Soho Street ausstiegen, beschlich mich allerdings die Vermutung, dass meine neue Bekanntschaft mir irgendetwas verschwieg. Die Wohnung war ihr zufolge geräumig, hatte neben den vier Schlafzimmern auch einen gemeinsamen Wohnbereich mit offener Küche und befand sich in einem hübschen Altbau über einer Bar. Sie wohnte wohl mit einem Kerl und einem anderen Mädchen in unserem Alter zusammen, und die vierte Mitbewohnerin hatte aus unerfindlichen Gründen in einer Nacht-und-Nebel-Aktion ihr Zeug gepackt und war abgehauen. Trotz moderater Miete mitten in Soho. Nie im Leben war das die ganze Wahrheit.

»Das Zimmer scheint so verflucht zu sein wie der Lehrerposten für Verteidigung gegen die dunklen Künste, nachdem Voldemort ihn verhext hat«, schloss Matilda dann schließlich auch geheimnisvoll und griff nach meinem Ellenbogen, um mich in die richtige Straße zu lotsen. Geschäftiges Treiben herrschte hier. Ein Starbucks, ein mexikanischer Schnellimbiss und ein Pianogeschäft reihten sich aneinander. Sie führte mich weiter bis vor einen urig aussehenden Pub mit dem Namen Ginger Cat Bar. Eine rot gescheckte Katze war neben die verschnörkelten Buchstaben gepinselt, und hinter den Erkerfenstern waren schemenhaft dunkle Möbel und Tropfkerzen in leeren Spirituosenflaschen zu erkennen.

Ich beschloss, trotz Matildas kryptischer Andeutung vorerst die Klappe zu halten. Erstens hatte ich wenig Lust, in Joshs Wohnung zurückzukehren, wo mich jeder Quadratmeter an die Vergangenheit und mein Versagen erinnerte, und zweitens konnte ich mir nicht leisten, mir diese Gelegenheit entgehen zu lassen. Selbst wenn es sich bei dem Zimmer um ein absolut trashiges Loch handelte, es war besser als nichts. Mir graute es, wenn ich an die Online-Anzeigen und meinen aufgesetzten Text dachte ... Matilda hatte mich wenigstens authentisch erlebt – auch wenn ich keine Ahnung hatte, wie mir dieses Verhalten eine solche Chance bescheren konnte.

Wir liefen an der Bar vorbei zu einem versteckten Hauseingang. Die Tür war dunkelblau lackiert und gab erst nach, nachdem Matilda den Schlüssel umgedreht und sich zweimal mit ihrem ganzen Körpergewicht dagegengeworfen hatte.

»Wie viele Bewerber habt ihr eigentlich?«, wollte ich wissen, als wir eine breite Wendeltreppe hochstiegen, deren Geländer schmiedeeiserne Blumen zierten, die vom häufigen Anfassen blank gerieben waren. Der Putz an den Wänden blätterte ab. Heruntergekommen, aber mit Charme. Ich mochte alte Gebäude, sie hatten eine Geschichte zu erzählen und waren viel gemütlicher als diese schicken, sterilen Neubauten.

»So um die hundert.« Matilda schnitt eine Grimasse. »Langsam nervt die Suche. Wir können ja auch nicht einfach irgendjemanden nehmen. Die Person muss zu uns passen und …« Sie ließ den Satz unvollendet und täuschte ein Husten vor.

»Und die Vermieter überlassen euch die Suche?«, hakte ich nach. Hundert Bewerber klang durchaus realistisch, wenn man die perfekte Lage der Wohnung bedachte.

»Mhm.« Matilda nestelte an ihrem Schlüsselbund. Wir waren im zweiten Stock angelangt, und sie steuerte das Ende des Ganges an. »Sie sind die Eltern unseres Mitbewohners und vertrauen uns.« Vor einer zweieinhalb Meter hohen Holztür blieb sie stehen und schloss auf. »Rein mit dir!«

Mit einem leisen Klick öffnete sich die Tür.

Bei meinem ersten Schritt ins Innere ächzten die Holzdielen unter meinen Stiefeln, und ich musste unwillkürlich lächeln, als ich das *Call-Me-By-Your-Name*-Filmposter hinter einer altmodischen Kommode entdeckte. Daneben thronte eine gigantische Monstera-Pflanze in einem Topf in Form eines antiken Frauenkopfs. Ich atmete tief durch die Nase ein. Jede fremde Wohnung verströmte ihren ganz speziellen Eigenduft, doch diese hier roch lediglich nach Vanille.

Matilda fing meinen Blick auf und grinste. »Briony hat eine sehr ausgeprägte Yankee-Candle-Obsession. Diese Woche ist der Favorit Vanilla-Cupcake. Hoffe, das stört dich nicht.«

Ich schüttelte den Kopf, zog meine Schuhe aus und stellte sie neben zwei spitz zulaufende weiße Lederboots.

Unzählige Schuhpaare zogen sich bis zum Ende des schmalen Flurs. Gigantische Männer-Sneaker neben winzigen Dr. Martens, Schwarz neben Quietschgelb, Verspielt neben Sportlich neben Elegant.

»Und wir alle haben eine Schuhobsession …«, fügte Matilda hinzu, nahm mir meinen schwarzen Mantel ab und hängte ihn zusammen mit ihrer puderfarbenen Daunenjacke an zwei goldene Garderobenhaken. »Bryyyy«, brüllte sie anschließend über den Flur. »Hast du das letzte Pärchen erfolgreich vertrieben?«

Der Flur mündete in ein lichtdurchflutetes Wohnzimmer mit hoher Decke, Kronleuchter und einem dunkelroten Perserteppich, der fast den kompletten Boden bedeckte.

Meine Kinnlade klappte herunter. Von wegen trashiges Loch. Überall hingen Pflanzen in Netzkörben von der Decke, eine Lichterkette mit kleinen Glühbirnen zierte die silberne Tapetenwand, und ein paar bunt zusammengewürfelte Sessel, Sofas und Hocker standen um einen dem Anschein nach selbst zusammengezimmerten Paletten-Tisch herum.

»Ihr habt sogar einen Balkon?«, entwich es mir fassungslos, als ich die Fensterfront und die Glastür hinter einem geblümten Zweisitzer erspähte.

»Willkommen in der schönsten WG der Stadt«, antwortete Matilda mit einem Lachen.

Das Wohnzimmer führte rechts in eine Küchennische und links in einen weiteren Flur, aus dem in diesem Augenblick eine junge Frau kam. Sie trug einen bodenlangen bunten Kimono und hatte hellblondes Haar, das ihr in feuchten Strähnen auf die Schultern fiel. Ihre Haut war noch blasser als meine, und ihre Gesichtszüge hatten genau wie ihr Gang etwas Elfenhaftes an sich.

»Ich musste erst mal ein heißes Bad nehmen, nachdem sie abgehauen sind«, sagte sie mit glockenheller Stimme. »Die Wohnungssituation in London ist ätzend, darüber müssen wir gar nicht diskutieren, aber wer will freiwillig mit seinem Neugeborenen in eine Studenten-WG ziehen?«

Matilda musste wieder lachen. Diesmal noch lauter. »Ach du Scheiße, die hatten ein Baby? Das haben sie mir bei unserem Videotelefonat vorab verschwiegen.«

»Ich habe den Bildschirmschoner auf dem Handy der Frau gesehen, und da haben sie dann endlich Klartext geredet. Als ich ihnen klarmachen musste, dass sie für uns nicht infrage kommen, haben sie mir einen Job als Babysitterin angeboten. Die wollten sicher nur hier einziehen, damit wir auf ihr Kind aufpassen, während sie sich die Kante geben. Der Typ sah superbetrunken aus.« Erst bei ihren letzten Worten schien sie mich zu registrieren und hob eine helle Augenbraue.

Matilda trat zwischen uns und machte eine ausladende Armbewegung in meine Richtung. »Apropos betrunken! Ich habe uns jemanden mitgebracht. Wie steht's um unseren Vorrat?«

Das blonde Mädchen lächelte mich zaghaft an, während eine Spur Argwohn in ihren hellblauen Augen aufblitzte. »Du weißt genau, dass ich das Zeug nicht anrühre.« Dann schaute sie fragend zu mir.

»Briony, Liv. Liv, Briony.«

Wir schüttelten uns die Hände, und ich versuchte, sie so überzeugend wie möglich anzulächeln – als hätte ich mein Leben unter Kontrolle. Selbst wenn das hier nichts wurde, ich würde selbstbewusstes Auftreten üben müssen, wenn ich irgendjemanden davon überzeugen wollte, dass ich eine passable Mitbewohnerin abgab. Na ja, vielleicht musste ich erst mich selbst davon überzeugen …

»Liv hier ist auf der Suche nach einem WG-Zimmer. Ihr Freund hat Schluss gemacht und sie vor die Tür gesetzt.«

Die Zweifel in Brionys Miene waren auf einen Schlag wie weggewischt. »Ich schau nach dem Whisky«, verkündigte sie und schwebte förmlich an mir vorbei in die Küche.

Mein angestrengtes Lächeln verbreiterte sich zu einem aufrichtigen. »Ganz so schlimm ist es auch nicht«, beeilte ich mich zu sagen.

»Pscht«, zischte Matilda mir zu. »Mitleid wirkt bei ihr am besten.« Dann flitzte sie mit den Worten »Ich hätte vorhin echt aufs Klo gehen sollen!« in den Flur, aus dem ihre Mitbewohnerin gekommen war.

Fünf Minuten später saßen wir alle drei mit einem Drink um den Couchtisch herum. Matilda und ich tranken Whisky auf Eis, auch wenn das ihr zufolge eine Todsünde war, Briony hatte einen guten Schuss in ihren Earl Grey gegeben. Anscheinend aus Solidarität, obwohl sie das Zeug verabscheute, wie ich ihrem Gesicht bei jedem Schluck ansehen konnte. Die Mitleidsschiene wirkte wohl wirklich.

»Was studierst du, Liv? Du studierst doch, oder?«, fragte sie und warf Matilda einen prüfenden Blick zu. »Wo habt ihr euch eigentlich kennengelernt?«

»Auf den Toiletten in der Bib«, sagte Matilda und prostete mir zu. »Sie hat sich die Augen aus dem Kopf geheult, und ich habe sie so lange genervt, bis sie mir von ihren Sorgen erzählt hat. Eigentlich wollte ich noch ein paar Flyer am schwarzen Brett aufhängen, aber dann hab ich die Gelegenheit beim Schopf gepackt.«

Briony warf mir einen entschuldigenden Blick zu. »Typisch. Sie hat echt keinen Sinn für Anstand. Oder Grenzen.«

»Hey!«, rief Matilda, und die beiden grinsten sich an.

Ich spürte einen Stich in der Magengegend und nahm

schnell einen großen Schluck von meinem Whisky. Sofort brannte meine Kehle, doch das warme Gefühl im Bauch ließ nicht lange auf sich warten. Die Vertrautheit zwischen den beiden war so allgegenwärtig, dass es wehtat.

Nach Rileys Tod hatte sich alles verändert. Es war mir immer schwerer gefallen, Beziehungen zu meinen Mitmenschen aufzubauen, die nicht nur an der Oberfläche kratzten. Es war Jahre her, dass ich so etwas Tiefes mit jemandem auf rein freundschaftlicher Ebene geteilt hatte. Drei Jahre, um genau zu sein, aber daran durfte ich jetzt nicht denken. Für heute hatte ich genug geweint.

»Ich studiere Journalismus im Bachelor«, klärte ich sie auf, nachdem sich die beiden wieder mir zugewandt hatten. »Und du?«

»Schauspiel.«

»An der Royal Academy of Dramatic Art«, ergänzte Matilda stolz. »Sie ist 'ne kleine Überfliegerin. Lass dich nicht von ihrer unschuldigen Erscheinung täuschen, sie kann die reinste Rampensau sein, wenn sie will.«

»Jetzt halt mal die Luft an«, sagte Briony mit hochrotem Kopf, musste aber trotzdem kichern. »Willst du mal das Zimmer sehen?«

Wir erhoben uns mit den Getränken in den Händen und liefen den Flur hinunter bis zur ersten Tür auf der rechten Seite.

»Ta-da!«

Sie ließen mir den Vortritt, während sie mich abwechselnd mit Informationen zuschütteten.

»Es sind nur zehn Quadratmeter, also echt winzig, aber du kannst jederzeit im Wohnzimmer oder bei uns rumhängen. Wir sind selbst immer nur zum Schlafen in unseren Zimmern.«

»Bett und Schrank kannst du behalten. Oder wir verhökern die Sachen auf Gumtree. Unsere Ex-Mitbewohnerin meldet sich nämlich nicht mehr und hat uns auf Instagram und Co. blockiert, ist also recht unwahrscheinlich, dass sie das Zeug noch abholt.«

»Einen Waschraum gibt's im Keller, und Geschirr und so was kannst du natürlich von uns mitbenutzen.«

Ich konnte ihren Worten kaum folgen, zu sehr lenkte mich der Anblick des Zimmers ab. Ja, es war klein, aber vorteilhaft quadratisch geschnitten. Außerdem besaß es ein Erkerfenster mit wunderschöner Aussicht auf die umliegenden Dächer. Ein großes Futonbett aus dunklem Holz stand links von mir, daneben ein Schrank aus demselben Material. Perplex trat ich in die Mitte des Raumes und hob den Blick zur Decke. Auch hier hing ein Kronleuchter.

»Findest du's scheiße?«, hörte ich Matilda hinter mir.

Langsam drehte ich mich um und räusperte mich. »Wo ist der Haken?«

Die beiden wechselten einen schnellen Blick, und kurz sah ich einen Ausdruck über ihre Gesichter huschen, der mich an Panik erinnerte, bevor sie ihre Mimik wieder unter Kontrolle hatten.

»Was meinst du?«, fragte Briony mit Unschuldsmiene, während sie den Kimono enger um ihren Körper schlang.

»Es ist absolut perfekt«, hauchte ich. »Aber ihr habt doch unzählige Bewerber, oder?«

»Bisher war niemand dabei, der zu uns passt.«

»Wieso ist eure letzte Mitbewohnerin ausgezogen?« Ich verschränkte die Arme und musterte sie beide eindringlich. Das klang alles viel zu gut, um wahr zu sein.

Matilda zuckte mit den Schultern. »Keinen blassen Schimmer.«

Doch Briony biss sich beinahe schuldbewusst auf die Unterlippe. »Komm schon, früher oder später müssen wir sie eh einweihen …«

Mit einem Stöhnen ergab sich Matilda. »Unser Mitbewohner ist ein Arschloch«, platzte sie heraus, bevor sie ihren Whisky auf ex runterkippte. »Er ist absolut unausstehlich, und meistens sind wir gezwungen, mit Ohropax zu schlafen, weil er quasi jede Nacht ’ne andere mit nach Hause bringt und der Meinung ist, wir müssten alle an seinem tollen Sexleben teilhaben.«

»Na ja, manchmal muss ich auch mit Ohropax schlafen, weil *du* jemanden mit nach Hause bringst«, wisperte Briony, worauf Matilda ihr einen bösen Blick zuwarf, bevor sie sich wieder mir zuwandte.

»Aber ich schwöre, das ist der einzige Haken. Seine Eltern sind megalieb und vertrauen uns mehr als ihrem eigenen Versagersohn, weswegen wir uns auch um neue Mieter kümmern. Schon bei den vorherigen Bewohnerinnen des Zimmers war er nicht ganz unschuldig am Auszug, weil er tagsüber schlechte Stimmung verbreitet und nachts alles anbaggert, was nicht bei drei auf den Bäumen ist. Und die letzte … Tja, bei der hat er sich selbst übertroffen. Die ist nämlich ausgezogen, weil unser herzallerliebster Mitbewohner nicht nur mit ihr, sondern auch gleich noch mit ihrer besten Freundin geschlafen hat.«

»Er klingt reizend«, sagte ich mit einem Schnauben.

Matilda feixte. »Die Miete ist stemmbar, und die Lage ein Traum, wie du siehst. Außerdem sind Bry und ich der Wahnsinn.« Sie legte ihrer Freundin einen Arm um die Schultern.

»Und warum genau wollt ihr mich haben?«

»Ich hab direkt deine positive Aura gespürt«, erwiderte

Matilda völlig ernsthaft, musste dann aber etwas zerknirscht grinsen. »Und ich dachte mir, wenn du grad 'ne Trennung hinter dir hast, ist es eher unwahrscheinlich, dass du dich gleich in den nächsten Mistkerl verknallst.«

Etwas hilflos lachte ich auf. »Ich hab noch nie in einer WG gelebt. Ist das ein Problem?«

Gleichzeitig schüttelten sie die Köpfe. »Umso besser, dann bist du noch leicht zu begeistern«, sagte Matilda beschwingt.

Ich runzelte die Stirn. Inzwischen war der Alkohol in meinen Blutbahnen angelangt, und eine seltsame Euphorie ergriff Besitz von mir. »Was, wenn ich eine Psychopathin bin?«

»Keine Psychopathin würde das von sich selbst behaupten«, antwortete Matilda.

Briony trat auf mich zu, sah mir ernst ins Gesicht und legte beide Hände auf meine Schultern. »Du bist übergeschnappt, hast eine Meise, bist nicht ganz bei Sinnen. Aber weißt du was?« Ihre Stimme war mit jedem Wort lauter geworden, und ich konnte nichts anderes tun, als sie verdattert anzustarren. »Das macht die Besten aus!«

»Sie proben grade *Alice im Wunderland*«, warf Matilda nach einer dramatischen Pause ein.

Wir prusteten alle drei los.

Als wir immer noch lachend ins Wohnzimmer zurückkehrten, uns Whisky nachschenkten und Matilda eine Arctic-Monkeys-Platte auflegte, kam mir der ziemlich verrückte Gedanke, dass dieser Tag vielleicht gar nicht so übel war.

Genau in diesem Moment ertönte das Geräusch der zufallenden Wohnungstür, dicht gefolgt von polternden Schritten, und aus unerklärlichen Gründen schoss mein Puls in die Höhe.

Später würde ich in Gedanken immer wieder zu dieser Sekunde zurückkehren und mich fragen, wie mein Körper hatte reagieren können, noch bevor ich die Gefahr benennen konnte. Später würde ich das Leben in ein Vorher und ein Nachher teilen. So wie an jenem Tag, an dem meine Welt in sich zusammengebrochen war und mich der Mensch, dem ich am allermeisten vertraute, im Stich gelassen hatte.

»Hi, Sonnenschein«, flötete Matilda über die Musik hinweg, und Briony warf sie kichernd mit einem Kissen ab, das sie haarscharf verfehlte und hinters Sofa plumpste.

»Provozier ihn doch nicht immer so«, zischte sie, aber Matilda lachte nur.

»Ich hol mal meinen Laptop, dann können wir gleich mit seinen Eltern skypen und ihnen unsere neue Top-Kandidatin vorstellen.« Sie stellte ihr Kristallglas auf dem Tisch ab und erhob sich. »Lass dich nicht von ihm einschüchtern«, fügte sie an mich gewandt hinzu, bevor sie im Flur verschwand.

Anstelle einer Antwort nahm ich einen weiteren großen Schluck und verkniff mir ein hysterisches Lachen. Machte sie Witze? Sie wollten mit den Vermietern skypen, während wir uns mit Whisky zuschütteten? Und das sollte einen guten Eindruck hinterlassen?

Das letzte Lied verklang, und schon waren die ersten Töne von »I Wanna Be Yours« zu hören. Die sanfte Musik drang bis in mein Innerstes, doch mein heftig pulsierendes Herz konnte sie nicht beruhigen.

Bevor ich Briony fragen konnte, wie ernst ich ihre Freundin nehmen sollte, knarzten die Holzdielen hinter mir.

»Was wird das hier?«

Ich saß auf einem Sessel mit dem Rücken zum Flur,

trotzdem erstarrte ich augenblicklich zu Eis. Das Glas zwischen meinen Fingern begann zu beben, sodass ich es hastig auf dem Tisch abstellte.

Mach dich nicht lächerlich, Liv. Mach dich nicht lächerlich. Du bist bloß angetrunken.

Briony strahlte die Person hinter mir an. »Hallo, Noah. Willst du auch was trinken?«

2. KAPITEL

Don't get too close, it's dark inside

NOAH

Heute war einer dieser Tage, an denen ich das Bett nie hätte verlassen sollen. Es hatte schon morgens vor der Uni begonnen, als ich schlaftrunken in die Küche gestolpert war und die Kaffeedose leer vorgefunden hatte. Matilda hatte genüsslich an ihrer Tasse genippt, die todsicher den letzten Rest enthielt, und mich angesehen, als sei es meine wohlverdiente Strafe.

Normalerweise war Brionys und ihr Verhalten mir gegenüber wenigstens halbwegs gerechtfertigt. Ich gab mir keine Mühe, nett zu ihnen zu sein, und sie hielten mich für das größte Arschloch. Aber verflucht noch mal, woher hätte ich wissen sollen, dass Poppy die beste Freundin von Charlotte war?

Okay, es war absolut hirnverbrannt gewesen, mit unserer Mitbewohnerin in die Kiste zu steigen. Charlotte war mir unkompliziert vorgekommen, und außerdem hatte ich nach meiner Spätschicht vor ein paar Wochen zu viel Gin intus gehabt, als sie mich in meinem Zimmer überfiel. Nicht dass ich mich nüchtern großartig gewehrt hätte.

Sie war sehr … überzeugend gewesen, und Sex war meine Lieblingsablenkung, wenn die Gedanken mal wieder rasten und mich in den Abgrund zu ziehen drohten. Also hatte ich mich darauf eingelassen – nach meiner üblichen Rede, die drei wichtige Punkte enthielt: keine Verpflichtungen, keine Gefühle, keine seltsame Stimmung.

Ein paar Tage war es gut gegangen. Nicht mal Matilda und Briony hatten etwas spitzgekriegt. Aber dann war Charlotte auf einmal überall dort aufgetaucht, wo ich mich befand. Scheinbar aus purem Zufall. Auf dem Campus, in der Cafeteria, in der Bar, in der ich immer wieder jobbte und in der sie zuvor nie unterwegs gewesen war. Also hatte ich den Nothebel gezogen. Ich hatte mein bestes Verhalten an den Tag gelegt, ein sehr einfühlsames Gespräch mit ihr geführt und ihr erklärt, dass wir das Vögeln besser sein ließen. Sie war geknickt gewesen, hatte aber Verständnis gezeigt und war mir größtenteils aus dem Weg gegangen. Zwei Tage später fand ich eine junge Frau namens Poppy alleine in unserem Wohnzimmer vor und nahm an, sie wäre eine Freundin von Matilda oder Briony. Eventuell war schon wieder zu viel Alkohol im Spiel gewesen, und eins hatte zum anderen geführt. Wir hatten es nicht mal in mein Zimmer geschafft, die WG war ohnehin leer gewesen, und mein Gehirn arbeitete in unmittelbarer Nähe eines nackten Frauenkörpers nur relativ eingeschränkt. Als ich mir gerade wieder meine Jeans übergezogen und ihr vom Fußboden aufgeholfen hatte, war Charlotte nach Hause gekommen und hatte einen Riesenaufstand gemacht. Verständlich. Poppy war ihre Freundin und hatte mit dem Kerl geschlafen, in den sie sich gerade aus Versehen verguckt hatte.

Ich verstand Charlotte wirklich. Die Situation war

beschissen, und ich wünschte niemandem solche Freunde. Was ich allerdings nicht begriff: wieso meine WG und zu allem Übel auch noch Mum und Dad mich zum Sündenbock machten. Charlotte hatte ihr Zeug gepackt und war abgehauen. Schuld war natürlich ich, nicht ihre treulose Freundin. Meine Eltern hatten mich ohnehin schon längst als unfähig abgestempelt, und meine ach-so-perfekten Mitbewohnerinnen waren gleich zur Stelle und hielten WG-Castings ab. Mum und Dad hatten einen Narren an ihnen gefressen. Mich behandelten sie dagegen wie ein kleines Kind, und anstatt sie vom Gegenteil zu überzeugen, schlüpfte ich bei jedem Streit in genau diese Rolle. Ich hasste mich dafür. Selbstverständlich war ich ihnen dankbar, dass ich mir im Vergleich zu anderen Studenten keine Sorgen um Mietkosten machen musste, aber liebend gern hätte ich meine Schichten im Philosopher's verdoppelt und stattdessen meinen Frieden vor ihnen gehabt. Die Idee mit der WG war auch nicht meine gewesen. Meine Eltern hatten Matilda und Briony ausgesucht, weil sie »so vernünftige, bodenständige junge Frauen« waren. Es war ihr verzweifelter Versuch, Kontrolle über mich auszuüben.

In den letzten drei Jahren hatte ich ihnen unendlich viele Sorgen bereitet. Von klein an hatte ich Sprache und Literatur vergöttert, ich verschlang jedes Buch und fing schon bald an, meine eigenen Geschichten zu schreiben. Auch wenn meine Eltern immer der Meinung gewesen waren, ich sollte mir etwas Vernünftigeres suchen, waren sie erleichtert, dass ich mich überhaupt fürs Studium entschied. Seitdem ritt ich mich allerdings von einer Scheiße in die nächste und hielt mich in besagtem Studium, das mir ohnehin keine sichere Zukunftsperspektive bot, nur mit Ach und Krach über Wasser. Das Schreiben verschaffte mir keinen Seelenfrieden wie früher, und es versetzte mich auch nicht mehr in Euphorie. Vielleicht weil der einzige Mensch, der mich wirklich darin unterstützt, jeden Schnipsel von mir gelesen und sich jede meiner Ideen mit Begeisterung angehört hatte, nicht mehr bei mir war ... Und vielleicht auch, weil ich mich beim Schreiben nicht verstecken konnte, mein Leben aber inzwischen ein einziges Versteckspiel vor mir selbst geworden war.

Ich kickte meine Schuhe von den Füßen und lief seufzend durch den Flur. Aus dem Wohnzimmer waren Musik und Gelächter zu hören.

»Hi, Sonnenschein«, ertönte Matildas Stimme, als die Tür hinter mir ins Schloss fiel.

Ich verdrehte die Augen. Wäre sie nicht so ein Biest und ich kein emotionaler Krüppel, wären wir sicher befreundet. Vor meinen Eltern mimte sie immer die brave Psychologiestudentin, aber sie war mindestens so durchtrieben wie ich. Da ich jedoch genau das Arschloch war, für das sie mich hielten, versuchte ich nicht einmal, mich mit Briony und ihr anzufreunden. Zu viele Komplikationen.

Briony saß mit irgendeiner Brünetten im Wohnzimmer und zwang sich zu einem freundlichen Lächeln, als ich in ihr Sichtfeld trat. Sehr untypisch. Sie verurteilte mich mindestens so sehr wie ihre beste Freundin, wenn auch deutlich weniger offensichtlich.

»Was wird das hier?«, fragte ich barsch. Wieso wirkte sie so glücklich? Das dumme Casting konnte doch unmöglich Spaß machen.

»Hallo, Noah. Willst du auch was trinken?«

Erst jetzt fiel mir die fast leere Johnnie-Walker-Flasche auf dem Tisch ins Auge.

»Ob ich was von *meinem* Whisky trinken will? Danke

der Nachfrage, natürlich dürft ihr euch bedienen«, erwiderte ich mit triefendem Sarkasmus.

Sie setzte zu einer Antwort an, doch in diesem Moment wurde meine Aufmerksamkeit auf die Frau ihr gegenüber gelenkt, die mit dem Rücken zu mir saß. Ihre Haltung wirkte verkrampft, was so gar nicht zu Brionys Gesichtsausdruck passte.

Bevor ich mir einen Reim darauf machen konnte, kam Matilda aus ihrem Zimmer geschlittert. In einer Hand balancierte sie ihren Laptop, aus dessen Lautsprecher eine viel zu vertraute Stimme tönte. »Ach, wie schön, natürlich haben wir Zeit für euch, Liebes! Lass mich nur schnell nach Richard schauen …«

Heute blieb mir wirklich nichts erspart. Sofort hatte ich meine Mum vor Augen, wie sie sich vom dunkelgrünen Kanapee erhob und in ihre Samtpantoffeln schlüpfte, um sich auf die Suche nach Dad zu machen, der trotz Märzkälte und Rückenproblemen garantiert im Garten zugange war.

»Gar kein Problem, Mrs. Seymour«, säuselte Matilda, während sie Briony hinter dem Laptop wild gestikulierend bedeutete, den Whisky vom Tisch zu räumen.

Wäre ich nicht so angepisst gewesen, hätte ich laut gelacht.

»Sagt mal, habt ihr nichts Besseres zu tun, als euch an einem Freitagabend zu betrinken und mit meinen Eltern zu skypen?«

»Wir betrinken uns nicht, wir halten ein sehr erfolgreiches Casting ab«, erwiderte Matilda mit zuckersüßem Lächeln, achtete jedoch drauf, dass sie den Lautsprecher dabei zuhielt. »Darf ich dir unsere neue Mitbewohnerin vorstellen?«

Na immerhin. Mit ein bisschen Glück war das

Affentheater damit vorbei, und wir konnten das Charlotte-Debakel hinter uns lassen.

Ich beäugte die Frau auf dem Sofa, die nicht nur verkrampft dasaß, sondern auch zu zittern schien, allerdings keine Anstalten machte, sich zu erheben oder nach mir umzudrehen. Verlockende Aussichten. Vielleicht war sie genauso unfreundlich wie ich, dann würden wir wenigstens keine Probleme haben, uns aus dem Weg zu gehen. Oder absolut sozialscheu – was aufs Gleiche rauslief.

Matilda und Briony sahen sie beide an, und von einer Sekunde auf die andere verschwanden ihre vergnügten Mienen. Und dann öffnete Briony den Mund und sagte etwas, das mein gottverdammtes Herz aussetzen ließ.

»Liv?«

Es war nur ein Name. Dem Gefühls-Tsunami in meinem Inneren war das egal. Er hatte mich oft genug in meinen Albträumen heimgesucht, wenn ich keinerlei Kontrolle über meine Gedanken hatte und meinem Unterbewusstsein hilflos ausgeliefert war. Jetzt, als ich für eine Sekunde nicht auf der Hut gewesen war, ergriff er seine Chance, riss mich mit sich, drang mir in Mund und Nasenlöcher, kappte meine Verbindung zum Sauerstoff.

Ich hatte alles versucht, um ihr zu entkommen. War mit neunzig Meilen über die Schnellstraße gerast, hatte mich bis zur Besinnungslosigkeit betrunken, mich in etlichen Frauenkörpern verloren und chemisches Glück geschluckt. Es half. Doch wenn ich ihren Namen hörte, war alles zwecklos.

Ich spähte nach der Whiskyflasche, die Briony gerade unter dem Tisch versteckte. Mein Gott, ich musste mich zusammenreißen. Das war nichts als ein dummer Zufall.

»Ist alles okay?«, fragte Matilda.

Für einen Moment dachte ich, sie meinte mich. Dann fiel mein Blick auf das Handgelenk der Frau, die sich immer noch nicht rührte, und ich fragte mich überhaupt nichts mehr. Der Ärmel ihres gestreiften Oberteils war hochgekrempelt, und die schwarzen Buchstaben hoben sich deutlich von der Elfenbeinhaut ab. *Cold and heat.* Die ersten drei Worte reichten aus. Ich musste den Rest nicht sehen, um zu wissen, was dort geschrieben stand: *Cold and heat, summer and winter, day and night.*

Genesis 8:22.

Sie war nicht gläubig. Nein, Religion war nicht der Grund für ihr Tattoo …

Meine Beine verselbstständigten sich.

Als mich nur noch ein halber Meter vom Sofa trennte, erhob sie sich und wandte sich mir zu. Die zitternden Hände fest in die Lehne gekrallt, als fürchtete sie, andernfalls das Gleichgewicht zu verlieren.

Mein Herz hatte sich vom ersten Schock erholt und galoppierte viel zu schnell los, als mein Blick auf ihre schlanken Finger mit den rot lackierten runden Nägeln fiel.

»Sie sind viel zu klein, Noah«, hallte die Stimme aus einem anderen Leben in meinen Gedanken wider. *»Wie bei Babys.«*

»Na, du bist ja auch ein Baby.«

»So wie du, meinst du? Mit deinem glatten Bubi-Gesicht?«

»Mein Bartwuchs lässt nur ein bisschen auf sich warten. Deine Nägel wirst du für immer haben, Olivia.«

Ich sollte rückwärts aus dem Raum laufen, die Wohnung verlassen, die Stadt, dieses verfluchte Land. Stattdessen hob ich den Kopf und sah ihr ins Gesicht. Es war kalkweiß, noch blasser als gewöhnlich, die Wangen gerötet, die dunklen Augen weit aufgerissen und leicht geschwollen. Hatte sie geweint? Hellbraune Ponyfransen hingen ihr in die Stirn, ließen sie älter wirken, die Haare reichten bis über ihre Schultern. Im Sonnenlicht schimmerten sie rot. Wie oft hatte ich sie betrachtet und mir vorgestellt, die Hand auszustrecken und …

Stopp!

Genug.

Ich konnte nicht mehr atmen, musste an die Oberfläche gelangen, weg von der Vergangenheit, weg von den Erinnerungen. Weg, weg, weg.

»Nee, oder? Kennt ihr euch?«, drang Matildas Stimme durch das Rauschen in meinen Ohren. Sie hatte sich zu uns gesellt und schien ganz zu vergessen, dass sie noch den Laptop in der Hand hielt.

Auch Briony erhob sich im Hintergrund, aber ich nahm meine Mitbewohnerinnen nur als dunkle Flecke wahr. Mein Blick war auf das Mädchen vor mir geheftet, dessen Lippen sich in diesem Augenblick teilten. Wie hypnotisiert sah ich sie an.

»Hi.« Nur ein Flüstern, doch ich hatte keine Probleme, sie zu verstehen. Selbst aus dem dichtesten Lärmdschungel würde ich sie heraushören. Mühelos durchbrach ihre Stimme eine Mauer nach der anderen, die ich bereits vor Jahren um mich errichtet hatte. Mit einem Mal war ich wieder siebzehn. Sah sie in dem hautengen schwarzen Kleid in den Armen dieses Idioten auf der Tanzfläche und spürte die Panik. Sie warf den Kopf in den Nacken und lachte. Lachte, wie sie es sonst nur bei mir tat, so frei und losgelöst, dass es mir die Kehle zuschnürte und den Raum vor meinen Augen verschwimmen ließ.

»Liv?«, erklang Mums Stimme leicht verzerrt.

Ich blinzelte.

Liv drehte sich zu Matilda und damit geradewegs in Richtung der Webcam.

»Liv Averill?«, rief Dad. »Bist du das?«

»Das ist aber eine schöne Überraschung!«

Die Panik von damals war zurück, doch nun hatte sie sich verzehnfacht. Mein Körper reagierte schneller als mein Verstand. Bevor ich wusste, was ich da tat, machte ich einen Satz nach vorne, bekam den Laptop zu fassen, ignorierte Matildas empörten Ausruf und klappte ihn zu. Mein Atem ging viel zu schnell, aber das spielte jetzt keine Rolle. Gar nichts spielte eine Rolle, nur ... Fuck, dieser Geruch. Das war kein Parfum. Das war mein persönlicher Untergang. Süßlich, eine Mischung aus Karamell und Jasmin ...

Ich pfefferte den Laptop aufs nächstliegende Sofa und stolperte zurück.

Die großen braunen Augen fanden mich erneut. Zuckten hektisch hin und her, scannten jeden Millimeter meines Körpers, nur um sich Sekunden später an meinem Gesicht festzukrallen. Angst blitzte in ihnen auf, und obwohl ich bittere Galle schmeckte, klammerte ich mich an diese Gelegenheit.

Angst.

Mit Angst konnte ich arbeiten. Pures Adrenalin floss durch meine Adern und schob die Zweifel beiseite. Später würde ich mich dafür verfluchen können. Später, wenn ich in Sicherheit und sie aus meinem Leben verschwunden war. Wenn sich das alles hier als grausamer Scherz herausgestellt hatte.

Ich starrte sie in Grund und Boden, beschwor die Kälte meiner schlimmsten Nächte herauf und legte sie in meinen

Gesichtsausdruck. »Was hast du hier zu suchen?« Der Klang meiner Stimme war erbarmungslos und zeigte sofort Wirkung.

Ihr Atem stockte, und sie zuckte heftig zusammen, bevor sie den Kopf senkte. Auch wenn ihr Schmerz beinahe körperlich greifbar war, erlaubte ich ihm nicht, mich mitzureißen. Drei Jahre hatte ich mich in Kontrolle geübt, hatte all das unterdrückt, was sich in diesem unvergleichlichen Gesicht vor mir widerspiegelte. Drei Jahre, die sich jetzt auszahlten.

In unserem Wohnzimmer herrschte Totenstille.

Ich wartete nicht ab, bis eine von ihnen ihre Stimme wiederfand. Abwechselnd nahm ich Matilda und Briony ins Visier. »Die zieht hier auf keinen Fall ein«, zischte ich.

Und dann ergriff ich die Flucht.

Zum gefühlt zwanzigsten Mal drückte ich auf die rostige Klingel, bis die Tür aufgerissen wurde.

Ein rotblonder Kerl stand in nichts als Boxershorts vor mir, und selbst die saßen nicht richtig. Sie erweckten eher den Eindruck, als wären sie hektisch hochgezogen worden, um gerade das Nötigste zu verbergen. Im Hintergrund wummerte ein Technobeat, und der Geruch von Rotwein und frischer Farbe lag in der Luft.

»Tony«, stöhnte ich erleichtert. Zwar hatte ich Licht von draußen brennen sehen und auch die Musik durch die notdürftig mit Gaffer Tape zugeklebte Glastür gehört, aber das musste nichts heißen. Mein bester Freund war der verplanteste Mensch der Welt und verließ sein Loft manchmal für einen kurzen Abstecher bei dem Bekannten eines Bekannten, nur um dann drei Tage lang nicht nach Hause zu kommen. Kreative Verstreuung nannte er es. Ich nannte es das Anthony-Phänomen. Er schloss schneller Freundschaften, als ich bis drei zählen konnte.

»Was ist mit dir passiert?« Sein Grinsen gefror ihm auf den Lippen, während er sich durch das ohnehin schon total verstrubbelte Haar fuhr und mich von oben bis unten musterte.

Da ich ein Volltrottel war, hatte ich meine Jacke in der WG gelassen und war auf dem Weg zur U-Bahn in den strömenden Regen geraten. Ohne Umschweife war ich nach Bermondsey gefahren. Mein Handy hatte natürlich den Geist aufgegeben, weswegen ich mich auch nicht angekündigt hatte.

»Hast du Alkohol?«, fragte ich knapp. Hinter ihm polterte es, und ich runzelte die Stirn.

»Soll das eine Fangfrage sein?«, gab er zurück, während er über seine Schulter schaute.

»Shit, du hast Besuch. Ich wollte nicht …«

»Sam!«, unterbrach er mich mit lauter Stimme.

Ich kniff die Augen zusammen, als ich den gänzlich entblößten Frauenkörper hinter einer meterhohen Leinwand aufblitzen sah. Automatisch machte ich einen Schritt zurück in den muffigen Hausflur, doch Anthony lachte nur.

»Du bist so ein kleiner Spießer«, murmelte er mir zu, bevor er sich wieder seiner Besucherin zuwandte.

»Sorry, Babe, aber ich habe hier 'nen Notfall. Würde es dir was ausmachen, wenn wir unseren Workshop verschieben?«

Ich hörte die Frau irgendetwas Wütendes erwidern und strich mir die durchnässten Haare zurück. Anthony machte mir alle Ehre, was die wechselnden Bettbekanntschaften anging.

»Tony, du musst sie wegen mir nicht rausschmeißen«, rief

ich ihm etwas lahm hinterher, während ich über die Schwelle trat und die Tür hinter mir zukickte. Allerdings nicht ohne mir im Gehen die Hand vor die Augen zu halten, um der Dame wenigstens diese nötige Privatsphäre zu geben.

Es dauerte keine Minute, bis sie an mir vorbeirauschte. Durch meine gespreizten Finger konnte ich die Farbspritzer auf ihrem hellen Shirt erkennen. Respekt, wie schnell sie sich angezogen hatte.

»Wieso hältst du dir die Augen zu, huh?«, zischte sie mir zu. »Haste noch nie eine nackte Frau gesehen?«

»Hey, pass auf, wie du mit ihm redest«, kam es prompt von Anthony, während ich die Hand sinken ließ.

»Ach fick dich doch, Tony, ich bin nicht deine Scheißmätresse!« Und damit verließ sie die Wohnung. Die Tür fiel mit einem lauten Knall ins Schloss, und ein paar Gemälde an der Wand zitterten.

»Sorry«, nuschelte ich.

Anthony machte eine wegwerfende Handbewegung, bevor er sich über sein zerschlissenes Sofa beugte und seine Jeans unter ein paar bunten Spraydosen hervorzog. »Die wird sich wieder einkriegen. Und außerdem ist sie schon auf ihre Kosten gekommen. Was ich von mir nicht behaupten kann. Du schuldest mir also einen Orgasmus.«

Mir entfuhr ein Lachen. Gut zu wissen, dass ich das noch nicht ganz verlernt hatte. »Träum weiter, Kumpel.«

Ich drückte mich an einer Staffelei vorbei, stieg über zwei Farbeimer und kletterte in die Hängematte, die vor dem vergitterten Fenster hing. Anthony hatte mir hoch und heilig versprochen, dass sie vögelfreie Zone war, was sie zum einzigen Ort in der Wohnung machte, an dem man sich entspannen konnte, ohne Angst zu haben, mit fremden Körperflüssigkeiten in Berührung zu kommen.

Ich betrachtete die Metallrohre an der Decke und seufzte. Keinen Moment später wurde mir eine eiskalte Bierdose in die Hand gedrückt. Der Typ war ein Geschenk des Himmels, und ich hatte keine Ahnung, womit ich ihn verdiente.

Ich stieß mit ihm an. Dann deutete ich auf die Küchentheke hinter ihm. Zwei halb volle Weingläser standen darauf. »Kein Rotwein?«

Anthony grinste auf mich herab und schlürfte den übergeschwappten Schaum von der Öffnung. »Sam hat ihn mitgebracht. Er schmeckt scheiße. Viel zu trocken. Und außerdem hasst du das Zeug.«

»Hm.« Wo er recht hatte …

»Spuck's aus, Noah.« Sein Tonfall war beiläufig, doch in seinen hellgrünen Augen blitzte Sorge auf.

Anthony war der einzige Mensch, den ich seit damals wirklich an mich rangelassen hatte. Er hatte sich auf der Erstsemesterparty vor inzwischen über zwei Jahren an mich gehängt und nicht lockergelassen, bis ich aufgetaut war. Ich wusste nicht, was er in dem mürrischen Kerl an der Bar gesehen hatte, aber er war seitdem nicht von meiner Seite gewichen. Vielleicht weil wir beide ganz in Schwarz dort aufgekreuzt waren und niemanden gekannt hatten, während die anderen Studenten sich bereits in Cliquen bewegten.

»Was ist deine Ausrede?«, hatte er mich gefragt und mir einen Shot in die Hand gedrückt. »Ich bin über die Restplätze ins UCL gekommen und gestern Nacht von Edinburgh hergefahren. Deshalb hab ich keine Freunde. Und du?«

»Ich hab's nicht so mit Menschen«, war meine wenig geistreiche Antwort gewesen, doch er hatte nur gelacht und »Das sind mir die Liebsten!« gerufen. Es war harte Arbeit gewesen, mich zu knacken, das betonte er oft und gerne, aber schließlich hatte ich kapiert, dass dieser Kerl mein Leben deutlich erträglicher machen würde.

Ich wich seinem Blick aus und kippte das Bier wie Wasser in mich rein.

»Soll ich raten?«

Hastig schüttelte ich den Kopf, doch die Frage schien rhetorisch gemeint gewesen zu sein.

»Deine Eltern?«

Erneutes Kopfschütteln.

»Die Mädels?«

Ich umklammerte die Dose so fest, dass sie zwischen meinen Fingern nachgab. Dann würgte ich ein einziges Wort hervor.

»Olivia.«

»Was?«

»Du hast mich verstanden.« Aus den Augenwinkeln beobachtete ich, wie seine Brauen in die Höhe schossen. Anthony kannte nicht die ganze Geschichte. Niemand kannte die ganze Geschichte. Aber das, was er in ein paar sehr hochprozentigen Nächten aus mir herausgequetscht hatte, reichte aus.

»Was ist mit ihr?«

»Sie saß auf meiner Couch. In meinem Wohnzimmer.« Jetzt musste ich ihn doch anschauen, um mich zu vergewissern, dass er verstand. »Die haben sie als neue Mitbewohnerin angeschleppt.« Meine Stimme brach, also setzte ich die Dose erneut an und trank sie in einem Zug leer.

»Wie meinst du ... Hey, willst du nicht ein bisschen langsamer machen?«

Ich bedachte ihn mit einem vernichtenden Blick.

»Wie meinst du das, sie haben sie angeschleppt?«

»Matilda und Briony. Saßen mit ihr im Wohnzimmer und haben meinen Whisky getrunken.«

Langsam schüttelte er den Kopf. »Wie lang ist es her, dass ihr …« Er musste den Satz nicht vervollständigen.

»Fast drei Jahre«, flüsterte ich. Ich hatte mich gegen den Studienplatz am UCL entschieden, an dem wir uns damals zusammen beworben hatten, und mich stattdessen an der University of Westminster, kurz UoW, eingeschrieben.

Ich schwang mich aus der Hängematte. Alles drehte sich, aber das machte nichts. Ich steuerte die Küche an und stellte mich auf Zehenspitzen, um das Regal zu erreichen, auf dem sich Anthonys Alkoholvorrat befand.

»Okay, okay, lass uns mal ganz logisch an die Sache rangehen. Es gibt für alles eine Erklärung.«

»Was für eine Erklärung, Tony? Und was soll mir eine beschissene Erklärung bringen? Ich will sie nicht sehen, ich will nichts von ihr hören, ich will nicht daran denken, was ich in den letzten Jahren verpasst habe. Was ich jeden verfluchten Tag verpasse. Ich will sie nicht in meinem Leben. Ist das so schwer zu verstehen?«

Mit einer Bombay-Sapphire-Flasche und einem staubigen Glas in der Hand wandte ich mich wieder ihm zu. »Darf ich?«

Anthony nickte und machte dabei ein Gesicht, als wäre die Frage eine Beleidigung, doch die Sorge in seinen Augen blieb.

»Wie hat sie reagiert?«, fragte er leise, während ich mir zwei Fingerbreit einschenkte, ohne mir die Mühe zu machen, nach irgendwas zum Mischen zu suchen.

»Sie hat gezittert wie eine Wahnsinnige. Hatte Schiss vor

mir.« Das bittere Gin-Aroma brannte auf der Zunge, als ich das Glas exte. Es verschaffte mir nicht die erhoffte Erlösung. »Sie sah aus wie damals. Und dann wieder überhaupt nicht. Hat mich angeschaut, als würde sie mich nicht richtig erkennen …«

»Na ja, du hast dich auch ziemlich verändert in den letzten Jahren, oder?«

Mein Bartwuchs hatte eingesetzt, mein Körper war muskulöser, und die Tattoos hatten sich vermehrt. Aber die wahre Veränderung, die, von der er sprach, hatte nicht an der Oberfläche stattgefunden.

»Ich pack das nicht, Tony.« Der Alkohol würde nicht helfen. Und das ganze Desaster zu Tode analysieren auch nicht. Es gab nur eines, was ich tun konnte, um nicht den Verstand zu verlieren.

Er öffnete den Mund, wollte etwas sagen, doch da zog ich schon mein Handy aus der durchweichten Hosentasche.

»Hast du was zum Laden?«

Stumm kramte er ein Ladekabel aus dem Schrank neben der Matratze, die als Bett fungierte, und hielt es mir hin.

Kaum hatte ich das Handy daran angesteckt, blinkte mein Bildschirm auf. Mum hatte mir unzählige Nachrichten hinterlassen, und auch im WG-Chat ging es rund, aber weder das eine noch das andere konnte ich jetzt verkraften. Ich schaltete sie stumm und scrollte weiter nach unten.

Genau in dieser Sekunde vibrierte mein Handy und kündigte eine neue Nachricht an.

Grace: Hi, was treibst du so? Mein alter Chef hat 'nen Laden in Camden übernommen, und heute ist Eröffnungstag. Drinks gehen auf ihn 😉

Meine Lippen verzogen sich wie ferngesteuert zu einem Grinsen, auch wenn mein Magen noch immer Karussell fuhr. »Tony?«

»Hm?«

»Was hältst du davon, wenn wir dir heute noch einen Orgasmus besorgen?«

3. KAPITEL

Someone you loved

LIV

Ich vertrug keinen Alkohol. Hatte ihn nie vertragen. Nach zwei Drinks war immer Schluss, wenn ich am nächsten Tag ohne Filmriss und in meinem Bett anstatt neben der Kloschüssel aufwachen wollte. Cider und Weißwein waren schon grenzwertig, aber Whisky ... Whisky war gefährliches Terrain.

Eine Tatsache, die mich nicht davon abhielt, an meinem inzwischen vierten Glas zu nippen. Die Eiswürfel ließen wir diesmal weg – ich schmeckte sowieso nichts mehr.

»Vielleicht solltest du ein bisschen langsamer machen«, vernahm ich Brionys besorgte Stimme.

»Vielleicht sollte sie nach diesem Scheißtag alles andere als langsam machen«, widersprach Matilda und umschlang ihre Knie mit einem Arm. »Und uns lieber erzählen, was das gerade war.«

Es fiel mir ziemlich schwer, ihre Gesichter zu fokussieren. Dafür hatte das Zittern abgenommen, das wertete ich als Erfolg.

»Mrs. Seymour hat mir übrigens schon um die zehn

Nachrichten geschickt, wie sehr sie sich freut, dich wiederzusehen, und wann wir sie zurückrufen wollen.« Sie hob ihr Handy in die Höhe.

»Bitte«, krächzte ich. »Bitte nicht.«

Briony warf ihrer Mitbewohnerin einen vorwurfsvollen Blick zu.

Matilda seufzte, begann dann aber eifrig zu tippen. »Ich schreib ihr, dass wir gerade ein technisches Problem haben und uns die Tage melden, okay?«

Mit aller Kraft rang ich mir ein Nicken ab.

Wieso freuten sie sich darüber, mich zu sehen, wenn ihr Sohn jeglichen Kontakt zu mir abgebrochen hatte? Hieß das, sie wussten genauso wenig wie ich?

Ich schaute zwischen den Gesichtern vor mir hin und her. Neugierde, Besorgnis und wieder Neugierde. Der Rand meines Sichtfelds franste aus, vibrierte, nur um sich eine Sekunde später wieder scharf zu stellen.

»Hattest du was mit ihm?«, überlegte Matilda laut, woraufhin Briony sie in die Seite stieß.

»Lass sie doch mal eine Sekunde in Frieden!«

Matilda seufzte. »Du hast recht. Sorry, Liv. Ich bin echt 'ne Katastrophe, keine Ahnung, wie das später mal werden soll, wenn ich richtige Patienten habe …«

Vielleicht lag es am Whisky, der mir endgültig in den Kopf gestiegen war und meine Zunge lockerte. Vielleicht hatte ich die Geschichte in meinem Kopf auch einfach so lange unter Verschluss gehalten, dass sie jetzt rausmusste.

»Er … Er war mein bester Freund«, wisperte ich, während ich die goldbraune Flüssigkeit in meinem Glas fixierte. »Wir sind zusammen in Bath aufgewachsen und haben jede freie Minute miteinander verbracht. Man kannte uns praktisch nur im Doppelpack.«

»Noah? Noah und du?« Brionys Stimme klang schrill.

»Seymour hatte echte Freunde?«, schob Matilda sarkastisch hinterher, was ihr einen erneuten Stoß von ihrer Freundin bescherte. Doch seltsamerweise half mir ihr Verhalten mehr als Brionys Fassungslosigkeit.

»Er war mein erster Nebensitzer in der Grundschule, und er ist es geblieben, bis wir zwölf Jahre später unseren Abschluss machten. Unsere Eltern sind am Anfang ein bisschen an uns verzweifelt, weil wir nie Interesse an anderen Kindern hatten. Wenn wir zusammen waren, befanden wir uns in einer Blase. Als würden wir eine geheime Sprache sprechen, die niemand außer uns beherrschte. Ich erzählte ihm, was mein rebellischer Bruder wieder verbrochen hatte, er mir im Gegenzug, wie seine Eltern ihm auf die Nerven gingen. Familiendramen, die erste Verknalltheit, fiese Kommentare unserer Klassenkameraden, Träume und Wünsche – wir haben alles geteilt. Genau wie die Leidenschaft fürs Schreiben. Ich weiß nicht, wer wen zuerst damit angesteckt hat oder ob es gleichzeitig bei uns anfing. Jedenfalls hat er sich immer die abstrusesten Geschichten ausgedacht, während ich am liebsten Leute interviewt und Berichte darüber verfasst habe. Wir verstanden uns blind. Es gab nichts, womit ich nicht zu ihm kommen konnte. Erst als wir ins Teenageralter kamen, freundeten wir uns mit anderen an. Aber unsere Freundschaft hat nie darunter gelitten. Unser Verhältnis ist die ganzen Jahre unverändert geblieben, auch wenn natürlich überall das Gerücht kursierte, wir seien ein Paar. So … So war es aber nie zwischen uns. Wir waren einfach seelenverwandt, der eine konnte ohne den anderen nicht richtig existieren.«

Ich verstummte. Erst als das letzte Lied der Platte verklang und eine unheimliche Stille in jede Ritze des Raumes kroch, spürte ich die verräterischen Tränen in mir aufsteigen, die mich heute wohl nicht mehr in Ruhe lassen würden. Trotzdem war es eine Erleichterung, die Worte ausgesprochen zu haben.

Briony erhob sich und flitzte in ihr Zimmer, nur um gleich darauf mit einer Taschentuchbox wieder aufzutauchen.

Dankbar griff ich danach und putzte mir die Nase.

Matilda schien es unterdessen die Sprache verschlagen zu haben.

»Was ist passiert?«, hauchte Briony, nachdem sie sich wieder mir gegenüber niedergelassen hatte.

Ich schluckte den schmerzhaften Kloß in meinem Hals herunter. »Mein Bruder ist passiert. Riley. Ich hatte nie das beste Verhältnis zu ihm, er war ein Jahr älter als …« Verdammt noch mal, wie schwer konnte es sein, einen Namen auszusprechen? »… als Noah und ich und hat mich immer wie Platzverschwendung behandelt. Niemand wusste, was mit ihm los war; er hat meinen Eltern nur Sorgen bereitet. Alkohol, Gras, härteres Zeug. Nichts war ihm genug. In seinem Abschlussjahr hatte er mehr Fehltage als ich in meiner gesamten Schulzeit. Es war ein Wunder, dass er überhaupt durchgekommen ist. Nur … Nur Noah hatte aus irgendeinem Grund einen guten Draht zu ihm. Hat am Ende nur leider auch nichts gebracht.« Mit wütenden Bewegungen wischte ich mir über die Wangen. »In der Nacht unseres Abschlussballs ist er bei einem Motorradunfall verunglückt. Er hat sich überschlagen und ist über eine Brücke gestürzt. Es war sein eigenes Verschulden, er war sturzbesoffen.«

Meine beiden Zuhörerinnen sogen scharf die Luft ein.

Ich blinzelte zu ihnen hoch und biss mir auf die

Unterlippe. Das Entsetzen sprang mir selbst durch den Alkoholnebel überdeutlich aus ihren Gesichtern entgegen. In einer anderen Situation, an so ungefähr jedem anderen Tag hätte ich mich dafür verflucht, dass ich ihnen Rileys Geschichte auf die Nase band. Ein toter Bruder machte sich nie gut, wenn man neue Freundschaften schließen wollte. Nicht dass ich eine Spezialistin auf dem Gebiet war. Die meisten Menschen in unserem Alter wollten nichts mit dem Thema zu tun haben und waren so schockiert, dass ihnen entweder die Worte fehlten oder sie schnell das Gespräch auf etwas anderes lenkten. Verdenken konnte ich es niemandem, auch wenn es sich manchmal anfühlte, als würde der Schmerz dadurch noch schlimmer werden, weil ich immerzu das Gefühl hatte, ihn verstecken zu müssen. Doch meine Fassade war spätestens mit dem letzten Whisky in sich zusammengebrochen, und ich war nicht mehr in der Lage, irgendetwas herunterzuspielen. Außerdem würde diese Freundschaft hier ohnehin von kurzer Dauer sein.

»Auf seiner Beerdigung ... Auf Rileys Beerdigung hat Noah zum letzten Mal mit mir gesprochen. Meine Erinnerung daran ist verschwommen, so wie die nächsten paar Wochen, aber an diesen einen Moment erinnere ich mich genau, weil ich ihn anschließend Millionen Mal in Gedanken durchgegangen bin.«

»Oh Gott, das tut mir so unendlich leid«, sagte Briony schniefend. Als dicke Tränen über ihre Wangen kullerten, wandte ich hastig den Blick ab.

»Wie ... Wie meinst du das?« Matilda schaute mich verständnislos an, doch ihre Augen blieben glücklicherweise trocken. Wenn überhaupt klang sie wütend, nicht bedauernd. »Was meinst du damit, er hat zum letzten Mal auf der Beerdigung mit dir gesprochen?«

Ich lächelte bitter. »Er hat den Kontakt zu mir abgebrochen. Meine Nummer blockiert, sich geweigert, mit mir zu sprechen, als ich wieder und immer wieder vor seinem Haus aufgetaucht bin. Und irgendwann habe ich aufgegeben.«

Schweigen.

»Was zur Hölle?«, rief Matilda schließlich, schnappte sich die leere Flasche und stürmte in die Küche, wo sie einen Schrank aufriss, in dem mehrere bunte Etiketten aufblitzten. »Wir wussten ja immer, dass er ein Riesenarschloch ist, aber damit schießt er echt den Vogel ab!«

Briony beugte sich vor und sah mich so lange an, bis ich gezwungen war, ihr in die feuchten Augen zu schauen. »Bitte sag Bescheid, wenn ich dir zu nahe trete und aufhören soll, mich in deine Angelegenheiten einzumischen, aber glaubst du … die Trauer war zu viel für ihn?«

Ich hob nur die Schultern. Diese Frage hatte ich mir unzählige Male gestellt.

»Für *ihn*?« Matilda hatte sich wieder zu uns gesellt. Ihre Stimme überschlug sich, als sie eine verschlossene Rumflasche auf dem Tisch abstellte und ihre Freundin vorwurfsvoll ansah. »Bei allem Verständnis, *ihr* fucking Bruder ist gestorben. Nicht seiner.«

»Aber Liv meinte doch grade, Noah war der Einzige, der sich gut mit ihm verstanden hat.«

»Stehst du etwa auf der Seite dieses Mistkerls?«

»Du bist die Psychologin unter uns. Solltest nicht du diejenige sein, die objektiv alle Seiten beleuchtet, bevor sie urteilt?«, entgegnete Briony behutsam. »Niemand wird als Arschloch geboren, das predigst du doch sonst immer.«

»Ausnahmen bestätigen die Regel, mein Herz!«

»Er war nie ein Arschloch«, sagte ich leise, während das Bild meines besten Freundes Noah gestochen scharf vor meinem inneren Auge erschien. Des richtigen Noah, nicht dessen, der mich mit Blicken erdolcht und mein Herz in tausend Teile zerschmettert hatte.

Wie oft hatte ich mir verboten, an ihn zu denken? Die Details waren anscheinend nie verloren gegangen, nur weil ich sie sorgfältig zusammengepackt und hinter Schloss und Riegel verbannt hatte. Zerrissene schwarze Jeans, Bandshirt, verwuscheltes aschblondes Haar und Anthrazitaugen. Grübchen in den Wangen, sobald ich den Raum betrat und er mich anstrahlte wie die gottverdammte Sonne an einem selten heißen Sommertag. Die längliche Narbe, die seine linke Augenbraue unterbrach und entstanden war, als er sich in der sechsten Klasse mit Jake geprügelt hatte, nachdem dieser sich über meine neue Frisur lustig gemacht hatte. Seine langen, immerzu mit Tintenflecken überzogenen Finger. Wir waren immer exakt gleich groß gewesen, doch als Teenager hatte er plötzlich einen Wachstumsschub hingelegt und war fast fünfzehn Zentimeter in die Höhe geschossen.

Und jetzt?

Wer war Noah Seymour jetzt?

Der Kerl von vorhin hatte einen Dreitagebart, breite Schultern und tattoobedeckte Arme unter dem Shirt – genau wie Riley. Damals hatte nur ein einziges Zitat aus Shakespeares *Twelfth Night* seine Haut geziert. Immerhin, Schwarz trug er nach wie vor.

Ich schluckte heftig. Drei Jahre. Drei Jahre hatten einen Fremden aus meinem Seelenverwandten gemacht. Es lag nicht daran, dass aus dem schlaksigen Jungen ein Mann geworden war, obwohl sein verändertes Aussehen tausend

Stromschläge durch meinen Körper geschickt hatte. Das vorhin, das war nie im Leben mein einfühlsamer bester Freund. Die verbittert zusammengepressten Lippen. Der unverhohlene Hass in den so vertrauten Augen. Die Verachtung in seinen Worten. Es waren nicht nur die Tattoos, die mich so sehr an meinen großen Bruder erinnerten. Es war auch die Art, sein ganzes Auftreten.

»*Unser Mitbewohner ist ein Arschloch ... Versagersohn ... Ohropax ... Alles anbaggert, was nicht bei drei auf den Bäumen ist ...*«

»Erzählt mir von ihm«, presste ich hervor. Mir war schlecht, trotzdem nippte ich wieder an meinem Whisky.

»Bitte?« Briony starrte mich mit großen Augen an, während Matilda sich einen großzügigen Schluck Rum einschenkte.

Es war absolut erbärmlich, aber tiefer als heute konnte ich ohnehin nicht mehr sinken.

»Ich will alles wissen«, sagte ich und schaffte es diesmal, ein wenig mehr Nachdruck in meine Stimme zu legen. »Alles, was ich verpasst habe.«

»Bist du sicher?«, fragte Briony und zog die feinen Brauen zusammen, doch Matilda nickte entschlossen.

»Verdient hat er es nicht, dass du dich für seine niederträchtige Existenz interessierst, aber mir würde es genauso gehen. Ich würde umkommen vor Neugierde.«

Doch so, wie mein Herz gegen meinen Brustkorb donnerte, fühlte es sich nicht wie Neugierde an. Eher wie eine Notwendigkeit. Josh, die Wohnungssuche, die Redaktionssitzung. Die Ereignisse des Tages zerfielen vor dem Hintergrund der Begegnung mit Noah zu Staub, wirbelten aus dem Fenster und in die Nacht. Das hier war meine einzige Chance. Vor drei Jahren hätte ich alles dafür gegeben, mit jemandem zu reden, der wusste, was in Noahs Leben vor sich ging.

»Er studiert kreatives Schreiben und englische Literatur an der University of Westminster. Verpennt wohl so ziemlich jede Vorlesung, kommt aber trotzdem irgendwie durch, weil er natürlich so furchtbar talentiert ist.«

Unschlüssig, ob ich lachen oder weinen sollte, starrte ich Matilda an. Noah und ich hatten uns gemeinsam beim UCL und ein paar anderen Unis in London und ganz Großbritannien beworben. In meinem ersten Semester hatte ich sogar die Teilnehmerlisten für die Creative-Writing-Kurse nach seinem Namen durchforstet und war zu dem Schluss gekommen, dass mein bester Freund in irgendeine andere Stadt abgehauen war. Und jetzt stellte sich heraus, dass wir all die Jahre keine fünfzehn Minuten voreinander entfernt studiert hatten?

Mit einem Mal war Rileys Stimme in meinem Kopf. Ich hatte das Gespräch zwischen Noah und ihm damals nur kurz belauscht, doch seine Worte waren für immer in mein Gedächtnis eingebrannt.

»Liv und du, ihr seid wie zwei Parallelen, Noah. Immer nah beieinander, ohne euch je zu berühren.«

»Er ist sich zu fein für Normalos«, riss mich Matildas Stimme zurück in die vernebelte Gegenwart. »Genau wie sein Hipster-Künstlerkumpel Anthony, der so ungefähr sein einziger Freund zu sein scheint.«

»Anthony ist kein Hipster«, fuhr Briony dazwischen, und obwohl ich gerade wirklich andere Sorgen hatte, bemerkte ich die Röte, die ihr bei den Worten in die Wangen stieg. »Und außerdem ist er im Gegensatz zu Noah nett.«

»Oh, ich bitte dich, der ist nur nett zu dir, weil du mit

dem Schauspielstudium in seine Künstler-Sekte passt. Ein Fuckboy ist er trotzdem, genau wie Seymour.«

»Er ist superaufmerksam«, überging Briony ihren bissigen Kommentar. »Letzte Woche, als er darauf gewartet hat, dass Noah seinen One-Night-Stand loswird, haben wir uns richtig gut bei einem Kaffee unterhalten.«

Nur eine einzige Information kristallisierte sich aus dem Wortwechsel der beiden für mich heraus und setzte sich tief in mir fest.

»Wie ... Wie viele One-Night-Stands hat er denn so?«

Jetzt sahen mich definitiv beide mitleidig an.

»Wir zählen nicht mit«, murmelte Briony nach einer kurzen Pause.

»One-Night-Stands sind ja absolut nichts Verwerfliches«, fügte Matilda schnell hinzu. »Und sie allein machen ihn auch zu keinem Arschloch. Aber er behandelt die Frauen absolut beschissen. Weißt du, wie viele Mädels wir schon trösten mussten, nachdem er sie flachgelegt und dann richtig respektlos rausgeschmissen hat? Manchmal mitten in der Nacht?«

Briony nickte bedrückt. »Wenn wir Zeit haben, gehen wir mit ihnen auf einen Drink in die Ginger Cat Bar unten.«

»Und ... Und was war das mit eurer ehemaligen Mitbewohnerin?« Ich hörte das leichte Lallen in meiner Stimme, konnte es jedoch nicht unterdrücken.

»Ach, Charlotte.« Matilda stöhnte auf und trank ihr Glas leer. Ihr schien die Menge an Alkohol nichts anhaben zu können. »Wir haben ihr vorm Einzug gesagt, dass sie sich bitte auf gar keinen Fall in den Mistkerl verlieben darf. Das war unsere einzige Bedingung. Wir haben mit offenen Karten gespielt.«

»Zu Noahs Verteidigung muss man sagen, dass ihre

Freundin echt eine doofe Ziege ist«, warf Briony ein. »Schläft im WG-Wohnzimmer ihrer besten Freundin mit dem Typen, mit dem diese ein paar Tage zuvor was hatte. Noah behauptet ja, er wusste nicht, dass Poppy und Charlotte befreundet sind.«

»Im Wohnzimmer?«, japste ich.

Matilda nickte schnaubend. »Der Typ ist so unverschämt. Nimmt null Rücksicht auf uns oder sonst jemanden. Selbst ich kriege es hin, meine Affären in meinem Zimmer zu besteigen, und so manch einer hat mir schon vorgeworfen, an einer Sexsucht zu leiden. Was nicht heißt, dass ich mein Gehirn ausschalte und sie mitten auf dem Boden vögeln muss …«

Brionys warnender Blick kam zu spät.

Das rote Teppichmuster zu meinen Füßen begann vor meinen Augen zu rotieren. Mein Magen rumorte. Ich krümmte mich, wehrte mich gegen die Bilder. Gegen mein verfluchtes Kopfkino. Nackte, schweißüberzogene Körper. Lautes Stöhnen. Ruckartige Bewegungen.

Mit einem Satz war ich auf den Beinen. »Toilette?«, brachte ich irgendwie hervor.

Alarmiert sprangen die beiden auf. Matilda deutete in Richtung Flur, wo sich auch die Schlafzimmer befanden. Ihre grünen Augen verdoppelten sich und tanzten auf und ab.

»Die Tür ganz am Ende des Flurs.«

Keine Ahnung, wie ich es ins Bad schaffte. Meine Umgebung flackerte vor mir auf, nur um kurz darauf von Finsternis verschluckt zu werden. Im nächsten Moment machten meine Knie Bekanntschaft mit den kalten Fliesen, und meine Finger umfassten die Kloschlüssel. Gerade noch rechtzeitig konnte ich mir die Haare hinter die Ohren streichen. Stück für Stück brach der ganze beschissene Tag aus mir heraus. Kalter Schweiß perlte von meiner Stirn, während Tränen mein Gesicht herabströmten.

Inmitten meiner endlosen Traurigkeit nahm ich eine Berührung an meinem Hinterkopf wahr. Finger, die mir die Haare aus der Stirn strichen und sie behutsam festhielten.

»Sch-sch, es ist alles okay, Süße. Alles okay …«

Nichts war okay. Trotzdem wirkten die Worte wie Balsam gegen den Schmerz, der mich immer weiter auseinanderzureißen drohte. Wer hätte gedacht, dass dieser Tag damit enden würde, dass ich mir im Badezimmer meines ehemaligen besten Freundes die Seele aus dem Leib kotzte, während sich zwei praktisch Fremde um mich kümmerten. Eines war jedenfalls klar: Dieses WG-Zimmer konnte ich mir abschminken. Matilda und Briony hatten sich nur so schnell für mich entschieden, weil sie überzeugt gewesen waren, ich würde mich nach meiner Trennung niemals in ihren Arschloch-Mitbewohner verlieben.

Eine Vermutung, mit der sie wohl recht behalten würden.

Ich konnte mich nicht in Noah Seymour verlieben, weil ich nämlich nie damit aufgehört hatte, ihn zu lieben.

4. KAPITEL

Petrified

NOAH

»Alter, bist du okay?«

Ich zog mich mit beiden Händen auf die Rückbank des geräumigen Vans und stimmte in Grace' Lachen ein, als sie sich geradewegs auf meinen Schoß fallen ließ, kaum dass ich mehr oder weniger sicher saß.

Unser Uber-Fahrer warf einen Blick über die Schulter und runzelte die Stirn. Vermutlich fragte er sich gerade, wie hoch die Wahrscheinlichkeit war, dass sich einer von uns in seinem Auto übergab.

Anthony der Charmeur kam direkt hinter Grace und reichte der schwarzhaarigen Schönheit, die er vorhin im Club aufgerissen hatte, eine Hand, um ihr ins Wageninnere zu helfen. Allerdings ohne mich dabei auch nur eine Sekunde aus den Augen zu lassen. Der Typ war manchmal schlimmer als meine Mutter.

»Alles gut, alles gut, mir geht's bestens«, beruhigte ich ihn und schenkte dem Fahrer ein gewinnendes Lächeln.

Dieser verdrehte die Augen. »Also erst Marylebone, dann Soho?«

Ich schlang meine Arme um Grace' Taille und nickte. »Yes, Sir!«

Ich hatte nicht gelogen. Es ging mir gut, auch wenn ich nicht genau wusste, wie ich aus dem Club gekommen war und wer das Uber gerufen, geschweige denn beschlossen hatte, dass es Zeit für die Heimfahrt war. Wahrscheinlich Tony.

Der beugte sich gerade über seine Begleitung, deren Namen ich vergessen hatte, zog die Tür zu und streifte sie dabei mit voller Absicht, was ihr ein Grinsen entlockte. Mir sollte es recht sein.

Irgendwann im Laufe des Abends hatte ich den Überblick verloren, wie viele verschiedene Shots ich gehabt hatte. Grace hatte uns nicht unter falschen Versprechungen in den Club gelockt, die Getränke waren tatsächlich alle umsonst gewesen. Was definitiv der Hauptgrund für meinen Zustand war. Mein Gleichgewichtssinn war praktisch nicht existent, und meine Umwelt sah wie weichgezeichnet aus. Doch der warme Körper auf meinen Oberschenkeln katapultierte mich in die Realität zurück. Langsam tastete ich mich mit den Fingerspitzen vorwärts, strich über ihren Lederrock und wanderte weiter zu ihrer Strumpfhose.

Sofort verspannte sich Grace und wandte mir das Gesicht zu. Ihr blumiges Parfum stieg mir in die Nase, und ich löste eine Hand von ihrer Hüfte, packte ihr Kinn und presste meine Lippen auf ihre. Mit einem Stöhnen krallte sie ihre Finger in meinen Arm, während sie den Kuss erwiderte.

Grace war schon oft meine Rettung gewesen. Wir kannten uns aus dem Philosopher's und waren für eine kurze Zeit Arbeitskollegen gewesen, bis sie während ihrer Schicht einen Gast in der Vorratskammer des Lokals gevögelt hatte und dabei erwischt worden war. Unsere Chefin hatte sie rausgeworfen, aber der Kontakt zwischen uns war nie abgerissen. Sie jobbte mal hier, mal da, kannte praktisch die ganze Gastroszene Londons und war immer zur Stelle, wenn ich meine Gedanken in Alkohol oder in ihr ertränken musste. Wir hatten Spaß miteinander – nicht mehr und nicht weniger –, und sie hatte mir von Anfang an klargemacht, dass sie an nichts anderem interessiert war.

Unsere Zungen kämpften miteinander, als sie sich auf meinem Schoß zu bewegen begann. Augenblicklich war meine Hose viel zu eng.

»Heee, Kinder, was wird das hier?«, drang Anthonys Stimme wie aus weiter Ferne in mein Bewusstsein. »Könnt ihr euch keine zehn Minuten zusammenreißen?«

Widerstrebend löste ich meine Lippen von Grace' und warf meinem besten Freund einen genervten Blick zu. Er hielt die Hand seiner Eroberung und strich ganz langsam mit dem Daumen über ihren Handrücken, doch sein Blick ruhte nach wie vor auf mir.

Normalerweise war Anthony der beste Wingman der Welt. Es fiel ihm kein bisschen schwer, Frauen anzuquatschen, und wir kamen uns auch nie in die Quere, weil er im Gegensatz zu mir nicht nur auf der Suche nach einer schnellen Nummer war. Er bezeichnete sich zwar als beziehungsunfähig, was angesichts seiner Vergangenheit mehr als verständlich war, aber Sex war für ihn nicht lediglich Mittel zum Zweck. Es musste eine *Bedeutung* haben, er musste eine Verbindung zu seinen Partnerinnen spüren, selbst wenn es nur für eine Nacht war. Was auch immer das heißen mochte.

Mein Blick streifte die Schwarzhaarige. Ich konnte förmlich hören, wie ihr Herz brach, wenn er sie in Kürze abservierte. Gerade wirkte sie allerdings genauso genervt wie ich. Konnte er sich nicht um sie kümmern, anstatt den Kontrollfreak raushängen zu lassen? Hätte ich ihm bloß nichts von der ganzen Scheiße in der WG erzählt …

»Meintest du vorhin nicht, ich soll aufhören, so ein Spießer zu sein?«, fragte ich ihn mit erhobenen Augenbrauen.

Ein paar Sekunden lieferten wir uns ein Starrduell, bevor er knapp nickte und sich von mir abwandte. Draußen zog gerade der Regent's Park an uns vorbei, es konnte also nicht mehr weit zur Wohnung der Schwarzhaarigen sein.

Den ganzen Abend lang hatte ich verdrängen können, dass es überhaupt ein Problem gab, doch die Sorge in seinem Gesicht brachte jedes Detail zurück. Entschlossen verbannte ich das mulmige Gefühl, das sich in mir auszubreiten drohte, in die hinterste Ecke meines Verstands und widmete mich wieder Grace, während das Auto die viel befahrene Albany Street verließ und in eine ruhigere Gegend abbog.

Erst als wir hielten und die Schwarzhaarige schon die Beifahrertür öffnete, löste ich mich von Grace' Mund und schob sie ein Stück von mir, um an meine Hosentasche zu gelangen.

»Warte«, rief ich Anthony hinterher, der sich gerade beim Fahrer bedankte und Anstalten machte, ebenfalls auszusteigen. Wenn er das Uber bestellt hatte, hatte er auch dafür gezahlt. Im Gegensatz zu mir hatte er keine Eltern, denen eine Wohnung in London gehörte und die ihn jederzeit mit Kohle versorgten, wenn es mal wieder knapp wurde. Ich hielt ihm einen Zwanziger hin. »Nimm das, du sollst nicht alles zahlen.«

Seine Augen wurden schmal. »Halt die Klappe, Noah!«

Ohne zu schwanken, sprang er nach draußen, legte

einen Arm um die Schultern seiner Begleitung und schlug die Tür ein bisschen zu fest hinter sich zu. Sein roter Haarschopf schimmerte im Schein der Straßenlaternen, als wir uns wieder in Bewegung setzten.

Ich stöhnte auf.

»Was ist denn mit dem los?«, fragte Grace mit einem Kichern, aber ich schüttelte bloß den Kopf, packte ihr Gesicht und machte dort weiter, wo wir aufgehört hatten.

Um Anthony würde ich mich morgen kümmern. Zuerst musste ich dafür sorgen, dass ich dem Abgrund entkam.

Die Haustür fiel geräuschvoll hinter uns ins Schloss.

Ich zerrte Grace die Jacke von den Schultern, bevor ich mit meiner weitermachte. Achtlos ließ ich sie zu Boden fallen.

Ihr Gesicht im Halbdunkel war lustverzerrt, die kinnlangen blonden Locken hingen ihr wild ins Gesicht, als sie ihre Schuhe von den Füßen kickte und nach meinen Schultern griff, um sich zu mir hochzuziehen.

Ich ging ein wenig in die Knie, ließ meine Hände unter ihren Hintern wandern und hob sie kurzerhand hoch. Sofort schlang sie Arme und Beine um mich, und unsere Lippen verschmolzen, während ich sie durch den Flur und das Wohnzimmer trug.

Außer unseren schnellen Atemzügen herrschte Stille in der WG. Nichts deutete auf das hin, was sich gerade mal vor wenigen Stunden hier abgespielt hatte. Morgen früh würde ich aufwachen, und alles würde wie immer sein. Auf dem Weg in mein Schlafzimmer gab ich mir sogar Mühe, den am lautesten knarzenden Holzdielen auszuweichen, um Briony und Matilda nicht beim Schlafen zu stören. Sollten sie noch einmal sagen, ich nähme keine Rücksicht …

Grace wich zurück, um sich ihr Shirt auszuziehen, und ließ mit einem leisen Stöhnen den Kopf in den Nacken fallen, als ich meine Lippen auf ihr Dekolleté senkte.

Mit dem Rücken stieß ich die angelehnte Tür zu meinem Schlafzimmer auf und steuerte im Dunkeln mein Bett an. Ich brauchte kein Licht. Ich kannte ihren Körper inzwischen, und selbst wenn ich es nicht getan hätte, wäre es mir scheißegal gewesen. Das war der Grund, wieso es eine schlechte Idee war, sich auf mich einzulassen, wenn man sich mehr erhoffte: Sex war eine Droge für mich. Nicht mehr und nicht weniger.

Ich ließ Grace auf die Matratze fallen und machte mich an meiner Hose zu schaffen, während sie sich den Rock von den Hüften zog.

»Wir haben's viel zu lang nicht mehr getrieben«, hauchte sie. Ihre Stimme zitterte vor freudiger Erwartung.

Mit einem Grinsen legte ich mich auf sie, die Ellenbogen rechts und links von ihrem Kopf abgestützt. Mein Ständer drückte gegen ihren Unterleib, was ein Schaudern durch ihren Körper jagte.

»Und du hast mich auch vermisst, wie ich sehe.« Sie zog mich zu sich herunter, und ich erstickte ihr Lachen in einem Kuss. »Muss ich leise sein?«, fragte sie, als wir uns schwer atmend voneinander lösten und ich mich von ihr runterrollte, um eine Hand in ihren Slip gleiten zu lassen.

»Du musst gar nichts, Baby.«

Ich machte so lang weiter, bis ihr Körper unter mir zu Wachs wurde und ihre Nägel sich schmerzhaft in meine Haut bohrten. Sie stöhnte lauter und wand sich immer heftiger unter meinen Berührungen, was genau das bewirkte, was ich jetzt benötigte: vollkommenen Gedankenstillstand. Weißes Rauschen in meinem Kopf. Nur dieses

Bedürfnis. Die Lust. Nichts machte mich mehr an als diese Macht. Wenn sie mir hilflos ausgeliefert war und ich sie quälte, nur um sie in der nächsten Sekunde in den Himmel zu befördern.

Erst als sie meinen Namen stöhnte und zum letzten Mal erzitterte, drehte ich mich zur Seite und tastete nach der Nachttischschublade. »Das waren nicht mal fünf Minuten«, raunte ich ihr zu, zog die kleine Plastikverpackung heraus und riss sie auf. »Neuer Rekord?«

»Bald bringst du mich schneller zum Kommen als ich mich selbst, du Mistkerl«, murmelte sie, immer noch benommen. Als ich mich meiner Boxershorts entledigt hatte und mir das Kondom überziehen wollte, umfasste sie mein Handgelenk und suchte im Halbdunkel meinen Blick. »Willst du nicht auch?« Sie führte meine Hand zu ihren Lippen, fuhr mit der Zungenspitze über meinen Zeigefinger, bevor sie ihn vollständig in den Mund nahm und daran saugte.

Scharf sog ich die Luft ein. »Wenn du so fragst …« Ich ließ mich in die Kissen fallen.

Sobald ihr Orgasmus endgültig abgeklungen war, richtete sie sich auf, zog den Slip aus und beugte sich kniend über mich. Ich platzierte eine Hand auf ihrem Hinterkopf, während sie sich meine Brust hinabküsste.

Als sich ihr feuchter Mund um meine Eichel schloss, fielen meine Augen wie von alleine zu. Gott, war das gut. Wer brauchte schon Drogen, wenn es Blowjobs gab?

Hinter meinen Augenlidern explodierten die verschiedensten Rottöne, begannen ineinander zu verlaufen, sich zu drehen, schneller, erbarmungsloser. Hätte ich die letzten zwei Drinks mal besser weggelassen …

Ich atmete tief durch, versuchte mich auf das Gefühl

zwischen meinen Beinen zu konzentrieren, auf das Pulsieren, auf die Erregung. Grace nahm jetzt auch ihre Hand hinzu, es fühlte sich fantastisch an, verdammt.

Komm schon, Noah. Komm schon, du Idiot. Reiß dich zusammen. Das wolltest du doch die ganze Zeit. Das ist das Einzige, was dir jetzt hilft.

Zwecklos. Die Stimme meines Vaters hallte in meinem Kopf wider, plärrte von allen Seiten auf mich ein.

»Liv Averill? Bist du das?«

»Liv Averill?«

»Liv?«

Tiefbraune Augen, panisch aufgerissen. Zitternde Schultern. Entsetzen. Verzweiflung. Schmerz.

Ich zwang meine Lider auseinander. Die Farben blieben, änderten ihre Richtung, setzten sich zu einem Bild zusammen. Zu einem Gesicht, das mich für immer in meinen Träumen heimsuchen würde.

Meine Hände zuckten zu Grace' Schultern.

»Hör auf!« Die Worte waren mir entwichen, bevor ich mir einen Reim darauf machen konnte.

Sie hob den Kopf, gab mich frei. Ich fühlte es, doch sehen konnte ich sie nicht. Ich sah nur Liv. Überall Liv, verfluchte Scheiße.

»Willst du schon vögeln?«, fragte Grace leicht verwirrt. Natürlich war sie verwirrt, sie hatte noch nicht mal richtig angefangen.

Mehr als ein Kopfschütteln brachte ich nicht zustande. Es war doch alles okay. Das vorhin war nur ein dummer Zwischenfall gewesen. Nicht von Bedeutung. Sobald die Sonne aufging, war mein Leben wieder normal. Wieso zum Teufel konnte sie mich nicht einfach in Ruhe Sex haben lassen?

»Soll ich was anders machen?«

»Nein, verdammt«, entfuhr es mir härter als beabsichtigt.

Endlich kam mein in sanftes Mondlicht getauchtes Schlafzimmer zurück, verschluckte das Gesicht und gab den Blick auf die Umrisse der realen Frau vor mir frei, die sich mit verletzter Miene aufsetzte.

»Ich … Ich bin zu besoffen, sorry«, schob ich hastig hinterher. Dann griff ich nach meinen Boxershorts, zog sie mir über und flüchtete ins Badezimmer.

Nachdem ich mir eiskaltes Wasser ins Gesicht gespritzt hatte, starrte ich mir eine ganze Minute im Spiegel in die Augen. Von wegen betrunken. Mit einem Mal fühlte ich mich stocknüchtern.

Vielleicht hätte ich vorhin doch lieber das Licht einschalten und meine Vorstellungskraft nicht sich selbst überlassen sollen. Wie bescheuert war ich eigentlich? Es war nicht mal eine Sexfantasie. Nur ein Gesicht.

Doch mit ihrem Gesicht tauchte noch ein anderes auf. Die Details waren nie verblasst, obwohl ich meine ganze Energie darauf verwendet hatte, es zu verdrängen.

»Bist du verknallt in sie?« Seine Augen waren haselnussbraun. Er hatte sich die Kapuze über die Locken gestülpt, um lässig zu wirken. Und um Distanz zwischen ihm und seinen Mitmenschen zu schaffen. Das tat er immer, wenn er sich unwohl fühlte. Auch sein Tonfall klang lässig, doch ich hörte noch etwas anderes heraus. Etwas Gequältes.

»Was redest du da für einen Müll?«, gab ich so emotionslos wie möglich zurück und beschleunigte meine Schritte.

»Mir kannst du's sagen, ich werd' ihr schon nichts verraten. Wir reden ja sowieso kaum miteinander.«

Abrupt blieb ich stehen. »Sie *will mit dir reden. Sie vermisst dich. Warum musst du immer so unausstehlich zu ihr sein?*«

Er schnaubte. »*Du bist so was von verknallt in sie, Noah.*«

»*Lenk nicht ab!*«

Mit zusammengekniffenen Augen betrachtete er mich. »*Weil sie eine Nervensäge ist, die keinen Spaß versteht. Deshalb will ich nichts mit ihr zu tun haben.*«

»*Das Gerede kannst du dir bei mir sparen. Ich will die Wahrheit hören.*«

»*Alles klar. Wenn du zuerst etwas für mich tust.*« *Herausfordernd grinste er mich an.*

Ich verdrehte die Augen. »*Ich hab dir schon zigmal gesagt, dass ich dir das Zeug nicht besorge, Riles. Ich will nichts mit dem Mist zu tun haben.*«

»*Liv hat dich mit ihrem Spießergetue schon angesteckt, was?*«

Statt auf seinen bissigen Kommentar einzugehen, setzte ich mich wortlos wieder in Bewegung.

»*Es geht nicht ums Weed*«, *fuhr er fort, während er sich bemühte, mit mir Schritt zu halten.* »*Versprochen.*«

»*Was willst du von mir?*«

Für einen Moment flackerte etwas in seinen Augen auf, und er starrte mich mit einer seltsamen Intensität an, dann wandte er ruckartig den Kopf ab und zuckte mit den Schultern. »*Dasselbe wie du: die Wahrheit. Liebst du sie?*«

»Lass mich in Ruhe«, flüsterte ich gefährlich leise. »Lass mich in Ruhe, lass mich in Ruhe, *lass mich in Ruhe*!«

Hervorragend, jetzt redete ich auch noch mit mir selbst. So weit hatte sie mich gebracht.

Ich gab mir eine Ohrfeige und beugte mich übers

Waschbecken, bis der Spiegel von meinem Atem beschlug. Ich würde jetzt in mein Zimmer gehen und es Grace besorgen. So wie immer.

Auf Zehenspitzen lief ich zurück, schlüpfte ins Zimmer und schloss die Tür hinter mir, bevor ich den Lichtschalter betätigte. Kein Risiko eingehen. Doch als ich mich meinem Bett zuwandte, sah ich keine Frau, die darauf wartete, dass ich endlich mit ihr schlief. Grace lag mit einem Kissen zwischen den Armen auf der Seite und schnarchte leise.

Erleichterung durchflutete mich, und als ich das realisierte, hätte ich mich am liebsten erneut geohrfeigt. Mit einem Seufzen schaltete ich das Licht wieder aus und kroch neben ihr unter die Bettdecke.

Erst als rotgoldene Streifen den Nachthimmel ablösten und ich immer noch wach lag, gestand ich mir im Angesicht der Erschöpfung ein, dass ich mich in den vergangenen Stunden mal wieder von meinem Rausch hatte täuschen lassen. Es gab keine Höhenflüge mehr in meinem Alltag. Nicht so wie damals, als jeder Tag ein neues Geschenk gewesen war. Seit drei Jahren bestand mein Alltag nur noch aus Vergessen. Und auch ein neuer Tag würde meine Probleme nicht lösen. Genauso wenig wie Sex. Der Zufall hatte meine ehemalige beste Freundin zurück in mein Leben katapultiert, und nichts würde jemals wieder so sein wie zuvor.

5. KAPITEL

Jump into the heat

LIV

Ich schlug die Augen auf und bereute die Entscheidung sofort. Stechendes Sonnenlicht fiel durch zwei meterhohe Fenster ins Zimmer. Trotzdem richtete ich mich auf, wobei das Bild vor meinen Augen ruckelte und sich in einen seltsamen Winkel verschob. Ein schaler Geschmack machte sich in meinem Mund breit, irgendetwas drosch mit der Intensität eines Presslufthammers von innen auf meine Stirn ein, und mein Kopf war … leer. Absolute Finsternis. Ich hielt mir einen Arm vors Gesicht, um mich vor dem gnadenlosen Licht zu schützen. Seit wann schien in dieser verdammten Stadt die Sonne?

Kaum dass ich mich ein wenig an die Helligkeit gewöhnt hatte und wieder relativ klar sehen konnte, begann mein Herz zu rasen.

Wo war ich? Wie war ich hergekommen?

Mein Blick fiel auf den Kronleuchter über mir.

Tröpfchenweise sickerte die Erkenntnis in mein Gedächtnis, obwohl ich mich mit aller Macht dagegen wehrte. Ich wollte mich nicht erinnern. Nicht daran, wie Josh mit mir

Schluss gemacht hatte, wie mich Matilda heulend in der Bib vorgefunden, mich in die WG gebracht und ...

Himmel. Ich war in Noahs WG. Ich hatte mich mit seinen Mitbewohnerinnen abgeschossen und mich anschließend in ihre Toilette übergeben. Und dann?

Stöhnend ließ ich mich zurück auf die Matratze fallen. Keine Ahnung, was dann passiert war. Wahrscheinlich hatten mich die Mädels in das leer stehende Zimmer gebracht, damit ich meinen Rausch ausschlafen konnte.

Verdammt!

Ich presste mir eine Hand aufs Herz, als könnte ich es damit irgendwie beruhigen. Was zur Hölle war falsch mit mir? Warum hatte ich nicht die Flucht ergriffen, nachdem ich herausgefunden hatte, wer der vierte Mitbewohner war? Oder spätestens nach seiner Reaktion auf mich?

Leider setzte mein Blackout erst deutlich später ein. Leider konnte ich mich an jede schmerzhafte Kleinigkeit der gestrigen Begegnung erinnern. Er verabscheute mich und wollte nichts mit mir zu tun haben. Tränen schossen mir in die Augen, doch ich wischte sie wütend weg, bevor sie mir die Wangen hinablaufen konnten. Das war gerade mein kleinstes Problem.

Als ich einen weiteren Versuch starten wollte, mich aufzurichten – diesmal vollständig –, hörte ich die Stimmen. Sie schienen aus dem Zimmer nebenan zu kommen. Die Wände waren offenbar ziemlich dünn.

»Warum ich hier gepennt habe? Ist das dein Ernst?«, rief eine weibliche Stimme. Mein Kopf pochte zu sehr, als dass ich einordnen konnte, ob sie zu Matilda oder Briony gehörte.

»Wie oft noch? Ich hab keine Lust, dass wir zusammen in einem Bett schlafen!«, kam die ebenso laute Antwort. »Wir sind kein Scheißpaar!«

Ich zuckte heftig zusammen. Es bestand absolut kein Zweifel, zu wem die zweite Stimme gehörte. Egal wie verkatert ich war, ich hätte sie immer wiedererkannt.

»Leck mich!«, schrie die Frau zurück. »Du hast sie ja nicht mehr alle! Erst bekommst du keinen hoch, und dann bin ich schuld?«

»Verschwinde!«

Ich ignorierte meine steifen Glieder, ignorierte die Kopfschmerzen, schwang meine Beine über den Rand der Matratze. Noch bevor mir selbst richtig klar war, was genau ich vorhatte, stürzte ich zur Tür und riss sie auf. Gerade noch rechtzeitig, um mitzubekommen, wie ein blonder Lockenkopf an mir vorbeirauschte.

Die Frau trug einen schwarzen Lederrock und obenrum nichts als einen roten Spitzen-BH, der nur wenig Raum für Fantasie ließ. Sie suchte den Flur ab und bückte sich schließlich nach einem kleinen Stoffhaufen, der sich als winziges schwarzes Top herausstellte.

Warum lag ihre Kleidung im Flur …? Bloß nicht weiterdenken. Auch wenn ich jetzt nur ihre tätowierte Rückseite sehen konnte, wusste ich, dass sie hinreißend war.

Sie stürmte ins Wohnzimmer und blieb dort einen Augenblick stehen. »Guten Morgen, Mädels«, sagte sie mit unterdrückter Wut in der Stimme. »Ich hab keinen Schimmer, wie ihr mit diesem Arschloch zusammenwohnen könnt. Der Kerl ist für nichts außer fürs Vögeln zu gebrauchen, und selbst das kriegt er neuerdings nicht mehr hin!« Bei ihren letzten Worten war sie lauter geworden und hatte leicht den Kopf Richtung Flur gewandt – vermutlich um sicherzustellen, dass er sie auch ja nicht überhörte.

Wie festgewachsen verharrte ich im Flur, bis ein Kichern gefolgt von einem Seufzen ertönte und die Haustür zugeschlagen wurde. Erst als mir bewusst wurde, dass Noah jede Sekunde aus seinem Zimmer kommen konnte, setzte ich mich hastig in Bewegung.

»Hi, Schwester«, rief Matilda, als ich ins Wohnzimmer trat.

Es roch nach frischem Kaffee und gebratenem Speck. Mein Magen zog sich unsanft zusammen. Ich schaute an mir herunter. Wenn ich genauso aussah, wie ich mich fühlte, war ich eh verloren.

Dann blickte ich in das strahlende Gesicht von Matilda, die mit über der Lehne baumelnden Beinen und einer großen Tasse in der Hand in einem Sessel saß. Sie trug einen weiß-blauen Pyjama und hatte die dunklen Locken zu einem Dutt hochgetürmt. Hinter ihr kam Briony gerade aus der Küchennische – in demselben Kimono wie am Tag zuvor, die hellblonden Haare zu zwei Zöpfen geflochten. Sie hielt ein Tablett in den Händen, auf dem ich Orangensaft und etwas, das verdächtig nach Rührei mit Bacon aussah, entdeckte.

Einen Moment lang ließ ich die gesamte Szenerie einfach nur auf mich wirken. Offensichtlich und traurigerweise hatte ich mir den gestrigen Tag nicht bloß eingebildet.

»Morgen«, nuschelte ich. »Sorry, dass ich hier geschlafen habe.«

Verdutzt schauten die beiden mich an.

Briony stellte das Tablett ab. »Wieso entschuldigst du dich? Es wäre mehr als unverantwortlich gewesen, dich in dem Zustand alleine zu lassen.«

»Ja, du warst voll neben der Spur«, fügte Matilda mit einem breiten Grinsen hinzu und klopfte auf den Sessel neben sich. »Glaubst du, dein Magen verkraftet ein Frühstück?«

»Ich … Ich sollte besser gehen.«

Matilda sprang auf und war in zwei großen Schritten bei mir. Sie griff nach meinen Händen und führte mich, noch bevor ich in irgendeiner Form protestieren konnte, zu einem Sessel. »Du setzt dich jetzt erst mal schön und wirst richtig wach. Lass dich nicht so von dem Mistkerl verunsichern. Wir zwei genießen deine Anwesenheit nämlich sehr, stimmt's, Bry? Und damit sind wir eindeutig in der Überzahl.«

Briony nickte zustimmend.

»Seine Eltern sind aber die Vermieter«, flüsterte ich. Erst als ich die Gesichtsausdrücke der beiden erfasste, fiel mir auf, wie kontraproduktiv dieses Argument war.

»Tja, und die haben wir ebenfalls auf unserer Seite. Mrs. Seymour hat sich von meiner Ausrede gestern nicht beirren lassen«, kam es prompt von Matilda. »Sie hat mir wieder ein Dutzend Nachrichten hinterlassen und heute früh sogar angerufen. Ich soll dir ganz liebe Grüße ausrichten. Ungefähr hundertmal hat sie betont, wie toll sie es fände, wenn du einziehen würdest.«

Stöhnend schloss ich die Augen, während Briony sich einklinkte, auch wenn sie einen deutlich vorsichtigeren Ton anschlug als ihre Freundin. »Wir haben noch mal darüber gesprochen, Liv, und die Entscheidung liegt natürlich ganz bei dir, aber … ich glaube, es wäre eine gute Idee. Und auch ein guter Einfluss für Noah. Vielleicht taut er durch dich ein bisschen auf.«

Sofort schlug ich meine Augen wieder auf. »Ähm, sorry, aber habe ich mir den gestrigen Abend eingebildet? Hat mich der Alkohol halluzinieren lassen?« Diesmal vergaß ich, leise zu sein. »Er will nichts mit mir zu tun haben.« Nicht an das Mädel denken, nicht daran, wieso ihr Shirt im Flur lag, dass er sie quasi zwei Meter von mir entfernt ausgezogen hatte …

Die Übelkeit, die sich in den letzten Minuten ein wenig gelegt hatte, war schlagartig zurück. Ein heftiges Déjà-vu ergriff Besitz von mir. Zwei Mädchen hatte Noah damals vor meinen Augen geküsst. Erst Noemi in der sechsten Klasse, dann Freya in der elften. Und beide Male hatte es sich angefühlt, als würde mir jemand ein Messer ins Herz rammen und es ganz langsam umdrehen.

Josh. Josh sollte derjenige sein, der diese Gefühle bei mir auslöste. Er hatte sich von mir getrennt. Nicht Noah, verdammt noch mal.

Matilda sagte irgendwas, doch ihre Worte gingen im Knallen einer Tür und anschließenden polternden Schritten auf dem Flur unter.

Ich fuhr zusammen und schaute auf. Geradewegs in meine Verdammnis.

Mit angespanntem Kiefer und geblähten Nasenflügeln stand er im Wohnzimmer. Barfuß, in nichts als Boxershorts und einem schwarzen Shirt. Die Haare waren verwuschelt, sein Gesicht übermüdet. Sonnenlicht fiel durch das Balkonfenster und ließ seine Augen fast blau wirken. Die Ringe darunter erweckten den Eindruck, als seien sie in die Haut eingebrannt worden. Er war mindestens so verkatert wie ich. Oder übermüdet, weil er sich bis in die Morgenstunden mit dieser hinreißenden Frau vergnügt hatte. Obwohl, wenn ich ihren Worten Glauben schenkte, war nicht allzu viel zwischen den beiden passiert. Auch wenn das die Situation nicht wirklich verbesserte.

Ich schluckte schwer. Meine Hände waren binnen Sekunden schweißnass geworden.

»Wunderschönen guten Morgen! Willst du mit uns

frühstücken?«, fragte Matilda, bevor er auch nur den Mund öffnen konnte.

Noah beachtete sie nicht. Wie gestern hatte er den Blick auf mich geheftet, die Arme vor der Brust verschränkt. Doch heute spiegelte sich in seiner Miene nicht nur bloße Wut. Verzweiflung hatte sich daruntergemischt, gepaart mit einer gewissen Ungläubigkeit. Als hätte ein Teil von ihm angenommen, bei unserem Zusammentreffen habe es sich lediglich um einen bösen Traum gehandelt.

Der Mann vor mir war groß, deutlich größer als in meiner Erinnerung. Vor allem, wenn er sich so aufbaute, wie er es in diesem Moment tat. Die optische Veränderung hatte mich vor ein paar Stunden getäuscht, aber noch einmal würde mir das nicht passieren. Ich hatte über die Hälfte meines Lebens mit diesem Menschen an meiner Seite verbracht. Irgendwo da drinnen, hinter all den Tattoos, durchtrainierten Armen und zusammengebissenen Zähnen, steckte Noah.

Mein Herz schien mir aus der Brust zu springen, mir war immer noch schlecht, doch plötzlich war die Angst verschwunden. Wie im Zeitraffer sah ich die Jahre an mir vorbeirasen. Sah mich eingerollt in meinem Bett schluchzen, erst alleine, dann in Joshs Armen. Flehend, mein bester Freund möge zu mir zurückkommen und für alles eine Erklärung haben.

Wie konnte er es wagen? Wie konnte er es wagen, mich so zu behandeln?

»Ich dachte, ich hätte mich gestern klar ausgedrückt«, presste er hervor.

Ohne mir selbst eine Chance zu lassen, es mir anders zu überlegen, erhob ich mich, lief auf ihn zu und blieb erst stehen, als uns kaum mehr eine Armlänge trennte. Ich musste den Kopf leicht in den Nacken legen, um ihm richtig ins Gesicht sehen zu können.

Genau in diesem Moment ließ er seine Maske für den Bruchteil einer Sekunde fallen. Ich hatte ihn unvorbereitet erwischt. Ein Anflug von Panik flackerte in seinem Blick auf.

»Ach ja?«, fauchte ich. »Du meinst, nur weil dir etwas nicht passt, müssen alle nach deiner Pfeife tanzen?«

Gierig saugte ich seinen Anblick in mich auf. Die blonden Wimpernenden, die spröden Lippen, die Bartstoppeln an seinem Kinn, die im einfallenden Sonnenlicht golden schimmerten.

Für einen Moment schien er vollkommen perplex, doch es dauerte nicht lang, bis er sich fing. Ein spöttisches Lächeln erschien auf seinem Gesicht. Es war mir so fremd, dass ich mich beherrschen musste, nicht vor ihm zurückzuweichen.

»Die Wohnung gehört immer noch mir. Also ist es auch meine Entscheidung, wer hier einzieht.«

»Netter Versuch, Noah.« Ich hatte keine Ahnung, woher ich den Mut nahm, die Worte auszusprechen.

Er erstarrte, und sein Lächeln verblich. Seinen Namen aus meinem Mund zu hören, schien irgendetwas mit ihm anzustellen.

Keine Zeit. Damit würde ich mich später auseinandersetzen. Ich musste das hier zu Ende bringen, bevor meine Beine nachgaben und ich wieder zu einem zitternden Häufchen Elend wurde.

»Die Wohnung gehört deinen Eltern, nicht dir. Und zufällig haben mir Matilda und Briony schon erzählt, dass mich Clementine und Richard für die ideale Mitbewohnerin halten. Immerhin verbindet uns eine ganze

Kindheit, nicht wahr? Was eignet sich da besser als das Zusammenleben in einer WG, um all die verlorenen Jahre aufzuholen?« Meine Selbstbeherrschung bröckelte. Der zynische Unterton, den ich heraufbeschworen hatte, ging im Beben meiner Stimme unter.

Jegliche Farbe wich aus seinem Gesicht. Es war ihm deutlich anzusehen, dass er sich mit aller Kraft bemühte, stark zu bleiben. Doch er konnte mir nicht mal richtig in die Augen sehen.

»Du solltest jetzt gehen«, murmelte er.

Was ist mit dir geschehen?

Was zur Hölle ist geschehen?

Ich nahm ein Geräusch hinter mir wahr. Einen Herzschlag später erschien Matilda an meiner Seite. Mit verschränkten Armen imitierte sie seine Haltung, während sie ihn abschätzig musterte.

»Weißt du was, Seymour?«, sagte sie völlig gelassen. »Vielleicht solltest auch einfach du gehen. Dann hätten wir alle unsere Ruhe.«

»Leute, was haltet ihr davon, wenn wir alle erst mal was essen, ein bisschen runterkommen und wie Erwachsene miteinander ...« Briony verstummte, als Noah sich ohne ein weiteres Wort umdrehte und zurück in sein Zimmer stürmte. Eine Sekunde später knallte die Tür hinter ihm zu.

Für eine Weile blieben wir alle still.

Ich blickte zu Matilda, die seltsamerweise ziemlich zerknirscht aussah, dann zu Briony, die den Kopf schüttelte.

»Musst du wirklich jedes Mal Öl ins Feuer gießen?«, raunte sie.

Matilda drehte sich langsam zu ihr um. »Sorry, aber er kann nicht einfach so mit ihr umgehen.«

»Liv ist ganz gut allein zurechtgekommen, findest du

nicht?«, konterte Briony und schenkte mir ein zaghaftes Lächeln.

Ich brachte es nicht über mich, es zu erwidern. »Was ist sein verdammtes Problem?«, sprach ich meinen Gedanken laut aus.

Matilda schien sich durch meine Worte bestätigt zu fühlen. »Keine Ahnung.« Sie schnaubte. »Aber es ist nicht unseres.«

»Glaubt ihr allen Ernstes, es ist eine gute Idee, wenn ich hier einziehe?« Ich ließ mich wieder in den Sessel fallen.

Brionys Blick wurde glasig. »Er reagiert richtig heftig auf dich.«

»Ja, so scheiße ist er nicht mal zu uns«, murmelte Matilda mit seltsamem Unterton.

»Ich wiederhole: Warum sollte ich dann hier einziehen?«

»Warte ... Warte ...«

Die beiden sahen sich an und nickten zeitgleich. Je länger ich ihren stummen Blickkontakt beobachtete, desto gruseliger wurde es.

»Äh, übertragt ihr gerade eure Gedanken?«

Sie kamen nicht dazu, mir zu antworten, denn in diesem Moment riss Noah seine Tür wieder auf. Er war inzwischen vollständig bekleidet mit Bluejeans und gefütterter brauner Lederjacke und stapfte an uns vorbei, als seien wir unsichtbar für ihn.

Während ich mir alle Mühe gab, ihm nicht wie eine Irre hinterherzustarren, zeigten Matilda und Briony keinerlei Reaktion – ihre Telepathie war offensichtlich sehr vereinnahmend. Erst als das Zuschlagen der Eingangstür erklang, lösten sie die Blicke voneinander und nahmen stattdessen mich ins Visier.

»Liv«, sagte Briony.

»Liv«, wiederholte Matilda.

»Du bist die Lösung.«

»Was?« Meine Augen wurden schmal. Waren sie verrückt geworden?

»Also, ich glaube, ich spreche für uns beide, wenn ich sage, dass dieser kleine Mistkerl noch nie so viele Emotionen gezeigt hat wie bei dir«, verkündete Matilda.

Briony nickte. »Er sah aus, als würde er jeden Augenblick weinen.«

»Normalerweise ignoriert er uns, lässt den ein oder anderen dummen Kommentar fallen und verschwindet. Aber er brüllt nicht rum. Niemals. Dafür ist ihm alles viel zu gleichgültig.«

»Glaubst du ... Glaubst du, du könntest ihn knacken?«

Entgeistert schaute ich zwischen den beiden hin und her. »Wirkt bei euch noch der Restalkohol?«, brachte ich schließlich heraus.

»Du hast gesagt, er ist dein Seelenverwandter«, überging Matilda gekonnt meinen Einwurf.

»Das ist drei Jahre her!« Ich sollte aufstehen und abhauen. Doch gleichzeitig war mir, als würden sich unsichtbare Fesseln um meine Hand- und Fußgelenke legen und mich an Ort und Stelle ketten. »Ich habe keine Ahnung, wer dieser Typ ist. Der Noah von damals hätte niemals mit mir oder sonst jemandem so geredet.«

»Denk einfach darüber nach«, sagte Briony. »Lass dir Zeit, wir haben keinen Stress.«

»Überhaupt keinen«, bestätigte Matilda.

Ich griff nach der vollen Kaffeetasse, die sie mir hinhielt, und nahm einen großen Schluck.

Ja, schon klar, keinen Stress. Außer dass Josh in zwei

Wochen aus Bath zurückkam und erwartete, dass ich bis dahin ausgezogen war.

Nach einem ausgiebigen Frühstück tauschte ich Nummern mit Matilda und Briony aus, versprach, mich zu melden, und fuhr zurück in Joshs Wohnung. Ich hatte angenommen, es würde mir schwerfallen, dorthin zurückzukehren, doch die Gedanken in meinem Kopf bekriegten sich so sehr, dass ich kaum wusste, was ich zuerst fühlen sollte.

Das restliche Wochenende schaltete ich auf Durchzug, verschlief erst mal den Samstag, ignorierte die Anrufe meiner Mutter und kümmerte mich am Sonntag um meinen versauten Artikel aus der vergangenen Woche. Zwischen Josh und mir herrschte Funkstille. Das mit dem Abstand hatte er wohl tatsächlich ernst gemeint.

Mein Leben war eine einzige Katastrophe. Ich war auf mich allein gestellt, aber ich durfte mir nicht erlauben, jetzt aufzugeben. Ich hatte mich nach Jahren Noah gegenübergestellt und es überlebt. Und nur weil sich mein Freund von mir getrennt hatte, bedeutete das nicht das Ende. Ich war gerade mal zwanzig, verdammt.

Trotzdem brachte ich es nicht über mich, auf Wohnungsanzeigen zu antworten oder mein Zeug zusammenzupacken. Denn jedes Mal, wenn ich an das WG-Zimmer und das Angebot von Matilda und Bry dachte, bei ihnen einzuziehen, wurde mir wieder schlecht. Also konzentrierte ich mich auf mein zweites Problem: *Newsflash*.

Am Montag hatte ich nicht nur meinen letzten Artikel poliert und in Form gebracht, sondern war auch bereit, Lauren und dem Rest der Redaktion gegenüberzutreten. Ich zog mir mein Poweroutfit an – rot-weiß gestreifter Rollkragenpullover, Jeansrock und schwarze Stiefel –, trug sorgfältig Make-up auf und schminkte meine Lippen im passenden Hellrot zu meinem Pulli. Neue Woche, neues Glück. Wenn Josh und Noah mich nicht kleinkriegen konnten, dann würden es auch nicht ein paar Journalismusstudenten schaffen.

Im Gruppenchat herrschte Funkstille, aber das musste nichts heißen. Wahrscheinlich hatte Lauren schon längst einen Chat ohne mich erstellt, um in Ruhe über mich ablästern zu können. Also fuhr ich geradewegs zum Campus und bahnte mir – bewaffnet mit einem heißen Flat White – meinen Weg zum Studentenzentrum, wo sich unser kleines Büro direkt im zweiten Stock über dem Gordon's Café befand.

Ich erinnerte mich noch gut an das erste Redaktionsmeeting, als ich ganz hibbelig vor Aufregung in das offene Büro gestolpert war. Damals war Lauren noch nicht die Chefredakteurin gewesen, und trotzdem hatte sie mich verachtet. Vielleicht weil ich neben ihr die Einzige war, die hundertachtzig Prozent für *Newsflash* gab. Ich hatte so lange an den Sätzen meiner Artikel gefeilt, bis sie perfekt waren, und mir dabei nicht selten die Nächte um die Ohren geschlagen. Im ersten Studienjahr war das Studium meine oberste Priorität gewesen. Auch in den Prüfungen war ich gut gewesen, doch in der Redaktion hatte ich geglänzt, das konnten auch Lauren und Co. nicht leugnen, selbst wenn ich auf menschlicher Ebene nicht selten versagt hatte. Wenn ich für einen Artikel recherchierte, Interviews führte, redigierte oder schrieb, herrschte Frieden in meinem Kopf. Das hatte nicht einmal Josh bewirken können, auch wenn er maßgeblich daran beteiligt gewesen war, mich in den letzten drei Jahren daran zu hindern auseinanderzufallen.

Ich war an der richtigen Tür angelangt und umfasste die Klinke.

Für ein paar Sekunden hielt ich inne und starrte auf das gelb-schwarze Logo. Wann hatte es angefangen, dass mich der Anblick mit Grauen statt mit Begeisterung erfüllte? Wahrscheinlich ungefähr zur gleichen Zeit, als ich nicht mehr hatte verdrängen können, dass ich zur leeren Hülle geworden war. Ich war nicht immer eine Versagerin gewesen. Und meine Beziehung zu Josh nicht immer ein Trümmerhaufen. Als ich zu ihm gezogen war, hatte es sich wie die richtige Entscheidung angefühlt, und ich war fest davon überzeugt gewesen, es würde uns guttun. Aber dann hatte sich herausgestellt, dass die räumliche Nähe meine Einsamkeit umso unausweichlicher machte. Josh hatte in den letzten Wochen immer wieder das Gespräch mit mir gesucht, um über die Vergangenheit zu reden, über das, was zwischen uns fehlte, doch aus lauter Angst, mich damit auseinanderzusetzen, war ich ihm ausgewichen. Sobald er mit mir hatte reden wollen, hatte ich regelrecht die Flucht ergriffen. Die Arbeit in der Redaktion, die sonst immer meine Ablenkung gewesen war, wurde zum zusätzlichen Stressfaktor, da ich mich auf nichts mehr richtig hatte konzentrieren können. Ich war feige, das wusste ich. Aber ob Josh mir glaubte oder nicht, ich hatte ihn nicht nur in mein Leben gelassen, um eine Lücke zu füllen. Ich liebte ihn. Vielleicht nicht so, wie man seinen langjährigen Freund eigentlich lieben sollte, vielleicht nie genug, aber ich hatte alles gegeben, was ich geben konnte. Jetzt musste ich das Gleiche bei *Newsflash* tun und hoffen, dass ich bessere Ergebnisse erzielte.

Ohne zu klopfen, öffnete ich die Tür und gab mir dabei alle Mühe, leise zu sein. Ich hatte mich immer noch nicht entschieden, ob ich lieber unter vier Augen mit Lauren sprechen sollte oder ob es förderlich war, wenn noch jemand aus dem Team dabei war. Nicht dass ich mir viel Unterstützung von ihnen erhoffte. Die einen konnten mich nicht leiden, die anderen vergaßen regelmäßig, dass ich existierte.

Die Entscheidung wurde mir abgenommen. Alle sechs Schreibtische vor der breiten Fensterfront waren verlassen, die Stühle daneben zu einem Stuhlkreis angeordnet.

Ich runzelte die Stirn, während ich den Blick über die Anwesenden schweifen ließ und rasch nachzählte. Das Team war komplett. Sehr untypisch für einen Montag. War das ein weiteres Meeting? Seit wann hielt Lauren die im Büro und nicht im Café ab?

»So oder so, das Ergebnis bleibt dasselbe«, schnappte ich James' letzten Satz auf. Er erhob sich und reichte sein Tablet herum. »Wir müssen etwas ändern. Ich hab's euch letzten Monat gesagt und auch den davor. Es geht nicht mehr so weiter!«

»Wenn du was ändern willst«, verschaffte Lauren sich nach ein paar Sekunden unverständlichem Gemurmel mit höhnischer Stimme Gehör, »dann schreib den dämlichen Artikel doch selbst.«

Ich konnte es nicht leugnen – so sehr es wehtat, dass sie sich trafen, ohne mich davon in Kenntnis zu setzen, so beruhigend war es, dass Lauren nicht ausschließlich zu mir so giftig war.

James verdrehte die Augen. »Weil ich so viel Erfahrung damit habe?«

»Du hast auf dem Gebiet ungefähr genauso viel Erfahrung wie ich«, erwiderte Lauren schnippisch.

»Wer ist eigentlich auf die Idee gekommen, das zur

Coverstory zu machen?«, murmelte Brian, ein zurückhaltender Masterstudent, der für seine provokanten Reportagen bekannt war.

»Wenn du einen besseren Vorschlag hast, nur zu«, zischte Cassie. »Aber die Umfrage war eindeutig. Und die Zahlen sind es schon lange. Unsere Zielgruppe fühlt sich nicht mehr repräsentiert. Die wollen was Aktuelles.«

»Du meinst, die wollen Schwachsinn«, erwiderte er.

Lauren klatschte in die Hände. »Re-la-ta-bi-li-ty!«

Die Gesichter, die mir zugewandt waren, trugen alle unverzüglich einen Was-zur-Hölle-läuft-falsch-bei-ihr-Ausdruck zur Schau. Um ein Haar hätte ich gekichert, doch dann fiel mir wieder ein, wieso ich hier war.

»Was für eine Coverstory?«, fragte ich und zog die Tür hinter mir zu.

Sechs Köpfe drehten sich in meine Richtung.

Lauren musterte mich von oben bis unten und hob eine Braue. »Liv … Hatten wir nicht ausgemacht, dass du auf Abstand gehst, bis ich entschieden habe, was wir mit dir machen?«

Meine Wangen begannen zu brennen. Auf Abstand gehen! Als sei sie diejenige gewesen, die sich von mir getrennt hatte.

Die anderen Redaktionsmitglieder sahen betreten zu Boden, nur James schaute mit einer Mischung aus Argwohn und Neugier zu mir auf.

Ich gab mir einen Ruck und schluckte meinen Stolz herunter. »Ich habe den Artikel von letztem Mal überarbeitet. Du hattest recht, er war schlecht. Aber *ich* bin es nicht, und das weißt du auch. Ich bin hier, weil ich es besser machen will. Weil ich es besser machen *kann*. Ich brauche nur eine Chance.«

Meine Worte schienen keine Wirkung auf Lauren zu haben. Ihr Gesichtsausdruck blieb unverändert.

Als sie den Mund öffnete, um etwas zu erwidern, erhob sich James. »Warte, warte, warte.«

»Worauf soll ich warten?«, keifte Lauren. Die anderen sahen nun ebenfalls auf. »Dass sie ihre nächste Chance in den Sand setzt? Ich bin hier immer noch die …«

»Ja, ja, die Chefredakteurin, schön, dass du uns dran erinnerst. Wir hätten es fast vergessen, so selten, wie du es erwähnst«, fiel er ihr ins Wort und verschränkte die Arme. »Leider bringt uns das gerade gar nichts.«

Einige Sekunden lang starrten die beiden sich stumm an. Ich konnte Laurens Gesicht nicht sehen, doch plötzlich erschien ein Grinsen auf James' Lippen. Bevor ich wusste, was geschah, hatte er einen Stuhl hinter seinem Schreibtisch hervorgezogen und in die Lücke zwischen Cassie und sich gestellt.

»Setz dich doch, Liv.«

Ich rührte mich nicht vom Fleck und umklammerte meinen Kaffeebecher. War das eine Falle? Seit wann war hier irgendjemand nett zu mir?

Na ja, ich würde es wohl selbst rausfinden müssen.

Reiß dich zusammen, Liv!

Ich zwang mich zu einem höflichen Lächeln und setzte mich in den Stuhlkreis. Als ich Laurens Blick begegnete, wäre ich allerdings am liebsten gleich wieder aufgesprungen. Sie strahlte mich geradezu unheimlich an. Bildete ich mir das diabolische Glitzern in ihren Augen bloß ein, oder plante sie gerade meinen Untergang?

»Du willst eine Chance?«

Ich rang mir ein Nicken ab und schaute prüfend in die Runde. Mit einem Mal sahen sie alle so … zufrieden aus.

»Gut, dann hab ich was für dich. Wie wär's, wenn du die Coverstory für die nächste Ausgabe schreibst?«

Ich hatte gerade einen großen Schluck Kaffee genommen und spuckte ihn beinahe wieder aus. Fassungslos starrte ich sie an. »Soll das ein Scherz sein? Vor drei Tagen wolltest du mich rausschmeißen, und jetzt soll ich den wichtigsten Artikel übernehmen?«

Sienna und Ava, zwei Bachelorstudentinnen im letzten Trimester, die ab und zu aushalfen, wenn es in der Redaktion zu stressig wurde, und sonst nur als freie Mitarbeiterinnen fungierten, kicherten los.

Ein Blick von Lauren brachte sie abrupt zum Verstummen. »Deine letzte Chance«, sagte sie an mich gewandt. »Wenn du die versaust, bist du raus. Das ist doch fair?«

»O-Okay.« Eigentlich hatte ich damit gerechnet, betteln zu müssen, also würde ich nehmen, was ich kriegen konnte. »Worum geht's?«

James grinste. »Wie man einen Fuckboy bekehrt.«

»Bitte was?«

»Du wirst ja wohl wissen, was ein Fuckboy ist«, erwiderte Lauren. Noch immer umspielte dasselbe zuckersüße Lächeln ihre Lippen.

»Dating-Themen scheinen grade am besten zu laufen, wie man anhand unserer ach so tollen Konkurrenz sehen kann«, erklärte Cassie in geschäftsmäßigem Ton. Womit sie auf das Studentenmagazin der UAL anspielte, der Kunstuni Londons, die von den Leuten in der Redaktion ziemlich belächelt wurde.

»Ihre Leserzahlen sind jedenfalls deutlich besser«, brummte James.

»Erst haben wir uns das Thema ›Friends with Benefits‹

ausgesucht, weil gefühlt jeder zweite Student Erfahrung damit hat. Also wie man von ›Friends with Benefits‹ zu einer Beziehung kommt. Aber dann dachten wir uns, es gibt genug Leute, die gar keine Beziehung wollen, und das wäre diskriminierend.«

»Weil der Begriff Fuckboy an sich natürlich überhaupt nicht diskriminierend ist«, bemerkte Brian und seufzte leise.

»Meintest du nicht, dein Freund hat sich von dir getrennt?«, fuhr Lauren fort. »Perfektes Timing, nicht wahr?«

Ich öffnete den Mund und schloss ihn wieder. So viel Dreistigkeit hätte ich nicht einmal ihr zugetraut.

»Das Ganze soll über die nächsten vier Wochen in einem Selbstversuch dokumentiert werden«, erklärte Cassie.

»Mit regelmäßigen Updates von deiner Seite an die Redaktion, damit wir sicherstellen können, dass es in eine interessante Richtung läuft. Je mehr Details, desto besser.«

»Das schaffst du doch locker, nicht wahr, Liv?«

Es klang nicht wie eine Frage. Sondern wie eine Drohung.

Tränen nahmen mir die Sicht, und die Straße verschwamm vor meinen Augen. Ich schmiss den halb vollen Kaffeebecher in den Abfalleimer neben mir und lief los. Ohne Plan, ohne Ziel. Die Märzkälte schnitt mir ins Gesicht, aber immerhin regnete es heute nicht.

Ich hatte ihnen nicht geantwortet. Stattdessen war ich einfach aufgestanden und gegangen. Was hätte ich auch sagen sollen? Selbst wenn ich ernsthaft in Erwägung zog, diesen absolut entwürdigenden, idiotischen Artikel zu schreiben, wo sollte ich überhaupt anfangen? Ich war seit drei Tagen Single. Männer waren so ziemlich der allerletzte Punkt auf meiner Prioritätenliste. Während andere Leute ihre ganze Studienzeit mit Daten verbrachten, war ich immer in einer festen Beziehung gewesen. Und waren wir mal ehrlich: Auch ohne es auszuprobieren, konnte ich mit absoluter Sicherheit sagen, dass ich eine Katastrophe darin wäre. Außerdem war das nur eine Falle, in die mich Lauren gelockt hatte. Sie suchte lediglich nach einem Vorwand, mich endgültig rausschmeißen zu können. Keiner von den anderen Redakteuren würde freiwillig so einen Mist schreiben – genauso wenig wie ich, nur leider Gottes brauchte ich die Credit Points, um mein Studium abzuschließen.

Ich bog in eine ruhigere Seitengasse ab und kramte im Gehen mein Handy aus der Tasche, das mir mit einem kurzen Vibrieren signalisiert hatte, dass eine Nachricht eingegangen war. Als ich den Namen auf dem Display las, hatte ich schlagartig einen staubtrockenen Mund.

Josh: Hast du dir schon Wohnungen angeschaut?

Ich blieb stehen und starrte ein paar Augenblicke auf die Buchstaben, als könnte ich sie so beschwören, die Reihenfolge zu ändern und einen neuen Sinn zu ergeben. Doch das taten sie nicht.

Erschöpft ging ich in die Knie und ließ mich auf dem Bordstein nieder. War das sein verfluchter Ernst? Gut, das letzte Mal hatte ich Kontakt aufgenommen, um ihn zum Schweigen zu überreden. Aber das? Hatte ich das verdient?

Ich schluckte den dicken Kloß in meinem Hals herunter. Es fühlte sich an, als hätte mir jemand mit voller Wucht in den Bauch geboxt.

Die Antwort lautete Ja. Ja, das war meine verdiente Strafe. Und trotzdem kochte die Wut auf Lauren und die anderen und die ganze beschissen unfaire Welt in mir hoch, richtete sich auch gegen ihn und ließ mich erblinden. Es blieben mir jetzt genau zwei Optionen: Ich konnte mal wieder losheulen und mich im Selbstmitleid suhlen. Oder ich konzentrierte mich auf die Wut.

Ich riss mich am Riemen und entschied mich für Letzteres.

Liv: Danke der Nachfrage, mir geht's super. Und ja, ich hab auch schon eine Wohnung gefunden, Gott bewahre, dass du dich länger als nötig mit mir rumschlagen musst.

Kaum dass ich die Nachricht abgeschickt hatte und keine zwei Sekunden später die zwei blauen Häkchen sah, bereute ich bereits, sie geschrieben zu haben. Doch das war nicht der richtige Moment für Reue. Sie würde mir keinen Schritt weiterhelfen. Ganz im Gegensatz zur Wut.

Ich schmiss das Handy in meine Handtasche und hob den Kopf. Zum ersten Mal, seit ich das Redaktionsbüro verlassen hatte, sah ich meine Umgebung klar. Die typisch viktorianischen Bauten der Uni reihten sich bis zum Ende der Straße. Direkt gegenüber von mir erhob sich ein besonders hübsches rot-weißes Gebäude. Zwei Löwenköpfe säumten den prunkvollen Eingangsbereich, vor dem eine kleine Studentengruppe stand und rauchte. Mein Blick traf auf die Flagge hinter ihnen. *RADA Studios*. Und darunter, etwas kleiner: *Royal Academy of Dramatic Art*. Brionys Uni.

Mit einem Satz war ich auf den Beinen. Es war irre.

Kein bisschen durchdacht. Mit großer Wahrscheinlichkeit die dümmste Idee meines Lebens. Aber ich befand mich sowieso in der Nähe, und verzweifelte Situationen erforderten verzweifelte Maßnahmen, richtig?

Hastig schickte ich eine kurze Nachricht an Matilda, in der ich sie fragte, ob sie gerade zu Hause sei und Briony und sie Zeit zum Reden hätten.

Die Antwort folgte innerhalb von wenigen Sekunden, als hätte sie nur darauf gewartet.

Matilda: Für dich haben wir immer Zeit!!! 😊

Ich fand die Wohnung im Handumdrehen, nachdem ich die Ginger Cat Bar in Google Maps eingegeben hatte.

Mit flatterndem Herzen brachte ich den kurzen Fußweg hinter mich. Als ich vor der dunkelblauen Tür stand und auf das Klingelschild daneben starrte, verstärkte sich die Panik.

Clifford/Seymour/Wakefield

Dahinter stand noch ein weiterer Name, aber er war mit schwarzem Filzstift durchgestrichen worden. Charlotte, die Ex-Mitbewohnerin, der Noah das Herz gebrochen hatte.

Ich schluckte, bevor ich auf die Klingel drückte.

Der Summer ertönte kurz darauf.

Mit mechanischen Bewegungen trat ich ins Innere und stieg die Wendeltreppe hinauf. Sobald ich im ersten Stock angelangt war, ertönten Schritte über mir, und schon stand ich einer etwas atemlosen Matilda gegenüber. In einem Arm hielt sie einen zappelnden Beagle-Hundewelpen, im anderen einen Stoffbeutel mit dem Aufdruck *The Future is Female* und einen hellen Trenchcoat. Ihre dunklen Locken standen in alle Richtungen ab.

»Hi, Süße!« Sie beugte sich vor und drückte mir einen Kuss auf die Wange. »Sorry, ich weiß, ich hab gesagt, wir hätten Zeit für dich, aber Johnny hat mir eiskalt seinen Hund dagelassen und sich aus dem Staub gemacht, während ich unter der Dusche war. Geh einfach schon mal hoch, bis ich diesen Trottel gefunden und ihm sein Eigentum zurückgegeben hab. Ich lass mich nie wieder von gutem Sex blenden. Seine Psycho-Vibes waren von Anfang an offensichtlich, Bry hatte recht …« Sie hatte sich schon an mir vorbeigedrückt, als sie im Gehen noch einmal einen Blick über die Schulter zu mir zurückwarf. »Die Schlüssel für die Haustür und den Fahrradkeller liegen im Flur, nimm sie dir einfach, falls du sofort wieder losmusst. Um das Vertragliche kümmern wir uns, sobald ich wieder da bin, ja? Briony müsste auch bald von der Uni kommen.«

Sie gab mir keine Gelegenheit zu antworten. Als ich protestieren wollte, verklangen ihre Schritte bereits, und sie befand sich außer Hörweite.

Mein Herz schlug wieder schneller. Sie hatte Noah nicht erwähnt. Was, wenn er zu Hause war? Wenn ich die Chance hatte, mich unter vier Augen mit ihm zu unterhalten? Möglicherweise hatte er sich inzwischen beruhigt.

Doch dann schob sich wieder sein zornerfülltes Gesicht vor mein inneres Auge, und meine Hoffnung verpuffte. Wie konnte es Matilda so egal sein, dass er mich hasste? Für sie schien es beschlossene Sache zu sein, dass ich in die WG einzog.

Ich zögerte und lauschte, als ich vor der richtigen Tür stand, die Matilda einen Spaltbreit für mich hatte offen stehen lassen. Nichts zu hören. Ich würde mich einfach ins Wohnzimmer setzen und warten, bis sie zurückkam.

Unwillkürlich verzogen sich meine Lippen zu einem

Grinsen. Ihre Affäre hatte seinen Hund bei ihr gelassen und war einfach abgehauen? Bestimmt war sie einer dieser Menschen, der jeden Tag eine andere Geschichte auf Lager hatte, die viel zu abgefahren war, um real zu sein. Langweilig würde es mir mit den beiden Mädels jedenfalls nie werden.

Doch mein Grinsen erstarb, nachdem ich die Tür hinter mir geschlossen und meine Schuhe ausgezogen hatte. Wie unglaublich seltsam es war, hier zu sein. Auf der einen Seite kam ich mir wie ein Eindringling vor, auf der anderen schien es, als würde ich diese Wohnung schon ewig kennen.

Bereits am Freitagabend hatte mich diese stechende Eifersucht heimgesucht, als ich Briony und Matilda über Noahs Leben ausgefragt hatte. Und nicht nur sie, auch dieser Ort hatte mir etwas voraus: Er hatte meinen besten Freund die letzten Jahre erlebt. Zu den verschiedensten Zeiten. Glücklich, traurig, übermüdet, gestresst, inspiriert, gelangweilt ... Zusammen mit neuen Freunden – und wechselnden One-Night-Stands.

Schnell drängte ich den Gedanken zurück. Ich wollte nicht daran denken, wie viele Frauen er angefasst hatte. Mit wie vielen er im Bett gewesen war und wem er seine Aufmerksamkeit geschenkt hatte. Es war schon schlimm genug, mir vorzustellen, dass Matilda und Briony auf so engem Raum mit ihm zusammenwohnten und ihn praktisch jeden Tag sahen.

Das könntest du auch haben, flüsterte eine sanfte Stimme in meinem Hinterkopf.

Falls ich nicht davor an seiner Feindseligkeit erstickte.

Ich schälte mich aus meiner Jacke und wollte gerade ins Wohnzimmer gehen, als Stimmen erklangen.

»Was machst du heute noch so?«

Ich spitzte die Ohren. Eine Frau.

»Muss arbeiten«, ertönte die gelangweilte Antwort.

Noah war also doch zu Hause. Und leider schien er nicht allein zu sein.

»Bis wann? Du könntest später noch vorbeikommen. Ich muss sowieso noch bis in die Morgenstunden lernen.«

»Ein anderes Mal, ja?« Er klang, als müsste er sich zusammenreißen, um den höflichen Ton beizubehalten, aber vielleicht ging meine Fantasie auch mit mir durch.

Die Stimmen waren immer lauter geworden.

Flucht war keine Option, die Holzdielen knarzten viel zu sehr, das wäre aufgefallen. Scheiße, so hatte ich mir das nicht vorgestellt. Ich würde einfach ganz gelassen und …

»Oh, hi!« Eine rothaarige Frau im Blümchenkleid stand mir gegenüber und musterte mich neugierig. »Du bist bestimmt Briony, oder?«

Ich gab mir alle Mühe, sie so überzeugend wie möglich anzulächeln. Ihr Haar war zerzaust und ihr Augen-Make-up verschmiert, die Wangen waren gerötet. Es war eindeutig, weswegen sie hier gewesen war. Matilda und Briony hatten anscheinend nicht übertrieben, was Noahs Ruf anging.

Egal was für ein Krieg in mir tobte, ich musste jetzt cool bleiben und einfach so tun, als würde es mir am Arsch vorbeigehen, dass der Typ, der mein Ein und Alles gewesen war und kein Wort mehr mit mir wechseln wollte, sich inzwischen jeden Tag mit einer anderen vergnügte.

»Fast.« Ich reichte ihr die Hand. »Liv.«

In der Sekunde erschien Noah hinter ihr. Mit aller Kraft zwang ich mich, den Blick nicht von der Frau abzuwenden, obwohl ich aus den Augenwinkeln sehen konnte, dass er nichts als eine Jeans trug. Prima, sein nackter Oberkörper hatte mir gerade noch gefehlt. Vor allem das Tattoo unter seinem Herzen, das er wahrscheinlich mit einem neuen Motiv überstochen hatte.

»Cool, ich bin Georgia.«

Sie kam nicht dazu, meine Hand zu schütteln, denn genau in dem Moment packte Noah sie an den Schultern und wirbelte sie herum. Er schob die Finger in ihr Haar, umfasste ihren Hinterkopf, und schon prallten seine Lippen auf ihre.

Unfähig, den Blick abzuwenden, beobachtete ich, wie Georgia nach ein paar Sekunden überraschter Starre in seinen Armen dahinschmolz und den Kuss stürmisch erwiderte.

Er schlang seine sehnigen Arme um ihre Taille und hob sie ein Stück in die Höhe, sodass nur noch ihre Zehenspitzen den Boden berührten.

Was zum …

Was sollte das bitte für ein krankes Spiel sein?

Erneut konnte ich nicht atmen, doch der Schmerz war nur von kurzer Dauer. Ein Feuer schoss in mir empor und brannte alle Emotionen nieder – alle bis auf eine.

Dieser Mistkerl. Ich würde ihm den Hals umdrehen.

Es dauerte gefühlte Stunden, bis sie sich voneinander lösten. Als sie es endlich taten, strich sich Georgia mit einem leisen Japsen die Haare zurück und krallte sich an seinen Schultern fest. Wahrscheinlich um nicht das Gleichgewicht zu verlieren.

»Was … Was ist denn in dich gefahren?«, brachte sie stammelnd hervor.

Noah zwinkerte ihr zu, und das Bedürfnis, ihm eine runterzuhauen, wurde beinahe übermächtig.

»Vielleicht hab ich nach Feierabend doch noch Zeit. Ich schreib dir.« Und damit ließ er von ihr ab und lief rückwärts zurück ins Wohnzimmer.

Ich wartete nicht, bis Georgia sich von dem Schock erholt hatte. Nach Small Talk mit ihr war mir nach dieser Aktion wirklich nicht zumute, vor allem weil ich nicht aufhören konnte, auf ihre Lippen zu starren, also lief ich ihm stattdessen hinterher.

»Ist das dein Plan?«, rief ich, bevor er in sein Schlafzimmer verschwinden konnte. »Mich ignorieren, bis ich mich in Luft auflöse?«

Ich hatte damit gerechnet, dass er mir weiterhin keine Beachtung schenken würde, doch er verharrte mitten im Schritt. Aus dem Flur war kein Mucks zu hören, vermutlich lauschte Georgia, um herauszufinden, wer zum Teufel ich war und weshalb ich so mit dem Kerl sprach, der ihr gerade einen Orgasmus nach dem anderen beschert hatte.

»Nur damit du's weißt, ich geh nicht weg«, fuhr ich bekräftigt durch seine minimale Reaktion fort. »Ich lass mich nicht durch deine bescheuerte Arschloch-Fassade vertreiben.«

Ich bohrte meinen Blick in seinen entblößten Rücken, ließ ihn über die Muskeln gleiten. Sein ganzer Körper war angespannt. Doch als er sich umdrehte, zierte ein herablassendes Lächeln sein Gesicht. Wie konnte jemand gleichzeitig so schön und so hasserfüllt aussehen? Und wie konnte dieser Jemand ausgerechnet mein ehemaliger bester Freund sein?

»Wer sagt, dass es eine Fassade ist?«, fragte er spöttisch. »Du denkst wirklich, nur weil wir als Kinder ein paar Jahre befreundet waren, kennst du mein wahres Ich?«

Wie ferngesteuert machte ich ein paar Schritte auf ihn zu. Ich musste ihm richtig ins Gesicht sehen, jede Regung unter die Lupe nehmen, um mich zu vergewissern, dass dies hier wirklich passierte. Dass ich nicht langsam den Verstand verlor.

»Kinder?« Ich lachte trocken auf. »Ein paar Jahre? Hast du dein Gedächtnis verloren?«

Seine Nasenflügel bebten. Er ballte die Hände zu Fäusten. »Ich will nichts mit dir zu tun haben«, zischte er.

»Und ich gebe überhaupt nichts darauf, was du willst«, entfuhr es mir. »So wie du die letzten drei Jahre nichts darauf gegeben hast, wie es mir ging.«

Er machte nun ebenfalls einen Schritt auf mich zu, und es kostete mich sämtliche Selbstbeherrschung, meine Fassung zu wahren. Er roch so sehr nach Noah, so sehr nach Zuhause und Geborgenheit. Und trotzdem hätte er mir nicht fremder sein können.

»Du bist also immer noch nicht über deinen armseligen Crush von damals hinweg?«

»Meinen *Crush*?«

»Wie erbärmlich ist es bitte, mich nach drei Jahren noch zu stalken? Glaubst du ernsthaft, ich habe nicht mitbekommen, dass du in mich verknallt warst?«

Herzstillstand.

Ich starrte ihn an. Gewitterwolken zogen in seinen Augen auf, verwandelten sich innerhalb von Sekunden in einen Sturm. Seine Lippen waren fest zusammengepresst, sein Gesicht versteinert.

»Ich?« Meine Stimme überschlug sich. »*Ich* war verknallt in dich? Und was ist mit dir? Du hast mich eine Woche lang ignoriert, nachdem mich Josh gefragt hat, ob ich mit ihm auf den Abschlussball gehe. Bloß weil du zu feige warst, über deinen Schatten zu springen und es selbst zu tun!« Die Worte waren ein verzweifelter Versuch, die Kontrolle über das Gespräch zu behalten. Seine Abneigung gegen Josh hatte sicherlich nichts damit zu tun, dass er verliebt in mich gewesen war.

Doch als ich seinen Namen erwähnte, zuckte Noah so heftig zusammen, dass sich mein Magen zusammenkrampfte. Da war er. Mein Beweis, dass er sich an jedes gottverfluchte Detail von damals erinnerte, so sehr er mich auch vom Gegenteil überzeugen wollte.

»Du leidest unter Wahnvorstellungen«, sagte er fast tonlos.

»Alles okay bei euch?«

Ich fuhr herum. Georgia stand im Flur und beobachtete uns mit unverhohlener Neugier.

Noah räusperte sich. Als er sprach, klang seine Stimme belegt, doch er ließ sich nicht davon beirren. »Ah, gut, du bist noch hier. Hast du Bock auf 'ne zweite Runde?«

Georgias Augenbrauen schossen in die Höhe. Ihr Blick streifte mich leicht verunsichert, bevor sie ihn fixierte. »Meintest du nicht, du musst zur Arbeit?«

Ich drehte mich wieder zu Noah.

Er zuckte mit den Schultern, schob sich an mir vorbei und ging auf sie zu. »Die können auf mich warten. Montagabends ist eh kaum was los.«

Am liebsten hätte ich vor Frust aufgeschrien, als er erneut mit beiden Händen ihr Gesicht umfasste. Sein Verhalten war absolut kindisch und durchschaubar, und trotzdem zeigte es genau die beabsichtigte Wirkung.

In diesem Augenblick vibrierte mein Handy. Dankbar, eine Gelegenheit zu bekommen, mich von dem Übelkeit erregenden Anblick abzuwenden, wühlte ich in meiner

Tasche. Ich würde Noah nicht die Genugtuung gönnen durchzudrehen.

Als ich den *Newsflash*-Gruppenchat aufblinken sah, verdreifachte sich die Wut in meinem Bauch.

Lauren: Ich nehme an, du bist raus, Liv?

Ich sah ihren gehässigen Gesichtsausdruck vor mir, während sie die Worte tippte. Wahrscheinlich schmissen sie gerade eine spontane Party in der Redaktion, weil sie mich endlich losgeworden waren.

Wie in Trance hob ich den Kopf. Zwang mich, die beiden miteinander verschlungenen Gestalten vor mir anzusehen. Gleichzeitig krochen Matildas Worte, nachdem Briony Noahs Kumpel in Schutz genommen hatte, aus meiner Erinnerung hervor. *»Der ist nur nett zu dir, weil du in seine Künstler-Sekte passt. Ein Fuckboy ist er trotzdem, genau wie Seymour.«*

Genau wie Lauren dachte Noah, dass ich das Handtuch warf, wenn er mich nur überzeugend genug vor den Kopf stieß.

Plötzlich wusste ich, was zu tun war.

Ich tippte das Chatfenster an und begann zu schreiben.

Liv: Sorry, dass ich vorhin so überstürzt abgehauen bin. Ich hab darüber nachgedacht und würde den Artikel sehr gerne übernehmen. Hab sogar schon eine Versuchsperson im Visier.

Er wollte spielen?

Wir würden spielen.

6. KAPITEL

A thing called emotion

NOAH

»Uuuuund genau achtundvierzig Minuten Verspätung. Du übertriffst dich wirklich jedes Mal aufs Neue, Alter!«

»Ja, ja, du mich auch, Jeremy.« Ich fing beide Limetten auf, mit denen mein Kollege mich abzuwerfen versuchte, nachdem ich die Steintreppe nach unten ins Philosopher's geschlittert war, und schleuderte sie direkt zurück über die Bar.

Ein paar Gäste drehten ihre Köpfe in unsere Richtung und beobachteten das Spektakel.

Jeremy erwischte eine Limette, doch in der anderen Hand hielt er eine Whiskyflasche, weswegen die zweite gegen das Regal hinter ihm flog und ein Weinglas mit sich riss. Der Mistkerl warf den Kopf in den Nacken und lachte, während das Glas auf dem dunklen Holzboden in zig kleine Scherben zersprang.

Seufzend beschleunigte ich meine Schritte, um mich darum zu kümmern.

Entgegen meiner Erwartung war die Hölle los. Soweit ich das auf den ersten Blick beurteilen konnte, war jeder einzelne unserer dreißig Tische besetzt. Der Eingang zur Untergrundbar war eigentlich ziemlich versteckt – wenn man nicht wusste, wo genau man danach suchen musste, fand man ihn auch nicht. Montags war für gewöhnlich immer ein ruhiger Abend, aber natürlich war heute die Ausnahme. Na ja, mir sollte es recht sein.

Der einzige Grund, aus dem Jeremy mich nicht zur Schnecke machte, war unsere stillschweigende Vereinbarung, was das Zuspätkommen anging. Wir deckten uns gegenseitig vor unserer Chefin, für die Pünktlichkeit das oberste Gesetz war. Schon unzählige Male war ich während meiner Schicht vor Stress fast untergegangen, weil er sich verspätete, hatte aber keine Verstärkung angefragt, um ihn nicht in die Scheiße zu reiten. Aber zugegeben, diesmal hatte ich den Bogen ziemlich überspannt.

»Hat sich's wenigstens gelohnt?«, fragte Jeremy mit einem anzüglichen Grinsen, während er vier bunte Cocktails auf ein Tablett stellte und mir anschließend einen Holzbesen hinhielt.

Ich machte mich daran, die Scherben zusammenzukehren, und erwiderte sein Lächeln nur halbherzig. Wie sehr ich mir wünschte, der Sex wäre es wert gewesen. Immerhin hatte ich heute kein Problem damit gehabt, einen hochzukriegen. Mein neuer Maßstab. Erbärmlicher ging's nicht.

»He, was ist los, Casanova?«

Jeremy und ich waren das unangefochtene Dream-Team im Philosopher's. Mit keinem anderen Kollegen war ich so sehr im Arbeitsflow. Privat hatten wir zwar noch nie etwas miteinander zu tun gehabt, trotzdem wussten wir über jedes noch so dreckige Detail des Sexlebens des jeweils anderen Bescheid. Er ließ genauso wenig etwas anbrennen wie ich, und meist arteten unsere gemeinsamen Schichten zu einem Wettbewerb aus: wer schneller wessen Nummer besorgen konnte. Nicht selten forderten wir uns heraus und battleten uns um ein und dasselbe Mädchen. Was die Anzahl an Tattoos anging, stand er mir in nichts nach, aber seine Haare waren im Gegensatz zu meinen pechschwarz und schulterlang und seine Haut einen Tick dunkler. Yin und Yang. Unsere Chefin – oder: der Drachen, wie wir Mrs. Hackney unter uns nannten – würde uns einen Kopf kürzer machen, wenn sie Wind von unserem Hobby bekam, auch wenn wir beide maßgeblich an der steigenden Quote weiblicher Kundschaft beteiligt waren.

Heute war ich allerdings nicht in Stimmung. Anstelle einer Antwort verdrehte ich lediglich genervt die Augen und schnappte mir den nächsten Getränkebon, während Jeremy, das Tablett mit den fertigen Drinks auf einer Hand balancierend, im Getümmel verschwand.

Ich warf einen Blick auf den Bon. *Tisch 5: Kant, Nietzsche, Dante*. Unsere Cocktails trugen alle die Namen berüchtigter Denker. Die Zutaten gab es nur auf Nachfrage, stattdessen standen Zitate auf der Karte, und man musste uns quasi blind vertrauen beziehungsweise nach Gefühl entscheiden.

Ich zerrte mir meine regenbenetzte Lederjacke von den Schultern, pfefferte sie auf ein paar leere Bierkästen, die sich in der Ecke neben der Bar stapelten, und begann mit der Arbeit.

Ein, zwei Stunden ging es gut. Jeremy und ich arbeiteten Seite an Seite, lieferten den Leuten eine Show, jonglierten mit den Flaschen, mischten, schüttelten, rührten. Wenn eine Gruppe ging, wartete schon die nächste, um den freien Platz einzunehmen. Binnen Minuten war mein weißes Hemd schweißnass und ich vollkommen im Bartender-Modus. Genau deshalb liebte ich den Job. Ich musste nicht nachdenken, nur funktionieren. Konnte in eine Rolle schlüpfen. Witze mit den Gästen reißen, Empfehlungen aussprechen, Cocktails mixen, aufräumen. Ständig in Bewegung. Weißes Rauschen in meinem Kopf.

Als sich unsere Happy Hour dem Ende zuneigte, wurde es allerdings schlagartig ruhiger in der Bar. Ich wischte ein paar der dunklen Holztische ab, zündete die Kerzen darauf an und verschwand kurz auf die Toilette, um mir eiskaltes Wasser ins Gesicht zu spritzen. Als ich den Kopf hob und in dem verschnörkelten Barockspiegel in meine eigenen müden Augen blickte, kehrte alles auf einen Schlag zurück.

»Ich gebe überhaupt nichts darauf, was du willst. So wie du die letzten drei Jahre nichts darauf gegeben hast, wie es mir ging.«

Meine Finger begannen zu zittern. Reflexartig umfasste ich das kühle Becken. Warum quälte sie mich so?

Mein Spiegelbild verschwamm vor meinen Augen.

»Fuck …«

Wie sollte ich es schaffen, die Fassade aufrechtzuhalten? Das erste Mal war schon hart genug gewesen. Es hatte mich sämtliche Kraft gekostet, sie nicht an mich zu reißen, als sie vorhin in der Wohnung aufgetaucht war. Schon wieder unangekündigt.

Mich wie ein Arschloch zu verhalten, war nicht schwer, wenn mich jemand nicht kannte. Ein paar beschissene herzlose Aussagen hier und da und die Leute bildeten sich ihre Meinung. Georgia hatte mich bloß nicht zum Teufel geschickt, weil ich es ihr anschließend ordentlich besorgt hatte. Ich konnte sehr überzeugend sein, wenn ich wollte.

Liv war nicht mehr da gewesen, als ich aus meinem

Zimmer gekommen und zur Arbeit aufgebrochen war. Ich hätte Erleichterung verspüren sollen. Stattdessen fühlte ich alles andere. Ihre Worte bombardierten mich von allen Seiten. Wieder und immer wieder. Ihre Wut war gefährlich. *Sie* war gefährlich, denn meine Fassade hatte sie vielleicht zu Beginn abgelenkt, aber heute hatte sie sich nicht davon beirren lassen. Liv wusste, wer ich war. Sie würde es immer wissen. Ich musste überzeugender sein, verdammt! Oder dafür sorgen, dass sie mir niemals wieder über den Weg lief.

Mein Handy vibrierte. Ich zog es aus meiner Hosentasche, während ich mir mit wütenden Bewegungen über die Augen wischte.

Mum.

Sie ließ mich nicht in Ruhe. Gut, ich hatte ihre Nachrichten das ganze Wochenende über ignoriert, aber das war nichts Neues. Auch meine Eltern blieben nicht von meinem Arschlochverhalten verschont.

Ich stöhnte auf und klickte die Nachrichten an, die im Abstand weniger Sekunden reingekommen waren.

Mum: Liv hat gerade zugesagt!
Mum: Dein Vater und ich sind sehr glücklich darüber und deuten dein Schweigen als Zustimmung.
Mum: Es wäre schön, wenn du dich mal melden könntest.
Mum: Wir vermissen dich.
Mum: Sei nett zu ihr, ja? Es wird dir sicher guttun, wieder mehr Kontakt zu deiner alten Freundin zu haben.

Es vibrierte weiter, aber ich ließ das Handy wieder in die Tasche gleiten und taumelte zurück.

Fuck!

Es würde mir *guttun*? Wollte sie mich verarschen? Sie wusste ganz genau, dass ich mich von Liv distanziert hatte. Dass ich derjenige gewesen war, der unsere Freundschaft, oder was auch immer das gewesen war, beendet hatte. Auch wenn sie nicht den Grund dafür kannte. Konnte sie nicht ein verfluchtes Mal in meinem Leben meine Entscheidung respektieren?

Das Blut rauschte in meinen Ohren, mein Puls raste. Liv hatte zugesagt. Zum Teufel, ich konnte nicht mit ihr zusammenwohnen, ich konnte ihr nicht täglich gegenübertreten und …

»Noah?« Die Tür zu den Toiletten flog auf, und Jeremy erschien mit unbeschwerter Miene im Rahmen. »Hier bist du. Dein Ehemann sucht nach dir.« Er runzelte die Stirn. »Alles okay?«

»Ja, Mann, ich komme gleich!«, gab ich heftiger als beabsichtigt zurück.

Seine Augenbrauen schossen in die Höhe, und er hob beschwichtigend beide Hände, bevor er den Rückzug antrat.

Fluchend folgte ich ihm zurück in den Laden.

Anthonys roter Haarschopf fiel mir sofort ins Auge. Er saß auf einem der Ecktische vor der Steinwand, in die mehrere Spirituosenflaschen eingelassen waren, und ließ seine Beine in der Luft baumeln, während er Blickkontakt mit einer Gruppe Studentinnen am anderen Ende des Raumes aufnahm. Er biss sich auf die Unterlippe und starrte eine kurzhaarige Blondine an, die mit jeder Sekunde mehr errötete und von ihren Freundinnen angestoßen und ausgelacht wurde.

Gegen meinen Willen stahl sich ein Lächeln auf meine Lippen.

Jeremy lehnte mit verschränkten Armen am Tresen und beobachtete ihn. »Wie macht er das?«, zischte er mir halb belustigt, halb entgeistert zu. »An der Kleinen hab ich mir den ganzen Abend die Zähne ausgebissen, und jetzt kommt der vor einer Minute in *diesem* Aufzug rein und wickelt sie um den Finger, ohne auch nur ein Wort mit ihr gewechselt zu haben.«

»Hey, hast du grade meinen Ehemann beleidigt?«, gab ich zurück, aber mein Grinsen vertiefte sich. Tony trug ein viel zu großes Hemd, das ihm beinahe bis zu den Knien reichte und dessen Ursprungsfarbe undefinierbar war, weil es über und über mit bunten Farbflecken bespritzt war. Seine schwarze Jeans war zerrissen, aber nicht so, dass es gewollt aussah, eher so, als hätte er ein paar Tage auf der Straße verbracht. Dem Mädel schien das vollkommen egal zu sein. Oder vielleicht war es ihr auch nicht egal – vielleicht war das genau der Grund, aus dem sie ihn so faszinierend fand.

»Tony!«

Abrupt riss mein bester Freund sich vom Anblick der blonden Schönheit los und sprang vom Tisch. »Da bist du ja.« Er legte mir beide Hände auf die Schulter und schob mich hinter die Bar. »Sei so gut und bereite der reizenden Dame dort hinten einen Sartre zu. Geht auf mich.«

Ich boxte ihn in die Seite. »Du bist unmöglich, weißt du das?«

Lachend ließ er von mir ab und setzte sich auf einen Barhocker, während ich mich an die Arbeit machte.

»Geiles Outfit, Alter«, kommentierte Jeremy, ehe er nach hinten in die Küche verschwand, um unsere Kollegen anzubrüllen, sie sollten sich doch bitte mit den Burgern beeilen.

»Neid steht dir nicht, Jeremy«, rief Tony ihm hinterher, bevor er sich wieder mir zuwandte. »Das mit dem Sartre war ein Scherz. Also, du darfst ihn gerne zubereiten. Aber bitte für mich.«

Ich schmunzelte und schaufelte Crushed Ice in ein schmales Glas. »Du hast gar nicht gesagt, dass du heute vorbeikommst.«

»Mir war langweilig.«

»Du kleiner Pisser.« Ich griff nach dem Ananassaft. »Du weißt nicht mal, was Langeweile bedeutet.«

Das brachte ihn erneut zum Lachen. »Wie geht's dir?«

»Dann gibst du also zu, dass du zum Babysitten vorbeigekommen bist?« Dabei konnte ich nicht leugnen, dass ich mich über seine Anwesenheit freute. Sie bot mir nicht nur Ablenkung, ich war auch erleichtert, weil er das ganze Wochenende nicht auf meine Nachrichten reagiert hatte.

Er hob eine Braue. »Immer.«

Ich goss Gin und Grenadine nach Augenmaß in das Glas und garnierte das Ganze mit einer Limettenscheibe. »Sorry wegen Freitag«, nuschelte ich, ohne ihn anzusehen, und stellte das Glas vor ihm auf dem Tresen ab. Er hasste nichts mehr als die Geldthematik. Und mich wiederum regte es auf, dass er meine Kohle nicht akzeptieren konnte, wenn ich doch Unterstützung von meinen Eltern bekam. Er war viel zu stolz, wenn es darum ging, und hätte sich lieber einen vierten Nebenjob gesucht, anstatt etwas von mir oder sonst jemandem anzunehmen. Mit der Zeit hatte ich deswegen möglichst unauffällige Techniken entwickelt, ihn zu unterstützen, ohne dass er sich wie ein Charity Case vorkam. Wenn ich ihn zum Beispiel im Philosopher's auf Drinks einlud, war das kein Problem.

Er legte den Kopf schief und verdrehte die Augen, was

in Anthony-Sprache so viel bedeutete wie: Schwamm drüber, du Idiot.

»Jetzt erzähl schon«, sagte er dann und durchbohrte mich mit seinem speziellen Röntgenblick. »Was war am Wochenende mit dir los?«

Ich öffnete den Mund und schloss ihn direkt wieder. Ich war nicht in der Lage, es auszusprechen. Stattdessen zog ich mein Handy hervor, klickte die Nachrichten meiner Mum an, registrierte währenddessen, dass unser WG-Gruppenchat wieder mal kurz vorm Explodieren stand, und schob ihm das Telefon hin.

Stirnrunzelnd las er, dann hob er den Kopf. »Shit. Meinst du nicht … hm … wenn du dich bei deinen Eltern meldest und ihnen ganz ruhig irgendeinen guten Grund nennst, kannst du sie davon abhalten?«

»Es ist zu spät«, murmelte ich. »Und selbst wenn nicht – ich kann ihnen keinen Grund nennen. Keinen, den sie verstehen würden.«

Er wollte mich danach fragen, wollte wissen, wieso ich so ausrastete, wenn es um dieses Mädchen ging. Ich las es in seinem Gesichtsausdruck. Aber weil Tony nun mal Tony war, schluckte er seine Neugierde herunter und nippte an seinem Drink. Ich liebte diesen Kerl.

»Party bei euch am Samstag.« Er schielte beim Trinken auf mein Display. »Die Mädels können's kaum erwarten.«

»Am Samstag?« Meine Stimme überschlug sich. »*Diesen* Samstag?«

Nickend klickte er den Gruppenchat an und tippte dann weiter herum. »Yep. Um ihren Einzug zu feiern. Sie haben sie zu euer WG-Gruppe hinzugefügt. Oh wow, sie ist hinreißend, Noah.«

Schlagartig riss ich ihm das Handy aus der Hand. Ich

wollte es zurück in meine Tasche stopfen, hatte jedoch die Rechnung ohne Livs Profilbild gemacht, das er vergrößert hatte.

Mein Magen überschlug sich.

Sie saß auf einer Bank in irgendeinem Park, den Kopf auf eine Hand gestützt, und strahlte in die Kamera. Ihre Haare waren vom Wind zerzaust, die Ponysträhnen wehten zur Seite und offenbarten ihre dunkel glänzenden Augen. Die Lippen waren knallrot geschminkt und bildeten den perfekten Kontrast zu ihrer hellen Haut.

Shit. Sie sah so erwachsen aus. So unbeschwert. War sie glücklich?

Ich kniff die Augen zu, als mich die Vergangenheit mit voller Wucht einholte.

»Du siehst so glücklich aus.«

»Wir haben es fast geschafft!«, rief sie und wandte mir ihr Gesicht zu. Sie schloss die Augen, die Sonne blendete sie. »Wie könnte ich nicht glücklich sein?«

Seite an Seite lagen wir im Gras. Kaum fünf Zentimeter trennten unsere Schultern voneinander. Ich musste aufhören, auf ihre roten Lippen zu starren, sonst würde es ihr auffallen. Seit sie vor ein paar Monaten angefangen hatte, sie zu schminken, fiel es mir noch schwerer als sonst.

»Ich hab Schiss«, gab ich zu, ganz leise, und ein Teil von mir hoffte, dass sie mich nicht gehört hatte. »Ich will nicht, dass es anders wird.«

Ruckartig setzte sie sich auf und schirmte ihr Gesicht mit einer Hand gegen die grellen Sonnenstrahlen ab.

Natürlich hatte sie mich gehört. Sie hörte mich immer. Manchmal musste ich dafür nicht einmal etwas sagen.

»Es wird definitiv anders, aber noch viel besser! Wir

werden nach London gehen. Und die Welt erobern. Und schreiben. Und zusammen sein.«

»Versprichst du's?«

»Ich verspreche es.« Sie warf sich mit voller Wucht auf meinen Oberkörper.

Im ersten Moment durchzuckten mich Millionen Stromschläge, und die Panik vor der Reaktion meines Körpers ergriff mich, aber dann begann sie mich zu kitzeln, und die Spannung fiel von mir ab.

»Na warte!«, japste ich und bekam ihre Hüfte zu packen.

Halb kreischend, halb lachend, versuchte sie sich aus meinem Griff zu befreien.

Als die Sonne hinter den Wolken verschwand und wir schwer atmend zurück ins Gras fielen, kam mir der Gedanke, dass mir das hier ausreichte. Niemals im Leben würde ich unsere Freundschaft aufs Spiel setzen, auch wenn mein Herz seit einer ganzen Weile bei ihrem bloßen Anblick explodierte. Solange ich dieses Lachen hören durfte, würde ich die Sehnsucht ertragen.

»Noah? Noah? Hey, alles okay bei dir?«

Ich blinzelte, und Anthonys Gesicht erschien wieder vor mir.

Kurzerhand nahm ich ihm sein Glas aus der Hand und trank einen großen Schluck, obwohl meine Schicht erst in zwei Stunden zu Ende war und ich eigentlich kein großer Fan von Alkoholkonsum bei der Arbeit war.

»Ich möchte dir nicht auf den Sack gehen«, sagte er, als ich das Glas wieder absetzte. »Aber du weißt, dass du mit mir reden kannst, ja?«

Mit beiden Händen fuhr ich mir übers Gesicht. »Ich bin geliefert«, krächzte ich und begegnete seinem besorgten Blick. »Ich hab dieses Mädel aus meinem Satire-Kurs vorhin dreimal hintereinander gevögelt, und es war … beschissen«, platzte es aus mir heraus. »Nein, es war wie immer. Und trotzdem beschissen. Was es noch viel schlimmer macht. Und Freitag, mit Grace, kam es nicht mal richtig dazu, weil ich … weil ich nicht aufhören kann, an ihr gottverdammtes Gesicht zu denken.« *Und an ihre Worte, an ihren Geruch, die Art, wie sie sich bewegt …*

»An Olivias Gesicht?«, fragte er vorsichtig und wirkte dabei relativ schockiert. Kein Wunder, er hatte mich noch nie so erlebt.

Als er ihren Namen aussprach, zuckte ich zusammen und vergrub mein Gesicht vollends in meinen Händen.

»Ich bin richtig am Arsch.«

»Kumpel, ich helf dir. Wir können dir eine neue Frau aufreißen. Eine, mit der der Sex alles andere als beschissen ist. Oder du pennst bei mir, bis sich die Lage entspannt hat. Oder ich nehme sie mir vor und texte sie zu, bis sie freiwillig auszieht. Aber du musst mir sagen, was du brauchst. Und warum du hier grade am Rad drehst.«

Ich nahm die Hände vom Gesicht. »Es liegt weder an Georgia noch an Grace. Sie sind beide verdammt heiß und machen absolut nichts falsch. Mit *mir* ist irgendwas falsch, verstehst du?«

»Jo, versteh ich, aber das ist keine Neuigkeit.« Er grinste mich an, wurde aber sofort wieder ernst, als ich keine Reaktion darauf zeigte. »Also. Klartext, bitte. Was ist das eigentliche Problem?«

»Das Problem ist, dass sie das größte Geschenk des Universums ist. Und gleichzeitig mein Untergang.« Noch während ich die Worte aussprach, spürte ich die Wahrheit darin, und mein Herzschlag kam aus dem Tritt. Drei verdammte Jahre ohne sie. Wie hatte ich das überleben können?

Seine Augen weiteten sich. »Du … Du willst sie in deiner Nähe haben, nicht wahr? Du sagst, du willst sie loswerden, aber eigentlich ist es genau das Gegenteil, oder? Weil du es nie geschafft hast, dich richtig von ihr zu lösen.«

Ich erwiderte nichts. Musste ich auch gar nicht. Er hatte längst begriffen.

»Gefühle?«, fragte er leise.

Ein trockenes Lachen entwich mir. Wie lächerlich dieses Wort klang.

Er wartete mit ausdrucksloser Miene ab. Frei von Urteil.

Schuld, Nervosität, Aufregung, Panik, Liebe, Selbsthass. All diese und zig weitere Empfindungen kamen gleichzeitig in mir hoch, wenn ich an sie dachte.

»Gefühle«, bestätigte ich nach einer halben Ewigkeit. Meine Stimme klang ganz heiser.

Die Gäste verschwanden aus meiner Wahrnehmung. Selbst Jeremy, der neue Bestellungen aufnahm und mir mehrere auffordernde Blicke zuwarf, damit ich meinen Arsch bewegte und ihm zu Hilfe kam, trat in den Hintergrund.

Tony griff über die Theke hinweg nach der erstbesten Flasche mit Hochprozentigem und zwei Shotgläsern, stellte sie zwischen uns und schenkte ein, bevor er mir eins hinschob.

»Alles klar. Dann muss ich dir leider recht geben. Wir sind wirklich geliefert, mein Freund.«

7. KAPITEL

Fuckboy

LIV

»Irgendwie habe ich es mit meinen zwanzig Jahren geschafft, noch nie auf einem Date gewesen zu sein. Man kann also mit Sicherheit sagen, dass ich keine Ahnung vom Daten habe. Um ehrlich zu sein, weiß ich nicht einmal, ob man dieses Wort überhaupt noch verwendet. Und trotzdem bin ich nicht um die Bezeichnung des Schlages Mann herumgekommen, der Frauen in ihren Zwanzigern anscheinend den letzten Nerv raubt – dem Fuckboy.

Googelt man nach Definitionen, stolpert man über folgende Charakterbeschreibung: Ein Typ, der sich ausschließlich auf sexuelle Beziehungen einlässt, seinen potenziellen Partnerinnen aber das Blaue vom Himmel verspricht, um sie ins Bett zu kriegen, nur um sie anschließend abzuschießen. Der innerhalb weniger Sekunden antwortet, wenn er etwas – meist: vögeln – will, Gegenfragen allerdings konsequent ausweicht und sich damit rechtfertigt, dass er ach so beschäftigt sei.

Arschlochverhalten, wie es im Buche steht. Bloß keine

Verpflichtungen eingehen, bloß keine Klarheit, um sich möglichst viele Hintertüren offen zu halten. Angeblich ein Produkt unserer schnelllebigen ›Generation Beziehungsunfähig‹, weil es zu viele Optionen gibt. Was nicht erklärt, wieso der Begriff des Fuckgirls weitaus weniger verbreitet ist.

Sexismus? Vielleicht. Zu Recht? Vermutlich.«

Ich schaute von meinem Laptop auf, als der schrille Ton der Türklingel ertönte. Kopfschüttelnd klappte ich ihn zu und bahnte mir meinen Weg zwischen Umzugskartons in den Flur. Mal davon abgesehen, wie viel Überwindung es mich gekostet hatte, ernsthaft nach der Definition eines »Fuckboys« zu googeln – der Anfang war viel zu persönlich. Traurigerweise war es genau das, was meine Redaktionskollegen erwarteten.

Ich hatte mir vorgenommen, erst mal möglichst viele Eindrücke zu sammeln, bevor ich mir am Schluss Gedanken darüber machte, ob ich mich noch irgendwo blicken lassen konnte, wenn mein Name unter einem solchen Artikel abgedruckt wurde. Immerhin musste ich ab sofort jeden Montag bis zur Abgabe Bericht erstatten.

Ich hielt mir den Hörer der Sprechanlage ans Ohr. »Hallo?«

»Liiiiv!«, folgte sogleich Matildas gekreischte Antwort, sodass ich den Hörer automatisch ein paar Zentimeter vom Ohr weghielt, während ich auf den Türsummer drückte, um sie reinzulassen.

Im Handumdrehen war sie die Stufen in den ersten Stock hochgerannt und schloss mich leicht außer Atem in die Arme.

Ich konnte mir ein Lachen nicht verkneifen. So

beschissen die letzten Tage gewesen waren, es tat wirklich gut, sie zu sehen. Vor ihrer ansteckenden Energie gab es einfach kein Entkommen. Und es war absolut nicht selbstverständlich, dass sie hier auftauchte, um mir beim Umzug zu helfen.

Sie ließ von mir ab und marschierte an mir vorbei in die Wohnung, noch bevor ich sie hineinbitten konnte.

»Krasse Bude!« Sie drehte sich zu mir um, wobei ihre Locken tanzten, und deutete über ihre Schulter. »Sag mir nicht, das ist dein ganzes Zeug?«

Ihre kurvige Figur wurde äußerst schmeichelhaft durch eine gemusterte Strumpfhose und enge Shorts, in die sie vorne den Saum ihres silbernen Rollkragenpullovers gesteckt hatte, betont.

»Ich hab ja gesagt, es ist nicht viel«, murmelte ich ein wenig kleinlaut.

Mein ursprünglicher Plan war gewesen, mir ein Auto inklusive Möbelpacker zu mieten und die paar Kartons rüberfahren zu lassen, doch dann hatte Matilda geschrieben und gefragt, ob sie mir unter die Arme greifen sollte. Nein, das stimmte nicht ganz. Streng genommen hatte sie ihre Hilfe als Tatsache dargestellt. *Wann ziehen wir um?*, hatte sie geschrieben. *Am Freitag hätte ich zwischen 16 und 18 Uhr Zeit. Du besorgst Pizza und ich 'nen Umzugswagen plus Tragehilfe.*

Sie ging gar nicht auf mich ein, sondern kickte ihre Sneaker von den Füßen und lief direkt in die offene Wohnküche.

Ich folgte ihr und versuchte das Apartment durch ihre Augen zu sehen. Die Wohnung war objektiv betrachtet wirklich schön, hell und modern. Die Einrichtung ging hauptsächlich auf Joshs Kappe und war mir persönlich immer zu schlicht gewesen, aber es war mir nie so wichtig gewesen, als dass ich mich eingemischt hätte. Immerhin stand sein Name auf dem Mietvertrag.

»Ähm, ich meinte eigentlich, du sollst Pizza bestellen, nicht selber machen. Wie cool bist du denn?« Sie hatte die Pizza auf der Anrichte entdeckt, beugte sich darüber und schnupperte mit genießerisch geschlossenen Augen.

Peinlich berührt winkte ich ab. »Das ist doch nicht der Rede wert.«

Kochen und Backen gehörten definitiv zu meinen Hobbys. In beidem fand ich meinen Seelenfrieden. Je länger ich mit einem Rezept beschäftigt war, desto besser konnte ich abschalten. Beziehungsweise verdrängen.

Verdrängen stand seit Montag auf der Tagesordnung wieder ganz oben. Ha, als hätte es das nicht schon lange vorher getan …

»Kann's kaum erwarten, bis Briony und der Mistkerl Wind davon kriegen. Die werden dich nie wieder gehen lassen. Bry ist die Einzige von uns, die ansatzweise brauchbar in der Küche ist. Du hebst die Quote.«

»Noah kann kochen«, rutschte es mir heraus. Damals konnte er es jedenfalls. Wir hatten es uns gemeinsam beigebracht. Jede Woche ein neues Rezept als Herausforderung …

Sie hob eine Braue. »Seymour? Kochen? Nicht in diesem Universum.«

Ich gesellte mich zu ihr und schnitt die Pizza in vier Teile, ehe ich ihr einen Teller reichte. »Such dir was aus, ich war mir nicht sicher, was du magst. Deswegen hab ich einfach Quattro Stagioni gemacht.«

Mit großen Augen schaute sie mich an. »Du bist zu krass, Mädel. Und diese Frage brauchst du dir nie wieder stellen, ich mag nämlich alles. Besonders, wenn es mit Käse überbacken ist.«

Sie biss herzhaft in ein Stück mit Artischocken und Pilzen, bevor sie mit dem Teller in der Hand zum Bücherregal hinüberging und sich umschaute.

Mein Blick fiel auf den Laptop auf der Theke, und ich war gottfroh, ihn rechtzeitig zugeklappt zu haben. Ich war mir nicht wirklich sicher, wie meine frischgebackenen Mitbewohnerinnen reagieren würden, wenn sie erfuhren, was ich mit Noah vorhatte. Zumindest Briony würde vermutlich darauf bestehen, dass ich versuchte, den Frieden zu wahren.

Nicht dass ich in Bezug auf meine Mission momentan besonders optimistisch war. Ich hatte keinen blassen Schimmer, wie ich die Sache angehen sollte. Außerdem half es nicht besonders, dass ich bei seinem Anblick – oder bei dem bloßen Gedanken an ihn, was machte ich mir vor – regelmäßig einen halben Herzinfarkt erlitt.

»Das ist dein Ex?«, riss mich Matilda aus meinen Gedanken und deutete auf ein gerahmtes Bild, das auf meinen beiden liebsten *The-Gentlewoman*-Ausgaben – die mit Margaret Atwood und die mit Zadie Smith auf dem Cover – im Regal stand. Es war vor ungefähr einem Jahr entstanden, bei unserem letzten gemeinsamen Urlaub in Südfrankreich. Hinter uns war das Meer zu sehen, und wir hatten beide Sonnenbrand auf der Nase, was uns die Laune aber nicht hatte verderben können. Josh drückte mich an seine Seite, und wir lachten ausgelassen in die Kamera.

Matilda sah sich nach mir um, wohl um zu prüfen, ob ich mal wieder den Tränen nah war. Doch seltsamerweise spürte ich keinen Kloß im Hals.

Ich rang mir ein Nicken ab. »Das ist Josh.«

»Ihr seht glücklich aus«, sagte sie vorsichtig. »Warum hast du gesagt, es sei deine Schuld, dass er sich von dir getrennt hat?« Ihre Stimme klang absolut neutral, und ihr Gesichtsausdruck drückte nichts als aufrichtiges Interesse aus. Matilda schien kein Mensch zu sein, der vor deprimierenden Themen zurückschreckte.

Ich holte tief Luft. Mein erster Impuls war, das Gespräch auf etwas anderes zu lenken, aber mit einem Mal purzelten die Worte förmlich aus mir heraus. »Ich liebe ihn. Und ich *war* glücklich mit ihm. Aber nicht so, wie man es sein sollte, wenn man mit dem Menschen zusammen ist, mit dem man den Rest seines Lebens verbringen will. Für ihn … Für ihn war ich dieser Mensch. Für mich war er das Licht in der Dunkelheit. Ich war zusammen mit ihm auf dem Abschlussball, und er war für mich da, als alles auseinanderfiel. Als … Als mein Bruder in dieser Nacht starb. Und dann, als Noah mich im Stich ließ. Er war für mich da, und ich habe es geschehen lassen. Zumindest nach einer gewissen Zeit. Am Anfang habe ich mich dagegen gewehrt und ihm gesagt, dass ich ihn nicht lieben kann. Dass er seine Zeit mit mir verschwendet. Er hat nicht lockergelassen. Irgendwann habe ich verstanden, dass ich falschlag – ich konnte ihn sehr wohl lieben. Nur nicht so, wie er es verdient hat. Und das hat er wohl letztendlich auch verstanden.«

Matilda sah mich eine ganze Weile prüfend an, bevor sie antwortete. »Du gibst dir alleine die Schuld, nicht wahr?«

Ich zuckte mit den Schultern. »Wem sonst?«

Sie lächelte traurig. »Vielleicht geht es gar nicht um Schuld, schon mal daran gedacht? Vielleicht geht es darum zu verstehen, dass wir alle nur Menschen sind und verzweifelt vor der Einsamkeit fliehen. Er wusste, dass du nicht so für ihn empfindest wie er für dich. Du wusstest es auch. Und trotzdem hast du dich mitreißen lassen, weil es besser war, als den ganzen Mist allein zu ertragen, oder? Niemand kann dir einen Vorwurf dafür machen, wie du mit deinem Schmerz umgehst.«

Ich schnaubte. »Drei Jahre sind eine lange Zeit, um seinen Schmerz mithilfe einer anderen Person zu verdrängen.«

Sie schüttelte heftig den Kopf. »Jeder trauert unterschiedlich – und unterschiedlich lang. Weißt du noch, was ich dir bei unserem ersten Treffen gesagt habe?«

»Sì all'emozione, sì alla follia – Ja zu Emotionen, Ja zur Verrücktheit?«, sagte ich halb im Spaß, und wir mussten beide lachen.

»Selbstliebe, Liv! Du sollst aufhören, so scheiße zu dir zu sein. Bekommst du das hin? Für ein paar Stunden? Wir fangen klein an, okay?«

»Ich kann's versuchen.«

Sie schenkte mir ein strahlendes Lächeln, aß den Rest ihres Pizzastücks und zog anschließend ihr Handy hervor. »So, dann lass uns mal schauen, welcher Kerl heute die Ehre hat, uns beim Umzug zu helfen.«

»Es ... Es gibt mehrere zur Auswahl?«

»Natürlich. Bisher haben mir drei fest zugesagt, wobei der Letzte ein bisschen zu alt für meinen Geschmack ist, da greift nicht mal mehr mein Vaterkomplex. Wahrscheinlich sollte ich bei Gelegenheit die Altersgrenze in den Einstellungen senken ...«

»Matilda?« Ich starrte erst sie an, dann ihren Handybildschirm. Auch wenn ich mich wirklich nicht mit den Funktionen auskannte, ich wusste, wie eine Dating-App aussah.

»Hm?«

»Ist das Tinder?«

»Ja, wieso?« Sie klickte auf ihr Profil und schob mir ihr Handy hin.

Auf dem ersten Bild trug sie das gleiche Outfit wie heute und lächelte lasziv in die Kamera. Unsicher, ob ich das Ganze als Scherz abtun sollte, las ich ihren Beschreibungstext darunter.

Du besitzt ein geräumiges Auto und hast heute Zeit, bei einem kleinen Umzug zu helfen? Du willst anschließend was mit mir trinken gehen und ganze zwei Stunden von meiner reizenden Gesellschaft profitieren? Dann schreib mir jetzt! Streng limitiertes Angebot. Wer zuerst kommt, schleppt zuerst.

Fassungslos blickte ich auf. »Dein Ernst?«

»Klar ist das mein Ernst.« Sie wischte auf dem Display herum. »Willst du diesen Schwiegersohn-Verschnitt mit Karohemd? Der sieht doch lieb aus und nervt uns bestimmt auch nicht allzu sehr. Oder wie wär's mit dem Rockertypen hier? Aufregend, aber mit großer Wahrscheinlichkeit narzisstisch veranlagt.« Gespannt schaute sie mich an und schnappte sich ein zweites Stück Pizza.

Ein leicht wahnsinniges Lachen entwich mir. »Solltest nicht eher du entscheiden, wer dir besser gefällt?«

Sie machte eine wegwerfende Handbewegung und schluckte einen großen Bissen herunter. »Mir ist das völlig schnuppe, ich bin offen für alles. Übrigens soll ich dir von Briony ausrichten, dass sie voll gerne mitgeholfen hätte. Leider hat sie die ganze Woche Uni und danach Proben. Sie stehen kurz vor der Premiere.«

Ich lächelte. »Kein Problem. Ehrlich gesagt weiß ich nicht mal, wieso du hier bist. Geschweige denn ein Date mit *dir* versteigerst, um *mir* zu helfen.«

Sie legte den Kopf schief und stöhnte. »Geht das jetzt schon wieder los? Lektion eins, wenn es um Selbstliebe geht: Hilfe annehmen. Und übrigens schlage ich zwei Fliegen mit einer Klappe. Ich war schon lange nicht mehr auf Tinder aktiv und hab mich gefragt, was für Gesindel sich dort inzwischen rumtreibt. Es ist immer wieder faszinierend.«

Erneut musste ich lachen. »Du bist ein bisschen irre, kann das sein?«

Sie zwinkerte mir zu. »Erzähl mir was Neues, Baby.«

Wir entschieden uns für Jake, den Schwiegersohn-Verschnitt, laut Matilda die risikofreiste Variante.

Und sie behielt recht. Er war jünger als wir beide, kürzlich erst nach London gezogen, weswegen er noch den Wagen seines Dads besaß, und unfassbar aufgeregt, Zeit mit uns verbringen zu dürfen. Es dauerte kaum eine Stunde, mein Zeug in seinem Toyota zu verstauen und nach Soho in die WG zu fahren. Am zeitintensivsten war tatsächlich der Straßenverkehr.

Aus lauter schlechtem Gewissen packte ich dem armen Kerl die Hälfte der übrig gebliebenen Pizza ein.

Er freute sich absolut unverhältnismäßig, während Matilda mir hinter seinem Rücken Blicke zuwarf, die eindeutig *»Warum verschenkst du die gute Pizza an einen Fremden?«* schrien. Auf der gesamten Fahrt flirtete sie so unverfroren mit ihm, dass seine Gesichtsfarbe immer dunkler wurde. Währenddessen saß ich mit meinen beiden Sukkulenten im Arm auf dem Rücksitz und kam aus dem Lachen nicht mehr heraus.

Nachdem wir die Kartons in mein neues Zimmer verfrachtet und auf den erfolgreichen Umzug angestoßen hatten, fragte Matilda mich, ob ich Jake und sie nach unten in die Ginger Cat Bar begleiten wollte. Da sie allerdings nicht so aussah, als würde sie nur aus Pflichtbewusstsein was mit ihm trinken gehen, gab ich vor, müde zu sein und mein Zeug auspacken zu wollen. Was Jake definitiv auch lieber war, wie man ihm unschwer an der Nasenspitze ablesen konnte.

Die Wohnungstür fiel hinter ihnen zu, und ihr Lachen verklang im Treppenhaus. Gespenstische Ruhe kehrte ein. Lediglich die Holzdielen knarzten unter meinen Füßen, als ich in meinem neuen Zimmer vor meinen Ganzkörperspiegel trat.

Der dünne Rahmen aus den Sechzigern war in Gold lackiert, hatte abgerundete Ecken und stand auf zwei dunklen Holzfüßen, die super zum Bett und Schrank passten. Das einzige Möbelstück, das ich besaß. Ich hatte es für viel zu viel Geld auf einem Antiquitäten-Flohmarkt ersteigert, und Josh hatte absolut kein Verständnis dafür gehabt, weil der Spiegel viel zu sperrig war und nicht zur restlichen modernen Einrichtung passte. Ein Lächeln zerrte an meinen Lippen. Hier wirkte er nicht zu sperrig – die Decke war so hoch, dass er perfekt reinpasste. Außerdem harmonierte er mit dem antiken Kronleuchter.

Doch mein Lächeln erstarb, je länger ich mein Spiegelbild betrachtete. Aus meinem hohen Dutt hatten sich mehrere Strähnen gelöst und standen in alle Richtungen ab. Rote Flecken zierten meinen Hals und meine Wangen, mein Lidstrich war verschmiert. Ich sah aus, als hätte ich mindestens drei Tage nicht geschlafen. Innerhalb weniger Stunden hatte ich all meine Habseligkeiten in sechs Boxen gepackt und mein altes Leben hinter mir gelassen. Wie war das möglich? Wie konnte man von heute auf morgen alles umschmeißen und neu beginnen?

Mein Herz klopfte unruhig. Was zur Hölle tat ich hier? Hatte ich vollständig den Verstand verloren?

Noah wollte mich nicht hier haben. Trotzdem planten Matilda und Briony morgen eine Einweihungsparty für mich. Wie absurd. Er hatte die Nachrichten in der Gruppe gelesen, zu der sie mich eingeladen hatten, aber nicht geantwortet. Eigentlich hatte ich erwartet, er würde wieder ausrasten. Vor allem da ich Mrs. Seymour angerufen und für das Zimmer zugesagt hatte.

Nach dem Telefonat mit ihr am Montag hatte ich mich auf dem Badezimmerboden zusammengerollt und erst mal eine halbe Stunde geheult. Die Erinnerungen waren zu heftig, die Freude von Noahs Mum zu ehrlich gewesen. Früher hatte ich die Hälfte der Woche bei ihnen zu Abend gegessen, die Seymours waren wie eine zweite Familie für mich gewesen. Ich hatte das Gespräch bewusst kurz gehalten, und trotzdem hatte es mich überwältigt.

»Wir haben dich so vermisst, Liebes.«

Bei der Erinnerung an ihre Worte kamen mir erneut die Tränen, und ich trat hastig vom Spiegel weg. Schluss damit. Trübsal blasen brachte mich kein Stück weiter. Ich hatte eine Entscheidung getroffen, und jetzt würde ich sie durchziehen. Mein Plan war absolut verrückt, aber er war besser, als tatenlos rumzusitzen und zu heulen. Am Montag stand die nächste Redaktionssitzung an, und ich würde über meinen Fortschritt berichten müssen. Matilda hatte mir erzählt, dass sich Noah die letzten Tage nicht in der WG hatte blicken lassen – vermutlich seit er erfahren hatte, dass ich definitiv einzog. Aber irgendwann würde er nach

Hause kommen müssen. Und ich würde meine Chance nutzen.

Ich schnappte mir meinen Laptop, machte es mir auf dem Bett gemütlich und begann zu tippen.

»Nachdem wir zusammengefasst haben, was einen Fuckboy ausmacht, muss als Nächstes eine Strategie her. Wie bekehrt man einen Mann dieser Spezies? Wie schafft man es, dass er sein Verhalten ändert und Gefühle entwickelt, wenn sie doch genau das Gegenteil von unverbindlichem Spaß bedeuten?

Ganz einfach: Man dreht den Spieß um und schlägt ihn mit seinen eigenen Waffen.

Jetzt kommt der Punkt, an dem es heikel wird: Damit das funktioniert, muss man a) annehmen, dass es möglich ist, Menschen zu ändern (und das tue ich jetzt mal für das Experiment), und sich b) auf seine Ebene begeben. Dabei ist es notwendig, sämtliche Prinzipien, die einem im Umgang mit Menschen normalerweise zu eigen sein sollten, über den Haufen zu werfen: Empathie, Freundlichkeit, ehrlich gemeinte Aufmerksamkeit – weg damit. Ganz allgemein lässt sich sagen, dass die Wahrheit bei Fuckboys vollkommen fehl am Platz ist.

Klingt bescheuert? Unmenschlich? Ist es auch. Aber ich mache das hier schließlich nicht zu meinem persönlichen Vergnügen, sondern zu Forschungszwecken. Ich habe einen Plan. Und eine Rechtfertigung habe ich auch: Wenn sie unzähligen Frauen das Herz brechen, wieso sollten sie dann nicht auch mal am eigenen Leib erfahren, wie es sich anfühlt?

Mein Testobjekt steht fest; und da es sich nicht nur um meinen Mitbewohner, sondern auch um meinen ehemaligen besten Freund handelt, ist der Plan theoretisch gut in die Tat umzusetzen. Ich kann jederzeit seine Nähe suchen, und eine gemeinsame Basis haben wir auch schon.

Schritt eins: Ich muss sein Interesse wecken. Auf mich aufmerksam machen und signalisieren, dass ich Lust habe – natürlich ausschließlich auf seinen Körper –, aber nur, bis er ebenfalls Interesse zeigt. In dem Moment, in dem er anbeißt, mich küssen will, heißt es: Rückzug antreten.

Schritt zwei: Er ist nun vollkommen verwirrt – und das muss ich zu meinem Vorteil nutzen. Denn er kann nicht mehr aufhören, an mich zu denken. Er weiß nicht, was ich von ihm will. Ich bin eine Herausforderung für ihn. Das nächste Mal, wenn wir uns über den Weg laufen, muss ich das gegenteilige Verhalten an den Tag legen und flirten, was das Zeug hält.

Anschließend folgt Schritt drei: Sex. Und zwar so schnell wie möglich. Am besten bin ich diejenige, die die Initiative ergreift. Frei nach dem Motto: Ich weiß, was ich will, und hole es mir. Ich habe Spaß, ich genieße es, und sobald es vorbei ist, stehe ich auf und gehe auf Abstand. Beachte ihn nicht. Denn: Es hat ja nichts bedeutet.«

»Halt still.«

»Ich bin mir echt nicht sicher, ob ich überhaupt still halten will.«

»Wenn du weiterhin so zappelst, wird das erst recht ein Massaker.«

»Erst recht? *Erst recht?*«

Briony kicherte und griff nach meinem Kinn, um meinen Kopf zurechtzurücken.

Keinen Schimmer, wieso ich eingewilligt hatte, mich von ihr schminken zu lassen. Wahrscheinlich weil ich mir vorgenommen hatte, keine menschenscheue Spielverderberin mehr zu sein, nachdem ich mich den gesamten letzten Abend in meinem Zimmer verkrochen hatte, anstatt mit meiner neuen WG Zeit zu verbringen.

»Ich mach nur Spaß. Du siehst absolut grandios aus. Außerdem kannst du mir ruhig ein bisschen mehr Vertrauen entgegenbringen. Ich hab schon unzählige Male in der Maske ausgeholfen.«

Ich nuschelte etwas Undeutliches als Antwort. Meine Make-up-Routine bestand normalerweise aus Wimperntusche, dem ewig gleichen Lippenstift sowie schwarzem Eyeliner zu ein paar seltenen Anlässen. Was meine hoch motivierte Mitbewohnerin da mit mir anstellte, sprengte definitiv den Rahmen. Sie selbst hatte ein silbernes Cat Eye und dazu zartes Rouge aufgetragen. Ihre hellblonden Haare waren zu einem französischen Zopf geflochten, was ihr hervorragend stand. Seit einer halben Stunde weigerte sie sich, mich aufstehen zu lassen, geschweige denn mir einen Spiegel zu bringen.

»Ich bin gleich fertig, Liv, gedulde dich!«

Inzwischen war sie bei meinen Lippen angelangt. Mit konzentrierter Miene beugte sie sich vor, wobei mir ihr blumiges Parfüm in die Nase stieg.

Ich unterdrückte ein genervtes Seufzen.

Gerade als sie einen kleineren Pinsel zückte, flog die Tür zu meinem Zimmer auf und schlug geräuschvoll gegen die Wand. Zeitgleich drang lautstarke Musik in mein Zimmer – Electroswing, wenn mich nicht alles täuschte.

»Hier seid ihr zwei Hübschen!«

Ich konnte sie zwar nicht erkennen, weil Brionys

Oberkörper mir die Sicht versperrte, aber Matildas fröhliche Stimme war unverkennbar.

»Hi, Tilda«, sagte Briony. »Wir sind gleich fertig.«

Aus den Augenwinkeln beobachtete ich, wie Matilda – in Knallrot gekleidet – drei Kristallgläser auf meinem Schreibtisch neben Brionys Schminksammlung abstellte.

»Und viel zu nüchtern. Also hab ich euch zur Einstimmung einen Gin Fizz gemixt. Der Puderzucker ist mir ausgerutscht, deswegen schmeckt er wahrscheinlich ein bisschen zu süß, aber so geht's schneller ins Blut. Die Getränke stehen alle kalt, und in 'ner halben Stunde dürften die ersten Gäste eintrudeln.«

Wir hatten den Morgen damit verbracht, die Wohnung partygerecht zu dekorieren und zerbrechliche Gegenstände in Brionys und Matildas Zimmern zu verstauen. Anschließend hatten wir ein paar Snacks und einen Getränkevorrat für uns gekauft – den Rest würden die Leute selbst mitbringen, ganz im Sinne des BYOB-Partymottos: »Bring your own booze«.

»Wie viele habt ihr denn eingeladen?«, murmelte ich, als Briony für einen Moment von mir abließ, um nach einem Papiertuch zu greifen.

»Ach, nur den kleinen Kreis. Ein paar Leute aus Brys Semester, ein paar aus meinem, so dreißig, vierzig vielleicht.«

Ich riss den Kopf herum, um sie entgeistert anzustarren. »Das ist der *kleine* Kreis?«

Briony stieß einen unwirschen Laut aus und griff wieder nach meinem Kinn, um mich in Position zu rücken.

»Das soll schließlich eine gescheite Einweihungsparty werden und kein Trauerspiel«, antwortete Matilda, schnappte sich eins der Gläser und machte es sich damit der Länge nach auf meinem Bett bequem.

Als sie mich gefragt hatten, ob ich noch jemanden einladen wollte, hatte ich ihnen schnell klargemacht, dass mein Freundeskreis mehr als überschaubar war. Die Untertreibung des Jahrhunderts. Ich kannte zwar eine Handvoll Leute an der Uni, mit denen ich ab und zu ein paar höfliche Worte wechselte, aber das zählte wohl kaum als Freundschaft. Und auf der Party wollte ich sie auch nicht unbedingt haben, falls ich dazu kam, meinen Plan in die Tat umzusetzen. Peinlicher ging's ja wohl nicht.

Anstatt mir das Gefühl zu geben, seltsam zu sein, hatte Matilda nur mit den Schultern gezuckt. »Jetzt wird mir klar, wieso Seymour und du befreundet wart. Geborene Einzelgänger. Aber diese Zeiten sind leider vorbei, meine Liebe. Wir werden dich nicht mehr in Ruhe lassen.«

Briony hatte überschwänglich genickt. »Yep, du gehörst jetzt zur Familie.«

Ich war darauf schnell im Bad verschwunden, damit sie die Tränen, die mir bei ihren Worten in die Augen getreten waren, nicht bemerkten.

Tja, sah ganz so aus, als wären die einsamen Zeiten tatsächlich vorbei. Blieb nur noch die Frage, wie lange es dauerte, bis sie feststellten, dass ich ihnen eine Nummer zu merkwürdig war.

Briony trat einen Schritt zurück, betrachtete mich kritisch und nickte schließlich. »Fertig.«

Matilda richtete sich auf und reckte den Kopf, ehe ein breites Lächeln auf ihrem Gesicht erschien. »Oh wow, du siehst richtig heiß aus. Also nicht, dass du nicht immer heiß aussiehst. Aber das Make-up betont dein hübsches Gesicht besonders vorteilhaft. Briony, du kleine Künstlerin.«

Ich stellte mich vor den Spiegel und musterte ihr Werk. Meine Augen waren von rauchigen Grünschattierungen umgeben, und meine Lippen glänzten in einem dunklen Beerenton. Bry hatte mein Gesicht so konturiert, dass meine Wangenknochen prägnanter wirkten und ich dadurch viel reifer. Ich trug ein dunkelgrünes Samtkleid, und meine Haut wirkte im Kontrast dazu fast durchscheinend weiß.

Ich zupfte meine hellbraunen Ponyfransen zurecht und lächelte mich selbst im Spiegel an. »Ich sehe aus, als hätte ich mein Leben unter Kontrolle.«

Briony kicherte. »Das werte ich als positive Reaktion.«

»Fake it till you make it«, stimmte Matilda zu und hob ihr Glas. »Mein Lebensmotto.«

Bry und ich schnappten uns auch je einen Gin Fizz und stießen an.

»Auf Livs Einzug«, verkündete Briony feierlich.

Ich schaute auf meine Füße und erwiderte verlegen: »Auf euch. Danke für alles.«

»Auf eine unvergessliche Zeit«, rief Matilda. »Und jetzt runter damit! Und dann ab ins Wohnzimmer – warmtanzen!«

Ich nahm einen großen Schluck und sah den beiden abwechselnd in die Gesichter. Und plötzlich wurde mir bewusst, dass es mir egal war, ob Noah heute auftauchen würde. Ob ich meinen Plan umsetzen konnte. Es gab zwei Menschen in meinem Leben, die ich mochte, die mich mochten, mit denen ich Spaß haben konnte, obwohl sie mich in einer meiner schlimmsten Phasen erlebt hatten.

Ein wohliges Kribbeln erfüllte mich von Kopf bis Fuß. Noch nie in meinem Leben hatte ich so etwas Verrücktes, Spontanes getan. Aber komischerweise fühlte es sich nicht mehr nach einer fixen Idee an. Und auch nicht nach Versagen. Sondern nach Hoffnung.

Menschen, Menschen, Menschen. Überall Menschen. Gelächter. Musik.

Obwohl mich eine solche Situation normalerweise überfordert hätte und ich, sobald die ersten Leute kamen, mit dem Gedanken spielte, mich einfach in meinem Zimmer zu verstecken, verflog meine Unsicherheit so schnell, wie sie gekommen war. Matilda und Briony stellten mich abwechselnd den Gästen vor, und im Handumdrehen stand ich zwischen mehreren Grüppchen und beteiligte mich an den Gesprächen. Es war niemand hier, der sich schon im Voraus eine Meinung über mich gebildet hatte und mich deshalb verurteilte. Ich war ein unbeschriebenes Blatt. Nein, ich war sogar mehr als das: Ich war die neue Mitbewohnerin. Journalismusstudentin. Jung, unbeschwert, normal. Nach einer Stunde fragte ich mich nicht mal mehr, ob ich unentspannt rüberkam. Ich redete einfach. Besser gesagt: Ich schrie meinen Gesprächspartnern ins Ohr, damit sie mich verstehen konnten. Die Musik war bis zum Anschlag aufgedreht, und niemand schien sich Sorgen zu machen, was die Nachbarn davon hielten, also machte ich mir auch keine. In regelmäßigen Abständen ließ ich mich von Matilda auf die provisorische Tanzfläche vor der Couch ziehen. Sie war die Stimmungsmacherin. Wie nebenbei motivierte sie die Leute zum Tanzen, erzählte irgendwelche abgefahrenen Geschichten und brachte alle zum Lachen, während Briony die perfekte Gastgeberin war und sich darum kümmerte, dass alle genug zu essen hatten und niemand sein Getränk auf dem Perserteppich verschüttete. Ich war mir noch nicht sicher, was meine Rolle in dieser WG war, aber immerhin war das Interesse, mich kennenzulernen, von allen Seiten groß.

»Es ist immer wieder eine Überraschung, wer in das

verfluchte vierte Zimmer einzieht«, erklärte mir eine Schauspielkollegin von Briony und verschluckte sich vor lauter Lachen beinahe an ihrem Bier. »Und mal ganz unter uns, du scheinst mir bisher die Sympathischste zu sein. Pass bloß auf, dass du nicht in die Fänge von Noah gerätst.«

Mein Lächeln verblasste. Ich hatte bis jetzt erfolgreich verdrängt, dass ich nicht nur mit den Mädels hier wohnte.

Bevor ich das Gespräch fortsetzen oder bei dem Gedanken an unseren Mitbewohner Herzrasen bekommen konnte, ertönte ein kleiner Schrei neben uns, der direkt in den ersten Klängen von MØs »Red Wine« ertrank.

Briony stand mit wutentbrannter Miene und in die Hüften gestemmten Händen vor einer Dreiergruppe, die in der Nähe des Flurs im Schneidersitz saß und dem Anschein nach gerade einen Joint angezündet hatte.

»Wir haben einen Balkon«, rief sie. »Wie oft muss ich es noch sagen? Hier drinnen wird nicht geraucht, schon gar nicht *das* hier!«

Matilda, die eben noch mit einem spektakulären Hüftschwung – oder, waren mir mal ehrlich, mit heftigem Grinding – beschäftigt gewesen war, löste sich von ihrem ziemlich durch den Wind wirkenden Tanzpartner und gesellte sich zu Briony. Sie legte ihr einen Arm um die Schultern und lächelte versöhnlich. »Hey, hey, was ist denn hier los?«

Anstelle einer Antwort deutete Briony nur auf den Boden vor sich.

Für einen kurzen Augenblick war ich mir sicher, dass Matilda ihrer Freundin sagen würde, sie sollte sich lockermachen und die Party genießen, doch dann beugte sie sich vor, schnappte sich den Joint aus der Hand des Kerls, der genau wie seine beiden Kumpels nur mäßig von Brys Auftritt beeindruckt wirkte, und hob ihn in die Höhe. »Ihr habt sie gehört, Leute, raus mit euch. Oder wir klären das vor der Tür, Paul.« Sie zwinkerte ihm zu und marschierte mit dem Joint in der Hand auf den Balkon, wobei sie dem Typ von der Tanzfläche mit einem Winken bedeutete, ihr zu folgen.

Briony wandte sich kopfschüttelnd zu mir um, aber immerhin zuckten ihre Mundwinkel. »Ist mir egal, ob ich die Spießerin Nummer eins hier bin, geraucht wird in dieser Wohnung nicht!«

»Bin voll auf deiner Seite«, sagte ich mit einem Grinsen.

»Freut mich. Du hast Katy kennengelernt, wie ich sehe.« Sie stupste ihre Kommilitonin freundschaftlich in die Seite. »Habt ihr Spaß?«

Katy nickte und schaute sich um. »Wo ist eigentlich der Kotzbrocken?«

Ich musste lachen. Der Alkohol hatte definitiv seinen Weg in meine Blutbahnen gefunden. Mit einem Mal fühlte ich mich ganz leicht.

Briony zuckte mit den Schultern. »Der schmollt wahrscheinlich immer noch, weil Liv gegen seinen Willen eingezogen ist. Und solche Partys sind nicht wirklich sein Ding.«

Katy beugte sich interessiert vor. »Wieso hat er was gegen Liv? Weil sie nicht auf seine Fuckboy-Fassade reinfällt?«

Briony schenkte mir einen entschuldigenden Blick und biss sich auf die Unterlippe.

Ich seufzte leise. »Wir kennen uns von früher«, erklärte ich dann knapp und wollte mich anschließend unauffällig aus der Affäre ziehen, indem ich mich auf die Suche nach einem Snack machte, doch da erklang ein Jubeln aus dem Flur.

Im nächsten Moment trat ein rotblonder Kerl in übergroßer schwarzer Lederjacke und ausgeblichener Jeans ins Wohnzimmer. Er hielt eine Whiskyflasche in der Hand, hinter seinem linken Ohr steckte eine selbst gedrehte Zigarette. Er hatte verwuschelte Haare, sah gut aus, wäre mir allerdings nicht weiter aufgefallen, hätte sich Brionys Gesichtsausdruck nicht schlagartig gewandelt. Auch die anderen Leute, die in der Nähe des Flurs standen, richteten die Blicke auf ihn. Kurz verstummten die Gespräche, und allein die dröhnende Musik begleitete seine Ankunft. Der Typ selbst schien sich seiner Wirkung nicht bewusst zu sein, oder er ignorierte die Reaktionen absichtlich. Und trotzdem hatte er nichts Arrogantes an sich – eher etwas Verstreutes.

Er sah sich um und lächelte schief, als er Briony entdeckte. Während er auf sie zulief, streifte er mich mit seinem Blick, und ich sah so etwas wie Erkenntnis in seinen Augen aufblitzen.

Ich runzelte die Stirn. Kannten wir uns?

Bevor ich mir länger den Kopf darüber zerbrechen konnte, wurde meine Aufmerksamkeit wieder auf Briony gelenkt, die auf einmal an Schnappatmung zu leiden schien.

»Hey, Briony«, rief er und beugte sich vor, um sie mit Küsschen auf die Wangen zu begrüßen. Dabei legte er sanft eine Hand an ihren Hinterkopf.

Ich konnte förmlich spüren, wie ihr Herz stehen blieb. Sie gab sich alle Mühe, lässig zu wirken, doch das Rot ihrer Wangen war deutlich dunkler als der Ton des Rouges, das sie aufgetragen hatte.

»Anthony!«, quietschte sie. »Wie schön, dass ihr es noch geschafft habt.«

Katy warf mir hinter seinem Rücken einen vielsagenden Blick zu und fächerte sich lachend Luft zu.

Briony nahm davon überhaupt keine Notiz. Sie starrte den Typen wie hypnotisiert an.

»Sorry für die Verspätung, Darling. Ich musste Noah überreden, auf seiner eigenen WG-Party keine Spaßbremse zu sein.«

Nun war ich es, die dem Herzinfarkt nahe war. Ich hatte endlich eins und eins zusammengezählt. Anthony. Der beste Kumpel von Noah, in den Briony verschossen war. Leider kam die Erkenntnis zu spät, denn hinter ihm war eine zweite Gestalt aus dem Flur gekommen. Und die Reaktionen der Gäste fielen, wenn möglich, noch krasser aus. Das einsetzende Getuschel war trotz der Musik kaum zu überhören.

Mit aller Kraft zwang ich mich, nicht hinzusehen. Ich war noch nicht bereit für seinen Anblick.

»Und du musst Olivia sein.« Dankbar für die Ablenkung sah ich Anthony an. Er musterte mich von oben bis unten, bevor er mir ebenfalls einen Kuss auf die Wange drückte.

Ich war viel zu verdattert, um zu protestieren.

»Ich bin Anthony. Freut mich sehr, deine reizende Bekanntschaft zu machen.«

Gerade noch so schaffte ich es, sein Lächeln zu erwidern. Hatte Noah über mich gesprochen? Erkannte er mich deshalb? Was hatte er ihm erzählt?

»Äh, gleichfalls.«

»Lasst uns direkt mal auf deinen Einzug anstoßen, oder?« Er legte mir einen Arm um die Schultern und zwinkerte Briony zu, die prompt nickte und im Handumdrehen zwei frische Gläser herbeizauberte. Zu besonderen Anlässen trank sie anscheinend auch Whisky ohne Tee.

Anthony ließ von mir ab, um die Flasche zu öffnen, und genau in dem Moment nahm ich eine Bewegung neben mir wahr. Ein Schatten, der mich wie magnetisch anzuziehen schien. Ich würde es nicht mehr lange aushalten, ihm zu widerstehen. Er war so nah. Ich konnte ihn riechen. Ich … Ein Gefühl, als würde ich in die Tiefe fallen, breitete sich in meinem Magen aus.

Wie in Zeitlupe drehte ich mein Gesicht und blickte geradewegs in ein Augenpaar, in dem ein Tornado zu wüten schien. Seine Haarsträhnen glänzten nass, und ein paar Regentropfen perlten von seiner Stirn.

Meine Lippen teilten sich.

Keine Chance. Es kam kein Ton heraus.

»Oh, hallo, Noah, voll schön, dass ihr es noch geschafft habt«, begrüßte Briony ihn.

»Tony hat Ewigkeiten für sein neues Kunstwerk gebraucht«, antwortete Noah ihr gelangweilt, ohne mich auch nur für den Bruchteil einer Sekunde aus den Augen zu lassen. Der Ausdruck der Überraschung, der dem Sturm darin gefolgt war, wurde hart.

Ich fiel und fiel und fiel.

»Genau so war es«, erwiderte Anthony ironisch, und Brionys glockenhelles Lachen ertönte.

Er war nur Zentimeter von mir entfernt. Blaue Schatten lagen unter seinen Augen. Als hätte er die letzten Tage kaum Schlaf abbekommen. Und seine Bartstoppeln waren länger. Ich wollte meine Hand ausstrecken und mit den Fingern darüberstreichen.

Scheiße, ich hatte zu viel getrunken. Und ich brauchte noch deutlich mehr, wenn ich diese Nacht überleben und meinen Plan in die Tat umsetzen wollte.

Denk an den Artikel, Liv!

»Willst du was trinken?«, fragte ich, so locker ich konnte, und rang mir ein Lächeln ab. Ich würde die Ruhe selbst sein. Schön distanziert und cool, als sei es mir scheißegal, was er am Montag vor meinen Augen abgezogen hatte. So ging man mit Fuckboys um, richtig? Bloß keine Emotionen zeigen.

Seine Augen wurden schmal, dann drückte er sich ohne eine Antwort an mir vorbei und lief in Richtung Küche.

Wut füllte meinen Bauch, während ich mich umdrehte, um ihm nachzusehen.

In einer fließenden Bewegung streifte er seine Jacke ab und warf sie über den nächstbesten freien Sessel. Kaum dass er an der Theke angelangt war, machte ihm die schnatternde Mädelsgruppe, die davor stand, bereitwillig Platz.

Na, warte. So einfach lasse ich mich nicht einschüchtern.

Ich straffte die Schultern und folgte ihm. Dank Riley hatte ich jahrelange Übung darin, mit kalt-distanziertem Verhalten umzugehen.

»Ich hätte gerne auch was davon«, sagte ich laut und deutete auf die dubios wirkende Flasche ohne Etikett in seiner Hand.

Er war gerade dabei, die dunkle Flüssigkeit in ein Shotglas zu füllen, und schaute nicht mal auf. Als sei ich Luft für ihn.

Demonstrativ griff ich nach dem letzten sauberen Glas im Schrank über mir und stellte es neben seines.

Er sah mich immer noch nicht an. Dafür presste er die Lippen aufeinander und schenkte mir ein.

Ha! Das war ein Anfang.

Während er damit beschäftigt war, mein Glas zu füllen, nutzte ich die Gelegenheit, um ihn genauer zu mustern. Sein Hemd war schwarz und eng anliegend. Er hatte die Ärmel hochgekrempelt, sodass die Tattoos auf seinen

Armen zu sehen waren. Es waren verschiedene kleinere Motive, die aus der Distanz wie ein großes Kunstwerk wirkten. Eine gewundene grüne Schlange, ein schwarzer Dreizack und ein Schriftzug, den ich nicht richtig erkennen konnte. Ich hob den Kopf. An der linken Seite seines Halses waren römische Zahlen zu sehen.

Am liebsten hätte ich ihn nach der Bedeutung hinter jedem einzelnen Motiv gefragt. Ich war mir sicher, kein einziges davon war willkürlich entstanden. Bei Noah war immer alles durchdacht. Ich kannte keinen Menschen, der verkopfter war als er.

Mein Blick wanderte weiter aufwärts. Die Narbe an seiner linken Augenbraue wirkte irgendwie verwegen. Gefährlich.

Noch immer war mir sein Gesicht das liebste auf der Welt. Ich hätte Stunden damit zubringen können, ihn zu betrachten. Doch jetzt lag es nicht nur daran, dass es mir so vertraut war, dass er so sehr das ausstrahlte, was für mich Zuhause bedeutete. Ihm so nah zu sein, jede seiner dunkelblonden Wimpern zählen zu können, diesen unvergleichlichen Duft zu riechen, stellte seltsame Dinge mit meinem Inneren an.

Er schaute auf und ertappte mich prompt beim Starren. Ein schmerzlicher Ausdruck huschte über sein Gesicht, bevor er schnell wieder die kühle Maske aufsetzte.

»Warum bist du hier?«, fragte ich im Plauderton.

Er hob eine Braue und musterte mich, als hätte ich etwas unglaublich Dummes gesagt. »Ich wohne hier.«

Seine Feindseligkeit würde mich nicht tangieren. Ich war die Lässigkeit in Person.

»Davon habe ich bisher wenig gemerkt.«

Gebannt beobachtete ich jede seiner Regungen. Die

Adern, die auf seinen Unterarmen hervortraten. Die Art, wie er sich auf die Unterlippe biss. Ich wollte für immer weiter mit ihm reden. Von mir aus dummen Small Talk führen. Es sollte nie aufhören.

Liv! Dein Plan!

»Das liegt daran, dass du alles ignorierst, was dir nicht in den Kram passt«, presste er hervor.

Nicht provozieren lassen.

Ich griff nach meinem vollen Glas. Unter normalen Umständen hätte ich ihn gefragt, was überhaupt sein Problem war, wieso er sich so gegen meinen Einzug gewehrt hatte, was das für eine Scheiße am Montag gewesen war. Doch das waren zu viele Emotionen. Ich war *lässig*.

»Vielleicht solltest du aufhören, so ein Drama zu machen, nur weil ich eine Wohnung brauche. Es dreht sich nicht immer alles um dich.«

Zornerfüllt starrte er mich an.

Ich zwang mich zu einem breiten Grinsen, drückte ihm sein Glas in die Hand und stieß meines dagegen. »Cheers! Auf diesen wundervollen Abend.«

Ohne abzuwarten, legte ich den Kopf in den Nacken und trank den Kurzen auf ex – und bereute es sofort. Keuchend und hustend knallte ich das Glas auf die Theke und riss die Augen auf. Meine Kehle stand in Flammen.

Noahs Glas folgte eine Sekunde später. Er schien nicht im Geringsten auf das Teufelszeug zu reagieren.

»Oh Gott«, japste ich und vergaß meine Rolle für einen Moment. »Oh Gott, das ist Richards selbst gebrannter Pflaumenschnaps, oder?«

Auf einen Schlag war seine Wut verschwunden, und seine Brust vibrierte. Vor unterdrücktem Lachen, wie es schien. Die Partygäste im Hintergrund verschwammen zu einem unbedeutenden Farbenstrudel.

»Ich werde Dad ausrichten, dass man seine ganz persönliche Note sofort herausschmeckt.« Sobald ihm die Worte rausgerutscht waren, wirkte er ganz überrumpelt.

»Du hättest mich vorwarnen sollen, ich habe damals geschworen, nie wieder auch nur in die Nähe dieses Gesöffs zu kommen!«

Es war mein sechzehnter Geburtstag gewesen, und Noah hatte eine Flasche aus dem Keller seiner Eltern geschmuggelt. Die letzte Erinnerung, die ich an diesen Abend hatte, war, wie er mir die Haare hielt, während ich mich in irgendein Gebüsch erbrach. Am nächsten Morgen waren wir beide Arm in Arm im Garten seiner Eltern und mit unserem ersten Filmriss aufgewacht. Wir hatten je drei Wochen Hausarrest bekommen und uns geschworen, in Zukunft die Finger von dem Zeug zu lassen.

Seine Augen funkelten. Im Licht der Lampe, die schräg hinter ihm an der Wand angebracht war, wirkten sie beinahe blau.

Schon wieder befand ich mich im freien Fall. Das war der erste ansatzweise normale Moment zwischen uns.

Chance nutzen! Sofort!

»Ich … Ich brauch mal frische Luft. Ganz schön heiß hier drinnen«, sagte ich, packte ihn am Unterarm und zog ihn durch die Menge.

Zu meiner absoluten Überraschung riss er sich nicht los.

»Genius« von LSD dröhnte viel zu laut aus den Boxen, als ich mir zwischen gesichtslosen Gestalten meinen Weg zum Balkon bahnte. Der Songtext drang in mein Bewusstsein und hallte in meinem Kopf wider.

Do you think I'm stupid?

Do you think I'm bat shit crazy, having you on my mind?

Do you think I'm helpless?

»Hey, Süße!«, brüllte Matilda mir entgegen, kaum dass ich die Tür aufgestoßen hatte und kalter Nachtwind meine Haare nach hinten blies. Sie und der Kerl von der Tanzfläche waren die Einzigen, die hier draußen zwischen ein paar Pflanzentöpfen am Geländer lehnten. Er hing förmlich an ihren Lippen, während sie eine Hand auf seiner Brust platziert hatte, vermutlich um ihn am Näherkommen zu hindern. »Genießt du die Party?«

Ihr euphorischer Gesichtsausdruck wurde ein wenig nüchterner, als ihr Blick über meine Schulter wanderte. Man konnte wohl davon ausgehen, dass Noah mir gefolgt war.

»Ach, Seymour, schön, dass du dich auch mal blicken lässt, mit dir wollte ich ohnehin noch was besprechen.« Sie stieß ihren Gesprächspartner leicht zurück, hielt ihm ihren Drink hin, den dieser gehorsam entgegennahm, und ging auf Noah zu, der gerade die Balkontür hinter uns schloss. Dann stellte sie sich auf die Zehenspitzen und warf einen Arm um seine Schultern.

Anstatt sie von sich zu drücken, legte Noah ihr einen Arm um die Hüften und grinste sie frech an. »Was ist los, Baby?«

Sofort war da ein Stechen in meiner Brust. Es verstärkte sich mit jeder Sekunde, und leider war ich mir sicher, dass es nicht von dem scheußlichen Schnaps stammte.

Sie verdrehte die Augen. »Ich finde es ja super, dass wir heute den einen Tag im Jahr mit dir erwischen, an dem du gute Laune hast, aber dein ›Baby‹ darfst du dir sonst wohin stecken.«

Noah lachte nur.

Meine Wut von Montag kam geballt zurück und schnürte mir die Kehle zu.

»Also, was ich dir zu sagen habe: Du kannst deinem seltsamen Kumpel ausrichten, dass ich ihm an die Gurgel springe, wenn er Bry nicht in Frieden lässt.«

Noah hob eine Braue. »Sieh an, sieh an, dann sind wir tatsächlich mal einer Meinung.«

»Fantastisch. Also kümmer dich gefälligst drum. Seit er angekommen ist, hat er sie nicht aus den Augen gelassen.«

Woher wusste Matilda das? War sie nicht die ganze Zeit auf dem Balkon gewesen? Jedenfalls war es bewundernswert, wie sehr sie sich für ihre Freundin einsetzte. Auch wenn mir nicht ganz klar war, wieso dieser Anthony so schlimm war.

»Tony ist ein großer Junge, Matilda«, erwiderte Noah. Jetzt war er an der Reihe mit Augenverdrehen. »Und Briony scheint mir nicht wirklich abgeneigt. Ich kann sie schlecht zwingen, sich voneinander fernzuhalten.«

Matilda stöhnte theatralisch, ließ ihn los und riss die Balkontür auf. »Alles muss man selber machen!«

Nachdem sie mir noch einen warnenden Blick zugeworfen hatte, den ich nicht ganz deuten konnte beziehungsweise wollte, rauschte sie davon. Der Kerl trottete ihr etwas verunsichert hinterher.

Hastig schloss ich die Tür hinter ihnen, und von einer Sekunde auf die andere schienen die Musik und das Gelächter meilenweit entfernt. Ich hatte die Party buchstäblich weggesperrt.

Mein Blick zuckte zu den dunklen Dächern, zu den Silhouetten der Bäume dazwischen. Ich konnte ihn nicht ansehen. Scheiße, ich musste irgendetwas sagen.

»Du hast dich verändert«, flüsterte er in die Stille. Der

Kontrast zum fröhlichen Klang seiner Stimme, als er mit Matilda gesprochen hatte, war beachtlich. Es hörte sich an, als sei er sich nicht ganz sicher, was hier gerade geschah. Als sei ihm die Kontrolle entglitten.

Ich hielt die Luft an. Objektiv betrachtet war es hier draußen schweinekalt, doch die heftigen Gefühle in meinem Bauch jagten glühende Hitze durch meine Adern.

Ruhig bleiben. Ich musste ruhig bleiben, es verlief alles nach Plan und …

»Und jetzt siehst du wütend aus«, fuhr er noch leiser fort.

Das war's mit dem schönen Plan und meiner Lässigkeit. Jeder vernünftige Gedanke in meinem Kopf löste sich von jetzt auf gleich in Luft auf.

»Was hast du erwartet? Dass ich mich in drei Jahren nicht verändere? Dass ich für immer das kleine traurige Mädchen bleibe, dessen Schmerz zu viel für dich war?« Meine Stimme klang fremd. Die Worte hinterließen einen bitteren Nachgeschmack auf meiner Zunge.

»Es tut mir leid.«

»Es tut dir *leid*?« Ich zitterte am ganzen Körper. »*Was* tut dir leid, Noah? Dein Verhalten letzte Woche? Am Montag? Oder vor drei Jahren? Ich bitte dich, klär mich auf. Kann's kaum erwarten.«

Automatisch war ich einen Schritt auf ihn zugetreten und hatte den Kopf in den Nacken gelegt, um ihm direkt ins Gesicht schauen und jede Regung darin mitverfolgen zu können.

Ich hatte Wut erwartet. Abwehrhaltung. Doch Noah sah aus, als würde er jeden Moment die Flucht ergreifen wollen. Gehetzt schaute er sich um. Seine Hände zitterten, bis er sie zu Fäusten ballte.

»Alles.« Seine Stimme brach, sein Blick zuckte zurück zu mir, nur kurz, kaum einen Herzschlag lang.

Aber lang genug.

Es war dunkel hier draußen. Den verdächtigen Schimmer in seinen Augen hatte ich mir trotzdem nicht eingebildet.

»Alles.«

»Sieh mich an. Hab wenigstens den Anstand, mich richtig anzusehen«, wisperte ich.

Meine ganze Wut war verraucht. Es sollte nicht so einfach sein. Das war nicht mal eine gescheite Entschuldigung gewesen. Mein bester Freund hatte mich im Stich gelassen und Fremde aus uns gemacht.

Seine Lider flatterten, er blinzelte viel zu oft, und dann, endlich, hielt er meinem Blick stand.

In seinen Augen sah ich den Kampf, den er mit sich ausfocht, die Qual und den ganzen Rest.

Was fühlst du, Noah? Sag es mir. Ich will alles wissen, was du mir nie gesagt hast. Wofür du zu feige warst.

Die Worte blieben mir im Hals stecken. Es spielte keine Rolle. Ich musste sie nicht aussprechen, denn die Tränen, die er mit aller Macht zurückzuhalten versuchte, sprachen bereits Bände.

»Alles«, hörte ich ihn noch einmal sagen und wusste nicht, ob ich es mir einbildete. Wieder und wieder und wieder.

»Alles.«

Ich trat auf ihn zu, sah die Panik in seinen Augen aufflammen, dann die Erkenntnis, schließlich etwas, das mir selbst Angst machte, Schlag auf Schlag, ignorierte alles und stellte mich auf die Zehenspitzen.

Wir waren einander so nah. Zu nah. Ich schmeckte seinen Atem auf der Zunge.

Jetzt bloß nicht die Nerven verlieren, Liv! Das gehört alles zum Plan.

Er starrte mich an, als sei er sich nicht sicher, ob ich den Verstand verloren hatte oder ob er gerade dabei war.

Ich musste mich schleunigst wieder auf die Wut konzentrieren. Das hier war nicht mehr mein Noah. Er war mein Experiment. Und ich hatte soeben die Gelegenheit bekommen, Schritt eins in die Tat umzusetzen.

Je länger wir uns ansahen, desto mehr wich die Panik in seiner Miene zurück, bis ihm das nackte Verlangen ins Gesicht geschrieben stand.

Mein Herz machte einen Satz. Was hätte ich all die Jahre dafür gegeben, so von ihm angeschaut zu werden?

Du bist nur eine von vielen für ihn, Liv. So schaut er sie alle an, wenn er Sex will. Das ist es, was einen Fuckboy ausmacht.

Der Gedanke half. Gegen meinen dröhnenden Herzschlag konnte er nichts ausrichten, doch das war jetzt egal.

Kühle Tropfen fielen auf uns herab, keine Ahnung, wann es zu regnen begonnen hatte.

Ich ließ meinen Blick zu seinem Mund wandern, quälend langsam, ehe ich ihm wieder berechnend in die Augen starrte.

Oh Gott, es funktionierte. Es funktionierte wirklich. Ich hätte Triumph empfinden sollen, stattdessen war mir mit einem Mal ziemlich schwindelig.

Er schluckte, schien wie in Trance zu sein. Seine Lippen teilten sich, und in Sekundenschnelle kam er näher. Seine Finger krallten sich in meine Hüften, und er neigte den Kopf. Unsere Lippen waren kaum drei Zentimeter voneinander entfernt. Er schloss die Augen, während seine Hände aufwärtswanderten.

Mit aller Macht wehrte ich mich dagegen, selbst die Augen zu schließen. Es wäre so einfach. Die Möglichkeit erzeugte eine Gänsehaut auf meinem Körper. Wäre es unsere ganze Jugend über so einfach gewesen? War ich einfach nur blind gewesen?

Mach dich nicht lächerlich. Du bist eine Frau, und du bist da, deshalb ist es so einfach. Es bedeutet nichts.

Im allerletzten Moment wich ich zurück und zwang mich zu einem kühlen Lächeln. »Was tust du da?«

Abrupt schlug Noah die Augen auf, und nun sah ich wieder nichts als Angst darin. Angst und Verwirrung und Scham.

Er ließ mich los und trat zurück.

Wie auf Kommando donnerte es in der Ferne, und ein Blitz erhellte die Nacht. Aus dem vereinzelten Tröpfeln war sintflutartiger Regen geworden, der sich unbarmherzig über London ergoss.

Ich kämpfte um meine Beherrschung, kämpfte, um ihn nicht sofort wieder an mich zu reißen, ihn nicht sehen zu lassen, was in meinem Inneren vor sich ging.

»W-Was?«, brachte er hervor. Der Schmerz in seiner Stimme übertrug sich auf mich.

Scheiße!

Scheiße, was hatte ich angerichtet? Er bebte am ganzen Körper.

Bevor ich etwas erwidern konnte, drehte er sich um, riss die Balkontür auf und stürmte zurück in die Wohnung, ohne sich die Mühe zu machen, die Tür zu schließen.

Alles okay. Es ist alles nach Plan gelaufen. Alles okay.

Ohrenbetäubender Bass zerriss mein Trommelfell. Zuckende, tanzende, ineinander verschlungene Körper traten in mein Sichtfeld und verwischten sofort wieder vor meinen Augen. Ich schlang die Arme um meinen Oberkörper.

Drinnen lief die Party auf Hochtouren.

Draußen brach mein Herz.

8. KAPITEL

Do you think I'm bat shit crazy, having you on my mind?

NOAH

Nicht real. Das ist nicht real. Auf keinen Fall. Es darf nicht real sein.

Das Mantra lief in Dauerschleife durch meine benebelten Gedanken, während ich wie auf Drogen durch die Räume hetzte und nach einem rotblonden Haarschopf suchte. Was hätte ich in diesem Moment dafür gegeben, tatsächlich auf Drogen zu sein! Dann hätte mein Herz vielleicht aus einem guten Grund so heftig in meiner Brust gehämmert, als würde es gleich herausspringen. Mir war speiübel. Alles drehte sich. An meinem Alkoholkonsum konnte es nicht liegen, ich hatte heute kaum was getrunken.

Den ganzen Tag – beziehungsweise die ganze Woche – hatte ich mich mental auf die Party vorbereitet. Anthony hatte mich überredet herzukommen, um die Lage zu checken. Um herauszufinden, wie schlimm es tatsächlich um mich stand. Als wir darüber gesprochen hatten, war es mir sinnvoll erschienen. Ungefährlich. Immerhin musste ich irgendwann zurück in die WG. Außerdem waren drei Jahre vergangen, wir waren nicht mehr die Menschen von damals. Ich hatte Abstand halten wollen. Distanziert und kühl lautete die Devise. Und dann? Dann war mir alles um die Ohren geflogen.

Ich quetschte mich an zwei knutschenden Paaren im Flur zu den Schlafzimmern vorbei und quittierte ihre Protestrufe mit einem Mittelfinger, ohne mich nach ihnen umzudrehen. Keinen Schimmer, ob ich sie kannte. Spielte auch keine Rolle. Ich musste raus hier.

Die einzige unverschlossene Tür war die zu Brionys Zimmer. Volltreffer. Mit dem Ellenbogen schob ich sie auf und lehnte mich gegen den Türrahmen.

Da war sie. Meine Rettung. Gerade dabei, sich den Hals meiner Mitbewohnerin entlangzuküssen.

Ich war ein Arschloch. Ein absolut egoistisches Arschloch.

»Tony!«, bellte ich. »Was zur Hölle tust du hier?«

Mein bester Freund hob den Kopf, lehnte sich auf die Seite, sodass er nicht mehr direkt auf ihr lag, und stützte sich mit einem Ellenbogen auf der Matratze neben ihrem Kopf ab. Im Gegensatz zu Briony, die in Rekordschnelle krebsrot anlief, wirkte er weder überrascht noch peinlich berührt geschweige denn schuldbewusst.

Er hob eine Braue. »Wonach sieht's denn aus?«, entgegnete er leicht atemlos.

»Ich hab dir gesagt, du sollst die Finger von meinen Mitbewohnerinnen lassen!«

Briony richtete sich nun ebenfalls auf.

Anthony strich ihr eine Haarsträhne aus der Stirn und schenkte ihr ein beruhigendes Lächeln.

Sie erwiderte es nicht.

»Raus aus meinem Zimmer und Tür zu!«, rief sie stattdessen mit unnatürlich hoher Stimme.

Für einen Moment war ich zu perplex. Sie war noch nie laut geworden, und irgendwie passte es auch nicht richtig zu ihrer sonst so sanften Natur.

»Du wirst mir später danken«, knurrte ich.

Tony stöhnte theatralisch, dann umfasste er ihr Gesicht mit beiden Händen, legte seine Stirn an ihre und streichelte ihre Wange.

Ich musste den Blick abwenden. Meine Gedanken liefen Amok.

Nicht real.

Das Gefühl auf meinen Lippen war dummerweise so echt, als stünde *sie* direkt vor mir.

Nicht real.

Ihr Duft stieg mir in die Nase. Süß. Blumig.

Nicht real.

Ihre weit aufgerissenen Augen. Der Zorn in ihrer Stimme ...

»Ich muss babysitten gehen, wie du siehst«, hörte ich Anthony wie durch Watte flüstern. »Aber wir setzen das hier so bald wie möglich fort, ja? Ich schreib dir, Prinzessin.« In zwei großen Schritten war er bei mir, packte mich am Arm und zerrte mich in den Flur. »So, du kleines Arschloch. Würde ich dich nicht so lieben, würde ich dir jetzt eine reinhauen. Willst du mir erklären, was das sollte?«

»Du wirst ihr das Herz brechen, und dann bin ich wieder der Trottel, weil du mein bester Kumpel bist und ...«

»Noah«, fiel er mir ins Wort, nun deutlich gereizter. »Sag mir, was *wirklich* in dich gefahren ist, oder wir zwei haben gleich ein großes Problem.« Mit zusammengekniffenen Augen starrte er mich gnadenlos nieder, bis jedes bisschen Selbstbeherrschung in mir zerbröckelte.

»Ich muss hier raus«, krächzte ich.

Sofort sah er nicht mehr genervt, sondern besorgt aus. Er zog die Brauen zusammen und nickte. »Dann los.«

Auf dem Weg zur Haustür ließ ich meine Fußspitzen nicht aus den Augen. Ich wollte nirgendwo anders hinschauen. Wollte nicht riskieren, noch tiefer zu fallen. Ich konnte erst wieder aufatmen, als wir uns im Treppenhaus befanden und die Tür scheppernd hinter uns zufiel.

Wir sprachen kein Wort, bis wir unten auf der Straße standen.

Ich trat in den strömenden Regen und fuhr mir mit beiden Händen übers Gesicht, während ich begann, hektisch auf und ab zu laufen. Mein Atem ging viel zu schnell. Das rauschende Blut in meinen Ohren übertönte die Musik, die aus den gekippten Fenstern im zweiten Stock drang, und das Grollen des Donners.

»Alter, du bist kurz vorm Hyperventilieren.« Tony fasste mich an beiden Schultern und zwang mich zum Stehenbleiben. »Liv?«, fragte er leise.

Ich kniff die Augen zu und schüttelte den Kopf, hin und her, immer wieder. »Sie wird mich noch umbringen. Sie kann nicht einfach … Wie zum … Sie …«

»Hey!« Er schüttelte mich. »Rede mit mir!«

»Ich hab sie fast geküsst, verfluchte Scheiße!« Ich brüllte die Worte.

»Na und?«, schrie er zurück. »Wo ist das Problem?«

»Das Problem ist, dass ich seit zehn Jahren darauf warte!« Über unseren Köpfen krachte es. Verzweifelt schnappte ich nach Luft. Der Sauerstoff schien meine Lunge nicht zu erreichen. »Es … Es ging von ihr aus. Wir haben uns gestritten, und dann ist sie näher gekommen. Ich dachte, mein Herz bleibt gleich stehen. Und dieser Blick.

Es ist fast passiert, betrunken auf irgendeiner beschissenen Party, nachdem wir uns Ewigkeiten nicht gesehen haben. Nachdem ich fast vor ihr zu heulen begonnen habe. Aber in allerletzter Sekunde hat sie einen Rückzieher gemacht, und ich ... ich ...« Ich öffnete die Augen. Anthonys Gesicht verschwamm hinter einem Schleier aus Regen.

Er legte den Kopf schief. »Fuck, Noah.«

»Ja, fuck. Das kannst du laut sagen.«

»Du weißt, was das bedeutet?«

Stumm flehte ich ihn an, die nächsten Worte nicht auszusprechen.

»Also entweder sie war einfach nur betrunken ...«

Mein Herz raste nicht mehr. Es fühlte sich eher so an, als hätte es aufgegeben, weil jemand mit gesammelter Kraft versuchte, es entzweizureißen.

»... oder du bist nicht der Einzige mit Gefühlen.«

Ich konnte nicht daran denken. Es war zu viel. Zu lange hatte ich diese Möglichkeit verdrängt. Wenn Liv Gefühle für mich hatte, die auch nur ansatzweise mit meinen zu vergleichen waren, dann wusste ich nicht, wie ich je damit umgehen sollte. Denn Gefühle bedeuteten in meinem Leben nur eines: Katastrophe.

»Können wir zu dir?«, fragte ich, als ich meine Stimme wiederfand.

Tony nickte. »Lass uns aber davor noch was zu essen holen.«

»Jetzt mal ehrlich, wieso gibst du dich eigentlich mit mir ab?«, fragte ich, nachdem ich uns ein Uber zu seiner Wohnung bestellt hatte.

»Soll das 'ne Entschuldigung für den Cockblock sein?« Mit einem leichten Grinsen begann er, sich im Schutz des Hauseingangs eine Zigarette zu drehen.

»Ich bin wirklich ein Arschloch, sorry.«

»Also macht es dir nichts aus, wenn ich mit Briony anbandle?«

Ich zuckte mit den Schultern. »Matilda reißt uns halt beiden den Kopf ab, wenn du ihr wehtust.«

»Wieso sollte ich ihr wehtun?« Meinen vielsagenden Blick ignorierte er gekonnt. »Und was ist eigentlich Matildas Problem? Ich habe mich noch kein einziges Mal mit ihr unterhalten, und sie hasst mich trotzdem«, murmelte er und befeuchtete das Pape mit der Zungenspitze, bevor er die Zigarette zusammenrollte.

»Glaube, das liegt eher an mir als an dir …«

»Weil du so unerträglich bist?«

»Yep.«

»Und deine Freunde automatisch auch so sein müssen?«

»Mhm.«

»Weißt du, Noah, du bist eigentlich ganz in Ordnung, wenn du mal für ein paar Sekunden deine Maske sinken lässt.«

»Sie hat gesagt, sie lässt sich nicht durch meine Arschloch-Fassade vertreiben.« Gegen meinen Willen schlich sich ein Lächeln auf meine Lippen.

Tony wusste, dass ich nicht mehr von Matilda sprach. »Gutes Mädchen.«

»*Zu* gut. Das ist ja das Problem.«

»Ach, komm schon, was ist das denn bitte für ein beschissenes Klischee? Dann ist sie halt zu gut für dich. Schätz dich glücklich. Und arbeite dran, damit du sie eines Tages verdienst.«

Abrupt schüttelte ich den Kopf. »Du weißt nicht, was damals passiert ist.«

»Stimmt. Dafür weiß ich, was ich hier vor mir sehe. Du

wirst es dein Leben lang bereuen, wenn du es jetzt in den Sand setzt.« Er zündete die Zigarette an und zog genüsslich daran.

»Wann genau bist du eigentlich zum allwissenden Gefühlsguru geworden?«, fragte ich spöttisch.

»Seit du meine Hilfe benötigst, Sweetheart.«

Augenrollend lehnte ich mich gegen die kalte Hauswand neben dem Eingang zur Ginger Cat Bar. Durch die beschlagenen Fensterscheiben waren vereinzelt ein paar Leute zu erkennen, die bei Kerzenschein an den dunklen Holztischen saßen.

Ich hatte es schon längst in den Sand gesetzt. Es gab kein Zurück mehr.

»Was hast du erwartet? Dass ich für immer das kleine traurige Mädchen bleibe, dessen Schmerz zu viel für dich war?«

Sie glaubte, ihr Schmerz sei der Grund für mein unverzeihliches Verhalten. Als hätte ich mich nicht jeden Tag seit damals dafür gehasst, weil ich nicht für sie da gewesen war. Weil ich nicht derjenige gewesen war, der sie im Arm gehalten, ihr über den Kopf gestrichen, ihr gesagt hatte, alles würde gut werden, auch wenn das vermutlich die größte Lüge von allen war.

»Ich bin so ein Feigling, Tony.«

»Sind wir das nicht alle?«

»Hör auf, immer so nett zu mir zu sein!«

»Okay, du Idiot. Dann hör du auf, dich im Selbstmitleid zu suhlen. Und dann wach auf. Wach auf und sieh dich um.«

»Sieh mich an. Hab wenigstens den Anstand, mich richtig anzusehen.«

»Sie befindet sich hier. Direkt vor deiner Nase. Und du

hast noch nie so für einen anderen Menschen empfunden, hab ich recht? Also wach endlich auf.«

Mit quietschenden Reifen hielt unser Uber am Bordstein.

Tony stieß sich von der Wand ab und trat seine Kippe aus.

»Okay«, sagte ich.

Im Gehen drehte er sich zu mir um und legte eine Hand an seine Ohrmuschel. »Wie bitte? Was war das? Hast du gesagt: ›Tony, du bist der beste, klügste und gut aussehendste Freund, den ich je hatte?‹ Kannst du das vielleicht noch mal fürs Protokoll wiederholen?«

»Fahr zur Hölle«, rief ich lachend, was so viel bedeutete wie: *Ich wäre schon längst abgekratzt ohne dich.*

»Ich liebe dich auch, Alter.«

9. KAPITEL

When nothing is sure, everything is possible

LIV

Vier Augenpaare ruhten auf mir.

Das Ticken der Wanduhr über der Tür raubte mir den letzten Nerv. Es war so laut, als würden sich die Zeiger unmittelbar neben meinem Ohr drehen. Vielleicht um mich daran zu erinnern, dass die Sekunden vergingen und keiner auch nur ein Wort sprach.

Ich seufzte. »Es ist nur der Anfang«, sagte ich und begann am Reißverschluss meiner Jacke zu nesteln, da ich nicht wusste, wo ich sonst mit meinen Händen hin sollte. »Ein grober Entwurf. Ich war beschäftigt wegen des Umzugs, und mein Testobjekt war bis Samstag nicht zu Hause. Es gab einfach keine Gelegenheit, mehr zu unternehmen, deshalb hab ich mich erst mal mit den gängigen Definitionen auseinandergesetzt und …«

»Die Testperson ist dein Mitbewohner, verstehe ich das richtig?«, fiel Lauren mir mit gerunzelter Stirn ins Wort.

Cassie rutschte auf ihrem Stuhl bis auf die Kante vor, stützte die Ellenbogen auf ihren Knien und das Kinn in den Händen ab. Der Ausdruck in ihren blauen Augen hinter der goldenen Drahtbrille wirkte träumerisch verklärt. »Und dein bester Freund, den du seit Jahren nicht gesehen hast?«

Ich nickte vorsichtig. Nachdem ich gestern schweißgebadet und mit pochendem Schädel aufgewacht war, war mein eigentlicher Plan gewesen, mich für das Redaktionsmeeting heute entweder krankzumelden oder meinen Kollegen irgendetwas vorzulügen. Sie wären nie dahintergekommen, wenn ich mir einfach eine Geschichte, am besten inspiriert von Matildas zahlreichen Erfahrungen, aus den Fingern gesaugt hätte. Doch dann hatte ich mich an meine Mission erinnert, hatte mich aus dem Bett gequält und eiskalt geduscht.

Nach einer großen Aufräumaktion mit meinen Mitbewohnerinnen, die hauptsächlich daraus bestand, dass Matilda und ich putzten und Briony um uns herumwuselte und in den schillerndsten Details von ihrem Tête-à-Tête mit Anthony berichtete, hatte ich mich an den Laptop gesetzt, und die Worte waren geradezu aus mir herausgeflossen.

Noah war nicht mehr nach Hause gekommen. Was mir erstaunlicherweise nichts ausmachte. Anstatt mich traurig zu fühlen oder ein schlechtes Gewissen zu haben, weil ich mit ihm spielte, hatte eine eigenartige Euphorie Besitz von mir ergriffen. Er hätte mich geküsst, er war kurz davor gewesen. Das war kein Produkt meiner betrunkenen Wahrnehmung gewesen. Genauso wenig wie die Emotionen, die sich überdeutlich in seinem schönen Gesicht gespiegelt hatten. Das konnte nur eins bedeuten: Ich hatte irgendetwas ins Rollen gebracht. Und ich würde tiefer graben müssen, um die ganze Geschichte zu erfahren.

Trotzdem kam jetzt die Nervosität hervor. Umgeben von den kritischen Gesichtsausdrücken meiner Redaktionskollegen fühlte ich mich wie eine Versagerin. Gefiel ihnen mein Ansatz nicht?

»Er erfüllt zu hundert Prozent die Definition«, verteidigte ich mich. »Nur weil er mein ehemaliger bester Freund und Mitbewohner ist, heißt das nicht, dass ich …«

»Liv«, wurde mir erneut das Wort abgeschnitten, diesmal von James.

Ich verstummte und warf ihm einen bösen Blick zu. Warum ließ mich niemand ausreden? So schlecht konnten meine Notizen nicht sein. Vor allem nicht unter dem Gesichtspunkt, dass keiner von ihnen den Artikel freiwillig hatte übernehmen wollen. Sie sollten froh sein, dass ich …

»Das ist genau das, was wir brauchen!«, fuhr er begeistert fort.

Ich hob die Brauen, wollte ihn gerade bitten, die Worte zu wiederholen, für den Fall, dass ich mich verhört hatte, da klinkte sich Brian überschwänglich nickend ein.

»Intim, emotional und spannungsgeladen. Man will direkt wissen, wie es weitergeht. Hätte ich nicht gedacht.«

»Ja!«, stimmte Cassie zu. »Und durch deine persönliche Beziehung zu dem Typen bekommt der Artikel eine ganz besondere Note. Das ist viel besser, als wenn er irgendein dahergelaufener Mistkerl wäre.«

Ich räusperte mich. »Oh, ein Mistkerl ist er trotzdem.«

Wir grinsten uns an, und ein warmes Prickeln breitete sich in meinem Bauch aus. Wow. Wann war ich in diesem Raum das letzte Mal gelobt worden?

Lauren schnalzte mit der Zunge. »Gute Arbeit, Liv«, rang sie sich ebenfalls ein Lob ab. Jedes Wort schien sie immense Überwindung zu kosten. »Pass bloß auf, dass du dich nicht in ihn verknallst und dadurch den ganzen Artikel gefährdest.«

Danke, Lauren, aber die Warnung kommt reichlich spät.

Ich biss die Zähne zusammen und senkte den Blick auf mein Tablet, auf dem das Dokument mit meinen Notizen geöffnet war.

»Ach, komm schon«, hörte ich Cassie mit einem Kichern sagen. »Jeder freut sich über eine dramatische Liebesgeschichte.«

»Wir wissen alle, dass Geschichten mit solchen Typen nur wenig mit Liebe zu tun haben«, gab Lauren spitz zurück und erhob sich von ihrem Stuhl. »Bis nächste Woche dann.«

Geistesabwesend murmelte ich einen Gruß, während ich mir noch einmal die fett markierten Punkte durchlas.

Schritt 1: Interesse wecken

Schritt 2: Heiß-kalt-Verhalten

Schritt 3: So schnell wie möglich Sex initiieren; klarstellen, dass er nicht von Bedeutung ist

Weiter hatte ich meine Strategie bisher nicht ausgebaut. Mir wurde beim Gedanken an Schritt zwei nämlich schon ganz anders. Immerhin hatte ich den ersten Schritt vorgestern Nacht erfolgreich abgehakt.

Etwas Flattriges begann sich in meinem Bauch zu regen. Ich sollte mich ausschließlich nervös fühlen. Nicht zugleich so frei und losgelöst und unbesiegbar …

In meiner Jackentasche vibrierte es. Als ich aufsah, bemerkte ich, dass alle bis auf Cassie den Raum verlassen hatten. Sie beobachtete mich neugierig.

»Wie heißt er?«

»Hm?«

»Dein Fuckboy.«

Lachend zog ich mein Handy aus der Tasche. »Noah.«

»Na dann, viel Glück mit Noah. Bin gespannt, was du nächste Woche berichtest. Und wenn du jemanden zum Drüberlesen brauchst, bevor du es an die Giftspritze schickst, meld dich.« Sie lächelte mir ein letztes Mal zu, bevor sie ebenfalls in den Flur verschwand.

Kopfschüttelnd sah ich ihr nach. War ich auf einmal im falschen Film gelandet, oder was?

Ich kam nicht dazu, den Gedanken zu vertiefen, denn der Name, der auf meinem Display aufleuchtete, zerstreute meine Verwirrung und ersetzte sie durch ein Gefühl der Beklemmung.

Mum.

Ihre letzten drei Anrufe hatte ich ignoriert, ein weiteres Mal würde sie sich nicht wegdrücken lassen, ohne mich danach in Dauerschleife anzuklingeln.

Unabhängig davon, dass ich die letzten Tage mehr als genug im Kopf gehabt hatte, war meine Mutter eine nicht verdrängbare Erinnerung daran, was ich zurückgelassen hatte. Josh. Er hatte inzwischen zu hundert Prozent mit seinen Eltern über uns gesprochen.

Für ein paar Sekunden starrte ich wie gelähmt auf die Motivationszitate an der Wand mir gegenüber.

»Write like it matters and it will.«

– Libba Bray

»When nothing is sure, everything is possible.«

– Margaret Drabble

»Don't fake it till you make it. Fake it till you become it.«

– Amy Cuddy

Dann atmete ich tief durch und nahm das Gespräch an. »Hi, Mum, wie geht's dir? Alles gut?«

»Liv!« Sie schaffte es, gleichzeitig erleichtert und vorwurfsvoll zu klingen. »Lebst du noch?«

Mit einem Stöhnen schloss ich die Augen, während ich versuchte, aus ihrem Tonfall herauszuhören, wie viel sie wusste. »Offenbar schon.«

»Wieso meldest du dich seit Tagen nicht zurück?«

Ich horchte auf. Sie klang ahnungslos.

»Uni-Stress«, zwang ich mich zu flunkern. »Hab ich dir ja beim letzten Mal schon erzählt.«

»Du arbeitest immer so hart, Schätzchen«, sagte sie, inzwischen ein wenig versöhnlicher, was mich allerdings noch mehr aus dem Konzept brachte. Ich war auf eine Standpauke eingestellt gewesen. Das konnte nur eins bedeuten …

»Wie läuft es eigentlich mit Josh? Vermisst du ihn? Ihr zwei seid es ja gewohnt, nicht einmal einen Tag voneinander getrennt zu sein!« Sie lachte. »Ich habe ihn gestern in der Stadt gesehen, aber er hat mich wohl nicht bemerkt. Jedenfalls war er schneller weg, als ich ihn grüßen konnte. Isla meinte beim Tee, er ist noch beschäftigter als sonst, lässt sich kaum bei ihnen blicken, obwohl er davor seit Ewigkeiten nicht mehr zu Besuch war.«

Eine riesengroße Welle der Zuneigung schwappte über mich hinweg. Oh, dem Himmel sei Dank, Josh hatte seine Klappe gehalten.

»Ich vermisse ihn«, hörte ich mich sagen und biss mir fest auf die Unterlippe. Noch nie hatte sich eine Lüge schmerzhafter angefühlt. Schnell drängte ich das Schuldbewusstsein zurück. »Aber er ist ja bald wieder da, und bis dahin werde ich wirklich genug zu tun haben.«

»Okay, meine Süße.«

Ich zog die Brauen zusammen. Irgendwie hörte sich ihre Stimme seltsam an. Das klang nicht nur nach der gewohnten Sorge um mich.

»Alles okay bei euch, Mum?«

»Ja, ja, natürlich. Ich soll dich von deinem Dad grüßen. Wir wollten dich fragen, ob du vielleicht dieses Jahr zu ... zu ... zu seinem Geburtstag kommst.«

Ich erstarrte. Dad hatte im September Geburtstag. Es war also nicht er, den sie meinte.

»Du fehlst uns«, flüsterte sie in den Hörer, als die Sekunden verrannen und kein Wort meine Lippen verließ.

Ich blinzelte die Feuchtigkeit in meinen Augen weg und gab mir einen Ruck. Rileys Geburtstag war in zwei Wochen. Meine Eltern waren beide der Überzeugung, dass wir ihn weiterhin feiern sollten, und trotzdem hatte ich es die letzten zwei Jahre nicht über mich gebracht. Sein Todestag würde natürlich immer in Erinnerung bleiben, aber viel wichtiger war für sie der Tag, an dem er geboren wurde. »Weil nichts auf der Welt uns die Zeit mit ihm nehmen kann, so kurz sie auch war«, hatte Mum unter Tränen auf seiner Trauerfeier hervorgebracht.

Ich schluckte heftig. »Ja«, sagte ich heiser. »Ja, Mum, ich werde kommen.«

Mir blieben zwei Wochen. Zwei Wochen, in denen ich herausfinden musste, wie ich ihnen beibringen sollte, was aus Josh und mir geworden war. Und wieso ich jetzt mit dem Kerl zusammenwohnte, der in ihren Augen die einzige reale Chance gewesen war, Riley vor sich selbst zu retten. Bevor auch er damit gescheitert war.

Liv: Danke.

Es war nur ein kleines Wort und nicht annähernd genug, aber etwas Besseres fiel mir nicht ein, also schickte ich es an Josh, während ich die knarzenden Stufen im Treppenhaus erklomm.

Trotz einiger Dämpfer war es ein guter Tag gewesen. Nach dem Redaktionsmeeting hatte ich noch zwei Vorlesungen besucht, allerdings vergeblich versucht, mich auf den Stoff zu konzentrieren. Noah, meine Eltern, Riley, die WG, Josh und wieder Noah. Meine Gedanken fuhren Karussell und ließen mich nicht in Frieden.

Matilda hatte mir geschrieben und gefragt, ob wir später einen Netflix-Serienabend veranstalten wollten, nachdem Briony und sie aus der Uni kamen. Wir hatten gestern festgestellt, dass wir alle drei absolut süchtig nach *Sherlock* waren.

Die Ablenkung würde mir guttun. Ich hatte die beiden schon jetzt ins Herz geschlossen, und egal, was mit Noah geschehen würde, sie waren eine Bereicherung für mein Leben.

Ich schloss die Haustür auf und betrat unseren Flur.

Brionys Duftkerzen hatten erfolgreich den Partygeruch vertrieben – jetzt duftete die ganze Wohnung nach Cherry Blossom.

Lächelnd warf ich meinen Schlüssel auf die Kommode neben die Monstera, bevor ich aus meinem Trenchcoat und meinen Vagabonds schlüpfte.

Aus dem Wohnzimmer war leise Musik zu hören. Es klang verdächtig nach Disclosure.

»Briony? Bist du schon zu Hause?«, rief ich. Eigentlich hätte sie noch Proben haben müssen. Und Matilda hatte mir eben geschrieben, dass sie erst in einer Stunde kommen würde …

»Kalt«, folgte die Antwort nach einer kurzen Pause.

Ich hielt in der Bewegung inne.

Natürlich.

Reiß dich zusammen, Liv! Denk an den Artikel.

Reflexartig warf ich einen Blick in den runden Spiegel gegenüber des *Call-Me-By-Your-Name*-Filmposters. Ich trug einen ockerfarbenen XL-Strickpullover, und ein paar meiner vorderen Haarsträhnen waren zu einem halben Pferdeschwanz nach oben gebunden. Meine Ohren und meine Nasenspitze waren rot von der Kälte, ansonsten sah ich ganz präsentabel aus. Nicht unbedingt wie eine Femme fatale, aber ich konnte mich ja wohl kaum über Nacht in einen anderen Menschen verwandeln.

Ich straffte die Schultern und setzte mich wieder in Bewegung.

»Hey«, rief ich eine Spur zu laut, als ich das Wohnzimmer betrat, wo der Yankee-Candle-Duft augenblicklich vom Geruch nach Rosmarinkartoffeln und Lachs überlagert wurde.

Noah stand mit dem Rücken zu mir in der Küchennische. Seine dunkelblonden Haare waren verwuschelt. Er trug eine tief sitzende Jogginghose und ein schwarzes Shirt.

Ganz langsam drehte er sich zu mir um. Sein Gesicht wirkte erhitzt. In den Händen hielt er ein Geschirrtuch. Sobald sein Blick auf mich traf, lächelte er zaghaft.

Er lächelt?

»Hast du Hunger?«

»Matilda meinte, du kannst nicht kochen«, entfuhr es mir.

Sein Lächeln wurde breiter. »Und du hast sie keines Besseren belehrt?«

»Doch, hab ich. Bevor ich mich daran erinnert habe, dass ich keine Ahnung mehr habe, wer Noah Seymour ist.«

Ich ging ein paar Schritte auf ihn zu.

Er ließ mich keine Sekunde aus den Augen.

Bloß nicht auf seinen Mund starren …

Sein Adamsapfel hüpfte. »Ich könnte dir von ihm erzählen, wenn du willst«, flüsterte er.

Ein paar Herzschläge lang verlor ich mich in seinen grauen Augen.

Reiß dich zusammen, Liv! Denk an deine Strategie.

Ich nickte. »Später gerne. Erst mal könntest du erklären, wieso du gestern weder beim Aufräumen geholfen hast noch nach Hause gekommen bist.«

Er wandte sich ab und griff nach zwei Tellern und Besteck, die er mir reichte, als sei es vollkommen selbstverständlich, dass wir uns an einen Tisch setzen und gemeinsam essen würden.

»Dafür gibt es zwei Erklärungen. Erstens: Ich bin ein selbstsüchtiges Arschloch und habe es nicht für nötig gehalten, mit aufzuräumen, weil ich von Anfang an nicht an dieser Party teilhaben wollte.«

Ich zwang mich, mich nicht nach ihm umzusehen, während ich die Teller auf dem Wohnzimmertisch abstellte und mich aufs Sofa setzte.

»Und zweitens?«, hakte ich, so nüchtern ich konnte, nach.

»Ich wusste nicht, wie ich dir gegenübertreten sollte. Nach dem, was auf dem Balkon passiert ist.«

Hitze kroch meinen Hals empor.

Okay. Also würden wir das Geschehene nicht totschweigen.

»Und … Und jetzt weißt du es?«

»Nein. Aber ein weiser Mann hat mir geraten, es nicht noch einmal in den Sand zu setzen.«

Gegen meinen Willen musste ich lächeln. »Anthony?«

»Exakt.« Er warf mir zwei Untersetzer in den Schoß, bevor er eine Auflaufform mit Ofengemüse und einen Teller mit rosa gebratenem Lachs zum Tisch balancierte.

Wie auf Kommando begann mein Magen zu knurren.

Er setzte sich mir gegenüber. Sein Blick war unergründlich, als er mir, ohne zu fragen, Essen auf den Teller schaufelte.

»Danke«, wisperte ich.

Er nickte. »Wie war dein Tag?«

Ernsthaft? Er wollte Small Talk führen?

Für einen Moment zog ich in Erwägung, ehrlich zu sein. *»Super war mein Tag, Noah. Ich schreibe einen Artikel über dich, genauer gesagt darüber, wie man dich manipulieren kann, und ich habe mich heute mit meinen Kommilitonen darüber unterhalten, was für eine tolle Story das ist. Dann habe ich meiner Mum vorgelogen, dass ich immer noch mit Josh zusammen bin. Ach ja, der Josh, den du in der Schule aus irgendeinem Grund nicht ausstehen konntest. Mein frischgebackener Ex-Freund.«*

Ich öffnete den Mund und wollte schon irgendetwas Belangloses erwidern, da fiel mein Blick auf die Küchentheke hinter ihm.

»Noah … was ist das?«

»Was ist was?« Er runzelte die Stirn und folgte meinem Blick. »Das ist ein Helm«, antworte er mit ironischem Unterton.

Der Essensduft war vor einer Sekunde noch verlockend gewesen, jetzt wurde mir davon schlecht. Das war nicht einfach nur ein Helm.

»Du fährst Motorrad?«, presste ich hervor, während ein schrilles Piepsen in meinen Ohren einsetzte.

»Liv! Hey, Liiiiv!«

Ich zog meine Kopfhörer aus den Ohren und stieß mich vom Schreibtisch ab. Tatsächlich. Ich hatte es mir nicht eingebildet.

»Riley?«

Sein Lockenkopf erschien im offenen Türspalt, und einen Moment später folgte sein Gesicht. Er grinste wie ein Honigkuchenpferd. »Was machst du grade?«

»Hausaufgaben«, murmelte ich und deutete auf die Schulbücher vor mir, während ich die Stirn runzelte. Irgendwas war im Busch.

»Streberin.« Es klang seltsamerweise nicht gehässig. Mit ein bisschen Fantasie hätte man es sogar als liebevolles Aufziehen zwischen Geschwistern interpretieren können. »Hast du kurz Zeit?«

»Wofür?«

»Sei nicht immer so misstrauisch und lass dich einmal in deinem Leben spontan auf etwas Neues ein.«

Meine Augenbrauen schossen in die Höhe. »Nichts für ungut, aber seit wann redest du freiwillig mit mir?«

Letzte Woche war sein neunzehnter Geburtstag gewesen. Mum und Dad hatten Verwandte und Nachbarn eingeladen, Kuchen gebacken und das ganze Haus geschmückt. Und er? Er war irgendwann verschwunden und Stunden später völlig betrunken wiedergekommen, als unsere Eltern schon längst im Bett lagen. Nachdem ich ihm eine Standpauke darüber gehalten hatte, wie sehr sie sein Verhalten verletzte, hatte er mich bloß ausgelacht. »Sei nicht immer so scheißspießig, Schwesterchen, du bist ja jetzt schon wie sie.«

Das waren die ersten Worte gewesen, die er seit Wochen zu mir gesagt hatte. Wir verbrachten schon lange keine Zeit mehr miteinander – weder zu zweit noch mit Noah.

Jetzt verdrehte er die Augen. »Ich will dir was zeigen«, sagte er, ohne auf meine Frage einzugehen.

Bildete ich es mir nur ein oder war da ein beinahe flehender Unterton in seiner Stimme?

Mein Blick zuckte zu meinem Schreibtisch. Eigentlich hatte ich noch eine Menge zu tun ... Ich schaute zurück zu ihm. Pure Euphorie schlug mir aus seinem Gesicht entgegen und löste bittersüße Hoffnung in mir aus. Hoffnung, dass wir uns noch nicht unwiderruflich voneinander entfernt hatten. Eine Hoffnung, die nie starb, obwohl Riley tagtäglich an ihrem Begräbnis zu arbeiten schien.

Was soll's, die Hausaufgaben konnten warten. Eine solche Chance würde so schnell vielleicht nicht wiederkommen.

Ich sprang auf und folgte ihm aus meinem Zimmer.

Er hangelte sich am Treppengeländer entlang und sprang mehrere Stufen auf einmal nach unten.

Wann hatte ich ihn das letzte Mal so gut gelaunt erlebt?

»Du musst aber die Klappe halten«, rief er mir über die Schulter zu. »Mum und Dad dürfen nichts davon erfahren, klar?«

»Was hast du diesmal gemacht, Riles?« Ich hätte besorgt sein sollen, doch da war plötzlich dieses aufgeregte Flattern in meinem Bauch. Seit wann weihte er ausgerechnet mich, seine in seinen Augen so nervige, brave Schwester, in seine Geheimnisse ein? So idiotisch es auch war – immerhin war ich inzwischen siebzehn und nicht mehr so leicht zu beeindrucken wie damals als Kind –, der Gedanke erfüllte mich mit Stolz.

Gemeinsam verließen wir das Haus, durchquerten den Garten und gingen ein Stück bis zu den hohen Bäumen hinter den Reihenhäusern. Ich musste mich bemühen, Schritt mit ihm zu halten.

Als unser Gartentor außer Sicht war, blieb er abrupt stehen und nahm mich mit stechendem Blick ins Visier. »Versprich mir, dass du nicht ausrastest.«

Unwillkürlich musste ich lachen. »Das kann ich dir nicht im Voraus versprechen, dafür bin ich eine viel zu große Streberin, wie wir wissen.«

Seine Mundwinkel zuckten kurz, dann wandte er sich um und zeigte Richtung Straßenrand, während er sich erneut in Bewegung setzte. »Hier ist es.«

»Hier ist was?«

Er verschwand hinter zwei parkenden Autos.

Ich folgte ihm – und riss die Augen auf.

Riley lehnte mit einem überglücklichen Lächeln und einem Helm in den Händen an einem Motorrad. Der schwarze Lack war verkratzt und das Sitzpolster zerschlissen, aber ansonsten wirkte es intakt, auch wenn ich natürlich keine Ahnung von den Dingern hatte.

Ich öffnete den Mund.

»Nicht ausrasten, Livie!«

Meinen Spitznamen nach so langer Zeit aus seinem Mund zu hören, traf mich dermaßen unerwartet, dass ich ihn für einen Augenblick nur wortlos anstarrte.

Es gab vieles, was ich hätte entgegnen können.

»Woher hast du die Kohle? Hast du überhaupt einen Führerschein dafür, und falls ja, wann um Himmels willen hast du ihn gemacht?« *Und, nicht zu vergessen:* »Ist das nicht megagefährlich?«

Doch Riley sah mich mit so freudiger Erwartung an, dass ich es nicht übers Herz brachte, ihm einen Dämpfer zu verpassen.

Die Sekunden vergingen. Mein Puls raste. Nicht aus Angst. Eher als würde die Hoffnung auf einen Neuanfang mit meinem großen Bruder mein Herz zum Platzen bringen.

»Also erstens: Sie bringen dich um, wenn sie das erfahren«, sagte ich schließlich in einem möglichst neutralen Ton.

»Ach, sag bloß! Genau deshalb dürfen sie es nicht erfahren.« Er legte den Kopf schief. »Und zweitens?«

Ich deutete auf den Helm. »Ich hoffe, du hast noch einen davon.«

»Wieso?«

Mit einem Grinsen trat ich näher. Kurz kostete ich seine Verwirrung noch aus, dann zuckte ich mit den Schultern. »Weil wir beide einen tragen sollten, wenn du mich auf eine Spritztour mitnimmst.«

Der ungläubige Ausdruck in seinem Gesicht war jeden Funken Vernunft wert, den ich soeben über Bord geworfen hatte. »Verarsch mich nicht.«

»Tu ich nicht.«

»Du willst auf ein Motorrad steigen?«

Ich verschränkte die Arme vor der Brust. »Wenn du uns nicht gegen einen Baum fährst.«

Jetzt strahlte auch er übers ganze Gesicht. »Was wäre das Leben ohne ein bisschen Risiko?«

Noah und ich sahen uns an, und plötzlich schien es ihm zu dämmern. Seine Miene wechselte blitzschnell von amüsiert zu bestürzt.

»Liv, ich …«

Das Piepsen in meinen Ohren wurde immer durchdringender.

»Du hattest recht«, unterbrach ich ihn und krallte meine Finger in die Sofakissen, um irgendetwas zum Festhalten zu haben. Meine Stimme zitterte, aber ich konnte die Worte nicht zurückhalten. »Ich kenne dein wahres Ich nicht mehr. Weil du zu ihm geworden bist, stimmt's?«

»Ich …« Sein Gesichtsausdruck machte irgendwie alles noch viel schlimmer. Dieses Schuldbewusstsein.

»Was noch? Wirfst du auch irgendwelchen Scheiß ein? Rast du völlig besinnungslos mit deiner Maschine durch die Gegend?« Wie in Trance ließ ich die Kissen los und sprang auf.

Er ließ den Kopf hängen, schaffte es nicht mehr, meinem Blick standzuhalten.

Sein Schweigen traf mich wie eine Ohrfeige.

»Willst du mich verarschen?«

Die Übelkeit erregende Wahrheit in seinem Gesicht kappte meine Verbindung zum Sauerstoff.

Aus weiter Ferne spürte ich mein Handy in meiner Hosentasche vibrieren. Mein letzter Hoffnungsstrang. Ich klammerte mich daran fest, bevor ich völlig durchdrehte. Ablenkung.

Im nächsten Augenblick war ich in den Flur geflüchtet und stieß die Tür zu meinem Schlafzimmer auf. Ich kickte sie hinter mir zu und ließ mich dagegen sinken, bevor ich das Telefon aus meiner Tasche kramte.

Josh.

Grandioses Timing.

Für einen kurzen Moment spielte ich mit dem Gedanken, den Anruf einfach zu ignorieren, doch ich schob ihn beiseite. Er hatte sich seit Tagen nicht gemeldet.

Ich drückte auf das grüne Anrufsymbol und presste das Display gegen mein Ohr.

»Hi.« Hastig räusperte ich mich. Ich klang, als hätte ich geweint.

Verdammt.

»Hallo, Liv«, sagte er ruhig.

Eine kurze Pause entstand, während mir tatsächlich Tränen in die Augen stiegen. Er klang irgendwie verändert, aber längst nicht so reserviert und angepisst wie bei unserem letzten Gespräch. Vielleicht hatte ich Mum bei unserem Telefonat doch nicht angelogen. Vielleicht fehlte mir Josh doch mehr, als ich mir eingestehen wollte.

»Ist … Ist alles okay?«, murmelte ich, weil kein Laut mehr vom anderen Ende der Leitung zu hören war.

»Ich hab gerade deine Nachricht bekommen. Und ich wollte mich entschuldigen.«

Ganz langsam rutschte ich an der Tür herunter, bis ich auf dem Boden saß. »Wofür?«

»Für mein ekelhaftes Verhalten. Ich war sauer, weil …«

»Ich weiß, wieso du sauer warst«, beeilte ich mich zu sagen. »Du hattest jeden Grund dazu. Ich bin ein absoluter Feigling.«

»Nein, bist du nicht. Okay? Es ist einfach beschissen gelaufen. Du trägst nicht allein die Schuld daran. Da gehören immer zwei dazu. Du sollst selbst entscheiden, wann du es deinen Eltern erzählst. Du hast recht – wenn meine Mum davon erfährt, weiß es ganz Bath. Und um ehrlich zu sein, hab ich darauf gerade auch noch keine Lust.«

Gott, ich hatte Josh noch nie verdient. Er war viel zu gut für diese Welt.

»Danke«, krächzte ich und wischte mir über die Wangen.

»Wie … Wie geht's dir denn?«, fragte er behutsam.

Ich schloss die Augen. »Ich hab eine WG gefunden. Bin am Freitag umgezogen …«

»Oh, dann war das also ernst gemeint. Das ging ja schnell.« Er klang nicht wirklich fröhlich, aber immerhin schien seine Freundlichkeit nicht aufgesetzt.

»Ja, ich hatte Glück.«

Themawechsel, schnell!

Nie im Leben konnte ich ihm erzählen, mit wem ich jetzt zusammenwohnte. Wenn er wüsste, wer in diesem Moment nur wenige Meter von mir entfernt im Wohnzimmer saß, während wir dieses Gespräch führten …

»Und bei dir?«, fragte ich.

»Meine Eltern gehen mir auf die Nerven. Ich bin froh, wenn ich wieder in London bin. Auch wenn das seltsam wird, weil …« Er ließ den Satz unvollendet.

Weil ich nicht mehr da war.

Ich schluckte.

»Okay … Also … Bis dann«, sagte er unbeholfen.

»Bis … Bis dann, Josh.«

Es klickte, und die Leitung war tot.

Ich ließ das Handy sinken und vergrub das Gesicht in den Händen. Josh und mein altes Leben fühlten sich so weit weg an. Immerhin schien er nicht mehr nur Hass für mich zu empfinden. Eine richtige Entschuldigung war ich ihm trotzdem noch schuldig, auch wenn jetzt vielleicht nicht der beste Zeitpunkt dafür war. Zuerst musste ich herausfinden, was ich mit diesem Kerl im Wohnzimmer anstellte. Mir blieben nur noch drei Wochen für den Artikel.

Leider war mein Text gerade das Allerletzte, woran ich denken konnte.

Noah besaß ein Motorrad. Was für ein grausamer Scherz sollte das sein? Ich holte ein paarmal tief Luft, um mich zu beruhigen. Okay. Er war nicht meine Verantwortung. Ich hatte kein Recht darauf, über sein Leben zu urteilen. Wir waren keine Freunde mehr. Aber ein gottverfluchtes Motorrad?

Als ich Schritte auf dem Flur hörte, die vor meiner Tür abrupt verstummten, sah ich auf. Mein Herz raste.

Es folgte weder ein Klopfen noch ein Wort. Stattdessen drang ein leises Rascheln an meine Ohren.

Etwas wurde unter der Tür hindurchgeschoben. Ein zusammengefaltetes Blatt Papier.

Meine Finger zitterten, als ich danach griff. Gleichzeitig hörte ich, wie sich seine Schritte wieder entfernten, diesmal schneller als zuvor. Er floh.

Erinnerungen fluteten mein Hirn. Wie oft hatte Noah mir kleine geschriebene Botschaften hinterlassen. Jedes Mal, wenn er bei mir übernachtet hatte oder nur zu Besuch gewesen war, fand ich anschließend an allen möglichen Stellen Zettelchen mit einer Nachricht von ihm. Unter meinem Kopfkissen, an meine Pinnwand gesteckt, auf dem Nachttisch unter einem dicken Bücherstapel versteckt. Manchmal kleine Gedichte, meist aber nur Sätze, die ihm im Kopf herumschwirrten, oder auch bloß ein besonderes Wort. Ich hatte sie alle aufbewahrt. In einer Box, die sorgfältig verschlossen unter meinem alten Kinderzimmerbett stand. Ich hatte es nicht übers Herz gebracht, sie mit nach London zu nehmen.

Wie in Zeitlupe faltete ich das Blatt Papier auseinander. Heißkalte Stromstöße durchfuhren mich, als ich die vertraute Handschrift erblickte.

Ich bin ein Vollidiot.

Riley war Chaos und Zerstörung, während du Ordnung

und Frieden bist. Er war laut, du bist leise. Dunkelheit und Licht.

Er hat es dir nie gesagt, aber er hat dich beneidet. Jede Boshaftigkeit, jeder Streit, jede Verurteilung. Das war Neid.

Ich hab nie versucht, er zu werden. Nur ihm nahe zu sein, ihn zu verstehen.

Ich bin ein Vollidiot.

Würde mich freuen, wenn du später trotzdem noch ins Philosopher's kommst. Drinks gehen auf mich.

Anstatt einer Unterschrift hatte er ein kleines Boot zwischen Wellen darunter gezeichnet. Eine Arche.

Ich streckte den Arm aus und fuhr mit einem Finger über die schwarzen Buchstaben auf meinem Handgelenk. *Cold and heat, summer and winter, day and night.* Das Zitat stammte aus der Geschichte von der Arche Noah. Mit den Jahren war es zu einem Teil von mir geworden, sodass mich der bloße Anblick inzwischen nicht mehr zum Weinen brachte. Doch in diesem Moment schien mich das Tattoo zu verhöhnen: »*Schau her, was du nicht verdrängen kannst, was du nie wieder loswirst, wie sehr du es auch versuchst.*«

Woher wusste Noah, welche Gefühle Riley mir gegenüber gehabt hatte? Hatte er mit ihm über mich geredet? Mein Bruder hatte zu seinen Lebzeiten nie wirklich versucht, ein richtiges Gespräch mit mir zu führen, geschweige denn mir seine Gefühle zu offenbaren. Ich hatte die Beziehung zwischen den beiden nie verstanden. Noah hatte mir auch damals schon nicht viel darüber erzählt. Er hatte immer nur betont, dass in meinem Versagerbruder mehr stecke, als wir alle glaubten.

Rasch faltete ich das Stück Papier wieder zusammen. Eine Erinnerung an einen Abend vor vielen, vielen Jahren schoss mir durch den Kopf. Mit einer solchen Wucht, dass sie mir den Atem raubte und Tränen in die Augen trieb.

»Seid ihr bereit?«

Es war dunkel auf dem Dachboden, trotzdem entging mir das Glitzern in seinen dunkelbraunen Augen nicht.

»Riles, das war doch nur ein Scherz«, setzte ich mit piepsiger Stimme an, während ich nervös auf meinem Platz hin und her rutschte, ohne die Messerklinge in seiner Hand aus den Augen zu lassen. Das Problem: Noch während ich die Worte aussprach, wusste ich, dass es sein voller Ernst war und es jetzt kein Zurück mehr gab. Mein großer Bruder machte keine halben Sachen. Das war einer der vielen Gründe, aus denen ich ihn so bewunderte. So war es schon immer gewesen, zumindest nach Meinung unserer Eltern. Ich stets auf der Hut, vorsichtig, er spontan und stets auf der Suche nach dem nächsten Abenteuer – je gefährlicher, desto besser.

»Du kannst jederzeit runtergehen und zu Mum und Dad unter die Decke kriechen, wenn du es dir anders überlegt hast«, flüsterte er und grinste mich an.

Ich lauschte. Von unten war kein Ton zu hören.

Normalerweise liebte ich es, wenn wir uns nachts heimlich hier hochschlichen. Es war beinahe zu einer Art Ritual geworden, seit Noah an den Wochenenden häufiger bei uns übernachtete. Im Licht der Taschenlampe, zwischen verstaubtem Gerümpel und dicken Spinnenweben, entstanden die besten Gespräche. Erst waren es nur Noah und ich gewesen, irgendwann hatte sich Riley dazugesellt. Zu Beginn hatte ich mich darüber gefreut. Die zwei kamen gut miteinander klar, und in Noahs Anwesenheit war mein Bruder immer netter zu mir. Diese Nächte boten mir die seltene Gelegenheit, einen Blick hinter seine zynisch-spöttische Fassade zu werfen, mit der er mich sonst auf Abstand hielt. Inzwischen schien es jedoch nur noch darum zu gehen, mir so viel Angst wie möglich einzujagen.

Ehe ich zu einer Antwort ansetzen konnte, spürte ich eine Berührung an meiner Hand. Noah war kaum merklich ein Stück näher an mich herangerückt und strich ganz leicht mit seinem kleinen Finger über meinen. Seine Art, mir zu sagen, dass er da war. Alles okay, Liv. Solange wir zusammen sind, ist alles okay, ja? *Die Taschenlampe war auf Riley gerichtet und der Rest des Raumes in Finsternis getaucht, sodass mein Bruder nichts davon mitbekam.*

»Es wird nur ein ganz oberflächlicher Schnitt«, raunte Noah mir zu und schenkte mir ein Lächeln. Im Gegensatz zu Rileys Grinsen wirkte es beruhigend, nicht hämisch.

Augenblicklich durchflutete mich ein warmes Gefühl. Wie schaffte er es bloß, dass ich mich innerhalb von Sekunden wohler und sicherer fühlte?

»Falls das Messer nicht versehentlich ausrutscht …«, fügte Riley hinzu und unterbrach damit unseren Blickkontakt.

Ich hob den Kopf.

Auf einmal erschien ein harter Zug um Rileys Mund, während sein Blick auf meinem besten Freund ruhte. Im nächsten Moment ließ er sich gegenüber von uns auf den Boden fallen, sodass wir ein Dreieck bildeten. Das Holz der alten Bodendielen knarzte und ächzte.

»Also«, fuhr er in bedeutungsschwerem Ton fort. »Jetzt oder nie.«

»Und wie erklären wir Mum und Dad die Wunden?«,

hauchte ich in einem letzten Versuch, ihn von der bescheuerten Idee abzubringen.

Er erwiderte nichts. Stattdessen hob er die freie Hand in die Höhe, drückte mit der anderen das Messer hinein und schloss seine Finger darum.

Ich stieß einen leisen Schrei aus, als er ein paar Sekunden später die Faust wieder öffnete und dunkelrotes Blut aus seiner Handfläche quoll.

Blitzschnell griff Noah nach meiner Hand und verschränkte unsere Finger miteinander.

Ich klammerte mich an ihm fest. Ein Schauer lief mir über den Rücken.

»Tut es weh?«, entfuhr es mir.

Wie sehr ich mir wünschte, wie Riley zu sein. Tapfer und cool und wagemutig. Er hatte nicht mal das Gesicht verzogen, als das Messer in seine Haut geschnitten hatte. Wie machte er das? Es konnte nicht nur daran liegen, dass er schon dreizehn war.

Riley würdigte mich keines Blickes. Mit feierlicher Miene reichte er Noah das Messer. »Du bist dran.«

Noah presste die Lippen kurz aufeinander, dann nickte er und brachte ein Lächeln zustande. Er ließ von mir ab, nachdem er meine Hand noch einmal fest gedrückt hatte, und packte den Griff des Messers.

Mein Herz schlug mir inzwischen bis zum Hals.

Noah ließ seine Handfläche geöffnet, während er die Messerspitze in seine Haut bohrte.

»Schau«, murmelte er in meine Richtung, »es ist nicht schlimm.« Doch ich kannte seine Stimme gut genug, um zu wissen, dass er sich beinahe genauso sehr vor Angst in die Hose machte wie ich und es nur vor Riley nicht zugeben wollte.

»Dein Bruder ist manchmal ein bisschen krass, oder, Liv?«, hatte er mich letzte Woche gefragt, als wir uns in der Pause hinter den großen Tannen auf dem Schulhof versteckt hatten, um in Ruhe unsere Sandwiches zu essen und zu reden.

»An manchen Tagen machen seine Stimmungen mir Angst«, hatte ich leise zugegeben.

Noah hatte genickt. »Ich weiß, was du meinst. Aber ich glaube, er ist nur ziemlich alleine. Deshalb macht er diese Dinge, um sich stark zu fühlen. Ich brauche das nicht, weil ich dich habe. Wenn ich bei dir bin, fühle ich mich immer stark.«

Vorsichtig nahm ich das Messer entgegen, als Noah es mir hinhielt. Mir ging es mit ihm genauso. Mit ihm an meiner Seite war irgendwie immer alles okay.

Riley fixierte nun wieder mich. »Ehrlich, es ist vollkommen in Ordnung, wenn du kneifst. Noah und ich können es auch zu zweit machen.«

Plötzlich rückte meine Angst in den Hintergrund. Ein Stich in der Magengegend brachte mich dazu, den Griff fester zu umfassen. Ein paar Sekunden lang starrten wir uns in die Augen, er herausfordernd, ich wütend.

Warum machst du es mir so schwer? Warum kannst du mich so wenig leiden?

Die Worte kamen mir nicht über die Lippen. Das taten sie nie.

Ich riss mich von seinem Anblick los und setzte die Klinge an meine Handfläche. Sie war leicht blutverschmiert.

Nicht darüber nachdenken. Einfach machen.

Ich tauschte noch einen letzten Blick mit Noah und erwiderte sein Lächeln, dann brachte ich es hinter mich.

Der Schmerz war nicht halb so schlimm wie erwartet.

Und er war nichts gegen den Schmerz, der sich in dem Moment, in dem die Klinge meine Haut zerschnitt, im Gesicht meines Bruders spiegelte. Doch die Emotion verschwand so schnell, wie sie gekommen war, als er nach Noahs Hand griff und seine eigene Wunde gegen Noahs drückte. Als Nächstes packte er meine Finger.

Abwechselnd pressten wir unsere Handflächen gegeneinander, sodass sich unser Blut vermischte. Ich kicherte und kam mir ziemlich dämlich vor, aber Rileys ernster Blick ließ mich verstummen.

»Jetzt sind wir für immer miteinander verbunden«, sagte er feierlich, sah dabei allerdings nur Noah an.

Dieser schaute zu mir. »Für immer«, bestätigte er.

Ich spürte seinen Blick auf mir und hörte sein Lächeln heraus.

Für immer.

In diesem Moment glaubten wir es wirklich.

»Krasser Scheiß, der kann ja wirklich kochen.« Matilda schob sich genüsslich ein Stück Lachs in den Mund und quetschte sich mit einem vollen Teller auf dem Schoß zwischen Briony und mich aufs Sofa.

Auf dem Palettentisch thronte mein Laptop. Wir hatten uns für die zweite Staffel *Sherlock* entschieden, und es tat unglaublich gut, Benedict Cumberbatch und Martin Freeman in einem verregneten London beim Fällelösen zuzuschauen, während wir hier unter einer Strickdecke eingekuschelt im Warmen saßen und die Regentropfen gegen das Fenster hinter unseren Köpfen prasselten.

»Er hat sogar ein Post-it neben dem Teller hinterlassen«, sagte Briony und sah von ihren Nägeln auf, die sie sich gerade in einem hellen Violettton lackierte, um mir einen vielsagenden Blick zuzuwerfen. »Bedient euch, stand darauf.«

»Ach, echt?« Matilda kicherte. »Hab ich gar nicht gesehen. Ich muss sagen, in dem Fall macht es nicht halb so viel Spaß, sein Essen wegzufuttern.«

Lachend griff ich nach der Gabel mit dem aufgespießten Gemüse, die Matilda mir hinhielt.

»Du weißt schon, dass er das nur deinetwegen gekocht hat?«, bemerkte Briony, die mich immer noch nicht aus den Augen ließ.

Ich verzog das Gesicht und zuckte mit den Schultern. Über die Bedeutung von Noahs Verhalten wollte ich mir momentan nicht den Kopf zerbrechen. Dann hätte ich nämlich auch darüber nachdenken müssen, ob ich später noch in seine Bar gehen sollte. Erst einmal wollte ich einfach nur einen entspannten Abend mit den beiden Mädels verbringen.

»Was ist eigentlich mit dir?«, stellte ich hastig eine Gegenfrage. »Gibt's Neuigkeiten von der Anthony-Front?«

Matildas Lachen verwandelte sich in Rekordschnelle in ein Schnauben, und sie stieß mir sanft ihren Ellenbogen in die Rippen.

Briony schien wenig davon mitzukriegen – sie war viel zu beschäftigt mit Strahlen. »Er ist der Hammer! So interessiert und aufmerksam. Ich glaube, ich hab mich noch nie mit einem Mann getroffen, der mir so viel ehrliches Interesse entgegengebracht hat.«

»Meinst du mit ›getroffen‹ die fünfminütige Rumknutschaktion am Samstag?«, fragte Matilda mit Unschuldsmiene, woraufhin Briony bis zum Haaransatz errötete und ihrer Freundin einen bösen Blick zuwarf.

»Wir haben Nummern ausgetauscht und uns für nächste Woche verabredet. Er schreibt mir täglich. Und die ›Rumknutschaktion‹, wie du sie so schön nennst, ist nur deshalb so kurz ausgefallen, weil du uns Noah auf den Hals gehetzt hast. Ja, du brauchst gar nicht so zu gucken, ich weiß, dass das auf deinem Mist gewachsen ist. Du hast manchmal wirklich einen an der Waffel, Tilda.«

»Ich will nur dein Bestes! Der nutzt dich doch aus.«

»Du hältst mich für absolut naiv, oder? Als sei ich nicht alt genug, um meine eigenen Entscheidungen zu treffen.«

Ich rutschte tiefer in das Polster und versuchte mich ganz klein zu machen, während ich meine Aufmerksamkeit auf den Bildschirm richtete, wo Irene Adler gerade dabei war, Sherlock eine Abreibung zu verpassen.

»Du bist nicht naiv! Aber sehr gutgläubig und un…«

»Unerfahren?«, fiel Briony ihr nun deutlich lauter ins Wort. Von der Serie war kaum noch etwas zu verstehen, obwohl ich mir alle Mühe gab. »Das wolltest du sagen, oder? Und wie soll ich das deiner Meinung nach ändern? Indem ich mich für immer vor der Männerwelt verstecke und mich nie traue, den nächsten Schritt zu machen?«

»Du weißt ganz genau, dass ich dich immer unterstütze, Bry«, lenkte Matilda etwas versöhnlicher ein. »Aber muss es unbedingt so ein Arschloch sein?«

»Du kennst ihn doch nicht mal!«

»Aber du, oder wie?«

»Vielleicht hast du recht. Vielleicht bin ich zu gutgläubig. Aber das ist mir hundertmal lieber, als bei jedem Kerl gleich vom Schlimmsten auszugehen.«

»Ich bin nur realistisch.«

»Nein, bist du nicht. Du bist absolut irrational pessimistisch, wenn es um dieses Thema geht, und wir wissen auch beide, wieso. Also hör auf, deine eigenen schlechten Erfahrungen auf mich zu projizieren!«

Jegliche Gelassenheit fiel von Matilda ab. Ihre grünbraunen Augen sprühten vor Wut.

Ich beugte mich vor und pausierte die Folge mit einem Klick auf die Leertaste. Dann stand ich auf und baute mich vor den beiden auf.

Ihre Köpfe zuckten gleichzeitig zu mir hoch.

»Was?«, kam es von beiden wie aus einem Mund.

Ich verkniff mir ein Grinsen. »Ich weiß, wir kennen uns echt noch nicht lange, und ich hab deshalb eigentlich nichts zu melden, aber darf ich vielleicht kurz was dazu sagen?«

Briony runzelte die Stirn. Matilda nickte leicht ungehalten.

»So wie ich das verstehe, bist du momentan glücklich, oder?« Fragend schaute ich Briony an. Matilda öffnete den Mund, vermutlich um mir zu widersprechen, aber ich kam ihr zuvor. Briony nickte währenddessen überschwänglich. »Und wir können uns wohl darauf einigen, dass *du* nicht so reagierst, weil du aus selbstsüchtigen Gründen Brionys Liebesleben sabotieren willst, sondern weil du dir Sorgen um das Wohlergehen deiner Freundin machst und sie vor Herzschmerz bewahren willst?«

»Richtig«, presste Matilda zwischen zusammengebissenen Zähnen hervor.

»Sehr schön.« Ich grinste sie beide an, was allerdings nur dazu führte, dass sie noch mürrischer zu mir aufsahen. »Also halten wir fest: Briony möchte in der Lage sein, ihre eigenen Fehler zu machen, und wünscht sich vermutlich ein bisschen mehr Unterstützung von Matilda, wenn sie doch gerade so Hals über Kopf verknallt ist.«

Brionys Hautfarbe, die während meiner kleinen Rede wieder einen normalen Ton angenommen hatte, verdunkelte sich erneut. Ihre hellblauen Augen funkelten, und ihre Mundwinkel zuckten. »Und ich verknall mich echt nicht so oft. Das ist also ein seltener, äußerst denkwürdiger Moment.«

Matilda warf ihr einen ungläubigen Blick zu, schien es jedoch für klüger zu halten, nichts darauf zu erwidern.

»Und Matilda auf der anderen Seite möchte ernst genommen werden, wenn sie ihre Zweifel äußert, da es in der rosaroten Verliebtheitsphase vorkommt, dass man nicht so einen objektiven Blick auf die Dinge hat.«

Brionys Lippen verzogen sich zu einem aufrichtigen Lächeln. »Sprichst du etwa aus Erfahrung?«

Sie und Matilda schauten sich an, und plötzlich mussten sie beide lachen.

Ich verdrehte die Augen. »Habt ihr euch wieder lieb?«

Beide streckten einen Arm nach mir aus und zogen mich zurück in ihre Mitte.

»Wir haben uns immer lieb, Liv, deshalb kriegen wir uns ja auch regelmäßig in die Haare. Und du solltest vielleicht einen Karrierewechsel in Betracht ziehen«, bemerkte Matilda. »Du würdest dich richtig gut als Psychologin machen.«

Briony nickte und wuschelte Matilda über mich hinweg durch die Haare. »Oder als Kindergärtnerin.«

10. KAPITEL

The medicine & the pain

NOAH

Die Zeit raste, nur um im nächsten Augenblick minutenlang zu verharren, mich an Ort und Stelle festzuhalten, mir wieder und wieder Livs Gesicht zu offenbaren. Ihre Worte, ihren Schmerz.

Im Philosopher's war heute kaum etwas los. Eigentlich hätte ich mir die Schicht mit Jeremy teilen sollen, aber ich hatte ihm vorhin geschrieben, dass er zu Hause bleiben sollte. Die wenigen Gäste fertigte ich so schnell wie möglich ab, nur um mich dann wieder hinter die Bar zu verkriechen und alles vollzukritzeln, was mir zwischen die Finger kam. Die kleinen Notizblöcke, auf denen wir eigentlich die Bestellungen notierten, alte Belege, Servietten.

Der Abend war nicht wie geplant verlaufen. Nachdem ich den gestrigen Tag damit verbracht hatte, Anthony auf den Sack zu gehen, hatte ich einen Entschluss gefasst. Ich konnte die Vergangenheit nicht ändern, also würde ich mich um die Zukunft kümmern. Mir war klar, dass Liv eines Tages Antworten verlangen würde. Ich hatte keine Ahnung, ob ich dazu in der Lage war, sie ihr zu liefern, doch in Tonys Loft sitzen und mein Leben hassen, würde mich nicht weiterbringen. Also musste ich es Schritt für Schritt angehen.

Zunächst musste ein Friedensangebot her. Deshalb hatte ich ein Abendessen vorbereitet, nachdem ich aus Briony rausgekriegt hatte, wann Liv von der Uni nach Hause kam. Erst hatte ich es bei Matilda probiert, woraufhin mir diese ein Selfie zurückgeschickt hatte, auf dem sie mir mit einem falschen Lächeln den Mittelfinger zeigte. Offensichtlich hatte sie mir noch nicht verziehen, dass ich Tony nicht von ihrer besten Freundin ferngehalten hatte. Kindergarten vom Feinsten.

Jedenfalls hatte es am Anfang besser als gedacht funktioniert, mich mit Liv zu unterhalten. Bis sie den Helm entdeckt hatte. Das Motorrad war so sehr zur Normalität, zu einem Teil von mir geworden, dass ich im ersten Augenblick nicht einmal verstanden hatte, wieso ihre Stimmung so abrupt gekippt war. Ich war wirklich der größte Idiot dieses Universums. Ich wollte nicht darüber nachdenken, weshalb ich es mir gekauft hatte. Genauso wenig wie ich über ihre Anschuldigungen nachdenken wollte. Sie hatte recht, und die Tatsache riss die jahrealten Wunden wieder auf.

Statt nachzudenken, schrieb ich also. Schon in meiner frühen Jugend war es so gewesen: Wenn das Gedankenchaos zu heftig wurde, zu unausweichlich, brauchte ich einen Stift und ein Blatt Papier, damit die ganze Scheiße entweichen konnte. Ich wusste erst, was ich dachte und fühlte, wenn ich es aufschrieb. Es war die einzige Sache auf der Welt, die mir nie schwergefallen war. Schreiben gehörte einfach zu mir, so wie Liv zu mir gehört hatte. Und dann hatte ich beides auf einen Schlag verloren.

Natürlich hatte ich seit jener Nacht geschrieben, ich

studierte den Mist schließlich, aber meine Worte waren ebenso leer wie ich. Meine Noten waren nicht schlecht, ich kam durch, irgendwo schlummerte immer noch dieses gottverdammte Talent in mir, aber Professor Blythe hatte es am Anfang dieses Trimesters ziemlich treffend auf den Punkt gebracht: »Noah, Sie wissen, was Sie tun, das steht außer Frage, aber Talent allein wird Sie nirgendwohin bringen. Gehen Sie zurück zum Ursprung und erledigen Sie die Arbeit. Die emotionale Arbeit, meine ich. Das, was unterschwellig in den Text fließt, was man nicht ganz fassen kann, was wehtut. Vorher brauchen Sie sich nicht mehr hier blicken zu lassen.«

Ich hasste den Kerl. Und gleichzeitig vergötterte ich ihn. Er war einer der Gründe, aus denen ich unbedingt an der University of Westminster hatte studieren wollen. Seine Bücher standen seit Jahren immer wieder auf der Bestsellerliste. Außerdem musste ich sein Seminar absolvieren, um meinen Abschluss zu machen. Ich hatte ihm letztes Trimester drei Manuskriptanfänge inklusive vollständig ausgearbeiteter Exposés präsentiert, und er hatte sie mir alle mit dem gleichen Kommentar zurückgeschickt: keine Emotionen. Jeder andere Prof hätte mich bestehen lassen, aber dieses alte Genie schien es auf mich abgesehen zu haben.

Heute war dann irgendwie der Knoten geplatzt. Vielleicht weil die traurigen Alternativen darin bestanden, alle Gläser in den Regalen hinter der Bar zu zertrümmern oder mich bis zur Besinnungslosigkeit zu betrinken. An Sex wollte ich nicht mal mehr denken – bei der Vorstellung eines fremden Frauenkörpers drehte sich mir der Magen um. Livs Rückkehr in mein Leben hatte selbiges vollkommen auf den Kopf gestellt, und ich befand mich in einer Art Rauschzustand. Die Worte flossen geradezu aus mir heraus.

Ein Blick auf meine Armbanduhr verriet mir, dass ich den Laden in einer halben Stunde dichtmachen konnte. Ich schaute von meinem Geschreibsel auf. Die letzte Gruppe hatte gerade an der Theke gezahlt und winkte mir zum Abschied zu. So langsam sollte ich wohl mit Putzen anfangen. Und mich von der Hoffnung verabschieden, dass sie noch auftauchen würde.

Seufzend raffte ich meine Notizen zusammen und verstaute sie in meinem Rucksack. Mal sehen, ob sie bei Tageslicht noch zu was taugten.

»Noah, ist noch was los, oder können wir abhauen?«

Ich warf einen Blick über die Schulter und grinste Ben zu. Meine Kollegen in der Küche hatten heute noch weniger als ich zu tun gehabt.

»Der Laden ist absolut überfüllt, wie du siehst«, sagte ich und nickte in Richtung der leeren Tische.

Er lachte. »Soll ich dir noch was zu essen machen?«

Ich schüttelte den Kopf. »Das mach ich selbst, wenn ich hier fertig bin. Schönen Feierabend. Habt ihr euch verdient nach der anstrengenden Schicht.«

Er verdrehte die Augen. »Alles klar, Alter.«

Zehn Minuten später war ich alleine in der Bar, schaltete die Musik aus und rechnete gerade ab, als das Quietschen der Eingangstür neue Gäste ankündigte. Der Klassiker. Den ganzen Abend kam keine Sau, und kurz vor Schluss schien die ganze Stadt zu beschließen, hier noch was trinken zu gehen.

»Die Kasse ist schon zu«, rief ich, ohne aufzusehen, während ich die Scheine ein zweites Mal durchzählte.

»Ich will nichts kaufen.«

Mitten in der Bewegung hielt ich inne und riss den Kopf hoch. Das Geld entglitt meinen Fingern.

Sie stand auf der letzten Treppenstufe, in einem schwarzen Trenchcoat, die hellbraunen Haare zu einem hohen Zopf gebunden, und lächelte mich zaghaft an.

Sie wollte mich umbringen.

»Mir wurde gesagt, ich sei heute eingeladen«, fuhr sie fort und setzte sich in Bewegung.

Es war so surreal, sie in meinem gewohnten Umfeld zu sehen. Ich musste mehrfach blinzeln, um absolut sicherzugehen, dass sie nicht nur das Ergebnis meiner ausufernden Fantasie war.

»Wurde ich etwa unter falschen Versprechungen hergelockt?«

»Du … bist spät dran«, hörte ich mich sagen, bevor mein Gehirn in die Gänge kam und ich das Bedürfnis unterdrücken musste, mir selbst eine reinzuhauen. Ich war sonst nie so ein unbeholfener Volltrottel. Diese Frau bedeutete meinen Untergang.

Sie blieb zwischen zwei dunklen Holztischen stehen. Das Lächeln auf ihren Lippen war gefroren. »Ich kann wieder gehen.«

Heftig schüttelte ich den Kopf. »Quatsch, komm her, ich bin nur ein Idiot, wie wir heute schon festgestellt haben. Was willst du trinken?«

Mit vorsichtigen Schritten näherte sie sich mir. Ihre dunklen Augen waren von dichten schwarzen Wimpern umgeben, und ihre Wangen glänzten in einem subtilen Rotton.

Erneut durchfuhr es mich siedend heiß. Keine Ahnung, wieso es jedes Mal aufs Neue ein Schock war, sie zu sehen. Sie wirkte so erwachsen. Und wann war sie bitte so unglaublich heiß geworden? Als wäre es nicht schon hart genug, dass sie wunderschön war und, nicht zu vergessen, der wichtigste Mensch in meinem Leben. Daran konnten auch drei lächerliche Jahre nichts ändern.

Sie kletterte auf einen Barhocker direkt vor mir, schlüpfte aus ihrem Mantel und befeuchtete ihre Lippen mit der Zungenspitze.

Erneut musste ich mich zusammenreißen, sie nicht wie ein perverses Arschloch anzustarren. Sie trug ein eng anliegendes schwarzes Spitzenoberteil und eine ebenso enge Jeans. Was offenbar genügte, um mich in einen vorpubertären Teenager zu verwandeln.

»Überrasch mich«, sagte sie herausfordernd.

Ich atmete tief durch, zwang mich, ihr ausschließlich in die Augen zu schauen. »Alles hat man herausgefunden, nur nicht, wie man lebt«, zitierte ich.

»Was?«

Nun hatte ich sie unvorbereitet erwischt. Ich stützte mich auf dem Tresen ab und lehnte mich näher zu ihr. »Unsere Cocktails sind nach bekannten Philosophen benannt. Also bekommst du drei Zitate und darfst dir eins aussuchen. Den Drink bereite ich dir dann zu.«

Ihre Augen funkelten vergnügt. Der Anblick war so vollkommen, dass ein stechender Schmerz meine Brust durchfuhr. Hatte sie mir verziehen? War sie deshalb hier? Weil sie mir eine zweite Chance geben wollte? Für ein paar köstliche Sekunden berauschte ich mich an der Hoffnung.

»Und wer war das?«

»Sartre.«

»Okay. Wie lauten die anderen beiden?«

Ich ließ sie nicht aus den Augen. Versuchte jede noch so kleine Regung abzuspeichern. »Nur dem, der bereut, wird verziehen im Leben.«

Das Funkeln verschwand. Sie krallte ihre Finger auf der Theke ineinander und senkte den Kopf.

Scheiße.

»Dante«, murmelten wir gleichzeitig.

»Und Nummer drei?«, fragte sie nach einer kurzen Pause. Ihre Stimme klang belegt.

Meine Handflächen waren feucht geworden, mein Mund dagegen war staubtrocken. »Was aus Liebe getan wird, geschieht immer jenseits von Gut und Böse«, brachte ich hervor, noch leiser, damit meine eigene Stimme mich nicht verriet.

Schlagartig hob sie den Kopf und begegnete meinem Blick.

War das Wut?

»Nietzsche«, fügte ich hinzu. Unter jedem Cocktailnamen standen mehrere Aussagen des jeweiligen Philosophen. Es war ein erbärmlicher Versuch, so zu tun, als hätte ich die Zitate willkürlich ausgewählt. Aber sie musste wissen, wie es in mir aussah. Auch wenn ich die richtigen Worte – meine eigenen – nicht aussprechen konnte.

»Das ist Schwachsinn«, fauchte sie, und für einen Moment packte mich kalte Angst.

Bitte geh nicht, bitte geh nicht, bitte geh nicht!

»Wenn ich jemanden liebe und in seinem Namen, im Namen der ach so tollen Liebe, einen Mord begehe, ist die Tat immer noch böse.« Sie kniff die Augen zusammen, schien sich einen Moment zu sammeln und zuckte schließlich mit den Schultern. »Ich nehme Sartre. Der weiß wenigstens, wovon er redet.«

Wir sprachen kein Wort miteinander, während ich ihr den Drink zubereitete. Erst als ich ihr das Kristallglas mit der rosafarbenen Flüssigkeit darin hinstellte, lächelte sie mich wieder an.

»Danke. Trinkst du nichts?« Sie griff nach dem Strohhalm.

»Muss noch fahren«, nuschelte ich und biss mir auf die Unterlippe. Das Gespräch mit ihr war ein einziges Minenfeld. Ein falsches Wort und alles würde mir um die Ohren fliegen.

»Mit deinem Motorrad?«

Ich nickte. Sie trank. Innerhalb weniger Sekunden war die Hälfte ihres Glases leer.

»Wie fühlt es sich an?«, fragte sie irgendwann.

Der Ausdruck in ihren tiefbraunen Augen war unergründlich. Unter den karamellfarbenen Ponyfransen wirkten sie noch dunkler. Sie verzog keine Miene, was wohl bedeutete, dass ich den Cocktail gut zubereitet hatte und man nicht wirklich etwas vom Gin schmeckte. Oder sie vertrug Alkohol inzwischen besser.

Ich zog die Brauen zusammen. »Was genau?«

»Darauf zu fahren. Ihm nahe zu sein.«

Scharf sog ich die Luft ein. War das ihr Ernst?

»Das soll keine Provokation sein«, erklärte sie ruhig, als die Stille zwischen uns unerträglich wurde und ich immer noch nicht antworten konnte. »Du hast geschrieben, du wolltest ihm nahe sein. Hast du es geschafft? War es das, womit du die letzten Jahre beschäftigt warst? In Rileys Fußstapfen zu treten, um ihn besser zu verstehen?«

»Liv …«

Sie wartete, bis ich mich gesammelt hatte.

Mein Herz klopfte wie verrückt, doch es gab kein Entkommen mehr. Sie hatte mir eine zweite Chance gegeben. Also hörte ich auf, gegen den Schmerz anzukämpfen, und bat ihn stattdessen hinein, ließ ihn durch meinen ganzen Körper fließen.

Und dann ging ich um die Bar herum, stellte mich direkt vor sie und griff nach ihren Händen auf dem Holztresen. In meinen wirkten sie winzig. Wie damals. Alles war wie damals. Alles und nichts.

Im ersten Moment zuckte sie vor mir zurück. Unsere Blicke trafen sich und lösten eine Explosion in mir aus. Sie schlug die Augen nieder, doch gerade als ich mich wieder zurückziehen wollte, tastete sie nach mir.

»Ich bin auch kein Profi im Trauern, weißt du«, flüsterte sie, den Blick auf unsere ineinander verschlungenen Finger gerichtet. Die Wärme ihrer Haut drohte mich zu verbrennen. »Ich habe in den letzten Jahren auch Fehler gemacht und Menschen verletzt.«

»Aber ich habe *dich* verletzt«, entgegnete ich heftig. »Ich habe dich verletzt, und es gibt keine Entschuldigung dafür.« Mir war kotzübel. »Das, was ich getan habe, ist unverzeihlich.«

»Das kannst nicht du entscheiden«, zischte sie, und diesmal hob sie den Kopf, um mich wieder anzuschauen. »Weißt du, was wirklich unverzeihlich ist? Mir keine Wahl zu lassen. Mich wegzustoßen, weil du nicht zugeben kannst, dass du einen Fehler gemacht hast.« Sie entzog mir ihre Hände und kippte den Rest des Cocktails in einem Zug hinunter, wobei sie den Strohhalm ignorierte. Als sie das Glas wieder auf den Tresen knallte, loderten ihre Augen, und ihre Wangen waren noch röter.

»Du glaubst, ich möchte meinen *Fehler* nicht zugeben? Du glaubst, ich weiß nicht, was für eine riesengroße Scheiße ich gebaut habe?« Mein Mund war schneller als mein Verstand, aber das spielte jetzt auch keine Rolle mehr. In ihrer

Nähe hatte es nie viel gebracht, eine Maske aufzusetzen. »Ich kann mich nicht mal richtig bei dir entschuldigen, weil keine Entschuldigung der Welt es wiedergutmachen kann. Ja, verdammt, ich habe versucht, Riley nahe zu sein. Ich habe versucht zu verdrängen, so wie er verdrängt hat, um sich nicht mit dem ganzen Mist in seinem Kopf auseinandersetzen zu müssen. Und weißt du was? Es hat funktioniert. Die Drogen und der Alkohol und die Frauen. Es hat funktioniert, solange ich nicht an dich gedacht habe.«

»Also ist es meine Schuld?«, rief sie schrill und sprang vom Hocker, baute sich vor mir auf. »Weil ich dir das nicht durchgehen lasse? Weil du bei mir nicht verdrängen kannst?«

»Natürlich ist es nicht deine Schuld, verflucht noch mal! Du bist das Beste, was mir je passiert ist. Aber genau deswegen kann ich nicht … Ich kann dich nicht …«

»Oh Gott, halt endlich die Klappe«, schnitt sie mir das Wort ab.

Ich starrte sie an. Sie war völlig außer sich. Das war mehr als Zorn.

»Ich …«, setzte ich an, aber erneut ließ sie mich nicht ausreden.

»Noah. Halt die Klappe und küss mich.«

Heilige Scheiße. Meine beste Freundin, meine Seelenverwandte, das Mädchen meiner Träume, das in den letzten Jahren zum Mittelpunkt meiner Albträume geworden war, stand vor mir und wollte von mir geküsst werden. Auf dem Balkon, auf der WG-Party, war es beinahe dazu gekommen, doch es war etwas ganz anderes, sie die Worte aussprechen zu hören. Es gab keinen Interpretationsspielraum mehr. Vor drei Jahren hätte ich meine Seele für eine solche Gelegenheit verkauft.

Aber wir waren nicht mehr siebzehn. Ich konnte sie da

nicht mit reinziehen, ich konnte Liv nicht genauso zerstören, wie die Wahrheit mich zerstört hatte. Und trotzdem … trotzdem zuckte mein Blick zu ihren Lippen. Zu ihren vollen roten Lippen.

Ohne richtig zu realisieren, was ich da tat, trat ich näher an sie heran.

Sie stellte sich auf die Zehenspitzen, schaute zwischen meinen Augen und meinem Mund hin und her. Hielt sich an meinen Schultern fest.

Wir waren einander so nah. So, so nah. Konnten wir die Vergangenheit wirklich hinter uns lassen? Spielte es überhaupt noch eine Rolle, wenn sie mich aus ihren riesigen Augen ansah, mit diesem Blick, den ich noch nie an ihr wahrgenommen hatte?

Riley.

»Liebst du sie?«

Pupillen wie Stecknadeln. Das Motorrad. Sein Gesichtsausdruck, nachdem ich ihm endlich die Wahrheit gesagt hatte. Der Anruf von Liv am nächsten Morgen. Ihre tränenerstickte Stimme.

Grausame Kälte breitete sich in mir aus. Die Magie verschwand so schnell, wie sie gekommen war. Ich war so erbärmlich! Auch nur für eine Sekunde zu glauben, ich könnte die Vergangenheit vergessen.

Mit einem Ruck schob ich sie von mir weg. Ich konnte das nicht tun. Ich durfte nicht.

Einen Moment später flog die Eingangstür hinter ihr auf.

»Ey, du bist ja immer noch hier!«

Ben sprang die Steintreppe nach unten und realisierte offenbar erst jetzt, dass ich nicht alleine war. Er musterte Liv von oben bis unten, und plötzlich erhellte ein anzügliches

Grinsen seine Züge. »Sorry, wollte euch nicht stören, hab nur grad gecheckt, dass ich meinen Geldbeutel liegen lassen hab.« Doch statt nach hinten in die Küche zu laufen, kam er mit zügigen Schritten zu uns gelaufen und lehnte sich an die Theke. »Hey, Schönheit, dich hab ich ja noch nie hier gesehen.«

Liv drehte sich mit verdutzter Miene zu ihm um, während mich glühende Eifersucht durchfuhr.

Ben streckte eine Hand aus und öffnete den Mund, um etwas zu sagen, als ich ihm zuvorkam.

»Sie wollte gerade gehen.« Ich zuckte vor der Kälte in meiner eigenen Stimme zurück.

Es war notwendig. Das hier lief völlig aus dem Ruder.

Ruckartig wandte Liv sich mir zu. Überraschung spiegelte sich in ihren Augen. Mit zusammengepressten Lippen starrte ich zurück, und nach ein paar Sekunden riss sie sich von meinem Anblick los, raffte ihre Jacke und ihre Tasche zusammen und sprang vom Hocker.

Ein scharfer Schmerz durchfuhr mich. Ich hasste mich so sehr. Doch das war kein Vergleich zu dem Gefühl, das mich einholen würde, wenn ich so weitermachte. Ich konnte nicht egoistisch sein. Nicht bei ihr. Die Vergangenheit würde immer präsent sein. Genau wie die Gewissheit, was geschehen würde, wenn ich meine Gefühle für sie zugab.

»Danke für den Drink«, fauchte sie, bevor sie zielstrebig den Ausgang ansteuerte.

Ben kicherte leise. »Woah, wer war das denn?«

»Niemand«, zischte ich und zwang mich, ihr nicht hinterherzuschauen.

»*Niemand.*«

Die Lüge breitete sich wie Gift in meiner Magengrube aus.

11. KAPITEL

Everything you've ever dreamed of

LIV

Das konnte nicht wahr sein. Das konnte nicht sein verdammter Ernst sein! Diese Stimmungsschwankungen waren immer meine Spezialität gewesen, Noah hatte nie Probleme damit gehabt, genau auszusprechen, was ihn störte. Andererseits hatten wir damals eine ganz andere Ebene miteinander gehabt.

Ich schloss die Wohnungstür auf und schlug sie ein bisschen fester als nötig hinter mir zu. Was glaubte er, wer er war?

Ein Fuckboy, Liv. Deshalb hast du ihn dir doch auch für den Artikel ausgesucht, oder?

Da hatten wir das Problem. Er war nicht irgendein dahergelaufener Kerl, mit dem ich meinen Spaß haben konnte.

Ich war nicht wirklich wegen des Artikels in seine Bar gekommen – das war nur meine Ausrede vor mir selbst gewesen –, sondern weil seine handgeschriebene Nachricht mich so sehr an früher erinnert und mich mit Hoffnung erfüllt hatte. Hoffnung, dass er mir endlich die Wahrheit erzählen würde. Ich wollte überhaupt nicht mit ihm spielen. Aber genau deshalb hatte ich mich ja erst in diese Scheiße geritten – weil er mich so aggressiv gemacht hatte, dass ich mir nicht anders zu helfen wusste. Und schon wieder war es passiert, ich war ihm zu nah gekommen, und er hatte den Rückzug angetreten. Wenigstens hatte er mich damit auch daran erinnert, dass ich einen Artikel zu schreiben hatte.

»Yooo, wer hat Lust, was mit mir zu trinken?«

Matildas Stimme schallte mir entgegen, kurz bevor ich ins Wohnzimmer trat.

Ich war noch angetrunken von Noahs Cocktail, der ziemlich stark gewesen war. Da hatte auch die U-Bahn-Fahrt nicht viel zu meiner Ausnüchterung beigetragen.

»Verlockend, aber lieber nicht«, rief ich zurück. »Ich hatte schon was.«

»Ganz sicher?« Matilda, mit schwarzer Spitzenunterwäsche bekleidet und einer halb vollen Weinflasche in der Hand, wirbelte um ihre eigene Achse, bevor sie mich zur Begrüßung an sich drückte, nur um mich im nächsten Moment wieder von sich wegzuschieben, um mir prüfend ins Gesicht zu schauen. »Was ist mir dir passiert?«

»Was soll mit mir passiert sein?«

»Glühende Augen, zusammengezogene Brauen, geblähte Nasenflügel – du siehst aus wie ein Stier im Angriffsmodus. Lass mich raten. Seymour?«

Ich stöhnte, musste dann aber lachen. Sie hatte ja recht. »Er ist so ein Arschloch.«

»Die Neuigkeit des Tages.« Sie grinste, schnappte mich bei der Hand und lotste mich zum Sofa. »Setz dich erst mal. Ich zieh mir schnell was an, und dann hab ich etwa fünf Minuten, in denen du mich vollheulen kannst.«

»Ich will dich überhaupt nicht …«

»Das war keine Frage«, fiel sie mir fröhlich ins Wort und stellte die Flasche auf dem Tisch ab. »Ich hab gleich ein Date, aber erst möchte ich bitte alles wissen. Danach wird es dir garantiert besser gehen! Du weißt ja, man soll über seine Probleme reden.« Und damit verschwand sie in Richtung ihres Schlafzimmers.

Mir fehlte die Kraft zu protestieren, also setzte ich mich und starrte an die Decke, wo der Kronleuchter hübsche Schatten warf. Ich sollte mir irgendeine dumme Geschichte ausdenken, wieso ich diesmal sauer auf Noah war. Und dann schleunigst die Aufmerksamkeit auf Matilda lenken.

Leider war sie keine Minute später zurück und warf sich mit hoch interessierter Miene mir gegenüber in einen Sessel. Und ich war zu angetrunken, um mir eine sinnvolle Erklärung einfallen zu lassen, mit der ich die Wahrheit geschickt umschiffen konnte.

»Schieß los.«

»Es ist wirklich nicht so wichtig«, unternahm ich den lahmen Versuch, vom Thema abzulenken. »Erzähl mir lieber von deinem Date.«

Sie hob eine Braue und zückte einen Lippenstift. »Sein Name ist mir entfallen, er ist in einer offenen Beziehung und darf mich nur zweimal treffen, weswegen ich hoffe, dass er es im Bett bringt. Daher habe ich ihm auch eine extraspäte Uhrzeit für unser Date genannt. Je später der Abend, desto schneller kommt man zum Punkt. Jetzt du.«

Vollkommen perplex starrte ich sie an. Nicht nur wegen ihrer Worte, sondern auch, weil sie ihre Lippen mit knallroter Farbe und ohne Spiegel geradezu perfekt nachzog.

»Wo … Wo findest du solche Typen?«, entfuhr es mir lachend.

»Sie verstecken sich überall. Man muss nur die Augen offen halten.« Sie hob den Arm und warf einen Blick auf ihre Armbanduhr. »Dir bleiben noch drei Minuten. Rede, Liv.«

Ich holte tief Luft. »Ich schreibe einen Artikel.«

»Cool«, kommentierte sie mit einem weiteren Grinsen. »Was hat das mit dem WG-Arschloch zu tun?«

»Das kann ich dir eigentlich nicht sagen.«

»So fangen die besten Geschichten an. Erzähl.«

Keine Ahnung, ob es an dem Gefühlschaos der letzten Tage lag oder daran, dass Matilda mir mit ihrer lockeren Art die Gewissheit vermittelte, dass sie die Letzte war, die mich jemals verurteilen würde.

»In dem Artikel geht es um die Frage, wie man einen Fuckboy bekehrt«, platzte ich heraus. »Ich wollte eigentlich nicht darüber schreiben, aber es ist meine letzte Chance, sonst kicken sie mich aus der Redaktion raus. Und ich brauch die Arbeitserfahrung für meinen Lebenslauf. Meine Noten sind nicht die besten, außerdem hat mich Noah letzte Woche so provoziert und …« Ich brach ab, als ich ihren Blick bemerkte. Untypischerweise sah sie ziemlich entgeistert aus.

Ein paar Sekunden sahen wir uns einfach nur an, bis sie schließlich losprustete, sich vorbeugte und nach der Weinflasche griff, um einen großen Schluck zu nehmen.

»Du bist ja mit allen Wassern gewaschen«, rief sie, als sie sich wieder ein bisschen beruhigt hatte. »Du willst Seymour bekehren?«

»Eine richtig bescheuerte Idee, ich weiß«, gab ich zu. »Selbst wenn man mal von unserer Vorgeschichte absieht. Ich hatte das nicht geplant, als ich eingezogen bin, wirklich nicht, ich …«

Sie überlegte kurz, dann nickte sie. »Wie hast du dir das vorgestellt?«

»Am Samstag auf der Party habe ich ihn fast geküsst. Beziehungsweise er mich. Dann hab ich ihn in letzter Sekunde abblitzen lassen, und er ist abgehauen. Vorhin dachte ich eigentlich, meine Strategie würde aufgehen, aber dann ist er durchgedreht.«

Sie riss die Augen auf. »Was genau ist passiert?«

»Diesmal hat er einen Rückzieher gemacht, war plötzlich eiskalt zu mir und hat mich quasi aus seiner Bar geworfen. Vielleicht war das seine Rache für meine Beinahe-Kuss-Aktion.«

Eine Weile hüllte sie sich in Schweigen.

»Bist du mir böse?«, flüsterte ich, als die Stille unerträglich wurde. »Mir ist bewusst, dass es blöd gelaufen ist und dass ihr mich niemals hättet einziehen lassen, wenn ihr gewusst hättet …«

»Wenn wir was gewusst hätten? Dass ihr ineinander verknallt seid?«

Ich konnte ihre Tonlage nicht ganz deuten. Sie klang nicht angepisst, aber trotzdem drehte sich mir bei ihren Worten der Magen um.

»Nein, ich … Also …«

»Er steht auf dich. Das ist dir schon klar, oder?«, unterbrach sie mein Gestammel.

Ich konnte nur abrupt den Kopf schütteln. Nicht, weil es so absurd war. Sondern weil diese Möglichkeit die Übelkeit in mir verdreifachte und mein Herz zum Rasen brachte.

»Ach, komm schon, Mädel, stell dich nicht dumm, wieso sollte er sonst so durchdrehen?«

»Weil wir jahrelang befreundet waren und es komisch

ist, mich zu küssen, geschweige denn auch nur einen Schritt weiterzudenken?«

Ihre Miene wurde mitleidig. »Hast du dich schon mal im Spiegel angeschaut, Liv?« Als ich die Augen verdrehte, kicherte sie. »Mr. Fuckboy lässt normalerweise nichts anbrennen, Süße. Und Bry und ich haben von Anfang an gemerkt, dass er dich anders behandelt. Genau aus dem Grund haben wir dich auch für eine Top-Kandidatin gehalten. So behandelt man niemanden, für den man nichts empfindet. Die Frage ist, wie es um dich steht. Und wie genau du vorhast, so einen Artikel zu schreiben, wenn der Depp dein Seelenverwandter ist.«

»Wie ... Wie machst du es?«

Sie runzelte die Stirn. »Wie mache ich was?«

»Affären haben. Männer verführen, ohne etwas zu empfinden.«

»Ich schalte meine Gefühle aus«, erwiderte sie todernst. »Lasse es erst gar nicht dazu kommen.«

»Gefühle ausschalten«, wiederholte ich, als sei es das Naheliegendste auf der Welt. »Okay.«

Sie schüttelte den Kopf. »Dann habe ich also richtig geraten, dass du etwas für ihn empfindest.« Es klang nicht wie eine Frage. Ohne eine Erwiderung von mir abzuwarten, erhob sie sich. »Dieses Gespräch bleibt besser unter uns. Unsere liebe Mitbewohnerin und Romantikerin vom Dienst macht dir die Hölle heiß, wenn sie von deinem Plan erfährt.«

»Sie hätte jedes Recht dazu. Ihr wolltet eigentlich alles außer weitere WG-Komplikationen.«

»Na ja, wenn du es richtig anstellst, muss es keine Komplikationen geben. Und ich werde dich garantiert nicht verurteilen – egal was du tust. Unter der Voraussetzung, dass du mir immer schön Bericht erstattest. Mann, ist das geil. Endlich kommt hier mal frischer Wind rein, und ich bin nicht die einzige Irre mit den abgefahrenen Geschichten!« Sie lief um den Tisch herum und beugte sich zu mir herunter, um mir einen Kuss auf die Wange zu hauchen. »Schmeiß dich einfach an ihn ran, wenn du ihn das nächste Mal siehst«, sagte sie lachend und wandte sich zum Gehen. »Der wird dir nicht ewig die kalte Schulter zeigen.«

»Matilda?«, rief ich, als sie schon halb im Flur verschwunden war.

Sie warf einen Blick über ihre Schulter. »Hm?«

»Warum schaltest du deine Gefühle aus? Ist das auf Dauer nicht unglaublich einsam?«

»Einsamkeit ist berechenbar«, antwortete sie, und obwohl ihr Gesicht von der Dunkelheit verschluckt wurde, war ich mir sicher, dass von ihrem Lächeln nichts mehr übrig war.

Ich machte es mir mit meinem Laptop auf der Couch gemütlich und schrieb mir den ganzen Gefühlsmist von der Seele. Wie viel davon für den Artikel brauchbar war, würde sich bei Tageslicht und klarem Kopf zeigen.

Briony war mit Freunden von der Uni unterwegs, und Matildas Date schien gut zu laufen, sie hatte mir vor ein paar Minuten ein Bild von zwei Rotweingläsern und einem Daumen nach oben geschickt, darunter die Nachricht: *Wenn er so gut vögelt, wie er küsst, könnte man den Abend als Erfolg bezeichnen. Ich steh immer hinter dir und deinen moralisch fragwürdigen Ideen. Bis morgen!*

Es hatte tatsächlich geholfen, mit ihr darüber zu sprechen. Hauptsächlich, weil es sich jetzt so anfühlte, als hätte ich eine Komplizin. Als sei ich nicht mehr völlig auf mich allein gestellt, wenn alles schiefging. Meine Horrorvorstellung war nämlich, dass ich mich wie ihre Ex-Mitbewohnerin gezwungen sah, aus der WG auszuziehen, wenn die ganze Geschichte nach hinten losging. Immerhin bewohnte ich nun das verfluchte Zimmer. Andererseits, was machte ich mir vor? Obdachlos zu sein, würde die letzte meiner Sorgen sein, wenn Noah mich ein für alle Mal zurückwies.

Zum einen war es befreiend, die Worte zu tippen – es fühlte sich an, als hätte ich noch immer die Kontrolle über mein Leben –, zum anderen wurde mir speiübel bei dem Gedanken daran, was ich bisher zustande beziehungsweise *nicht* zustande gebracht hatte. Schritt eins war mir mehr oder weniger gelungen – von Schritt zwei war ich leider meilenweit entfernt. Vor allem deshalb, weil ich nicht halb so abgebrüht war, wie ich es gerne gewesen wäre. Ich war nicht Matilda. Und selbst wenn, solche Experimente funktionierten nie. Vor allem dann nicht, wenn man Hals über Kopf in sein Testobjekt verknallt war und eine gemeinsame Vorgeschichte hatte, aus der man einfach nicht schlau wurde.

Das Vibrieren meines Handys ließ mich aufschauen. Ich schob den Laptop beiseite – und erstarrte, als ich die Worte auf dem Display las.

Noah: Wo bist du?

Meine Finger flogen über die Tastatur, bevor ich mich davon abhalten konnte.

Liv: Du kannst mich mal.

Sobald ich die Antwort abgeschickt hatte und mein Blick auf das Dokument mit dem Artikel fiel, stöhnte ich laut auf. Grandios, nichts lief mehr nach Plan. Ich musste irgendwie zu Schritt zwei gelangen, obwohl ich es nicht mal schaffte, einen Kuss zu initiieren, ohne dass die Sache vollkommen aus dem Ruder lief. Ich sollte diejenige mit dem widersprüchlichen Verhalten sein, nicht er! Und außerdem sollte ich nicht meine echten Gefühle durchblicken lassen …

Ein Vibrieren kündigte die nächste Nachricht an. Augenblicklich schoss mein Puls in die Höhe.

Noah: Du jagst mir eine Heidenangst ein.

Bewegungslos starrte ich auf die Buchstaben. Er hatte gesagt, ich sei das Beste, was ihm je passiert war. Und dass er genau aus dem Grund nicht konnte. *Was* nicht konnte? Was, verdammt? Wovor hatte er Angst? Was an mir machte ihm solche Angst?

Noah: Enigma. Substantiv. Eine Person oder eine Sache, die unmöglich zu verstehen ist.

Ich kniff die Augen zusammen. Meinte er sich selbst? Mich? Oder war das alles nur ein Ablenkungsmanöver?

Nichts ist unmöglich. Weißt du, was Dinge tatsächlich unverständlich macht?, schrieb ich zurück und fügte ein genervt dreinblickendes Emoji hinzu. Ich musste cool bleiben. Ganz sicher würde ich mich nicht von seinen hübschen Worten beeindrucken lassen. *Wenn man nicht über sie redet.*

Seine Antwort folgte nur wenige Sekunden später.

Noah: Du hast recht. Darf ich mit dir reden? Jetzt?

Ich sollte ihm schreiben, dass ich keine Lust darauf hatte, nachdem er mich vorhin aus der Bar geschmissen hatte. Dass er nicht einfach so mit mir umgehen konnte und ich mich dann nach ihm richten würde, sobald es ihm wieder passte.

Aber ich hatte einen Artikel zu schreiben.

Liv: Ich bin zu Hause.

Kurz. Knapp. Emotionslos. Na bitte.

Meine Reaktion, als ich keine Minute später den Schlüssel im Schloss hörte, war allerdings so ziemlich das Gegenteil von emotionslos.

Hastig klappte ich den Laptop zu und sprang auf. Anhand der Schritte wusste ich sofort, dass es nicht etwa Briony war, die früher von ihrer Party zurückkam. Ich strich meine Haare glatt und positionierte mich vor dem Sofa. Keine Zeit, noch einen raschen Blick in den Spiegel zu werfen. Aber es war ohnehin idiotisch, sich diesbezüglich Sorgen zu machen. Noah hatte mich in jeder möglichen Verfassung gesehen. Wenn er mich abwies, würde es sicher nicht an meiner äußerlichen Erscheinung liegen.

Dummerweise schien es andersherum immer noch eine verdammte Überraschung für mich zu sein, wie verboten gut er aussah. Als er ins Wohnzimmer kam, musste ich all meine Selbstbeherrschung aufbringen, ihm nicht um den Hals zu fallen. Egal wie oft und lange ich sein Gesicht betrachtete, ich bekam nie genug davon. Vielleicht weil es mir jahrelang verwehrt geblieben war und ich mir in all der Zeit nichts mehr gewünscht hatte, als es noch einmal sehen zu dürfen …

Sein Haar war leicht zerzaust, der Ausdruck in seinen grauen Augen unergründlich. Als sein Blick auf mich traf, erkannte ich die nackte Panik darin. Sofort schaute er wieder weg.

»Du willst reden?« Ich verschränkte die Arme vor der Brust. »Dann rede.«

Er nickte und schluckte, während er seine Fußspitzen betrachtete. »Können wir irgendwohin gehen, wo wir alleine sind? Wo nicht jede Sekunde jemand reinplatzen könnte? Wo wir ... *wir* sein können?«

Seine Stimme klang so weich, so verletzlich, so nach Noah ...

Ich zwang mich, eine Braue zu heben und möglichst gelangweilt zu klingen, während in meinem Inneren der nächste Sturm ausbrach. »Wenn's sein muss. Aber wehe, du willst nur Zeit schinden.«

Dankbarkeit verscheuchte die Unsicherheit aus seinen Zügen. Ein schwaches Lächeln erhellte sein Gesicht. »Will ich nicht. Versprochen.«

»Und wehe, wenn du wieder scheiße zu mir bist oder mich rausschmeißt.«

Sein Lächeln vertiefte sich. »An dem Ort, an den ich mit dir will, könnte ich dich nicht rausschmeißen, selbst wenn ich es wollte. Er gehört mir leider nicht.«

Ich verdrehte die Augen. »Gib mir fünf Minuten.«

Sobald ich aus seiner Sichtweite in meinem Zimmer war, schlug ich die Tür hinter mir zu und lehnte mich zitternd dagegen. Ich konnte noch so unnahbar und cool tun – meinen Körper konnte ich nicht hinters Licht führen.

Er wollte an einen Ort, an dem wir wir sein konnten. Was auch immer das heißen sollte. Fakt war: Er wollte allein mit mir sein.

Doch es spielte keine Rolle, was er vorhatte – ich musste meinen Plan vorantreiben.

Die Nacht war trocken und erstaunlich mild.

Schweigend liefen wir nebeneinander zur Tottenham Court Road und fuhren mit der Central-Line bis zur Bank-Station. Trotz der späten Uhrzeit war die Bahn voll, doch wir fanden noch zwei freie Plätze gegenüber voneinander, sodass ich ihn die ganze Fahrt lang beobachten konnte. Überall schaute er hin – auf die Werbeplakate, auf die Zusteigenden, auf seine Füße –, nur nicht in mein Gesicht.

In mir tobte es weiterhin, doch äußerlich war ich die Ruhe in Person, was man von ihm nicht behaupten konnte. Mit zitternden Fingern nestelte er unaufhörlich an dem Verschluss seiner Lederjacke. Es war unmöglich, den nächsten Schritt meines Plans in die Tat umzusetzen, wenn er nicht einmal den Blickkontakt aufrechterhalten konnte. Was es nur noch schlimmer machte, war, dass er mich plötzlich so sehr an den alten Noah erinnerte. Ich sah nicht den Herzensbrecher vor mir, der einen One-Night-Stand nach dem anderen hatte. Das hier war der Junge von damals, der zu viel nachdachte und sich damit selbst in den Wahnsinn trieb. Nur dass ich damals nie der Grund für sein Gedankenkarussell gewesen war, sondern eher die Person, die ihm dabei half, immer wieder ins Hier und Jetzt zurückzukehren.

Nachdem wir mit der Rolltreppe nach oben gefahren waren, hielt ich es nicht mehr aus. »Warum hast du Angst vor mir?«, entfuhr es mir, während wir eine Straße zwischen imposanten Monumenten und Bankgebäuden entlangliefen. Hier war sonst niemand außer uns zu sehen.

Sein Kopf ruckte in meine Richtung, und für den kürzesten aller Momente nahm er mich ins Visier, bevor er seinen

Blick wieder nach vorn richtete. Ein paar dunkelblonde Haarsträhnen fielen ihm in die Stirn, und ich musste mich beherrschen, nicht die Hand auszustrecken, um sie beiseitezustreichen.

»Weil du nicht lockerlässt«, flüsterte er nach einer kleinen Pause. »Ich habe dir gesagt, du sollst nicht in die WG ziehen, ich habe mir wirklich Mühe gegeben, so überzeugend wie möglich zu sein, und es ist dir vollkommen egal. Du bist immer noch hier.«

Mein Herz setzte einen Schlag aus, bevor es Tempo aufnahm. Seine Aufrichtigkeit brachte mich völlig aus dem Konzept, aber ich durfte mich nicht so einfach weichklopfen lassen. »War es das, was du vorhin auch getan hast? Absichtlich beschissen zu mir sein, damit du mich loswirst?«

Ruckartig schüttelte er den Kopf und fuhr sich frustriert durchs Haar. »Vorhin war ich …« Er brach ab und ließ den Satz in der Luft hängen. Dann räusperte er sich und deutete nach links. »Wir müssen hier rein. Es ist nicht mehr weit.«

Ich wollte ihn packen und festhalten. Ihn zwingen, mich anzusehen. Seinen Satz zu beenden. Endlich Klartext zu reden. Doch in diesem Augenblick folgte ich seinem Blick und nahm unsere Umgebung zum ersten Mal *richtig* wahr. Mitten im Bankenviertel zwischen schicken Wolkenkratzern versteckte sich der Eingang zu einem überdachten viktorianischen Markt. Ich wusste, wo wir gelandet waren, obwohl ich nie hier gewesen war. Ganz im Gegenteil hatte ich den Ort nach meinem Umzug nach London mit Absicht gemieden.

»Leadenhall Market«, flüsterte ich. Hier waren die Außenaufnahmen für die Winkelgasse im ersten *Harry-Potter*-Film gedreht worden.

»Das ist der erste Ort, den wir besuchen, sobald wir in dieser epischen Stadt leben, hörst du?«, hatte ich damals zu Noah gesagt, als meine Welt noch in Ordnung und die Zukunft in meiner Vorstellung nichts als ein wunderbares Abenteuer gewesen war.

»Und direkt danach geht's zu King's Cross. Ich will so ein klischeehaftes Foto an der Wand zum Gleis neundreiviertel machen. Keine Widerrede!«

»Wen interessieren die Filme?«, antwortete er mit einem Stöhnen. »Das ist total unauthentisch! Dieses blöde Fake-Gleis haben sie direkt neben dem Touristenshop angebracht, das zerstört doch jedes bisschen Magie. Und die wahre Winkelgasse befindet sich in Edinburgh.«

»Da wir so bald nicht in Edinburgh leben werden, wirst du dich mit Leadenhall Market zufriedengeben müssen, Mister.«

»Die Filme sind soooo dermaßen …«

»… schlecht und falsch und kommen nicht an die Bücher ran, ja, du hast recht.« Wir führten diese Diskussion schon zum hundertsten Mal, auch wenn es mir in regelmäßigen Abständen gelang, ihn zu überreden, einen der Filme anzusehen. Zumindest den ersten – der fühlte sich nämlich wie Nachhausekommen an. »Wir gehen trotzdem hin. Nur ein einziges Mal. Deal?« Ich setzte meinen Hundeblick auf.

»Hör auf, mich so anzuschauen, Liv.«

Ich hörte nicht auf. Stattdessen rückte ich näher an ihn ran. »Bitte, bitte, bitte?«

»Du bist unmöglich.«

»Ist das ein Ja?«

»Das ist ein Nur-weil-du's-bist. Und wehe, jemand erfährt, dass ich da mitgegangen bin. Peinlich ist das!«

»Bist du jemals hergekommen?«, murmelte der Noah aus der Gegenwart neben mir.

Ich ließ den Blick über das kunstvolle gläserne Tonnendach über uns wandern. Über die kleinen Geschäfte, die gusseisernen Säulen und die Verzierungen an den Eingängen. Langsam schüttelte ich den Kopf. »Ich hab einen Bogen darum gemacht.«

»Ich auch.«

Stille.

»Es ist wirklich verdammt magisch hier, Film hin oder her.«

Wir liefen ein Stück. Die Schaufenster waren beleuchtet, obwohl keine Menschenseele außer uns mehr unterwegs war. Nur weiter vorne standen ein paar Leute vor einem verwunschen wirkenden Pub mit pechschwarzen Türen.

Prickelnde Wärme pulsierte durch meinen Körper. Ich hatte mir alles exakt so ausgemalt. Nur hatte ich mir, seit ich in London war, nicht vorstellen können, jemals mit Noah herzukommen.

Er blieb stehen, und ich tat es ihm gleich.

»Ein weiteres Versprechen, das ich gebrochen habe«, wisperte er.

Eine Gänsehaut breitete sich auf meinen Armen aus. An diesem Gedanken hatte ich mich festgehalten – dass Noah sich an alles erinnerte. Dass er in den letzten drei Jahren nicht einfach sein Gedächtnis verloren hatte. Dass unsere Verbindung echt gewesen war.

Doch auch wenn er sich an alles erinnerte und mich an den Ort brachte, den ich immer hatte sehen wollen, erklärte das nicht, was zuvor geschehen war. Was zum Teufel war passiert, dass ihn dazu gebracht hatte, mich aus seinem Leben auszuschließen?

»Du wolltest vorhin, auf dem Weg hierher, etwas sagen«, flüsterte ich zurück, während ich den Blick über sein vertrautes Profil gleiten ließ. Was machte ihm so sehr zu schaffen?

»Einen Penny für deine Gedanken, Noah«, hatte ich früher immer zu ihm gesagt, wenn er minutenlang stumm blieb, und an seine Schläfe getippt. »Ach, weißt du was, nimm gleich 'ne ganze Million, Hauptsache, du verrätst sie mir.«

»Es ist, als hätte ich die letzten Jahre geschlafwandelt, Liv. Als sei ich nie richtig wach gewesen. Und dann saßt du plötzlich in meinem Wohnzimmer, und es hat sich angefühlt, als hätte mich jemand gepackt und geschüttelt. Mit einem Mal war ich nicht nur wach, ich habe wieder etwas gefühlt. Deshalb habe ich Angst vor dir.«

Abrupt wandte ich ihm das Gesicht zu. Das konnte er nicht machen. Er konnte mich nicht einfach so an diesen Ort bringen und erwarten, dass ich keine Antworten mehr verlangen würde. Egal, wie schön es war.

»Ich möchte wissen, was dein Problem ist«, sagte ich mit fester Stimme, stellte mich vor ihn und reckte das Kinn.

»Liv.« Er machte Anstalten, an mir vorbeizulaufen, aber ich reagierte schnell. Keine Ahnung, woher ich den Mut nahm – im nächsten Moment streckte ich die Arme aus und legte beide Handflächen auf seine Brust. Auf seine warme, feste Brust ... Seine Jacke stand offen, und der Stoff seines Baumwollshirts war dünn. Ich spürte *alles* darunter.

Oh Gott.

Sofort zuckte er unter meiner Berührung zusammen.

»Ich lass dich in Ruhe, wenn du mit mir redest, okay? Du musst mir nur eine Frage beantworten.«

Was für eine Lüge. Selbst wenn es diesen dämlichen

Artikel nicht gäbe – wie sollte ich ihn jemals in Ruhe lassen, wenn ich nahezu jedes Mal in seiner Anwesenheit Herzklopfen bekam?

»Fass mich nicht an«, raunte er so leise, dass ich mir nicht sicher war, ob ich mich verhört hatte.

»Wieso?«

Blitzschnell umfasste er meine Handgelenke. Doch anstatt mich von sich zu stoßen, klammerte er sich an mich, als hinge sein Leben davon ab.

Er wandte den Kopf und sah auf mich herab, beugte sich hinunter, bis unsere Nasenspitzen sich beinahe berührten. Sein heißer Atem strich über mein Gesicht.

»Was ist dein Problem, Noah?«, brachte ich mit bebender Stimme hervor. »Ich höre auf, wenn du es mir sagst.«

»Mein *Problem*?«

Er war so nah. So unendlich nah. Ich starrte auf seine Lippen, wieder in seine Augen. Wut. Verzweiflung. Was zum Teufel ging hier vor sich?

»Ja, dein Problem, verdammt! Warum hast du so reagiert, als ich dich küssen wollte? Warum hast du mich aus der Bar geschmissen?«

Auf einen Schlag war die Wut aus seinem Gesicht verschwunden. Er ließ mich ruckartig los, und ich stolperte rückwärts.

Was für ein Spiel ich auch hatte spielen wollen, welche Strategie ich mir auch zurechtgelegt hatte, die Kontrolle darüber war mir inzwischen vollständig entglitten. Mir wurde schwindelig. Ich schluckte. Nun war ich es, die seinem Blick auswich.

Rückzug, Liv! Sieh zu, dass du irgendwie aus der Nummer wieder rauskommst.

»Ich … Ich weiß schon, dass es seltsam wäre«, brachte ich hervor. Seltsam war eine nette Beschreibung dafür, was die Vorstellung davon, ihn zu küssen, mit mir anstellte. So oft hatte ich mir über die Jahre ausgemalt, wie es wäre … Andererseits, ja, es war seltsam, seinen besten Freund zu küssen. Aber Noah war nicht mehr mein bester Freund. »Und dass es nie so zwischen uns war«, fuhr ich fort. »Aber du kannst auch einfach sagen, du hast kein Interesse, und mich …«

»Seltsam?«, donnerte er. Seine Stimme überschlug sich. In zwei großen Schritten war er bei mir, umfasste grob mein Gesicht und zwang mich, ihn richtig anzusehen.

Ich konnte nicht atmen.

»Zur Hölle, bist du wirklich so schwer von Begriff?«

Ja.

Nein.

Die Umgebung hinter ihm begann sich zu drehen, floss ineinander. Farben. Lichter.

Mein armes, armes Herz.

»Unser erster Kuss sollte verdammt noch mal etwas Besonderes sein! Nicht irgendeine betrunkene Aktion auf einer WG-Party. Oder in einer unbedeutenden Bar nach meiner Schicht, während du eigentlich sauer auf mich bist. Unser erster Kuss … Er … Er sollte perfekt sein.«

Rauschendes Blut in meinen Ohren.

Seine Lippen teilten sich.

Mein Herz setzte aus.

Die nächsten Worte purzelten aus mir heraus, bevor mein Gehirn eine Chance hatte, in die Gänge zu kommen. »Es ist mir egal, wo wir sind oder ob wir uns streiten. Ich wollte dich nicht küssen, weil ich betrunken war.«

Inzwischen war ich längst wieder nüchtern – und

trotzdem fühlte ich mich mit einem Mal so berauscht wie noch nie.

Seine Augen weiteten sich. »*Warum dann?*«, schienen sie mich zu fragen.

Weil ich es schon viel früher hätte tun sollen.

Weil du mich verlassen hast und ich dich trotzdem nicht hassen kann.

Weil ich, seit ich denken kann, verliebt in dich bin.

Weil drei Jahre ohne dich nichts daran geändert haben.

Weil …

Er beugte sich zu mir herunter, vergrub seine Hände in meinem Haar und küsste mich.

Weil du es schaffst, die verdammte Welt anzuhalten.

Ich schlang ihm die Arme um den Hals – ich brauchte irgendeinen Halt –, stellte mich auf die Zehenspitzen und kam ihm entgegen.

Das heftige Gefühl des Fallens in meinem Magen setzte wieder ein. Ein leises Stöhnen entwich mir. Seine Bartstoppeln. Sein unverfälschter Geschmack. Unser Kuss hatte nichts Langsames, Vorsichtiges, er drückte die pure Notwendigkeit aus. Verzweifelt zwang er meine Lippen mit seiner Zunge auseinander und griff fest in meinen Nacken, um mich noch näher zu ziehen. Wir stolperten rückwärts, ich stieß mit dem Rücken gegen irgendein Schaufenster.

Der Sturzflug hatte begonnen.

Noah.

Zur Hölle, das hier war Noah.

Ich schob den Gedanken beiseite und gab mich dem Kuss hin. Warm, feucht, drängend. Ich schmolz in seinen Armen dahin, presste mich an seinen Körper und wurde eins mit ihm. Die unterschiedlichsten Rottöne explodierten hinter meinen geschlossenen Augenlidern. Heißkalte Stöße durchfuhren mich.

Wer hätte gedacht, dass Fallen so schön sein konnte? Es würde wehtun, weil unten nur Härte auf mich wartete. Doch es gab jetzt nichts mehr, was mich halten konnte. Es war zu spät, ich war verloren. Es ging nicht um irgendeinen Artikel, darum war es nie gegangen. Alles, was ich denken konnte, war: *endlich*.

»Liv.« Er wich zurück, nur ein winziges Stück, kaum einen Zentimeter, ohne dabei von mir abzulassen. Seine Hände strichen unaufhörlich über meine Haare, über meine Schultern, meinen Rücken. Seine Pupillen waren geweitet. »Liv, Liv, Liv.« Jetzt berührte er mein Gesicht, hielt es vorsichtig zwischen seinen Händen, als hätte er Angst, mich zu zerbrechen, und fuhr meine Augenbrauen nach, strich meine Schläfen entlang, kam bei meinen Lippen an. Seine Stimme klang so heiser, dass sie die nächste Hitzewelle durch meinen Körper jagte. »Sag mir, dass es echt ist«, murmelte er fassungslos. »Sag mir, dass es nicht nur in meinem Kopf passiert.«

Ich fuhr mit beiden Händen unter seine Jacke und klammerte mich an seinem Körper fest wie eine Ertrinkende. Ließ den Blick über die Läden hinter ihm gleiten, dann wieder über sein Gesicht, über sein wunderschönes Gesicht.

»Natürlich passiert es in deinem Kopf«, zitierte ich aus dem letzten *Harry-Potter*-Teil, während sich ein Lächeln auf meinen Lippen ausbreitete. »Aber warum um alles in der Welt sollte das bedeuten, dass es nicht wirklich ist?«

Als unsere Lippen diesmal aufeinandertrafen, geschah es behutsam. Konzentriert. Unsere Zungen begegneten sich langsam, beinahe träge. Wir kosteten jede Sekunde aus.

Auch ich musste mich davon überzeugen, dass es real

war. Dutzende Gedanken wirbelten gleichzeitig durch meinen Kopf. Wollte er es genauso sehr wie ich? Wie lange schon? Und wieder, immer wieder die Frage: Was war damals geschehen?

Doch sein Mund, seine Hände, seine Nähe – sie ließen jeden Zweifel verstummen. Und plötzlich waren wir wieder wir. Plötzlich waren wir so echt, dass der Rest der Welt es war, der sich nicht mehr real anfühlte.

Ja, Noah. Es ist wirklich verdammt magisch hier.

Ich verlor jegliches Zeitgefühl, und unsere Umgebung wurde zu einer unbedeutenden Hintergrundkulisse. Die Geschäfte, an den wir vorbeiliefen, die Straßen, die U-Bahn, die wir zurück nahmen. Vorhin hatten wir uns kaum ansehen können, jetzt saß ich auf seinem Schoß und konnte die Finger nicht von ihm lassen. Es fühlte sich wie eine Ewigkeit an, bis wir endlich wieder in unserer Wohnung waren, in der immer noch nichts von unseren Mitbewohnerinnen zu hören war. Wir stolperten in den Flur. Die Hitze, die von seinem Körper ausging, übertrug sich auf mich. Binnen Sekunden stand ich in Flammen. Wir klammerten uns aneinander, als hätten wir beide Angst, der Moment könnte uns jederzeit entgleiten.

Und es stimmte. Ich hatte Angst. Angst davor, dass er jeden Moment zurückweichen würde.

»Unser erster Kuss sollte verdammt noch mal etwas Besonderes sein!«

Doch die Angst wurde vom Feuer mitgerissen, das sich rasant in meinem Körper ausbreitete. Meine Knie wurden weich, während seine Hände abwärtswanderten. Er schlang beide Arme um mich und hob mich ein paar Zentimeter in die Höhe, ohne den Kuss zu unterbrechen. Ich umarmte ihn noch fester, stöhnte leise, als das Feuer in meiner Mitte ankam und meinen ganzen Körper zum Schmelzen brachte. Wie in Trance nahm ich wahr, dass er sich in Bewegung setzte und mich durch den Flur zu seinem Schlafzimmer trug.

Wie lange war es her, dass ich mich so gefühlt hatte? Als würde ich in Millionen Einzelteile zerbersten und auf der Stelle sterben, wenn wir aufhörten.

Es ging nicht um Sex. Auch wenn mein letztes Mal Ewigkeiten zurücklag. Meinen Körper hatte ich im Gegensatz zu meinem Kopf in den vergangenen Wochen nicht austricksen können. Ich war es mir selbst schuldig gewesen, nicht aus Pflichtbewusstsein oder Gewohnheit mit Josh zu schlafen, und er hatte meine Zurückhaltung mit Verständnis hingenommen – bis wir irgendwann überhaupt nicht mehr darüber gesprochen, geschweige denn es noch einmal versucht hatten.

Es ging hier um so viel mehr als um Sex. Es ging um die Gewissheit, dass ich nichts lieber wollte, als mit diesem Menschen eins zu werden, jeden Zentimeter seines Körpers zu berühren, mich fallen zu lassen, ihm alles zu zeigen, was ich nicht aussprechen konnte.

Aber das war dumm. Und genau das Gegenteil von dem, was Matilda mir geraten hatte.

Behutsam stellte er mich vor seinem Zimmer auf die Füße, um die Tür zu öffnen. Meine Beine zitterten. Gott, wie sollte ich das durchziehen? Mal abgesehen davon, dass ich in meinem Leben bisher nur mit einem einzigen Menschen geschlafen hatte, das hier war nicht irgendein Mensch.

Schalt sie aus. Schalt deine Gefühle aus, Liv!

Noah betätigte den Lichtschalter und griff nach meinem Handgelenk, um mich ins Innere zu ziehen, bevor er der

Tür einen Stoß gab und mich mit sanfter Gewalt von innen dagegendrückte. Er ließ mir keine Gelegenheit, mich umzuschauen oder mich in meinem Gedankenchaos zu verlieren, denn im nächsten Moment traf sein Mund erneut auf meinen, und seine Finger waren überall.

Sein Duft war so konzentriert, alles hier roch nach ihm, und er benebelte meine Gedanken. Ich drängte meinen Körper gegen seinen, näher, immer näher, nichts war genug, und erwiderte stürmisch seinen Kuss.

Er gab einen kehligen Laut von sich, während er eine Hand meinen Rücken hinabwandern ließ, bis sie auf meinem Po lag. »Du treibst mich wirklich in den Wahnsinn«, raunte er und strich meine Haare beiseite, um sich meinen Hals hinabzuküssen.

Seine warmen Lippen hinterließen eine feuchte Spur auf meiner überhitzten Haut. Ich stand kurz vor der Explosion.

»Ich will nicht aufhören. Willst du aufhören?«

Ich hatte seine Stimme bereits in jeder Tonlage gehört. Glücklich, traurig, verzweifelt, wütend. Aber noch nie so flehend.

Mit letzter Kraft bekam ich es hin, den Kopf zu schütteln. »Weiter … Bitte …«

Für den Moment war es ganz einfach, den Jungen von damals, das Hin und Her, die Verachtung, die Enttäuschung, den Schmerz aus meiner Erinnerung zu verdrängen. All das trat in den Hintergrund. In den wenigen Augenblicken, in denen ich mir in meinen Teenagerjahren erlaubt hatte, an *so etwas* mit ihm zu denken, hatte ich mir vorgestellt, es würde ganz langsam ablaufen. Voller Nervosität und Unbeholfenheit. Vermutlich in der Dunkelheit, weil wir beide zu aufgeregt waren.

Dieser Noah hier war das exakte Gegenteil. Er packte mich an den Hüften, zog mich von der Tür weg und lotste mich zu seinem Bett. Bevor er mich mit seinem Körper auf die Matratze niederdrückte, griff er nach meinem Shirt und zog es mir in einer fließenden Bewegung über den Kopf. Er wusste ganz genau, was er tat. Ich sah die Konzentration in seinem Gesicht, gepaart mit einem beinahe unmenschlichen Verlangen. Er dachte nicht mehr nach. Er tat nur das, was er die letzten Jahre perfektioniert hatte.

Ein Beben ging durch meinen Körper. Mit dem Gefühlsmist würde ich mich danach auseinandersetzen.

Wie von selbst wanderten meine Finger zum Saum seines Shirts. Ich zerrte daran, bis er es sich selbstständig und mehr als bereitwillig auszog. Für ein paar Sekunden konnte ich nichts tun, als auf seinen entblößten Oberkörper zu starren. Damals war er eher schmaler gebaut gewesen, inzwischen schien er beinahe nur noch aus Muskeln zu bestehen. Unter seinem Bauchnabel waren ein paar dunkelblonde Härchen zu sehen, die sich mit jedem Zentimeter abwärts verdichteten. Unter seiner Jeans blitzte der Bund schwarzer Boxershorts hervor.

Mein Mund wurde trocken, als ich den Blick wieder höher wandern ließ. Das Tattoo unter seinem Herzen. Das Zitat aus Shakespeares *Twelfth Night*. Sein Körper verschwamm vor meinen Augen, als die Erinnerung mich einholte.

»Du musst versprechen, nicht zu lachen!«

Noah war, ohne anzuklopfen, in mein Zimmer gestürmt. Mit glitzernden Regentropfen im Haar und einem euphorischen Glänzen in den grauen Augen blieb er vor meinem Bett stehen, auf dem ich es mir gerade erst gemütlich gemacht hatte.

»Ich verspreche es hoch und heilig!«

»Mir kam eine Idee fürs Tattoo. Du erinnerst dich an Twelfth Night, *oder?«*

Vor allem erinnerte ich mich daran, dass er ständig darüber gesprochen hatte, als wir es im letzten Schuljahr durchgenommen hatten.

»Wie könnte ich dieses wunderbare Stück je vergessen?«

Er ignorierte die Ironie in meiner Stimme und ließ sich mit dem zerfledderten Heftchen in der Hand neben mich auf die Matratze fallen. »Also: Deine Namensvetterin Olivia hat sieben Jahre lang Männern abgeschworen, weil sie um ihren verstorbenen Bruder trauert. Dann begegnet sie Cesario – der eigentlich Viola ist, aber verkleidet –, und Olivia ist selbst überrascht von der Wucht ihrer Gefühle. Siehst du diese Stelle hier?« Er hielt mir das geöffnete Heft unter die Nase. »Akt eins, Szene fünf. Als sie darüber redet, was ihr an ihm gefällt.«

Ich nahm ihm das Heft ab. »Thy face, thy limbs, actions and spirit«, las ich die Stelle vor, auf die er mit dem Zeigefinger deutete. Dann grinste ich. »Gott, ist das romantisch. Du und deine Gefühlsduselei.«

Er rückte näher zu mir und starrte mich an, ohne mein Lächeln zu erwidern. »Ich weiß, es ist romantisch gemeint, aber ich finde, man kann es auch ganz allgemein auf alle menschlichen Beziehungen beziehen, oder?«

Verständnislos sah ich ihn an. Allmählich wurde mir sein intensiver Blick etwas gruselig.

»Also … das könnte ich auch über … über dich sagen, wenn ich aufzählen müsste, was ich an dir mag. Vielleicht nicht ganz so geschwollen, aber …« Er verstummte und wandte den Blick ab. Seine Ohren waren mit einem Mal knallrot. »Es war nur eine Idee«, setzte er hastig nach.

»Wenn du es total bescheuert findest, können wir auch irgendwelche Motive nehmen, die unsere Namen symbolisieren, es müssen keine Zitate sein …«

Mein Herz klopfte wie verrückt, während ich die Worte anstarrte, dann wieder ihn, dann die Worte. Ich öffnete den Mund, konnte meine Stimme allerdings nicht finden.

Schließlich ließ ich das Heft in meiner Hand sinken und beugte mich über ihn, um nach dem dicken Buch auf meinem Nachttisch zu greifen. Ich spürte seinen Blick auf mir, als ich begann, darin zu blättern, bis ich die Stelle fand, die ich mit einem Lesezeichen markiert hatte.

»Seit wann liest du die Bibel?«, fragte er zu meiner Erleichterung schon wieder etwas unbefangener. Mein Herz drohte mir dummerweise immer noch aus der Brust zu springen.

»Hab sie meiner Mum aus dem Schlafzimmer entwendet. Zu Recherchezwecken.« Mit bebenden Fingern fuhr ich das dünne Papier entlang und legte ihm die Bibel in den Schoß, zeigte auf die Worte, die ich ganz leicht mit Bleistift unterstrichen hatte. Ich räusperte mich. »Das ist Genesis 8:22. Es ist relativ am Ende der Geschichte, in der es um die Arche Noah geht. Als sie alle gerettet werden. Es ist ein bisschen aus dem Kontext gerissen, aber ich dachte mir …« Jetzt war ich es, die den Satz nicht vollenden konnte.

»Cold and heat, summer and winter, day and night«, flüsterte er und seine Stimme klang ehrfürchtig.

Jetzt oder nie, Liv. Sag es einfach.

Mein Herzschlag übertönte das Prasseln des Regens an den Fensterscheiben, die Stimmen meiner Eltern unten im Wohnzimmer, Noahs Atemzüge.

»Das ist es, was du für mich bist«, brachte ich hervor.

Als unsere Blicke sich trafen, schien der Raum in Flammen aufzugehen. Ich durfte nicht auf seinen Mund starren, ich durfte nicht …

»Liv, wir haben beide Zitate ausgesucht«, sagte er, gefolgt von einem ungläubigen Lachen. »Obwohl wir nie darüber gesprochen haben …«

Die Härchen in meinem Nacken richteten sich auf, und ich nickte. »Es … ist perfekt.«

»Du bist perfekt«, erwiderte er und stupste mich in die Seite. Freundschaftlich.

Wie sollte ich ihm je erklären, dass es mir nicht reichte? Dass es mir wehtat, wenn er so etwas sagte, aber es nicht so meinte, wie ich es mir wünschte? Dass ich mehr wollte?

Er legte seinen Kopf auf meine Schulter und griff nach meiner Hand. Er konnte unmöglich wissen, was er damit in mir auslöste.

»Ich kann's nicht erwarten, dich für immer unter meiner Haut zu haben«, nuschelte er an meinem Hals.

Ich blinzelte, während die Gegenwart stückchenweise zurückkehrte, dann strich ich ganz langsam über die feinen schwarzen Buchstaben. Er hatte wie am Spieß geschrien, als der Tätowierer ihm die Worte stach. Erst hatte ich ihn ausgelacht – bevor ich es selbst mit der Angst zu tun bekam, da ich als Nächste dran gewesen war. Mein eigener Schmerz war schließlich zweitrangig gewesen, denn Noah hatte unsere Finger miteinander verschränkt und mich die ganze Zeit über nicht losgelassen. Die Empfindung, die er damit in mir ausgelöst hatte, waren um ein Vielfaches heftiger gewesen als der scharfe Schmerz an meinem Handgelenk.

Seltsamerweise wirkte es so, als würde er den

Moment – genau wie ich – ein zweites Mal durchleben. Ein gequälter Ausdruck trat in seine Augen, verschwand jedoch sofort wieder. Hatte ich es mir nur eingebildet?

Er griff nach meinen Händen, verschränkte unsere Finger und drückte sie rechts und links von meinem Kopf aufs Bett, dann legte er sich wieder vollständig auf mich.

Sofort spürte ich seine harte Erektion zwischen meinen Beinen. Oh Gott, Noah lag auf mir. Und ich war der Grund für seine Erregung.

Ich versuchte mich aus seinem Griff zu befreien, um ihn zu berühren, aber er gab nicht nach. Aus irgendeinem Grund machte mich das nur noch mehr an. Stattdessen schlang ich meine Beine um seine Mitte und drückte seinen Unterleib näher an meinen.

Haut auf Haut.

Er küsste mich schneller, kürzer, wilder. Erst als er zurückwich, um mir die Hose von den Beinen zu zerren, fiel mir auf, dass er mir in den kurzen Pausen kein einziges Mal in die Augen sah.

»Noah«, keuchte ich. Mein Oberkörper hob und senkte sich viel zu schnell. Ich würde bald den Verstand verlieren.

Er warf die Hose hinter sich, und für den Bruchteil einer Sekunde flackerte etwas anderes als Verlangen in seinem Blick auf. Er erhob sich vom Bett, um auch seine Hose loszuwerden. Die Tattoos auf seinen Armen hoben sich in beinahe gespenstischer Weise von seiner hellen Haut ab. Seine Haare waren ein heilloses Durcheinander. Und irgendetwas in seinem Gesicht bereitete mir unglaubliche Panik.

»Noah«, wiederholte ich, diesmal fester.

Endlich hob er den Kopf und sah mich an. »Was?«

Alles in meinem überhitzten Körper wehrte sich dagegen, die nächsten Worte auszusprechen.

»Willst ... Willst du das hier wirklich?«

Eine steile Falte bildete sich zwischen seinen Brauen. Und je länger wir uns ansahen, desto härter wurde sein Blick.

In der nächsten Sekunde warf er sich neben mich aufs Bett, griff mir leidenschaftlich in den Nacken, zog mich ganz nah zu sich, beugte sich über mich, bis seine Lippen nur Millimeter von meinen entfernt waren. Mit der freien Hand bekam er meine zu fassen und führt sie abwärts seinen Bauch entlang, bis sie an seiner Hose angekommen war.

Ich gab einen erstickten Laut von mir. Die pulsierende Härte unter meinen Fingern brachte jeden Gedanken zum Verstummen, das Feuer in mir riss die restlichen Zweifel mit sich. Ich machte mich an seiner Hose zu schaffen, öffnete die Knöpfe mit schnellen Bewegungen und schob sie ihm über die Hüften, während er mithalf. Bevor ich auch nach seinen Boxershorts greifen konnte, drückte er mich zurück in die Kissen und ließ seine Hand zwischen meinen Beinen verschwinden. Ich warf den Kopf zurück und stöhnte, während er begann, mich ganz gezielt durch den dünnen Stoff meines Slips zu massieren.

Er richtete sich ein bisschen auf, um auf der Matratze nach unten zu rutschen. Seine Hand strich unaufhörlich über meine pochende Mitte. Erst flach und sanft, dann härter und mit schnelleren, kreisenden Bewegungen. Er küsste sich mein Dekolleté hinab.

Ich stützte mich auf die Ellenbogen, nestelte mit fahrigen Bewegungen am Verschluss meines Baumwoll-BHs und zerrte ihn mir mit seiner Hilfe vom Körper. Ohne mir eine Pause zu gönnen, senkte er seinen Mund auf meine Brüste und begann zu saugen und zu lecken.

»Ach du …«

Reflexartig wanderten meine Hände in seine Haare, um sie nach hinten zu streichen und mich daran festzuhalten.

Mit zwei Fingern schob er meinen Slip beiseite und streichelte mich ganz leicht.

Ich presste mich an ihn, stöhnte lauter.

Seine Lippen waren bei meinem Bauch angekommen. Mit der Zungenspitze zeichnete er eine feuchte Spur auf meine Haut. Dann verstärkte er den Druck seiner Finger, tauchte mit dem Gesicht zwischen meine Oberschenkel und zog den Slip ein paar Zentimeter nach unten, sodass er freie Bahn hatte.

Mein Atem kam stoßweise, und meine Lider schlossen sich flatternd, als er zeitgleich zu seinen Fingern auch seine Zunge einsetzte. Ein paar berauschende Minuten ließ ich mich vollkommen fallen, während die Geräusche, die aus meinem Mund drangen, immer lauter wurden.

Als die Hitze fast unerträglich wurde, ließ er von mir ab.

Ich öffnete die Augen. Sämtliche Gegenstände im Raum schienen ihre Kontur verloren zu haben, sich aufzulösen. Ich nahm nur Noah wahr. Den Sturm in seinen Augen. Sie sahen durch mich hindurch.

Mein Körper vibrierte vor Erregung. Er war bereit, aber mein Kopf …

Ausschalten. Ich muss meinen Verstand ausschalten.

Es war zwecklos – und außerdem spielte es keine Rolle mehr, denn im nächsten Moment richtete sich Noah ruckartig auf.

»Ich kann das nicht.« Seine Stimme war kaum mehr als ein Krächzen.

Er stand vom Bett auf und wandte mir den Rücken zu.

Ich starrte an ihm vorbei auf die Bücher im Regal. Sie

waren einige der wenigen Hinweise darauf, dass Noah seine Persönlichkeit in den letzten Jahren nicht vollständig begraben hatte. Mein Blick blieb an den *Harry-Potter*-Bänden hängen. Langsam richtete ich mich auf. Die Reihe befand sich doppelt in seinem gigantischen Bücherregal. Einmal in der Originalfassung, direkt darunter standen die neu illustrierten Ausgaben. Mechanisch bückte ich mich nach meiner Kleidung, streifte mir meine Unterwäsche über und raffte den Rest der Klamotten vor meiner Brust zusammen, bevor ich die Tür ansteuerte. Meine Beine zitterten, jeder Schritt war eine Zumutung. Doch ich schaffte es, äußerlich ruhig zu bleiben, bis meine Finger die kühle Klinke umschlossen. Ich drehte mich nicht noch einmal zu ihm um.

Das hatte ich nun von meinem schönen Plan.

Ich schlüpfte in den dunklen Flur und schloss die Tür hinter mir. Behutsam. So wie jemand eine Tür schließen würde, der seine Gefühlte ausgeschaltet und einfach mit irgendeinem Typen rumgemacht hatte.

Sobald die Verbindung zu ihm unterbrochen war und keine Gefahr mehr bestand, dass er die Zeichen meines Körpers deutete, wich die Taubheit. Anstelle meiner Beine schien nun meine ganze Umgebung zu erbeben, sich zu drehen. Immer schneller. Übelkeit ergriff Besitz von mir. Ich kniff die Augen zu und schlug mir beide Hände vor den Mund, um den Laut zu ersticken, der daraus entweichen wollte. Mein Herz raste. Mein Atem kam nur noch stoßweise. Erbarmungslos quollen die Tränen aus meinen geschlossenen Augen hervor und strömten mir über die Wangen.

Irgendwie schaffte ich es, blind in Richtung meines Zimmers zu stolpern. Es kostete mich drei Anläufe, die Tür zu öffnen und wieder hinter mir zu schließen. Ich zwang meine Lider auseinander und suchte in der Finsternis nach meinem Bett. Machte ein paar wackelige Schritte darauf zu, schmiss mich darauf und drückte mein Gesicht ins Kopfkissen, bevor ich den Schluchzern freien Lauf ließ.

Wenn es das war, was Matilda mit Gefühle ausschalten gemeint hatte, dann konnte ich die Folgen nicht ertragen. Zur Hölle mit dem Artikel. Das hier war schlimmer als alles. Das war nicht Ausschalten – das war Verdrängung. Und es bedeutete nur, dass alles, was ich für ein paar wunderbare Minuten unterdrückt hatte, nun geballt zurückkam, um mich vollständig zu zerstören. Ich konnte ihm nicht so nah sein, konnte das nicht mit ihm teilen, wenn er mich nicht wirklich wollte. Matilda irrte sich. Noah war nicht verliebt in mich und würde es auch nie sein. Er hatte ein schlechtes Gewissen wegen damals, das war alles.

Mit wie vielen Frauen hatte er in diesem Bett geschlafen?

Ich konnte ihn nicht mal hassen. Ich hatte mich ihm aufgedrängt. Das hier war nichts als die Konsequenz meiner eigenen beschissenen Entscheidung, die ich nicht ertrug.

Wenn mein vergangenes Ich mich jetzt so sehen könnte. Wenn es *uns* so sehen könnte … Wir waren Liv und Noah gewesen, zwei Hälften eines Ganzen. Und was waren wir jetzt?

Mein Schluchzen verebbte langsam, und ich wurde ruhiger. Ich strich mir über die Wangen. Mir war etwas klar geworden. Wir waren genau das, was wir auch zuvor gewesen waren. Der Beinahe-Sex änderte rein gar nichts daran. Ich war immer noch das Mädchen von damals, das Gefühle für ihn hatte, und er der Junge, der sie nie erwidern würde.

Die Erschöpfung brach über mich ein, und ich ließ mich von ihr davontragen. Morgen würde ich der Wahrheit gegenübertreten und mir eingestehen, dass Flucht meine letzte Option war. Ich konnte nicht hier, in dieser Wohnung, bleiben. Konnte den Artikel nicht schreiben.

Wir waren zerbrochen, und es gab kein Zurück mehr.

12. KAPITEL

When you look like yourself, but you're somebody else

LIV

Ich schreckte auf. Es war stockdunkel. Mein Schädel pochte, meine Augen brannten und mein Herz raste. Wie lange hatte ich geschlafen? Was …

Schlagartig traf mich die Erkenntnis.

Bevor ich in meinem Schmerz versinken konnte, erklang ein leises Quietschen.

Ich rührte mich keinen Millimeter, während die Tür einen Spalt geöffnet wurde. Als ich durch meine verklebten Augen die Silhouette erkannte, drehte ich mich abrupt auf die Seite.

Ich träumte nicht. Ich war hellwach. Ohne dass ich mich dagegen wehren konnte, brach ich von Neuem in Tränen aus. Die sich schließende Tür und die näher kommenden Schritte gingen in meinen abgerissenen Atemzügen unter.

Ich sah ihn nicht. Meine Augen gewöhnten sich schnell an das Halbdunkel, doch die Tränen raubten mir die Sicht. Dafür roch ich ihn. Und ich spürte, wie sich die Matratze neben mir senkte.

Während ich meine Bettdecke umklammerte, drehte ich

mich von ihm weg. Noah hatte mich schon oft weinen gesehen. Er war vermutlich der Mensch, der in meinem Leben am häufigsten dabei gewesen war, wenn alles auseinanderfiel, mit Ausnahme von Josh vielleicht. Noch nie war er allerdings der Grund dafür gewesen.

Er wisperte meinen Namen. Erst so leise, dass ich nicht wusste, ob es Einbildung oder Wunschdenken war, dann lauter. Er klang nicht wie Noah. Genauso wenig wie ich wie Liv klingen würde, wenn ich versuchte, in meinem Zustand ein Wort herauszubringen.

»Dreh dich um«, sagte er leise, aber bestimmt. »Bitte.«

Ich rollte mich in seine Richtung, und im nächsten Moment schob er die Decke beiseite und griff nach meinen Schultern. Er hatte sich ein T-Shirt und Boxershorts angezogen, ich trug noch immer nichts als Unterwäsche.

Mir blieb keine Gelegenheit, sein Gesicht zu betrachten, so schnell zog er mich an seine Brust, um mich fest zu umarmen.

Wieder weinte ich los.

Erst nach einer Ewigkeit fiel mir auf, dass auch sein Körper bebte. Er hielt mich nicht nur im Arm, er hielt sich an mir fest. Unkontrollierte Schluchzer drangen aus seiner Kehle, und als ich den Kopf von seinem Oberkörper löste, fielen seine Tränen auf mein Gesicht.

»Noah«, brachte ich hervor und wich zurück, um sein Gesicht mit beiden Händen zu umfassen. »Noah. Hey.«

»Es … Es … tut mir so … leid.«

»Sch-sch, es ist gut. Es ist alles gut.«

Ich wusste nicht, ob er von vorhin sprach. Es war mir egal. Alles, was jetzt zählte, war, dass er nicht mehr weinte. Es war schon immer so gewesen – meinen eigenen Schmerz konnte ich verkraften, seinen nicht.

Er schüttelte den Kopf, hin und her, immer wieder. »Gar nichts ist gut.«

»Wir sind hier.« Ich drückte meine Stirn an seine. Unsere Nasenspitzen berührten sich, unsere Atemzüge vermischten sich. »Wir sind immer noch hier.«

»Ich hab dich so vermisst«, brachte er hervor.

Egal welche Maske er aufgesetzt hatte, um mich loszuwerden, egal welcher Mensch er versucht hatte zu sein, als er beinahe mit mir geschlafen hatte, nichts davon war so echt gewesen wie diese Verzweiflung. Das hier war mein Noah.

»Ich hab so viel Zeit verschwendet, und jetzt ...« Er brach ab, drohte sich erneut in seinem Schmerz zu verlieren.

»Hör mir zu.« So fest ich konnte, presste ich mich an seinen Körper. Wie vorhin fühlte es sich nach Notwendigkeit an. Aber nun war es die Notwendigkeit, ihm nahe zu sein, so viel näher, als es durch Sex jemals möglich sein würde. »Wir sind immer noch wir, okay?« Die Worte sprudelten wie von selbst aus meinem Mund.

Bevor ich eingeschlafen war, war ich bereit gewesen, alles hinzuschmeißen. Zu akzeptieren, dass der alte Noah nicht mehr da war, weil ihn die letzten drei Jahre so vollkommen verändert hatten, dass es mit uns nie mehr so sein würde wie früher. Und das war wohl richtig. Es würde nicht wie früher sein. Man konnte die Vergangenheit nicht ändern, und man konnte auch nicht zurück. Doch er hatte mir einen Beweis für seine Gefühle geliefert. Einen flüchtigen Blick in sein Inneres gewährt. Mehr brauchte ich nicht.

»Vergiss die Vergangenheit, ich will das Hier und Jetzt mit dir, hörst du?« Ich krallte mich in seinen Haaren fest. »Natürlich will ich alles wissen, was dich beschäftigt. Auch was damals los war. Ich will es wissen, aber wenn du es noch nicht verkraftest, darüber zu sprechen, dann vergiss es für den Moment. Wir werden schon einen Weg finden. Ich will dich einfach nur bei mir haben. Ich lass dich nicht noch mal gehen.«

Ungläubig, beinahe entsetzt starrte er mich im Halbdunkel an. Zu meiner Erleichterung bemerkte ich, dass seine Tränen versiegt waren. Seine Lippen teilten sich. Doch es kam nicht mehr als ein Krächzen heraus.

»Du musst nichts sagen«, murmelte ich und begann, über seine Schultern zu streichen, seinen Rücken mit den Fingerspitzen entlangzufahren, langsam, zärtlich. Es reichte mir, hier mit ihm zu liegen und die Welt zu vergessen. So wie früher. So wie in unserer Blase damals.

Noah räusperte sich, und seine Hand fand mein Gesicht. Mit dem Daumen fuhr er meine Tränenspuren nach. »Doch. Doch, das muss ich«, erwiderte er leise. Seine Stimme brach, aber er sprach weiter. »Es gibt Millionen Dinge, die ich dir sagen muss, auch wenn ich keine Ahnung habe, wie. Also fange ich damit an: Das, was wir gerade getan haben, will ich nie wieder tun.«

Mein Atem stockte, mein Herz kam ratternd zum Stehen. Unwillkürlich wich ich zurück.

Als er meine Reaktion bemerkte, schüttelte er den Kopf und tastete nach meiner Hand. »Lass mich ausreden. Ich … Ich hab noch nie bedeutungsvollen Sex gehabt, verstehst du? Ich weiß nicht, wie das geht. Und du … Wenn es um dich geht, hat alles eine Bedeutung. Ich will das nicht so. Ich will es richtig.«

Mein Herz erholte sich langsam von dem Schock, begann wieder kräftiger zu schlagen, nahm Tempo auf.

»Und ich muss dich um einen Gefallen bitten«, sagte er, ohne mich aus den Augen zu lassen.

»Einen Gefallen?«

Er nickte. »Bitte schrei mich an und hau mir falls nötig eine runter, sobald ich mich das nächste Mal wie ein Arschloch verhalte.«

Ein paar Sekunden verstrichen. Machte er Witze?

Als er mich weiterhin unbewegt anstarrte, prustete ich los. »Nichts lieber als das! Seit meinem Einzug bin ich mit nichts anderem beschäftigt, als dir verbal eine runterzuhauen. Du gönnst mir aber auch echt keine Pause.«

Seine Mundwinkel zuckten, doch sein Griff verstärkte sich. »Ich mein's ernst. Es wird wieder vorkommen. Ich hatte in den letzten Jahren viel Übung darin.«

Mein Lachen verstummte. »Ich hab es auch ernst gemeint. Ich lass dich nicht mehr gehen.«

»Gut. Dann bräuchte ich noch einen Gefallen.«

»Das Leben ist kein Wunschkonzert, Noah.«

Seine Lippen verzogen sich zu einem Grinsen, und ich konnte mich nicht dagegen wehren – wie auf Knopfdruck erwiderte ich es.

»Nur einen noch, okay?«

Ich verdrehte die Augen. »Sag schon.«

»Kannst du dir bitte was anziehen?«

»Was?«

»Also, ich würde dich gerne für den Rest der Nacht im Arm halten, und … ähm … ich kann das nicht, wenn du halb nackt bist.«

Ich rutschte ein Stück von ihm weg und kniff die Augen leicht zusammen, bemühte mich um einen neutralen Tonfall, während die Hoffnung in mir einen Freudentanz aufführte. »Du hast gesagt, du willst das nicht noch mal. Was wir eben beinahe getan haben.«

Er seufzte tief. »Natürlich will ich es. Ich bin weder

blind noch bescheuert, und ich hab mir das mit dir im Laufe der Jahre öfter ausgemalt, als gesund war, aber … wir müssen es langsam angehen. Okay? Sonst krieg ich 'nen Herzinfarkt.«

Ich senkte den Kopf, damit er mein Lächeln nicht sah.

»Liv?«

»Hm?«

»Wie war es für dich?«

Er klang so unendlich verletzlich.

Ich schluckte. Und dann tat ich das, was ich schon immer in Noahs Gegenwart getan hatte – ich sagte die Wahrheit.

»Es … hat Spaß gemacht. Aber es war auch furchtbar. Danach, meine ich.«

Für eine Weile herrschte Stille. Als er seine Stimme wiederfand, klang er, als hätte er eine Entscheidung getroffen. Er wählte jedes Wort sorgfältig. »Wenn du mir die Chance gibst, mach ich es wieder gut. Nicht nur das. Sondern alles andere auch. Das schwör ich dir.«

Die Härchen in meinem Nacken richteten sich auf. »Okay.«

Ich kletterte vom Bett und tapste zu meinem Kleiderschrank, um mir ein Shirt zu holen, während er sich hinlegte. Zeitgleich ertönte von draußen Gelächter.

»Gutes Timing, Matilda«, erklang es leicht genervt hinter mir.

»Na ja, besser als vorhin, oder?«

Noah hustete, ich unterdrückte ein Lachen.

»Woher weißt du, dass es Matilda ist?« Ich löste die Häkchen meines BHs, bevor ich ihn auszog und in das erstbeste XL-Shirt, das ich in der Dunkelheit zu fassen bekam, schlüpfte.

»Das ist ihr Sex-Lachen«, klärte er mich auf. »Also

bleiben uns noch ungefähr zwei Minuten, bis sie den Glücklichen in ihr Zimmer gelotst hat und wir uns an den Geräuschen erfreuen dürfen. Immerhin können wir so in Ruhe ins Bad und müssen nicht erklären, wieso ich bei dir schlafe.«

Mein Herz machte einen Satz. Also meinte er es ernst. Er würde hierbleiben. Die Vorstellung war beinahe zu gut, um wahr zu sein.

Ich drehte mich um und warf mich kurzerhand neben ihm aufs Bett, bevor ich es mir direkt vor ihm im Schneidersitz gemütlich machte und auf ihn runterschaute. »Erklär mir mal eins: Wie zum Teufel hast du es geschafft, jahrelang mit den zwei Mädels zusammenzuwohnen und dein cooles Ich nicht durchblicken zu lassen? Die halten dich für den größten Vollpfosten, und das zu Recht, nach allem, was ich gesehen habe. Weißt du eigentlich, wie toll die beiden sind? Ich kenne sie erst seit ein paar Tagen und hab sie jetzt schon ins Herz geschlossen.«

Er verschränkte die Arme hinter dem Kopf und schaute mit einem unverschämten Grinsen zu mir hoch. »Mein cooles Ich?«

Ich boxte ihm leicht in die Rippen, woraufhin er lachend auswich.

»Es ist einfacher so«, brummte er, als er wieder ernst wurde.

Ich hob die Brauen. »Was ist einfacher? Das WG-Leben? Ist das dein Ernst? Du hast doch ständig Stress mit ihnen.«

Anstelle einer Antwort starrte er mich an, bis seine Brust schon wieder vor unterdrücktem Lachen bebte.

»Noah!«, zischte ich.

»Sorry, sorry, ich lach dich nicht aus«, beeilte er sich zu versichern. »Es ist nur so verrückt, weißt du? Du bist irgendwie ganz anders als früher und auf der anderen Seite überhaupt nicht. Ich habe dich immer gleichermaßen dafür verflucht, dass du mir meinen Bullshit nicht durchgehen lässt, und genau deswegen gemocht. Das hat sich anscheinend nicht geändert.«

Ich konnte meinen triumphierenden Blick nicht ganz verhindern. Doch bevor ich etwas dazu sagen konnte, wurde ganz in der Nähe eine Tür zugeschlagen, und keinen Moment später ertönte ein lang gezogenes Stöhnen.

»Was hab ich gesagt?«, kam es im selbstgefälligen Ton von ihm.

Lachend erhob ich mich. »Ich geh mal ins Bad.«

Er versuchte nach mir zu greifen, aber es gelang mir, ihm in letzter Sekunde auszuweichen.

»Beeil dich«, murmelte er. Und dann, noch leiser: »Ich hab schon viel zu lang gewartet.«

Hastig huschte in den Flur, bevor ich es mir anders überlegte und ihm um den Hals fiel.

Wie wild geworden, putzte ich mir die Zähne, spritzte mir Wasser in mein überhitztes Gesicht und betrachtete mich zwischendurch mit einem dämlichen Grinsen im Spiegel.

Ich sah absolut fertig aus. Mein Pony klebte mir an der Stirn, meine Augen waren rot gerändert vom Heulen und meine Mascara auf den Wangen verschmiert. Noch nie war mir etwas so egal gewesen. Ich hatte zwar keine Ahnung von dem Zeug, doch so ähnlich stellte ich mir die Wirkung von Ecstasy vor.

Ehe ich zurück in mein Zimmer ging, flitzte ich ins Wohnzimmer und holte meinen Laptop, um sicherzugehen, dass niemand meine Notizen las, stetig begleitet vom Stöhnen meiner Mitbewohnerin. Anstatt mich unwohl zu fühlen, lachte ich nur. An einem Tag wie diesem sollte von mir aus ganz London auf seine Kosten kommen.

Zurück an meiner Tür, wollte ich gerade nach der Klinke greifen, als sie von innen aufgerissen wurde.

»Du hast dich echt beeilt.« Noah schenkte mir ein schiefes Grinsen. Sein markantes Gesicht tauchte wie ein Phantom aus der Dunkelheit meines Zimmers auf.

»Jetzt bist du dran.«

Er trat einen Schritt auf mich zu, biss sich auf die Unterlippe und streckte eine Hand aus, um mir eine widerspenstige Haarsträhne hinters Ohr zu stecken.

Für einen Moment verweilten wir so, sein Daumen an meiner Wange, mein Herz in meiner Hose, und ich machte mir Sorgen, vor lauter Glück zu explodieren.

»Bis gleich, Olivia.« Damit gab er mich frei, drückte sich an mir vorbei und verschwand im Badezimmer.

Meinen vollen Namen aus seinem Mund zu hören, ließ mich absolut perplex zurück. Tausend Erinnerungen gleichzeitig durchfluteten mich. Wir beide als Kinder, als Teenager, glücklich, unbeschwert, in vollkommenem Einklang. Das Universum hatte uns einen Neubeginn beschert, und gleichzeitig fühlte es sich wie ein Ausflug in die Vergangenheit an.

Ich tauchte in die Dunkelheit, fiel in mein weiches Bett, in dem ich mir noch vor wenigen Minuten die Seele aus dem Leib geschluchzt hatte, und schloss die Augen.

Als Noah wieder zu mir unter die Decke kroch und mich in seine Arme schloss, befand ich mich schon auf der Schwelle zu meinen Träumen. In den letzten Wochen war das mein liebster Zustand gewesen – die Aussicht auf ein paar Stunden Seelenfrieden, in denen ich mir nicht den Kopf über das Chaos in meinem Leben zerbrechen musste.

Jetzt war das genaue Gegenteil der Fall. Mein erster Impuls war, mich dagegen zu wehren. Ich wollte nicht einschlafen, wollte keine Sekunde verpassen, in der sich Noahs warmer Körper von hinten an mich schmiegte.

Als hätte er meine Gedanken gehört, drückte Noah sich noch enger an mich und vergrub sein Gesicht an meinem Hals. *»Schlaf ein«*, schien er zu sagen. *»Lass los. Wir haben alle Zeit der Welt.«*

Ich öffnete die Augen, und wie bereits in den letzten Tagen dauerte es ein paar Sekunden, bis ich realisierte, wo ich mich befand.

Schlaftrunken ließ ich den Blick über den Kronleuchter, meinen Spiegel und die hohen Fenster wandern, gegen die Regentropfen prasselten. Mein Zimmer war in graues Licht getaucht.

Erst als ich mich auf die andere Seite drehte, setzte die Panik ein. Und wieder brauchte ich einen Moment, um herauszufinden, was los war.

Mein Bett. Es war viel zu leer.

Ich richtete mich auf und strich mir den Schlaf aus den Augen. Bei Tageslicht und alleine, wie ich war, lag es nahe, die gestrige Nacht als lebhaften Traum abzutun.

Ich schlug die Decke zurück, und mein dramatisches, überbesorgtes Hirn wollte schon loslegen und mir seine grauenhaften Theorien präsentieren, weshalb Noah abgehauen war, da entdeckte ich den Papierfetzen auf dem zerknitterten Kopfkissen neben mir. Mit bebenden Fingern griff ich danach.

Nubivagant, stand da in seiner unordentlichen Handschrift. *Adjektiv. Das Gefühl, auf Wolken zu gehen.*

Ich schluckte heftig. Die Panik löste sich in absoluter

Glückseligkeit auf. Ach du Scheiße, ich war wirklich in der Vergangenheit gelandet. Da war er wieder, mein alter Noah, der mir kleine Nachrichten hinterließ.

Unten rechts hatte er einen kleinen Pfeil gezeichnet, und ich wendete das Blatt.

Ich hab vergessen, wie sehr du schnarchst, Mädel.

Ein, zwei Sekunden starrte ich auf die Buchstaben, bevor ich in schallendes Gelächter ausbrach. Dieser Mistkerl.

Mit den Fingerspitzen fuhr ich über die kleine Arche auf der Welle – seine obligatorische Signatur –, und ich musste dem Drang widerstehen, mir das Papier an die Brust zu drücken oder es abzuknutschen. Ja, vielleicht war die vergangene Nacht ein Traum gewesen. Aber es sah ganz danach aus, als dürfte ich noch eine Weile darin weiterleben.

Ich wollte gerade aufstehen, um mich auf die Suche nach ihm zu machen, da fiel mein Blick auf den Laptop neben meinem Bett. Kurzerhand griff ich danach und klappte ihn auf, ehe ich auf das Dokument mit meinen Notizen für den Fuckboy-Artikel klickte. Während ich sie überflog, drehte sich mir der Magen um. Als ich die Worte geschrieben hatte, hatte ich noch keine Ahnung gehabt, was geschehen würde, wenn Noah nach Hause kam …

Entschlossen setzte ich mich auf, stopfte mir ein Kissen in den Rücken und lehnte mich gegen die Wand. Dann öffnete ich ein neues Dokument und begann zu tippen.

»Wir sind mit der Idee aufgewachsen, dass es Märchenprinzen gibt, deren Liebe allein uns retten kann.

Retten. Wovor eigentlich? Vor der vermeintlichen Sinnlosigkeit unseres Lebens? Vor uns selbst? Vor der

Verantwortung herauszufinden, was wir mit unserer Zukunft anstellen wollen?

Tja, und dann wendete sich irgendwann das Blatt. Plötzlich waren da keine Prinzen mehr, sondern tätowierte Kerle in Lederjacken – oder schlimmer: Vampire –, von denen diese unwiderstehliche Gefahr ausging. Und wir waren diejenigen, die sie retten mussten. Sie und ihre schwarze Seele. Denn allesamt hatten sie eine tragische Vergangenheit, und natürlich war es unsere Aufgabe, sie zu bekehren. Ihnen zu beweisen, dass wir anders als alle anderen Frauen waren, dass wir die Eine waren, die sie erlösen würde.

Wie gesagt, ich bin zwanzig und war noch nie auf einem Date. Und trotzdem bin ich mir relativ sicher, selten so einen riesengroßen Bullshit gehört zu haben. Erstens: Was soll das heißen, anders als alle anderen Frauen? Wie sind denn ›alle Frauen‹? Und zweitens: Seit wann geht's in der Liebe darum, sich vollständig für jemanden aufzuopfern? Seit wann sind Menschen da, um andere zu retten? Man kann niemanden retten, das hab ich auf die harte Tour gelernt. Man kann nur jemanden lieben und ihm die Hand halten, während derjenige versucht, sich selbst zu retten.

Ich habe meinen besten Freund drei Jahre lang nicht gesehen. In diesen drei Jahren ist er genau zu so einem Menschen geworden. Zu einem Menschen, von dem man sich fernhalten sollte, wenn man nicht in diese toxische Spirale voller Selbstaufgabe und Herzschmerz geraten will. Wechselnde Bettbekanntschaften, Drogen und der ganze Mist. Nicht mal die Tattoos fehlen. Ein Fuckboy, wie er im Buche steht.

Ob er seine Gründe hat, wieso er so geworden ist? Mit Sicherheit. Niemand wacht von einem Tag auf den anderen auf und ist plötzlich ein Arschloch.

Ob es meine Aufgabe ist, diese Gründe aufzudecken, um ihm anschließend das Licht am Ende des Tunnels zu zeigen? Garantiert nicht.

Leider hab ich die Rechnung ohne meine Gefühle gemacht. Was ziemlich dumm ist, da ich mich nicht an den Tag erinnern kann, an dem ich keine Gefühle für ihn hatte.«

Ich klappte den Laptop abrupt zu, als draußen Stimmen lauter wurden. Gott bewahre, dass Noah wieder ins Zimmer kam und mich an diesem verfluchten Artikel schreiben sah. Momentan konnte ich mich nicht damit auseinandersetzen, was geschehen würde, wenn diese Worte veröffentlicht wurden. Darum würde sich mein Zukunfts-Ich kümmern. Im Moment konnte ich nichts anderes tun, als die Wahrheit aufzuschreiben, auch wenn sie mir Kopfschmerzen bereitete.

Ich schwang meine Beine vom Bett und schnappte mir mein Handy, das mir eine neue Nachricht von Matilda anzeigte.

Matilda: Komm bitte sofort raus, wenn du wach bist. Das musst du dir ansehen.

Ich schlüpfte in Baumwollshorts, bevor ich mich auf den Weg in die Wohnküche machte. Aus dem Badezimmer hinter mir war das prasselnde Wasser der Dusche zu hören, vor mir ein lautes Quietschen. Ein menschliches Quietschen.

Am Ende des Flurs blieb ich stehen. Briony, in ihrem bunten Kimono, und Matilda, in einem Hauch von Nichts aus schwarzem Satin, standen um den Wohnzimmertisch herum, die Haare zu unordentlichen Dutts gebunden, die

Hände in die Hüften gestemmt. Ich schmunzelte. Hätten sie nicht so unterschiedlich ausgesehen, hätte man schwören können, dass sie Schwestern waren.

»Grapefruit, Aprikose, Orange … das sind drei Sorten Saft«, rief Matilda schrill, und Briony kicherte.

»*Drei Sorten Saft?* Was zur Hölle …«

»Guten Morgen«, rief ich in die Runde und gähnte herzhaft. Erst jetzt bemerkte ich den Duft, der mir augenblicklich das Wasser im Mund zusammenlaufen ließ. Eine Mischung aus salzig und süß. Ich tippte auf gebratene Eier und irgendetwas Muffinartiges, dazu der Geruch von frischem Kaffee.

Zeitgleich wandten sich die beiden zu mir um.

»Da ist sie ja endlich!« Matilda lief auf mich zu, um mich an beiden Handgelenken zu packen und zum Sofa zu führen.

»Hey, Liv«, sagte Briony mit unbändiger Freude in der Stimme. »Ich hoffe, du hast Hunger.« Bei dem letzten Wort prusteten sie beide wieder los.

Vor dem überladenen Tisch ließ Matilda von mir ab und schmiss sich auf einen Sessel.

Ich riss die Augen auf. Kaffee, Saft – tatsächlich, drei Sorten –, Scones, Rührei, verschiedene Brötchen. »Ähm … Was hab ich verpasst?«

»Das fragen wir uns auch, seit wir eben dieses Festmahl vorgefunden haben«, sagte Matilda und schnappte sich eine Tasse, um Kaffee einzuschenken.

Briony nahm neben mir Platz, und auch ich setzte mich, noch immer ziemlich verdattert. »Was ist gestern Nacht passiert?«, wollte sie mit glänzenden Augen wissen. »Also außer, dass Tilda die ganze WG an ihrem Sexleben hat teilhaben lassen.«

Ihre Freundin zwinkerte ihr zu. »Mein Date lief erfolgreich, danke der Nachfrage.«

»Das musst du mir nicht sagen. Es war nicht zu überhören. Nicht wahr, Liv?«

Ich nickte und lachte, erleichtert, von mir ablenken zu können. »Wann bist du eigentlich nach Hause gekommen?«

»So gegen zwei. Die Party war schon früher vorbei, weil alle zu müde von den Proben waren – Gott, was freue ich mich auf die Premiere! –, aber der Nachhauseweg hat ein bisschen länger gedauert.« Sie strahlte, und ihre Wangen färbten sich rosa. »Anthony hat angerufen, und wir haben über eine Stunde telefoniert.«

»Oooooh, wie schön!«, rief Matilda mit Engelsmiene.

Ich musste kichern, doch Briony ließ sich nicht von ihrem Sarkasmus provozieren, sondern streckte ihr lediglich die Zunge raus. »Also, zurück zum Thema«, sagte sie dann und deutete auf den gedeckten Tisch. »Was ist mit Noah passiert?«

Endlich zählte ich eins und eins zusammen. »Das ... war er?«

»Er. Oder besser gesagt das Alien, das Besitz von seinem Körper ergriffen hat«, warf Matilda ein. »Hast ihn gevögelt, was?« Sie zwinkerte mir zu.

Vollkommen überrumpelt starrte ich sie an, während Briony damit beschäftigt war, Rührei auf vier Teller zu häufen. »Oh, ich bitte dich, Tilda«, sagte sie, ohne aufzusehen. »Nicht jeder ist so sexbesessen wie du.«

Ich brachte nur ein leicht irres Lachen zustande und griff hastig nach einer Kaffeetasse, um mein Gesicht darin zu verbergen.

Matilda betrachtete mich, als hätte sie den Spaß ihres

Lebens, bevor sie sich mit zuckersüßer Stimme an Briony wandte. »War das etwa Slutshaming, mein Herz?«

Bry errötete. »Nein, um ehrlich zu sein, ist es Neid.«

Verdutzt blickten wir beide sie an.

Sie hob verlegen die Schultern. »Na ja, es ist schwer, keine Lust darauf zu bekommen, wenn man mitkriegt, wie jemand im Nebenzimmer einen Orgasmus nach dem anderen hat.«

»Jetzt übertreib nicht, ich bin gestern nur dreimal gekommen«, erwiderte Matilda, woraufhin ihr Briony ein Kissen an den Kopf warf.

»Du bist unmöglich!«

»Und du untervögelt«, konterte Matilda mit einem Lachen, in das Briony einstimmte. »Schön, dass du es endlich einsiehst. Ich arbeite dran.«

Meine Mundwinkel taten schon weh vor lauter Grinsen, als auf einmal Schritte hinter uns erklangen, und ich erstarrte.

Im nächsten Moment stand Noah im Wohnzimmer. Es kostete mich sämtliche Selbstbeherrschung, einen neutralen Gesichtsausdruck zu bewahren. Seine Haare waren nass von der Dusche, trieften auf sein weißes Shirt, und auch von seinen Wimpern und Brauen perlten Wassertropfen. Zum ersten Mal seit Langem waren die Schatten unter seinen grauen Augen verschwunden, und ein kleines Lächeln umspielte seine Lippen.

»Guten Morgen. Sagt bloß, ihr wolltet ohne mich anfangen.«

Mit diesen Worten überbrückte er den Abstand zu uns und warf sich ohne Vorwarnung neben mich aufs Sofa.

Schock zeichnete sich in den Gesichtern meiner Mitbewohnerinnen ab.

Matilda fing sich zuerst. Sie beugte sich vor, kniff die Augen zusammen und fixierte Noah. »Okay, Hand aufs Herz, Seymour: Was hast du eingeschmissen, und kann ich auch was davon haben?«

Doch Noah ließ sich nicht aus der Ruhe bringen. In aller Seelenruhe griff er nach der letzten leeren Tasse und schenkte sich den Rest Kaffee aus der kupferfarbenen French Press ein.

Inzwischen schien sich auch Briony erholt zu haben. Sie setzte ein strahlendes Lächeln auf. »Ach, ist das schön, mal die ganze WG beisammen zu haben. Es ist Ewigkeiten her, dass wir gemeinsam gefrühstückt haben.«

Matilda biss genießerisch in einen der Blaubeer-Scones, bevor sie sich mit ungläubiger Miene Briony zuwandte. »Wenn du damit das Frühstück meinst, das Mr. und Mrs. Seymour bei unserem Einzug veranstaltet haben und bei dem ihr Sohn nach zehn Minuten wutentbrannt die Wohnung verlassen hat, dann ja, das ist tatsächlich ziemlich lange her.«

Ich schaffte es gerade noch so, meine volle Kaffeetasse auf dem Tisch abzustellen, bevor ich zu lachen begann. Vermutlich wäre es am schlausten gewesen, so neutral wie möglich auf diese Situation zu reagieren, aber ich konnte einfach nicht anders. Die Vorstellung, wie Noah – mein Noah, der netteste Mensch der Welt – jahrelang mit diesen beiden unglaublich entzückenden Mädels zusammengewohnt hatte, ohne auch nur ein einziges normales Frühstück mit ihnen zu haben, war zu absurd.

Zu meiner Erleichterung sah ich, wie er die Lippen aufeinanderpresste – und zwar nicht aus Wut, sondern weil er selbst ein Lachen unterdrücken musste. Ich kannte diesen Gesichtsausdruck nur zu gut. Und trotzdem traf es mich unvorbereitet, ihn nach all der Zeit wiederzusehen. Er wirkte plötzlich so jung und unbeschwert.

Noah schnappte sich ebenfalls einen Scone und deutete damit auf Matilda. »Ihr habt euch so dermaßen eingeschleimt, vor allem du. Meine Eltern waren drauf und dran, euch zu adoptieren beziehungsweise gegen mich einzutauschen.«

»Bisschen verständlich, oder? Wärst du mein Sohn, hätte ich dich längst eingetauscht.«

»Tilda«, zischte Briony, aber Noah schien die Beleidigung nur wenig zu tangieren.

Er hob eine Braue. »Wenn wir schon vom Eintauschen reden, ich hätte gerne eine neue Mitbewohnerin, die vorzugsweise schläft, wenn andere schlafen wollen, statt sich die Seele aus dem Leib zu vögeln.«

»Man sollte nicht mit Steinen werfen, wenn man im Glashaus sitzt, Dornröschen.«

Sie starrten sich einen Moment lang mit funkelnden Augen an, bevor sich die Spannung urplötzlich löste und beide sich nicht mehr zurückhalten konnten. Im nächsten Augenblick lachten wir alle, sogar Briony, wenn auch ziemlich verdattert.

»Danke fürs Frühstückbesorgen«, sagte sie, nachdem wir uns alle mehr oder weniger beruhigt hatten.

Noah nickte bloß knapp. »Gewöhnt euch nicht dran.«

Als Briony und Matilda sich ansahen, um simultan die Augen zu verdrehen, rutschte er auf dem Sofa ein Stück näher zu mir und ließ den Blick für den Bruchteil einer Sekunde zu meinen Lippen wandern.

Der Geruch seines Duschgels stieg mir in die Nase. Er benutzte noch immer das gleiche wie vor drei Jahren.

»Hi, du Schlafmütze«, flüsterte er mir ganz leise zu,

dann wandte er sich blitzschnell ab und biss von seinem Scone ab.

Mein Herz schlug mehrere Saltos hintereinander.

»Übrigens, wenn ihr schon mal alle hier seid«, setzte Briony an, nachdem sie eine Mumford-&-Sons-Platte aufgelegt hatte und an den Tisch zurückgekehrt war. »In zwei Wochen ist die Premiere von *Alice im Wunderland*, und ihr seid alle eingeladen.« Sie warf Noah einen zaghaften Blick zu. »Dein bester Freund hat auch schon zugesagt.«

»Ach, hat er das?« Noah zwinkerte ihr zu. »Muss wohl an seiner ausgeprägten Liebe zum Theater liegen.«

Und schon wieder lief sie knallrot an. Diesmal sah Matilda nicht mal allzu angepisst aus, ihre Augen glänzten vielmehr vor Stolz.

»Ich komme auf jeden Fall«, sagte ich aus voller Überzeugung. »Mir wurde gesagt, du seist auf der Bühne ein Ausnahmetalent. Welche Rolle spielst du?«

Brionys Teint verdunkelte sich noch eine Stufe. Sie öffnete den Mund, doch Matilda kam ihr zuvor. Sie warf ihr einen Arm um die Schultern und drückte sie liebevoll an sich.

»Na, dreimal darfst du raten, wen diese Schönheit hier spielt.«

Wenn ich es mir recht überlegte, passte die Rolle der Alice perfekt zu Bry. Nicht nur ihre langen blonden Haare, auch ihre helle Stimme und die Art, wie sie sich fortbewegte, sowie die blauen, immer leicht verträumt dreinblickenden Augen schienen eine Verkörperung von Lewis Carrolls berühmter Romanfigur zu sein.

Ich spürte Noahs Blick auf mir. »Wisst ihr was? Das ist eigentlich gar keine schlechte Idee. Keinen Schimmer, wann ich das letzte Mal im Theater war. Außerdem bist du auf so ’ner überkrassen Uni, oder? Dürfte lustig werden, die Elite von morgen auf der Bühne zu sehen.«

Briony kicherte. »Das hat Anthony auch gesagt.«

Matilda ließ sie los und suchte mit hochgezogenen Brauen meinen Blick. »Künstler-Sekte«, formte sie überdeutlich mit den Lippen.

Ich schüttelte nur lachend den Kopf. Gerade setzte »Woman« ein, mein Lieblingslied vom neuen Album, und für einen Moment betrachtete ich das Wohnzimmer, als sähe ich es zum ersten Mal. Die nicht zueinander passenden Sessel, die sich irgendwie genau deshalb so gut ergänzten, die Lichterkette, die Pflanzen, der wunderschöne Teppich. Die Balkontür war gekippt, und ein frischer Wind wehte hinein. Mein Blick wanderte weiter zu den Gesichtern meiner Mitbewohner. Sie wirkten so ausgelassen. Nicht nur Matilda und Bry, sondern auch der Kerl neben mir, der über Nacht sein früheres Ich wiedergefunden hatte. Die Lachfältchen um seine Augen vertieften sich, als er mich beim Starren erwischte.

»I can’t read your mind, though I’m trying all the time«, sang Marcus Mumford und bescherte mir damit eine Gänsehaut.

Ich sah es in Noahs grauen Augen, sah den exakten Moment, in dem er den Songtext registrierte. Ich rührte mich nicht, und trotzdem spürte ich, wie uns Matilda und Briony sofort ihre ungeteilte Aufmerksamkeit schenkten.

Du willst meine Gedanken lesen, Noah? Ich denke, wir sollten die Zeit anhalten. Genau jetzt.

Ein Räuspern erklang, und dann vibrierte es geräuschvoll auf dem Tisch vor mir.

Mein Handy.

Ich griff nach dem Telefon und richtete meinen Blick stur

aufs Display, um den Blicken meiner Mitbewohnerinnen nicht begegnen zu müssen. Mein Gesicht fühlte sich ziemlich heiß an. Matilda wusste schon längst, was Sache war, und wenn wir so weitermachten, würde bei Briony auch bald der Groschen fallen.

> **Josh**: Du hast ein paar Uni-Bücher hier vergessen. Magst du sie abholen? Oder soll ich sie dir vorbeibringen? Falls du das nicht weird findest …

Ich ließ das Handy sinken. Als ich zu Noah schaute, gab er sich nicht mal die Mühe, so zu tun, als hätte er nicht jedes Wort mitgelesen. Sämtliche Farbe wich aus seinem Gesicht. Seine Lippen teilten sich, ohne dass ein Wort hervorkam.

»Was ist los?«, hörte ich Briony wie aus weiter Ferne fragen. »Alles okay?«

Keine Ahnung, wen von uns beiden sie meinte.

Ich straffte die Schultern und erwiderte trotzig Noahs entgeisterten Blick, obwohl mein Herz wie verrückt raste. Ich hatte nichts falsch gemacht.

»Josh?«, brachte er schließlich hervor, und der Name klang aus seinem Mund wie die schlimmste Beleidigung. »Wieso schreibt dir Josh?«

Es war Matilda, die darauf antwortete. »Warum sollte ihr Ex ihr nicht schreiben? Nur weil man sich trennt, bedeutet das ja nicht, dass man automatisch den Kontakt abbricht«, bemerkte sie spöttisch. Sie konnte unmöglich wissen, was sie mit diesen Worten anrichtete.

Noah riss den Kopf herum und nahm sie ins Visier. »Ihr *was?*«

13. KAPITEL

Forgiveness

NOAH

»Hören Sie auf, so im Flur herumzutigern, und kommen Sie rein. Sie machen mich ganz kirre.«

Beim Klang der vertrauten Schmirgelpapier-Stimme hielt ich inne und stieß die ohnehin nur angelehnte Tür auf.

Professor Blythe saß hinter seinem Massivholzschreibtisch, die Lesebrille auf der Knubbelnase und den Blick stur auf das Blatt in seiner Hand gerichtet.

Sein kleines Büro lag im dritten Stock des UoW-Hauptgebäudes in der Regent Street. Mit den dunklen Bücherregalen bis zur Decke, dem dicken Teppich, der den kompletten Boden bedeckte, und den skurrilen Antiquitäten, die überall herumstanden und Staub fingen, strahlte es ebenso viel Autorität wie Wahnsinn aus. In die Wand hinter ihm war eine riesige Fensterfront eingelassen, doch sie spendete nur wenig Licht – die Sonne war bereits untergegangen. Der Raum wurde lediglich schwach von einer altmodischen Tischlampe beleuchtet.

»Tür zu«, sagte er mit einem Seufzen.

Ich gehorchte und wischte mir möglichst unauffällig die feuchten Handflächen an meiner Jeans ab.

»Die Uhrzeit, Noah?« Er deutete auf die Kuckucksuhr neben seinem Schreibtisch.

Ich trat näher, weil ich das Ziffernblatt im Halbdunkel kaum erkennen konnte. »Viertel vor sechs.«

Er hob zum ersten Mal den Blick von seiner Lektüre und wedelte ungeduldig mit einer Hand in Richtung des Stuhls vor sich.

Ich setzte mich. Der Kerl schaffte es wirklich jedes Mal, mich in meine Kindheit zurückzuversetzen. In seiner Anwesenheit kam man sich immer wie ein ungezogener Schuljunge vor, dabei hatte ich ihn noch nie die Stimme erheben hören. Es war seine verfluchte Aura.

»Wozu schreibe ich Ihnen eine E-Mail mit einer genauen Uhrzeit, wenn Sie fünfzehn Minuten früher hier aufkreuzen?«

»Deswegen hab ich auf dem Flur gewartet«, erwiderte ich lahm.

»Oh ja, das ist mir nicht entgangen.« Für einen Augenblick sah es beinahe so aus, als würden sich seine schmalen Lippen zu einem Lächeln verziehen. Er ließ das Blatt sinken, faltete die behaarten Hände darüber und runzelte die Stirn.

»Und?«, platzte es aus mir heraus, weil ich es keine Sekunde länger aushielt, auf die Folter gespannt zu werden. »Wie beschissen ist es?«

Ich hatte den ganzen Tag wie ein Wahnsinniger auf meine Laptoptastatur eingehämmert, die Notizen von gestern abgetippt, in einen mehr oder weniger sinnvollen Text verpackt und dann daran weitergeschrieben, bevor ich ihn in einer absoluten Spontanaktion an Professor Blythe geschickt hatte.

Dreißig Seiten. Ich hatte den Mist nicht ein einziges Mal Korrektur gelesen – was mir genau in der Sekunde aufgefallen war, in der ich den Sende-Button angeklickt hatte. Ehrlich gesagt war ich mir nicht ganz sicher, ob ich meinen Laptop nicht aus dem Fenster geschmissen hätte. Das Teil konnte nichts für die Gefühlskacke, aber ich würde trotzdem durchdrehen, wenn ich die Worte ein weiteres Mal las. Sie aufzuschreiben, war schon hart genug gewesen – und mir gleichzeitig so leichtgefallen wie Atmen. Um mich abzulenken, war ich hinterher im strömenden Regen laufen gegangen, geradewegs zu Anthonys Wohnung, wo ich mir eine heiße Dusche gönnte. Und schließlich hatte mein Handy vibriert und eine neue E-Mail von meinem Prof angekündigt. Ich hatte meinen besten Freund gezwungen, sie mir vorzulesen, weil ich an einem Tag wie diesem nicht noch eine Niederlage verkraften konnte, aber statt der gewohnt knappen Nachricht hatte mich Blythe in sein Büro eingeladen. Das war noch nie passiert.

Der leise Hoffnungsschimmer, den ich am Horizont gesehen hatte, verblasste allerdings, als ich seinen Röntgenblick unter den zusammengezogenen buschigen Augenbrauen sah.

»Ich glaube, ich habe in meiner gesamten Laufbahn selten einen so katastrophal überarbeiteten Text gelesen.« Er linste auf das Papier vor ihm. »Mehrere Buchstabendreher, vergessene Worte, und auf Seite fünfzehn wechseln Sie spontan die Schriftart. Mitten im Satz.«

Ich schluckte und probierte ein entschuldigendes Lächeln, das sich eher wie eine Grimasse anfühlte. War das der Punkt, ab dem er mich für immer aus seinem Kurs verbannte?

»Also lesen Sie um Himmels willen noch mal drüber, bevor sie mir den Rest schicken.«

Ich erstarrte. »Den … Rest?«

Ein Glucksen entwich ihm. In diesem Augenblick sah er aus wie auf dem berühmten Autorenfoto, das die meisten Klappenumschläge seiner Werke zierte – etwa zehn Jahre jünger. »Sagen Sie bloß, Sie haben nicht weitergeschrieben.«

»Ich … Also … das ist gestern und heute entstanden.«

Er beugte sich vor und rückte mit dem kleinen Finger seine Brille zurecht. Seine dunklen Augen funkelten vergnügt. »Hervorragend. Also setzen Sie sich auf Ihren Allerwertesten und schreiben Sie weiter.«

»Es gefällt Ihnen?«, rief ich aus. Inzwischen war es mir völlig egal, für wie armselig er mich hielt.

»Ein bisschen mehr Selbstvertrauen, wenn ich bitten darf«, wies er mich zurecht.

Meine Brauen schossen in die Höhe. »Bei allem Respekt, Sie haben sich meine letzten drei Texte nicht mal richtig durchgelesen.«

»Möchten Sie mich beleidigen, Noah?« Er klang beinahe amüsiert. »Ich habe jedes Wort gelesen und Ihnen meine Meinung dazu mitgeteilt. Sie wissen genau, was in Ihnen steckt. Verschonen Sie mich mit Ihrer falschen Bescheidenheit.«

Ich lehnte mich in dem gepolsterten Sessel zurück und ließ seine Worte einen Moment auf mich wirken. »Haben Sie … Anmerkungen für mich?«

»Nur eine Frage.« Jetzt brachte er ein richtiges Lächeln zustande. »Wann lerne ich die Person kennen, der wir Ihren längst überfälligen Durchbruch zu verdanken haben?«

Briony: Northampton Square, EC1V 0HB. Ihr Seminar endet um 18:30.

Ich schrieb ein *Danke* ins Chatfenster. Mein Daumen schwebte über den Smileys, und bevor ich es mir anders überlegen konnte, setzte ich ein lächelndes dahinter und schickte es ab. Ein Smiley würde mich schon nicht umbringen.

Matilda hatte mich zu Recht gefragt, was ich genommen hätte. Tja, die härtesten Drogen kamen nicht an den Effekt von Liv Averill ran.

An der Angel-Station stieg ich aus der U-Bahn und fuhr die Rolltreppe nach oben. Keine Ahnung, womit ich Brionys Freundlichkeit nach der Aktion heute Morgen verdient hatte. Schon zweimal hatte sie mir geholfen, wenn es um Liv ging, obwohl nichts an meinem Verhalten ihr gegenüber sie dazu animiert haben konnte. Vielleicht war sie wirklich so naiv, wie Matilda ihr manchmal an den Kopf warf. Vielleicht war sie auch schlauer als wir alle zusammen, weil sie noch immer an das Gute in jedem Menschen glaubte, selbst wenn sie ihr wieder und wieder das Gegenteil bewiesen.

Ich atmete die frostige Luft ein und trat in den Schein der Straßenlaternen. Von der Kälte spürte ich nichts. Bei jedem Schritt vibrierte mein Körper vor Hoffnung. Es lag nicht nur am Gespräch mit Professor Blythe, obwohl das sicher seinen Teil dazu beitrug. Lob von meinem Idol zu bekommen, war eine riesige Befriedigung. Aber wichtiger noch – es war eine Bestätigung, dass es tatsächlich Hoffnung für mich gab. Ja, ich hatte mich heute mal wieder wie ein Arschloch aufgeführt, daran gab es nichts schönzureden, doch anstatt anschließend auf Selbstzerstörungsmission zu gehen, hatte ich geschrieben. Und dadurch eine ganze Menge verstanden.

Ich beschleunigte meine Schritte. Die viktorianischen

Bauten flogen geradezu an mir vorbei. Mir blieben keine fünf Minuten mehr.

Als ich vor dem richtigen Gebäude angekommen war, strömten bereits die ersten Studenten heraus, und ich stellte mich direkt an die Stufen, um sie nicht zu verpassen. Hektisch fixierte ich eine Gestalt nach der anderen und erntete dafür irritierte Blicke. Das waren alles Leute, die sie kannten, oder? Die Semester für Semester an ihrer Seite studiert hatten, ohne zu wissen, was für ein verdammtes Privileg es war. Ich würde ihre Anwesenheit nie wieder für selbstverständlich nehmen.

Sobald die schwarzen Stiefel und der vertraute Trenchcoat in mein Sichtfeld kamen, tastete ich nach dem Geländer. Sie trug eine dunkelgrüne Strickmütze, die ich noch nie an ihr gesehen hatte, und ihre Wangen waren gerötet. Ihr Blick war auf einen Punkt in der Ferne gerichtet. Sie hatte Kopfhörer in den Ohren und schien ihre gesamte Umgebung ausgeblendet zu haben. Wie früher. Wenn Liv Musik hörte, verschwand sie an einen Ort, an dem sie niemand erreichen konnte. Stundenlang hatte ich sie dabei beobachtet, wie sie verträumt ins Nichts starrte.

Als sie auf meiner Höhe war, griff ich nach ihrem Handgelenk. Sanft, aber bestimmt. Sofort hatte ich den Geruch nach Karamell und Jasmin in der Nase.

Sie zuckte zurück, hob den Kopf. Als sie registrierte, wer sie festhielt, entzog sie mir ruckartig ihren Arm, bevor sie sich die Kopfhörer aus den Ohren riss. Ihre dunklen Augen schossen Pfeile auf mich ab.

»Was tust du hier?«

»Ich will mit dir reden.«

Sie reckte das Kinn. »Keine Zeit«, erwiderte sie kühl. »Ich treffe mich gleich mit Briony.«

Ich schüttelte den Kopf. »Tust du nicht.«

»Willst du mir etwa sagen, was ich zu tun habe, Noah?« Die gefährliche Ruhe vor dem Sturm. Sie klang genau wie vor ein paar Stunden, als sie mir bestätigt hatte, wer Josh für sie war.

Das Wort hatte sich tief in mein Herz gegraben und alles in Brand gesetzt. *Ex-Freund. Ex-Freund. Ex-Freund.* In Dauerschleife war es durch meine Gedanken gerast, während meine Füße über den regennassen Asphalt geglitten waren.

»Nein, ich … habe sie gebeten, dir zu schreiben. Damit ich mit dir reden kann.«

Ihre Augen weiteten sich. »Gut zu wissen, dass ich anscheinend mit Verrätern zusammenwohne.«

»Bitte«, flehte ich. »Können wir kurz spazieren gehen? Ich muss wirklich mit dir reden.«

Ein paar Sekunden sahen wir uns stumm an. Wut traf auf Verzweiflung.

Schließlich senkte sie den Blick. »Du meintest gestern, ich soll dir sagen, wenn du dich wieder wie ein Arschloch aufführst.« Sie sah mir wieder in die Augen. »Also: Du führst dich wie eins auf. Darf ich jetzt gehen?«

Nichts hielt sie auf. Sie konnte einfach an mir vorbei zur U-Bahn laufen. Und trotzdem blieb sie stehen.

»Du hast recht, ich war heute Morgen ein Arschloch. Und das tut mir leid. Es hat mich unvorbereitet getroffen. Ich hätte bei der Erwähnung von … Josh nicht so ausrasten dürfen.« Ich würgte seinen Namen geradezu hervor. Liv presste die Lippen fest aufeinander. »Aber natürlich ist das keine Entschuldigung«, setzte ich hastig hinterher. »Ich hab kein Recht, mich darüber aufzuregen. Oder eifersüchtig …«

»Richtig«, schnitt sie mir das Wort ab, wandte sich von mir ab und lief in zügigen Schritten los. Allerdings nicht in Richtung U-Bahn. Die Gasse, die sie ansteuerte, war menschenverlassen. Ich setzte mich ebenfalls in Bewegung, während sie weitersprach, als wüsste sie, dass ich ihr folgen würde. »Überhaupt kein Recht darauf hast du. Schon in der Schule war es lächerlich, wie du ihn behandelt hast, aber jetzt? Du hast mich alleine gelassen, du Mistkerl. Ich hab nicht nur Riley verloren, sondern auch meinen besten Freund. Auf einen Schlag. Und ich weiß, dass ich gestern gesagt habe, wir können es langsam angehen, wenn du noch nicht bereit bist, darüber zu reden, aber einen Scheiß werden wir überhaupt angehen, wenn du mir Vorwürfe dafür machst, wie ich mich mühsam zusammengeflickt habe, nachdem *du* abgehauen bist!« Sie war immer lauter geworden, ihre Schritte schneller. Ich versuchte, nach ihrem Arm zu tasten, aber sie schlug meine Hand weg und erdolchte mich mit einem kurzen Seitenblick. »Fass mich nicht an, ich bin viel zu wütend auf dich!«

»Sorry. Liv, es tut mir leid. Kannst du kurz stehen bleiben?«

Sie wirbelte herum. »Warum sollte ich?«

»Weil ich mich richtig entschuldigen möchte«, wisperte ich, und dann sprudelten die Worte nur so aus mir hervor. »Weil du recht hast. Es war schon in der Schule lächerlich. Ich war eifersüchtig auf ihn, weil er es geschafft hat, ehrlich zu dir zu sein und dir zu zeigen, was er für dich empfindet, während ich in der verdammten Friendzone rumhing und zu viel Schiss hatte, das zu ändern. Ich weiß, dass er nie ein schlechter Kerl war, das Einzige, was mich an ihm gestört hat, war sein Interesse an dir. Und das ist absolut hirnverbrannt.« Ich konnte sie nicht ansehen, während ich all das aussprach, auch wenn es die Wahrheit war. Oder gerade *weil* es die Wahrheit war.

Wir standen vor einem verlassenen Hauseingang, und nahezu jede zweite Straßenlaterne in der Straße funktionierte nicht richtig. Die Sekunden vergingen, und auf einmal spürte ich die Kälte. Leider schien sie nicht von den Temperaturen, sondern von meinem Inneren auszugehen.

»Schau mich an.«

Mein Blick zuckte zu ihr. Die Wut war aus ihrer Stimme verschwunden.

»Du warst damals ein Idiot – genau wie ich. Ich hab auch nicht den Mund aufgekriegt; stattdessen hab ich darauf gewartet, dass du den ersten Schritt machst, weil ich unsere Freundschaft nicht versauen wollte. Und Josh ... Josh hat mir danach geholfen. Er war gut für mich, okay? Aber ich war nicht gut für ihn. Ich habe ihn in gewisser Hinsicht ausgenutzt, weil ich nicht alleine sein konnte.«

Ich nickte, auch wenn der Schmerz mich auseinanderzureißen drohte. Er war da gewesen. Ich nicht.

Sie holte tief Luft und hielt mich mit ihren großen Augen gefangen. »Wir haben zusammengewohnt. Und dann hat er mit mir Schluss gemacht, weil ich zu feige war, es selbst zu tun. Deshalb habe ich eine neue Wohnung gebraucht. Du bist nicht das einzige Arschloch hier, wie du siehst.«

Die Eifersucht fraß sich durch meine Eingeweide, aber ich ballte die Hände zu Fäusten und kämpfte dagegen an. Das war die Konsequenz meiner Entscheidung. Und jetzt musste ich damit leben.

»Hast du ... Hast du noch Gefühle für ihn?« Ich zwang mich, nicht wegzusehen. »Das soll kein Vorwurf sein. Ich meine, natürlich ist es okay, dass ...« Himmel, warum war das bloß so schwer? Ich holte tief Luft. »Was ich eigentlich sagen will: Ich weiß, es ist nicht mein Recht, dir vorzuschreiben, was du zu fühlen hast oder was in Ordnung ist, ich …«

Sie seufzte, und plötzlich lächelte sie, wenn auch ziemlich traurig. »Ja. Habe ich. Ich habe noch Gefühle für ihn, aber nicht so, wie du denkst.«

»Wie denke ich denn?«, fragte ich hilflos.

»Ich empfinde so für ihn, wie ich damals für dich hätte empfinden sollen«, sagte sie bitter.

Ich runzelte die Stirn. Was wollte sie damit sagen?

Anstatt sich weiter zu erklären, stellte sie sich auf die Zehenspitzen und schlang mir die Arme um den Hals.

Mein Herz reagierte sofort. Die Eifersucht war vergessen.

»Was … Was machst du da?«, stammelte ich. Wann genau hatte sie es geschafft, diesen unsicheren Trottel aus mir zu machen? Das Verrückteste war – es störte mich nicht mal. Gar nichts störte mich, wenn sie so vor mir stand.

Ihr Gesicht näherte sich meinem. »Dir für die Dummheit heute Morgen verzeihen.« Kurz vor meinen Lippen hielt sie inne. Ich schmeckte ihren warmen Atem. »Darf ich dich küssen? Oder bekommst du dann einen Herzinfarkt?«

Mit einem Schlag fiel jegliche Unbeholfenheit von mir ab und wurde durch glühende Hitze ersetzt. Ich schlang ihr beide Arme um die Taille und presste meinen Mund auf ihren.

Sie lächelte in den Kuss hinein, bevor das Verlangen von uns beiden Besitz ergriff. Ein leises Stöhnen entwich ihr, als unsere Zungen sich berührten und sie eine Hand in mein Haar wandern ließ.

Mein Magen überschlug sich. Ich küsste sie langsam und

intensiv. Legte all meine Dankbarkeit in diesen Kuss. Mit meinem ganzen Körper drängte ich sie gegen die Hauswand, ließ meine Hände über ihre perfekten Rundungen wandern, über jeden Zentimeter, der mir in den letzten Jahren verwehrt geblieben war. Ich kannte ihren Körper in- und auswendig. Jedes Muttermal, jede Krümmung. Und trotzdem war es etwas völlig Neues, ihn berühren zu dürfen. Blitzartig tauchten Bilder von vergangener Nacht in meinen Gedanken auf. Nur weil es mich auf emotionaler Ebene fertiggemacht hatte, sie zu berühren, als sei sie irgendeine lockere Affäre, bedeutete das nicht, dass mich die Erinnerung nicht absolut anmachte.

Ich löste mich von ihren Lippen, da meine Jeans sich inzwischen schmerzhaft eng anfühlte, und vergrub das Gesicht für einen Moment an ihrem warmen Hals, inhalierte den unvergleichlichen Duft und platzierte einen Kuss an der Stelle, an der ihr Puls in schnellem Rhythmus unter der Haut pochte.

»Ist dir kalt?«, wisperte ich. »Wir sollten langsam los.«

Ihr heiseres Lachen an meinem Ohr machte mich überglücklich. Sie strich über meinen Hinterkopf. »Yep, ich erfriere gleich.«

Ich hob den Blick und schaute ihr in die Augen. Sie sah ein bisschen durch den Wind aus.

»Hast du heute noch was vor, Olivia Averill?«

»Sag du's mir«, sagte sie lächelnd.

Ich legte den Kopf schief und riss die Augen auf. »Willst du etwa tatsächlich Briony für mich versetzen?«

»Du bist so ein selbstgefälliger Idiot geworden.« Sie versagte kläglich bei dem Versuch, ernst auszusehen. »Ich habe keinen Schimmer, wieso sie dir überhaupt geholfen hat.«

Ich trat einen Schritt zurück und hielt ihr eine Hand hin. »Vielleicht glaubt sie an zweite Chancen.«

Ein Ausdruck der Überraschung huschte über ihr schönes Gesicht, als sie auf meine Hand schaute. »Oder an zweihundertste.«

Wo sie recht hatte ...

»Was ist mit dir? Gibst du mir noch eine?«

Anstelle einer Antwort ergriff sie meine Hand, verschränkte unsere Finger miteinander und zog mich in Richtung U-Bahn, ohne mir noch einmal ins Gesicht zu schauen.

Unterwegs fing sie an, wie selbstverständlich von ihrem Seminar zu erzählen, und ich musste dem Bedürfnis widerstehen, mich selbst zu kneifen, um mich davon zu überzeugen, dass dies die Realität war. Liv und ich. Hand in Hand, während wir ein Alltagsgespräch führten.

»Du hast es tatsächlich durchgezogen«, sagte ich, nachdem sie mir erzählt hatte, wie sie eine besonders nervtötende Dozentin um den Finger gewickelt hatte. »Du hast genau das gemacht, was du immer wolltest.«

»Du doch auch, oder?«

Ich nickte. »Irgendwie fühlt es sich so unecht an. Ich habe jahrelang darauf hingearbeitet, habe mir immer vorgestellt, wie es sein würde, hier zu studieren, und jetzt stecke ich mittendrin, und alles ist anders als gedacht.«

»Macht es dir keinen Spaß?« Ihr Röntgenblick fand mich. Pures Interesse schlug mir daraus entgegen. Das war der spezielle Liv-Blick. Ihr Interview-Modus.

»Doch, doch, also mal abgesehen davon, dass ich mir vielleicht mal mehr Mühe geben sollte und meine Noten nicht der Hammer sind. Es funktioniert immer noch wie damals. Ich weiß, dass ich schreiben kann, dass es das ist, was ich mit meinem Leben anfangen will. Aber manchmal …«

»Manchmal zweifelst du alles an?«, ergänzte sie. »Manchmal fragst du dich, wieso die Vorstellung davon so viel besser war als die Realität?«

Aufmerksam sah ich sie an. »Du weißt, wovon ich spreche?«

Sie hob die Schultern. »Mir geht's genauso mit meinem Studium. Ich hatte in den letzten Monaten ziemlich die Motivation verloren. Außerdem war ich bei einem *Gentlewoman*-Vorstellungsgespräch. Du weißt schon, die Redaktion, bei der ich so ungefähr mein ganzes Leben lang arbeiten wollte. Sie haben mich sogar für die zweite Runde eingeladen, nur frage ich mich jetzt, ob ich überhaupt hingehen sollte. Aber weißt du, vielleicht ist es immer so mit unseren Träumen und Zielen. Vielleicht sind sie in unserer Vorstellung nur so toll, bis wir sie erreicht haben. Und dann werden sie zur Normalität, weil sie plötzlich nicht mehr unerreichbar sind.«

Wir waren stehen geblieben. Unser intensiver Blickkontakt jagte mir eine Gänsehaut über den Rücken. Auch sie war immer unerreichbar für mich gewesen, obwohl sie sich direkt neben mir befunden hatte. Und trotzdem würde sie niemals zur Normalität für mich werden.

Ich räusperte mich. »Glaubst du, wir reden uns nur ein, dass unsere Träume unerreichbar sind? Glaubst du, sie werden überhaupt erst zu unseren Träumen, weil ein Teil von uns weiß, dass es möglich ist, sie zu erreichen?«

Ihre perfekten Lippen verzogen sich zu einem Lächeln. Doch gerade als sie etwas erwidern wollte, wanderte ihr Blick nach vorn. Wir befanden uns nur wenige Meter vom Eingang zur U-Bahn-Unterführung entfernt. Was nicht erklärte, wieso ihr Gesichtsausdruck einfror und sie jäh meine Hand losließ.

»Hey, alles o…« Der Rest blieb mir im Hals stecken.

Ein Kerl in grünem Parka war die Rolltreppe nach oben gefahren gekommen und dort wie vom Donner gerührt stehen geblieben. Er starrte mich an, als hätte er einen Geist gesehen, bevor er sich sichtlich bemüht von meinem Anblick losriss und zu Liv schaute.

Es dauerte exakt drei Sekunden, bis es mir dämmerte. Der Typ war ungefähr so groß wie ich, sein halbes Gesicht wurde von einem dicken Schal verdeckt, doch die dunklen Locken waren unverkennbar – genau wie der Gesichtsausdruck, mit dem er mich bedachte.

Joshua Winters.

Der Hass in seiner Miene wurde von Schock abgelöst, dann von Schmerz, als er wieder zu Liv blickte. Er schien unfähig, sich von der Stelle zu rühren.

Mein Magen zog sich unsanft zusammen.

Auch Liv schien überrascht zu sein, doch der Ausdruck der Reue in ihren Augen überlagerte schnell jede andere Regung. Für ein paar unendliche Sekunden, in denen es sich anfühlte, als hätten sie meine Anwesenheit völlig vergessen, sahen sie sich an.

Wieder kroch die Erinnerung hervor, um mir den Boden unter den Füßen wegzuziehen. Sie in seinen Armen, in diesem verdammten Kleid, losgelöst, glücklich. Sie hatten schon damals auf der Tanzfläche gut zusammen ausgesehen.

Josh war bereits in der Schule ein Typ gewesen, nach dem sich die Mädchen auf den Fluren umdrehten. *»Er hat voll die Teddybärenaugen, oder?«*, hörte ich Livs Stimme in meinem Ohr. *»Aber bestimmt sieht er nur so unschuldig* *aus, und das alles ist eine Fassade. Also das Gegenteil von dir. Auf den ersten Blick hält man dich für voll verwegen, und dann lernt man dich kennen und merkt, dass du der liebste Kerl der Welt bist.«*

Ich konnte es mir vorstellen. Ihr Leben zusammen. Ihre Wohnung. Ein Blinder konnte die Verbindung zwischen ihnen sehen.

Mir wurde schlecht, doch ich drängte die Eifersucht mit aller Macht zurück. Sie hatte gesagt, er habe sich um sie gekümmert, sie aufgefangen. Es war nicht seine Schuld, dass Liv sich damals getäuscht hatte. Er hatte nicht nur so ausgesehen – er *war* der Gute.

Josh schien aus seiner Starre zu erwachen. Mit wenigen Schritten hatte er uns erreicht. »Das ist ein Scherz, oder?«, sagte er heiser und trat näher an Liv heran. Automatisch straffte ich die Schultern. »Sag mir, dass das ein Scherz ist.«

Ich schaute zu Liv, versuchte herauszufinden, was sie jetzt brauchte. Es war ihre Sache, wenn sie ihm nichts erzählt hatte. Es hatte nichts mit mir zu tun. Und dennoch …

»Josh. Ich …«

»*Was?* Drei Jahre durfte ich seinen Namen nicht aussprechen, und dann mach ich mit dir Schluss, und es dauert … wie lang? Eine Woche, bis du zurück zu ihm gehst?«

»Josh, ich hab das nicht geplant, es …«

»Ich fass es einfach nicht!«, fiel er ihr erneut ins Wort, diesmal deutlich lauter. Eine Familie mit zwei kleinen Kindern kam die Rolltreppe hoch und warf uns argwöhnische Blicke zu, doch weder er noch Liv schienen Notiz von ihnen zu nehmen. »Du hältst es wirklich keine Sekunde mit dir selbst aus, oder?«

Liv zuckte heftig zusammen, und ein gequälter Ausdruck trat in ihre Augen.

Bevor ich darüber nachdenken konnte, hatte ich schon den Mund geöffnet. »Es war ein verdammter Zufall«, fuhr ich ihn an. »Sie wusste nicht, dass es meine WG war.«

Ihr warnender Blick kam zu spät. Josh schaute entgeistert zu mir, ehe er den Kopf in den Nacken warf und ein Lachen aus ihm hervorbrach. Es klang alles andere als fröhlich. »Seine WG? Du wohnst in seiner verfluchten WG?«, japste er, während er sie wieder ins Visier nahm.

Oh fuck.

Liv starrte regungslos zu ihm hoch.

»Ich wette, das Universum lacht sich gerade so richtig den Arsch ab«, machte er weiter. Sein Gesicht war zu einer Grimasse verzogen. »Weißt du was, Liv? Ihr habt euch gegenseitig verdient.«

Als ich das verdächtige Schimmern in ihren Augen sah, wurde die Wut in meinem Bauch beinahe unerträglich.

»Es tut mir leid, Josh, ich wollte nie …«

»Was wolltest du nie? Mich ausnutzen? Zurück zu dem Arschloch gehen, das dich sitzen lassen hat? Wie erbärmlich kann man …«

Ich machte einen Schritt auf ihn zu.

Sofort packte mich Liv am Unterarm und funkelte mich an. Eine Träne löste sich aus ihrem Augenwinkel und fiel auf ihre Wange.

Ich holte tief Luft und erwiderte ihren Blick, schüttelte den Kopf. Sie musste sich keine Sorgen machen. Mit siebzehn hätte ich alles für diese Gelegenheit gegeben. Endlich ein Grund, um diesem Idioten eine reinzuhauen. Aber inzwischen hatte sich das Blatt gewendet. Und so sehr ich ihn hasste, es stimmte. Er war nicht der Böse in Livs Geschichte. Sondern ich.

Ich fixierte seine Augen, hielt dem Hass und dem Zorn

darin stand. »Danke«, sagte ich leise. Er war drauf und dran, einen Mord zu begehen, der brave, gut erzogene Joshua. Ich las es in seinem Gesicht. Ich kannte das Gefühl selbst viel zu gut – nur dass es sich meistens gegen mich selbst richtete. Trotzdem mussten die Worte raus. »Danke, dass du für sie da warst, als ich zu feige dafür war. Das werde ich nie …«

Weiter kam ich nicht. Noch während ich sprach, holte er aus und rammte mir seine Faust ins Gesicht.

Und ich? Ich versuchte nicht mal auszuweichen. Zum zweiten Mal in unserem Leben waren Josh und ich uns in einer Sache einig.

14. KAPITEL

Holding a heart

LIV

Unsere Wohnungstür wurde aufgerissen, noch bevor ich meinen Schlüsselbund hervorziehen konnte. Matilda trug eine hellgrüne Tuchmaske auf dem Gesicht, die nur ihren Mund und ihre Augen frei ließ – dahinter erschien Brionys Gesicht im Flur, ebenfalls mit einer Maske, diese allerdings lachsfarben. Fehlten nur noch die Gurkenscheiben auf den Augen.

»Schönen guten Abend, die Herrschaften«, begrüßte Matilda uns mit einem eleganten Knicks. »Haben Sie sich versöhnt?« Ihr Blick fiel hinter mich, und ihre Augen wurden groß, was dank der Maske noch gruseliger aussah. »Seymour! Wem darf ich einen Obstkorb schicken?«

»Du mich auch, Matilda«, entgegnete Noah, aber ich hörte sein Grinsen heraus.

»Das ist nicht witzig.« Ich schnaubte und schob ihn vor mir her in den Flur, bevor ich ebenfalls eintrat und die Tür hinter uns schloss. Weder die Tatsache, dass wir Josh zufällig über den Weg gelaufen waren – Händchen haltend, verdammt noch mal –, noch, dass Noah ihn anschließend – wenn auch vielleicht nicht wirklich beabsichtigt – provoziert hatte und mein herzensguter Ex-Freund handgreiflich geworden war, konnte mir auch nur den Anflug eines Lachens entlocken. Dieser Tag war ein einziger Albtraum.

Als Briony die aufgeplatzte Haut unter Noahs Auge sah, schlug sie entsetzt eine Hand vor den Mund. »Oh mein Gott, Noah, was ist mit deinem Gesicht passiert?«

»Die Frage kann ich nur zurückgeben«, antwortete dieser trocken.

Ich verdrehte die Augen und kickte mir die Stiefel von den Füßen. »Haben wir was zum Desinfizieren da? Dieser Held hier hat sich geweigert, in die Notaufnahme zu fahren.«

»Ich hol den Verbandskasten!«, rief Briony schrill und stürzte ins Wohnzimmer, während Matilda uns mit offensichtlich größtem Vergnügen musterte.

»Unter der Bedingung, dass ihr uns jedes Detail erzählt. Wir haben Nachos überbacken und wollten gerade einen Film raussuchen, aber das hier scheint mir eindeutig die bessere Unterhaltung zu sein.« Sie deutete auf Noahs blutverschmiertes Gesicht.

»Sag bloß, du hast heute kein Date?«, fragte er, während ich ihm aus seiner Lederjacke half und ihn dabei mit einem bösen Blick bedachte. Die ganze Fahrt über hatte er beteuert, dass es ihm hervorragend ginge und ich mir keine Sorgen machen müsse. Aus irgendeinem Grund schien er voller Adrenalin zu sein und hatte sich auch nicht davon beirren lassen, dass ich ihn in der U-Bahn lautstark zur Schnecke gemacht hatte, was die anderen Fahrgäste sehr amüsiert hatte.

Matilda lächelte zuckersüß. »Mein Körper braucht eine Pause.«

Er lachte. »Meiner auch.«

Als wir ins Wohnzimmer kamen, hatte Briony schon den Verbandskasten auf dem Tisch aufgebaut. Die Gesichtsmaske hatte sie abgenommen – als seien die Umstände zu ernst, um sich mit profanen Dingen wie der eigenen Schönheitspflege zu beschäftigen.

Mit strengem Blick deutete sie erst auf Noah, dann auf den Sessel vor sich. »Herkommen«, befahl sie, und er gehorchte doch tatsächlich, wenn auch mit einem theatralischen Stöhnen.

Während Bry die Wunde säuberte und desinfizierte, holte Matilda die Nachos aus dem Ofen. »Also, wen hat er heute verärgert?«

»Das passiert nicht zum ersten Mal?«, fragte ich stirnrunzelnd und beugte mich über Brionys Rücken, damit er sehen konnte, wie ich ihn mit Blicken tötete.

Er versuchte zu grinsen, zuckte aber zusammen, weil Bry im selben Moment ein in Desinfektionsmittel getränktes Wattestäbchen unter sein Auge drückte.

»Ich halte nichts von Schlägereien«, nuschelte er. »Will mein Gesicht ja nicht zerstören.«

»Stimmt, dein perfektes Gesicht!«, rief Matilda höhnisch über ihre Schulter. »Super Grund. Da würde der Frauenwelt schließlich so richtig was entgehen, nicht wahr?«

Er warf ihr eine Kusshand zu, fixierte dann wieder mich und tippte auf die Narbe, die seine Augenbraue unterbrach. »Ich lass mich eigentlich nur verprügeln, wenn ich deine Ehre verteidigen muss.«

Briony riss den Kopf zu mir herum. »Hat dich jemand belästigt?«

Ich seufzte tief. »Nein. Wir sind meinem Ex über den Weg gelaufen. Noah und er hatten nie das … beste

Verhältnis. Es war schon schlimm genug, dass er uns zusammen gesehen hat, aber dann musste dieser Idiot noch einen draufsetzen und ihn provozieren.«

Sie drehte sich wieder um. »Du hast das also verdient?«

Abrupt verdüsterte sich seine Miene, und er nickte. »Ja, hab ich.«

Fünf Minuten später waren die Blutreste aus seinem Gesicht verschwunden, und Matilda schickte uns beide in unsere Zimmer, damit wir uns »filmabendgeeignete Kleidung« anzogen. Sie fragte nicht einmal, ob wir Lust hatten, den Abend mit ihnen auf der Couch zu verbringen, sie stellte es einfach als Tatsache hin, und ich liebte sie dafür. Das war genau, was ich nach diesem Tag brauchte.

Ich war gerade an meiner Tür angelangt und wollte in meinem Zimmer verschwinden, als Noah mich zurückhielt. Er warf einen schnellen Blick in Richtung Wohnzimmer, wohl um sich zu vergewissern, dass wir keine Zuschauer hatten, bevor er sich direkt vor mich stellte. »Hey. Bist du noch sauer?«

Ich verdrehte die Augen.

»Tut mir leid«, flüsterte er. »Das war echt beschissenes Timing.«

»Es ist nicht deine Schuld. Na ja, zumindest nicht nur. Deine kleine Dankesansprache an Josh hättest du dir wirklich sparen können. Aber alles andere habe ich mir selbst zu verdanken. Immerhin bin ich diejenige gewesen, die Josh verschwiegen hat, mit wem ich inzwischen zusammenwohne.«

Er wartete. Sah mich aufmerksam an, als wollte er keine einzige Regung in meinem Gesicht verpassen.

»Lass uns einfach einen entspannten WG-Abend verbringen, und ich überlege mir morgen, wie ich das wieder hinbiege«, sagte ich mit einem Seufzen. »Ein bisschen Normalität wäre jetzt schön, oder?«

»Mhm.« Er beugte sich vor und drückte mir einen schnellen Kuss auf die Lippen.

Mein Körper reagierte sofort. War das die Normalität, die er sich vorstellte?

Mit dem Daumen strich er mir über die Wange. »Das dürfen wir jetzt ein paar Stunden nicht machen, wenn wir so tun, als seien wir ganz normale Mitbewohner, oder?«

»R-Richtig.« Ich starrte auf seine Lippen.

»Ich schleich mich heute Nacht wieder zu dir. Bis dahin versuchen wir uns zu benehmen, ja?« Und damit machte er auf dem Absatz kehrt und verschwand in sein Zimmer.

Völlig überhitzt wankte ich in mein eigenes Zimmer, riss den Kleiderschrank auf und schnappte mir eine Jogginghose und ein Placebo-Bandshirt.

Als ich zurück ins Wohnzimmer gehen wollte, vibrierte mein Handy.

Mum: Alles okay bei dir, Liv? Isla meinte, Josh ist früher wieder nach London zurückgefahren? Geht's euch gut?

Tief durchatmen. Ich tippte hastig ein paar beruhigende Worte und versuchte die drängende Stimme in meinem Kopf zu ignorieren, die mich freundlich darauf hinwies, dass ich mich nur immer weiter in meine Lügen verstrickte und endlich Klartext reden sollte.

Ich schaltete mein Handy aus, schmiss es aufs Bett und steuerte das Wohnzimmer an.

Noah hatte sich schon auf der Couch neben Matilda und

Briony breitgemacht, genau wie ich in Jogginghose und Bandshirt – in seinem Fall von Thirty Seconds to Mars –, und bediente sich großzügig an den Nachos.

»Gar nicht so übel, diese WG«, bemerkte er erstaunlich ernsthaft.

Briony lächelte zufrieden, während Matilda ihn kopfschüttelnd betrachtete und seine Hand über dem Blech wegschlug, um sich selbst ein paar mit Käse und Jalapeños überbackene Nachos zu schnappen.

»Das war sie noch nie, Seymour. Das einzige Übel warst du.«

»Na immerhin verwendest du das Präteritum ...«

Ich konnte ein Kichern nicht unterdrücken.

»Was schauen wir an?«, fragte ich und ließ mich auf einen Sessel neben der Couch fallen. Sicherheitsabstand – für alle Fälle.

»Der hier besteht auf 'nen Tarantino, weil er soooo männlich ist«, sagte Matilda und deutete auf Noah. »Bry möchte 'ne Schnulze, und mir ist es absolut egal, Hauptsache irgendwas zum Abschalten. In meinem Kopf bekriegen sich die verschiedensten Fachbegriffe der kognitiven Neurowissenschaft.«

Ach ja, Prüfungsphase. Das war in dem Trubel ganz untergegangen. In wenigen Wochen endete das Trimester.

Ich schob den Gedanken beiseite und verschränkte die Arme. »Apropos Schnulzen: Dreimal dürft ihr raten, wer mich meine ganze Jugend lang genötigt hat, die kitschigsten Liebesfilme mit ihm zu schauen?«

Noah gab sich alle Mühe, mich zu ignorieren.

»Das sieht dir echt ähnlich, hier einen auf Toxic Masculinity zu machen, um deine wahre Leidenschaft zu verschleiern.«

Matilda und Briony wurden hellhörig. »Mehr Informationen, bitte!«, sagten sie wie aus einem Mund.

»*Notting Hill, 500 Days of Summer, 10 Dinge, die ich an dir hasse, Before Sunrise*«, zählte ich einige Filme auf, zu denen er mich überredet hatte. »Und nicht zu vergessen, der Klassiker: *Wie ein einziger Tag*. Mit seinem Namensvetter.«

Briony hatte es gründlich die Sprache verschlagen, doch Matildas Gesicht leuchtete auf, als hätte ich ihr gerade das beste Geschenk ihres Lebens gemacht. Sie presste sich eine Hand aufs Herz und beugte sich zu Noah rüber. »*Wenn du ein Vogel bist, bin ich auch einer!*«, trällerte sie ihm ins Ohr.

»Ja, ja, ja, sehr witzig!« Er schob sie weg, konnte sich ein kurzes Grinsen allerdings nicht verkneifen.

»Also ist es wahr?« Briony tippte begeistert auf ihrem Laptop herum. »Hier tun sich ganz neue Welten auf!«

Noah streckte ein Bein aus und versuchte vergeblich, mich zu kicken. »Ich hoffe, du bist stolz auf dich, du Petze.«

Ich lachte so heftig, dass ich fast über die Sessellehne kippte.

»Man kann Tarantino feiern und gleichzeitig in der Vergangenheit Liebesfilme gut gefunden haben«, erklärte er überheblich, was Matilda, Briony und mich nur noch mehr zum Kichern brachte.

Es dauerte eine ganze Weile, bis wir uns wieder einkriegten – vor allem weil Noah sich schließlich auch nicht mehr zusammenreißen konnte und mit einstimmte. Am Ende entschieden wir uns für *Vergiss mein nicht!* – *die* perfekte Mischung aus Action und Liebe.

Während der Vorspann lief, streckte Noah einen Arm aus und zog meinen Sessel wortlos näher ans Sofa, bis wir Kopf an Kopf lagen.

Das war's wohl mit dem Sicherheitsabstand. Jedes Mal, wenn die Mädels abgelenkt waren, suchte er Körperkontakt, fuhr mir kurz durchs Haar oder strich über das Tattoo an meinem Handgelenk, sodass ich die Hälfte des Films viel zu abgelenkt war.

Nur das Ende brannte sich für alle Ewigkeit in mein Hirn.

»Ich bin kein Ideal, Joel«, sagte Kate Winslets blauhaariger Charakter zu Jim Carreys in diesem kahlen Hausflur. »Ich bin nur ein abgefucktes Mädchen, das seinen eigenen Seelenfrieden sucht. Ich bin nicht vollkommen.«

»Ich kann nichts entdecken, was mir an dir nicht gefällt«, gab dieser zurück.

»Aber das wirst du!« Sie zählte all die Dinge auf, die schiefgehen würden.

Und er? Er sagte einfach »Okay« und lachte.

Plötzlich lachte sie auch. Sie hatte gehen wollen, es war vorbei gewesen, doch er hatte sie darum gebeten zu warten.

Vielleicht würde alles schiefgehen.

Ich drehte den Kopf nach hinten und schaute in zwei graublaue Augen.

Aber vielleicht war es das Risiko wert.

Die nächsten beiden Wochen vergingen gefühlt schneller als das gesamte bisherige Jahr. Leider hatte ich festgestellt, dass ich mit dem Lernen wirklich ernsthaft hinterher war, und der restlichen WG schien es genauso zu gehen. Matilda und ich verbrachten die Tage in der Bib und trafen uns nur für kurze Kaffeepausen mit Briony, deren Campus nur fünf Minuten entfernt von der UCL-Hauptbibliothek lag, in denen wir uns abwechselnd über unseren ätzenden

Stoff auskotzten. Noah schlug das Angebot, mit uns zu lernen, aus und verschanzte sich von morgens bis abends in irgendwelchen viel zu lauten Cafés. So war es früher schon gewesen. Während ich absolute Ruhe zum Lernen brauchte und es mich motivierte, wenn Leute neben mir ebenfalls für ihre Prüfungen büffelten, musste er im Alleingang losziehen und brauchte möglichst viel fremdes Gewusel, um sich konzentrieren zu können.

Den Gedanken an meine Eltern und Josh drängte ich weit, weit in den Hintergrund, und auch der Artikel lag vorerst auf Eis – die nächsten beiden Redaktionssitzungen, in denen ich eigentlich von meinem Fortschritt hätte berichten sollen, fielen aus, weil alle wegen der Prüfungen verzweifelten und ohnehin schon viel zu viel zu tun hatten. Mir war es nur recht. Wenn ich daran dachte, plagte mich eine Mischung aus schlechtem Gewissen und Nervosität.

Mein Verdrängungsmechanismus funktionierte ganz gut. Tagsüber hielten mich der Stoff und meine Kursarbeiten in Trab, nachts kam Noah in mein Zimmer geschlichen, sobald die Luft rein war. Wir waren meist beide zu fertig, um viel zu reden, aber es entwickelte sich zur Routine, zusammen einzuschlafen. Es war verrückt, wie schnell ich mich an seine Nähe gewöhnte, wie schnell es wieder wie früher war. Na ja, nicht ganz wie früher: Wir knutschten. Aber er brach immer ab, wenn es zu heiß wurde. Und ich hatte keine Zeit, darüber nachzudenken, ob ich einen Schritt weitergehen wollte oder nicht. Für mich war alles okay, solange er bei mir war.

Die Stimmung in der WG veränderte sich, was wohl hauptsächlich daran lag, dass Noah wie ausgewechselt war. Obwohl er genau wie wir alle gestresst vom vielen Lernen und Schreiben war, hatte er verdächtig gute Laune und stand morgens als Erster auf, um für alle Kaffee zu kochen. Und als Briony am fünften Lerntag abends eine Heulattacke bekam, weil sie die Proben am Nachmittag in den Sand gesetzt hatte und sich nicht sicher war, ob sie den Stoff für ihre nächste Prüfung rechtzeitig durchkriegen würde, zauberte er sogar einen Schokokuchen, den er ihr kommentarlos vor die Zimmertür stellte, bevor er sich zu seiner Spätschicht in der Bar aufmachte. Der Duft war unverkennbar – Death by Chocolate –, er hatte diese Kalorienbombe immer für mich gebacken, wenn es mir schlecht ging und ich eine Aufmunterung brauchte.

Matilda und ich hatten Briony getröstet, als wir aus der Bib gekommen waren, und uns gemeinsam mit ihr über den Kuchen hergemacht. Sie hatte zwar kaum was davon runtergekriegt, weil sie so angespannt war, aber ihr waren immer wieder vor Dankbarkeit die Tränen in die Augen gestiegen.

Später, in meinem dunklen Zimmer, hatte ich Noah unter der Bettdecke darauf angesprochen, aber er hatte lediglich irgendwas Unverständliches in sich reingebrummt, mich in den Arm genommen und geschwiegen. Ich ließ ihn in Ruhe und gab mich mit der Gewissheit zufrieden, dass er sich meine Worte zu Herzen genommen hatte, was sein Verhalten gegenüber unseren Mitbewohnerinnen anging.

Die Prüfungen waren brutal. Bei drei von fünf war ich mir nicht sicher, ob es reichen würde. Wie sehr ich mich auch die letzten paar Tage reingehängt hatte – das Trimester war nicht gerade mein produktivstes gewesen. Bei meiner letzten Abgabe in Kunst- und Kulturjournalismus hatte ich aber ein überraschend gutes Gefühl. Die Arbeit war genau am Tag von Brionys Premiere fällig – unser erster Abend in Freiheit. Nur Matilda hatte am nächsten

Tag noch eine Prüfung, doch sie wiederholte mehrmals, dass der Restalkohol ihr die nötige Inspiration für die Beantwortung der Essayfragen liefern würde. Briony war zu aufgeregt, um ihr zu sagen, dass das nach ziemlichem Schwachsinn klang, und ich sah mich wirklich nicht in der Position, ihr den Spaß zu verderben. Zumal Noah sich den ganzen Tag weder gemeldet noch hatte blicken lassen und ich andernfalls ohne Begleitung dagestanden hätte.

»Nein, wir warten nicht. Wenn wir jetzt nicht losgehen, kommen wir zu spät, und das verzeiht uns Miss Clifford niemals. Du hast sie bisher als süß und lieb kennengelernt. Glaub mir, du willst ihre andere Seite nicht erleben.«

Zum gefühlt hundertsten Mal zog ich meinen Lippenstift nach, bevor ich mich von Matilda aus der Wohnung zerren ließ.

Auf dem Weg zur Tottenham Court Road förderte sie zwei Flaschen Himbeer-Cider aus ihrer Handtasche zutage, öffnete sie mit einem Feuerzeug und hielt mir eine hin. »Entspann dich, Liv. Entweder der Idiot hat wieder einen Rückfall erlitten – seien wir mal ehrlich, sein Verhalten in letzter Zeit war schon leicht gruselig –, oder er taucht einfach später auf. Kein Grund für uns, die Vorstellung zu verpassen.«

Zwar klang sie unbeschwert wie immer, aber der Ausdruck in ihren grünbraunen Augen wurde für einen Moment wehmütig. Selbst sie hatte die Veränderung in der WG genossen, auch wenn sie in den letzten Tagen immer wieder betont hatte, wie wenig Verlass auf Männer wie Noah war.

Ich straffte die Schultern, stieß mit ihr an und nahm einen großen Schluck. »Du hast recht.«

Als wir an einer Reihe Ladenschaufenstern vorbeikamen,

blieben wir kurz stehen und betrachteten uns. Matilda überragte mich mit ihren Plateauschuhen noch mehr als sonst. Sie trug einen Jumpsuit aus hellbraunem Wildleder, darunter eine Netzstrumpfhose und hatte ihre Lockenpracht mit einem grünen Stoffband gebändigt. Mir hatte sie einen dunkelroten Satinrock in Midilänge aus ihrem Kleiderschrank aufgeschwatzt, den ich mit einer transparenten cremefarbenen Bluse kombinierte.

Matilda hakte sich bei mir unter und zog mich weiter zur Bushaltestelle. Wir fuhren nur eine Haltestelle mit dem Doppeldeckerbus, da sich die Royal Academy of Dramatic Art in Bloomsbury befand und das Stück direkt in einem Theatersaal im Hauptgebäude aufgeführt wurde. Die Sonne ging gerade unter und tauchte die vorbeifliegenden Häuser in orangefarbenes Licht.

»Jedes Jahr bewerben sich ungefähr drei- bis viertausend Leute für den Schauspiel-Bachelor«, klärte mich Matilda auf dem Weg zu Brionys Uni auf. »Und weißt du, wie viele angenommen werden? Maximal vierzig.«

Ich riss die Augen auf. »Okay, wow, du hast nicht übertrieben, als du meintest, Briony sei echt gut …«

»Nope.« Sie grinste. »Das Biest hat damals niemandem von ihrer Bewerbung erzählt. Wir kennen uns seit der Oberstufe, und seitdem teilen wir eigentlich jedes Lebensdetail miteinander. Trotzdem hat sie es geschafft, wochenlang das Geheimnis mit sich rumzutragen, bis sie zur zweiten Vorauswahl eingeladen wurde. Wir wussten nicht mal, dass sie Schauspielerin werden will. Sie hat nie darüber gesprochen, hat immer nur heimlich für sich geübt, war verrückt nach Filmen und Theaterstücken, aber ich hab mir nichts dabei gedacht. Als ich sie das erste Mal spielen sehen hab, bin ich fast aus den Latschen gekippt. Sie verwandelt sich in einen anderen Menschen. Egal was für ein Nervenbündel sie im Alltag sein kann, wie zurückhaltend oder schüchtern sie wirkt, in dem Moment, in dem sie auf der Bühne oder vor der Kamera steht, verschwinden jegliche Zweifel. Manche bewerben sich fünf Jahre in Folge für den Studiengang, aber nicht unsere Briony. Sie kam direkt rein.«

Wir waren an dem eindrucksvollen Gebäude mit den fetten schwarzen Lettern auf der Glasfassade angelangt – RADA.

Matilda war bei ihrer Erzählung fast vor Stolz geplatzt, und das Gefühl war ansteckend. Ehrfürchtig trat ich durch die Drehtür ins Innere, nachdem wir unsere inzwischen leeren Flaschen entsorgt hatten. Vor uns hatte sich schon eine Schlange gebildet.

»Klingt nach einer krassen Frau. Ich kann's kaum erwarten, sie auf der Bühne zu sehen!«

Zugegeben, hätte mich bei meinem Einzug jemand gefragt, welche von meinen Mitbewohnerinnen ich für die angehende Psychologin hielt und welche für die Schauspielerin, hätte ich zweifellos falsch getippt. Umso aufregender würde es sein, Briony gleich in Aktion zu erleben.

Matilda zwinkerte mir zu und zog unsere beiden Tickets hervor. Briony hatte uns Plätze in der ersten Reihe reserviert – das war wohl der Vorteil, wenn man mit der Person befreundet war, die die Hauptrolle spielte.

Der Theatersaal war bereits nahezu voll, als wir uns auf unseren mit dunkelgrünem Samt überzogenen Sitzen niederließen. Von Noah und seinem besten Freund keine Spur – auch nicht, als die Scheinwerfer rechts und links von der Bühne langsam gedimmt wurden.

Ein letztes Mal zog ich mein Handy raus, vergewisserte

mich, dass ich es stummgeschaltet hatte, und klickte auf WhatsApp.

»Immer noch nichts?«, raunte Matilda mir zu.

Ich schüttelte den Kopf und bemühte mich, mir meine Enttäuschung nicht anmerken zu lassen. Eigentlich konnte es mir egal sein, ob er auftauchte oder nicht. Im Grunde hatte es nichts mit mir zu tun. Ich war selbst schuld, dass ich mir Hoffnungen gemacht hatte, den Abend mit ihm zu verbringen, weil auch seine Prüfungen größtenteils vorbei waren und er nur noch die Manuskriptabgabe hatte.

»Wie läuft's eigentlich mit deinem Artikel? Oder besser gesagt mit deinem Versuchsobjekt?«

Ich starrte Matilda an. Ein grüner Lichtstreifen fiel auf ihr Gesicht und offenbarte mir ihr Grinsen. Sie hatte sich die letzten zwei Wochen untypischerweise mit Fragen zurückgehalten. Vermutlich hatte sie gespürt, dass ich noch nicht bereit war, darüber zu sprechen, was zwischen Noah und mir vorgefallen war.

»Darüber möchtest du jetzt reden? Ein paar Minuten, bevor es losgeht?«, flüsterte ich zurück.

»Wir können es auch später mit Alkohol auf der After-Party ausdiskutieren, falls dir das lieber ist«, erwiderte sie kichernd.

»Es läuft gut. Nichts Besonderes.«

»Du meinst abgesehen davon, dass er sich jede Nacht in dein Zimmer schleicht?«

Ich bekam einen spontanen Hustenanfall, und sie klopfte mir mit noch breiterem Grinsen auf den Rücken.

»Er schläft nur bei mir«, brachte ich hervor, sobald ich mich beruhigt hatte. »Es ist nicht so, wie du denkst.«

Noah und ich hatten uns vor Tagen darauf geeinigt, dass wir uns vor unseren Mitbewohnerinnen weiterhin noch ein wenig zurückhalten würden, weil das zwischen uns noch zu neu und zu zerbrechlich war.

»Das brauchst du mir nicht sagen. Ich weiß – unfreiwilligerweise, möchte ich betonen –, wie es klingt, wenn der Mistkerl Sex hat. Mir ist schon klar, dass ihr nicht vögelt. Was die ganze Angelegenheit nur noch brisanter macht.«

»Geht das vielleicht ein bisschen leiser?«, zischte ich und warf einen panischen Blick über die Schulter, um mich zu vergewissern, dass wir keine Zuhörer hatten. Ich war gottfroh um das Halbdunkel – die Hitze, die in Sekundenschnelle meinen Hals hinaufkroch, wäre sonst nicht zu übersehen gewesen.

»Geht was ein bisschen leiser?«

Matilda und ich sahen gleichzeitig auf. Für ein paar Sekunden erkannte ich nichts außer zwei großen Silhouetten, die wie aus dem Nichts vor uns aufgetaucht waren, bis sie aus dem Scheinwerferlicht hinter ihnen traten.

Die Verlegenheit fiel schlagartig von mir ab. Noah und Anthony, beide in schwarzem Anzug und weißem Hemd, standen vor uns und grinsten auf uns herab.

Das erste und einzige Mal, dass ich Noah im Anzug gesehen hatte, war bei unserem verhängnisvollen Abschlussball gewesen. Sein Anblick ließ mein Herz schneller klopfen. Er sah unverschämt gut aus.

Matilda setzte ein gekünsteltes Lächeln auf. »Ihr seid zu spät«, bemerkte sie kühl.

Noah ließ sich auf den Platz neben mich fallen, drückte mir blitzschnell einen Kuss auf die Wange und beugte sich dann über mich hinweg, um Matilda anzuschauen. Er hatte Parfum aufgetragen. Es roch frisch, zitronig, mit einem Hauch von Bergamotte. Sauvage von Dior. Das war schon damals sein Duft gewesen.

»Tonys Schuld, wie immer eigentlich. Er konnte sich nicht entscheiden, ob Tulpen oder Hyazinthen besser zu Briony passen.«

Erst jetzt bemerkte ich den in Packpapier gewickelten Strauß in Anthonys Hand. Er strahlte mich an. »Hi, Liv.« Dann wandte er sich Matilda zu. »Könnt ihr mal rutschen, bitte?«

Sie öffnete den Mund, eindeutig, um zu protestieren, und auch ich fragte mich, wieso er sich nicht einfach neben Noah setzte. Doch dieser griff nach meiner Hand, lächelte mir verschwörerisch zu und bedeutete mir, einen Sitz nach rechts zu wandern. Achselzuckend ließ ich mich mitziehen.

»Blumen«, höhnte Matilda und verschränkte die Arme vor der Brust, ohne sich von der Stelle zu rühren. »Ernsthaft?«

»Was hast du denn gegen Blumen?«, entgegnete Anthony, schlüpfte mit einer eleganten Bewegung aus seinem Jackett und setzte sich auf den frei gewordenen Sitz zwischen ihr und mir. Er warf mir einen schnellen Blick zu. »Danke« formte er stumm mit den Lippen, bevor er sich erneut Matilda zuwandte.

»Du denkst, ich merke nicht, was du hier tust«, hörte ich sie fauchen.

»Was tue ich denn, Matilda?«

Mehr bekam ich nicht mit. Noah hielt immer noch meine Hand und begann, mit seinem Daumen Muster auf meine Haut zu zeichnen. Die Empfindung forderte meine ungeteilte Aufmerksamkeit.

Reflexartig verzogen sich meine Lippen zu einem Lächeln, als ich mich zu ihm drehte. »Ich dachte, du kommst nicht.«

»Ich hab es versprochen«, antwortete er leicht entrüstet. »Sorry für die Verspätung. Tony war heute echt 'ne Nervensäge.«

Anthony, der noch immer in seinen heftigen Schlagabtausch mit Matilda verwickelt war, streckte, ohne hinzuschauen, einen Arm in Noahs Richtung und zeigte ihm den Mittelfinger.

Noah drückte ihn lachend weg und beugte sich näher zu mir. Rotes und grünes Licht erleuchtete abwechselnd sein Gesicht. »Er darf auch mal nerven. Normalerweise ist das mein Part in unserer Beziehung.«

»Kann ich mir lebhaft vorstellen.« Mein Blick wanderte zu seinen Lippen, und er befeuchtete sie mit der Zungenspitze. Sobald ich ihm wieder in die Augen sah, wusste ich, dass er an dasselbe dachte wie ich.

»Und? Wie war deine letzte Abgabe?« Er klang, als würde er etwas ganz anderes fragen wollen.

»Besser als gedacht. Und wie läuft's bei dir? Wann darf ich endlich in das Manuskript reinlesen?«

»Vergiss es. Bis es fertig ist, liest es niemand außer meinem Prof.«

Ich wollte weiterdiskutieren, doch da gingen auch die letzten Lichter aus, und der Saal versank in Finsternis.

Ein einziger Scheinwerfer blitzte auf, und mit einem verheißungsvollen Rascheln teilte sich der dunkelrote Vorhang, während heitere Klaviermusik ertönte.

Das Getuschel verstummte, nur Anthony und Matilda keiften sich noch ein paar Sekunden an, bis jemand von hinten »Ruhe auf den billigen Plätzen!« rief.

»Das sind die Spitzensitze, du Hornochse«, zischte Anthony zurück, und für einen Augenblick bildete ich mir ein, ein Lächeln auf Matildas Gesicht zu erkennen, bevor sie sich der Bühne zuwandte und hinter seinem Profil verschwand.

Im nächsten Moment trat eine zierliche Gestalt in hellblauem Rüschenkleid in den Lichtkegel, die goldenen Haare zu Korkenzieherlocken gedreht, und im Raum wurde es mucksmäuschenstill.

Voller Vorfreude lehnte ich mich in meinem weichen Sitz zurück und hielt die Luft an.

Ich war bereit fürs Wunderland.

»Oh mein Gott, du warst der absolute Wahnsinn!«

»Darling, du hast dich selbst übertroffen.«

»Alter, was hast du bitte für 'ne Bühnenpräsenz?«

»Ich hab euch ja vorgewarnt, sie ist der Hammer.«

Matilda, Anthony, Noah und ich standen um eine ziemlich adrenalingeladene Briony herum. Sie war eben im Uni-Foyer aufgetaucht, wo wir nach der Vorstellung auf sie gewartet hatten. Es war zu einem provisorischen Club umfunktioniert worden: LED-Discokugeln warfen bunte Lichter auf den Marmorboden, an jedem Ausgang war eine Bar mit *Alice-im-Wunderland*-inspirierten Drinks aufgebaut, und die Musik war bis zum Anschlag aufgedreht.

»Ich hoffe, du bist gewappnet für eine der berüchtigten RADA-Aftershow-Partys«, hatte Matilda mir zugeraunt, als wir noch ganz berauscht von der Erfahrung aus dem dunklen Theatersaal gestolpert waren. »Sie stehen ganz im Zeichen des Dramas. Mindestens eine Person pro Abend kippt um, jemand wird Backstage beim Sex erwischt, und auf den Toiletten im zweiten Stock wird gekokst. Und manchmal sind in allen Fällen dieselben Personen involviert.«

»Wie fühlst du dich?«, wollte ich von Briony wissen,

die gerade ihr Gesicht in den violettfarbenen Tulpen vergrub, die Anthony ihr mit einem umwerfenden Lächeln in die Hand gedrückt hatte.

»Euphorisch«, gab sie zurück und strahlte in die Runde.

Sie steckte noch immer in ihrem Alice-Kleid und trug mehrere Schichten Make-up. Doch das war nicht der einzige Grund, aus dem sie mir wie ein völlig neuer Mensch vorkam. Matilda hatte nicht zu viel versprochen: Das Stück war superunterhaltsam gewesen, mal davon abgesehen, dass ich die Geschichte sowieso liebte, und auch die anderen Schauspieler waren grandios, aber niemand war an Briony rangekommen. Ich hatte jede einzelne Emotion gefühlt, als hätte ich sie selbst durchlebt.

»Ihr seid so süß, dass ihr alle gekommen seid. Ich freu mich riesig!« Bei diesen Worten schaute sie ein paar Sekunden verklärt zu Anthony.

Matilda drückte ihr einen blutroten Drink namens Queen of Hearts in die Hand, Noah und ich zählten unsere liebsten Stellen auf, und Anthony legte ihr einen Arm um die Schultern und drückte ihr einen Kuss auf den Scheitel.

»Du warst einfach perfekt«, fasste er zusammen.

Noah und ich nickten überschwänglich, nur Matilda trug einen leicht säuerlichen Gesichtsausdruck zur Schau, den allerdings nur ich sehen konnte, weil sie sich von Briony wegdrehte.

»Ich muss kurz auf Toilette«, sagte sie hastig. »Wir treffen uns gleich an der Shot-Bar, ja?«

Briony hörte sie schon gar nicht mehr, da Anthony ihr gerade etwas ins Ohr flüsterte, woraufhin sie unkontrolliert zu kichern begann.

Ich tauschte einen vielsagenden Blick mit Noah, ehe ich

mich nach Matilda umsah, die sich bereits ein paar Schritte entfernt hatte.

»Warte, ich komm mit!«, rief ich ihr aus einer spontanen Eingebung hinterher und fügte über meine Schulter hinweg an Noah gewandt hinzu: »Hau nicht ab.«

»Würde mir im Traum nicht einfallen«, gab er zurück und warf Briony ebenfalls einen Arm um die Schultern, sodass ihre zierliche Gestalt zwischen Anthonys und seinem Körper beinahe gänzlich verschwand.

Auf der Mitte der majestätischen Steintreppe holte ich Matilda ein. Seite an Seite nahmen wir die Stufen nach oben.

»Du, kann ich dich was fragen?«

Sie sah mich an, als hätte sie jetzt erst realisiert, dass ich mich zu ihr gesellt hatte.

»Hm?«

»Was genau ist dein Problem mit Anthony?«

Sofort verschwand ihre Zerstreutheit, und ihre Augen funkelten zornig.

»Ich will wirklich nicht auf dem Thema herumreiten«, setzte ich schnell nach. »Nur falls du jemanden zum Reden brauchst – ich bin da.«

Sie seufzte tief. »Wahrscheinlich hältst du mich für eine blöde Kuh. Von außen betrachtet wirkt es vermutlich so, als sei ich eifersüchtig und würde ihr das nicht gönnen. Darum geht's aber nicht, ich schwöre.«

»Worum geht's dann?«

Wir waren oben angelangt. Hier war es deutlich ruhiger.

Matilda beschleunigte ihre Schritte in Richtung der Toiletten, bevor sie urplötzlich stehen blieb und sich zu mir umdrehte. »Er hat keine aufrichtigen Absichten. Bei Seymour ist das was anderes. Der ist auch ein absoluter Idiot und bei Weitem kein Kerl, den ich meiner Freundin wünschen würde – nichts für ungut –, aber wenn er dich ansieht, scheint ihm die Sonne aus dem Arsch, okay? Das ist echt, das checke sogar ich verkorkste Seele.«

Es war eine Herausforderung, bei ihren Worten ernst zu bleiben. Ich presste sicherheitshalber die Lippen aufeinander.

»Anthony will sie nur vögeln. Was an sich kein großes Problem wäre, ginge es hier nicht um Miss Romantik hoch tausend. Er ist schlimmer als ein Arschloch. Er ist ein Seelenficker.«

Damit war es um meine Beherrschung geschehen. »Ein ... Ein was bitte?«, prustete ich.

Ungerührt schaute sie mir ins Gesicht. »Er begnügt sich nicht mit emotionslosem Sex. Er fährt darauf ab, wenn sich seine Auserwählten in ihn verlieben. Aus irgendeinem kranken Grund braucht er diese Bestätigung. Sie gibt ihm einen Kick. Und ...« Sie wich meinem Blick aus, und ich war mir plötzlich sicher, dass ich nun endlich den wahren Ursprung ihrer Abneigung erfahren würde.

»Und?«, hakte ich nach, als sie nicht weitersprach.

Ein paar Mädchen in bunten Kostümen rauschten lachend an uns vorbei.

»Versprichst du, es für dich zu behalten?«

Ich runzelte die Stirn und zuckte schließlich mit den Schultern. »Klar.«

»Ich hab ihn vor ungefähr anderthalb Jahren kennengelernt, als Seymour anfing, ihn mit in die WG zu bringen. Briony hat ihn erst viel später das erste Mal getroffen, weil sie in den ersten beiden Studienjahren praktisch in der Uni gelebt hat. Also jedenfalls haben wir nie wirklich ein Wort miteinander gewechselt, und trotzdem hat er mich immer wie ein Irrer angestarrt. Es war ein bisschen gruselig. Als würde er mich von irgendwoher kennen. Und irgendwie wurde ich das Gefühl nicht los, dass er ständig Gelegenheiten gesucht hat, um in meiner Nähe zu sein. Er hat zum Beispiel in der WG auf Seymour gewartet, obwohl gar nicht klar war, wann er nach Hause kommen würde. Oder er ist ganz aus Versehen in mein Zimmer geplatzt. Solche Aktionen eben.«

Ich hob die Augenbrauen. »Er hat sich an dich rangemacht?«

Sie schüttelte den Kopf, aber es sah nicht sonderlich überzeugend aus. »Ach, keine Ahnung. Wie gesagt, wir haben eigentlich nie miteinander gesprochen. Am Anfang dachte ich, er ist einfach sehr schüchtern und unbeholfen, und hab mir nichts dabei gedacht. In der Phase hatte ich sowieso die Schnauze voll von Männern und hab ihn größtenteils ignoriert.«

Mein Gesichtsausdruck musste wohl ziemlich ungläubig aussehen, denn sie lachte kurz auf.

»Ich und keine Lust auf Männer, das kann man sich kaum vorstellen, ich weiß. Ist 'ne lange Geschichte und tut auch nichts zur Sache. Aber weißt du, als er dann auf Briony traf, war er auf einen Schlag wie ausgewechselt. Du hast ihn ja erlebt, er fährt wirklich schwere Geschütze auf, und leider Gottes scheinen sie ihre Wirkung nicht zu verfehlen.« Sie schnaubte. »Ich traue ihm einfach nicht, verstehst du? Irgendwas stimmt nicht mit ihm.«

Ich nickte langsam, auch wenn ich mir nicht sicher war, was ich denken sollte. Er war immerhin Noahs bester Kumpel. Konnte dessen Urteilsvermögen so katastrophal sein?

Noah war in deinen Augen bis vor zwei Wochen nichts

als ein unverschämter Fuckboy, erinnerte mich die besserwisserische Stimme in meinem Kopf.

»Und vorhin … da hat er darauf bestanden, neben dir zu sitzen«, überlegte ich laut. Womöglich war was an ihren Worten dran.

Sie warf die Arme in die Luft, offensichtlich erleichtert, dass ich sie nicht für verrückt oder lediglich eifersüchtig erklärte. »Genau solche Aktionen meine ich. Er sendet richtig ungute Signale.«

Während wir die Toiletten aufsuchten, diskutierten wir weiter darüber, was genau sein Verhalten zu bedeuten hatte, und man merkte ihr an, was für eine Erleichterung es für sie war, mit jemandem darüber zu sprechen.

Nachdem wir ins Foyer zurückgekehrt waren und die Shot-Bar ansteuerten, entdeckten wir Briony und Anthony Arm in Arm auf der Tanzfläche. Sie waren so sehr ineinander verschlungen, dass man zwischen den anderen Körpern und den zuckenden Lichtern unmöglich sagen konnte, welches Körperteil zu wem gehörte.

»Alkohol«, knurrte Matilda mit mörderischem Blick und stapfte davon.

Ich wollte ihr folgen, doch in dem Moment löste sich eine Gestalt aus der tanzenden Meute und kam direkt auf mich zu. Noah in weißem Hemd, das Jackett über seinen Unterarm geworfen, in beiden Händen ein Drink.

»White Rabbit oder Cheshire Cat?«

In einem Glas befand sich eine milchig-weiße Flüssigkeit, von der kleine Nebelschwaden aufstiegen, im anderen drei bunte Schichten, gekrönt von einem lilafarbenen Zuckerrand.

»Definitiv die Grinsekatze«, antwortete ich, woraufhin er mir das bunte Getränk reichte.

»Gute Wahl. Wo ist Matilda? Für die war der andere Drink.«

Ich deutete in Richtung Bar. »Sie hat wohl nicht damit gerechnet, dass du so aufmerksam bist.«

Er zuckte mit den Schultern und stieß mit mir an. »Ihr Pech.«

Ein Geschmack nach Rum und Kirsche breitete sich in meinem Mund aus. »Lass mal nach ihr schauen«, sagte ich nach dem ersten Schluck und stellte mich auf die Zehenspitzen, um ihren Lockenkopf im Getümmel auszumachen. »Was sagst du eigentlich zu der Anthony-und-Briony-Situation?«

Noah schüttelte den Kopf und grinste breit. »Oh nein, Liv. Nein, nein, nein, da werde ich mich schön raushalten. Und du solltest es mir gleichtun, wenn du Drama in der WG vermeiden willst.«

»Hm.«

Hand in Hand standen wir vor der Tanzfläche und beobachteten das Geschehen. Matilda war nirgendwo zu sehen.

»Außerdem sollten wir uns vielleicht erst um unser eigenes Drama kümmern«, fuhr Noah fort.

Ich riss ruckartig den Kopf zu ihm herum. Seine Augen funkelten, aber ansonsten wirkte er ernst. Hastig nahm ich einen weiteren, diesmal deutlich größeren Schluck von meinem Cocktail.

Das aktuelle Lied verklang und »Bad Liar« von den Imagine Dragons dröhnte aus den Lautsprechern.

»Was für ein Drama?«, fragte ich leise, während meine Gedanken mich von allen Seiten zu bombardieren schienen.

Josh. Meine Eltern. Der Grund, wieso er aus meinem Leben verschwunden war. Mein Artikel.

Er räusperte sich und unterbrach unseren viel zu intimen Blickkontakt. »Willst du tanzen?«, murmelte er dicht neben meinem Ohr.

Ich erstarrte. Plötzlich verschwand das Unigebäude um mich herum und wurde von einer alten College-Turnhalle abgelöst. Ich trug nicht mehr Matildas Rock, sondern ein eng anliegendes schwarzes Kleid, und neben mir stand nicht Noah, sondern Josh. Noah – eine schlaksige, jüngere Version von ihm – befand sich auf der gegenüberliegenden Seite an der Wand und beobachtete mich. Ich ignorierte ihn, doch alles in mir schrie danach, den Abstand zwischen uns zu überwinden und ihn zur Sau zu machen, ihn anzuschreien, wieso er mir nicht einen Abend Spaß gönnen konnte. Nein, das stimmte nicht. Das war nicht der Grund, wieso ich so wütend auf ihn war. Ich wollte nicht, dass er mich in Frieden ließ. Ich wollte genau das Gegenteil – dass er derjenige war, an dessen Arm ich den Abend verbrachte.

»Du brauchst dir keine Sorgen um Matilda machen, sie scheint ihren Spaß zu haben«, holte mich die Stimme des Gegenwart-Noahs ins Hier und Jetzt zurück.

»Wie bitte?«

Er ließ meine Hand los, fasste mich sanft an den Schultern und zog mich vor sich, während er auf einen Punkt am anderen Ende des Raumes zeigte.

Tatsächlich. Sie stand vor drei Typen neben der Bar und gestikulierte heftig. Dem Anschein nach gab sie gerade eine ihrer unterhaltsamen Geschichten zum Besten. Alle drei Männer schienen zu versuchen, ihr einen Drink anzudrehen, aber sie war viel zu beschäftigt mit Erzählen.

Ich grinste, trank mein Glas aus und stellte es auf ein Tablett, das mir ein als verrückter Hutmacher verkleideter Kellner hinhielt.

Noah tat es mir nach, bevor er wieder nach meiner Hand griff und mich mitten in die Menschenmenge führte.

Ein bisschen befangen schlang ich ihm beide Arme um den Hals. Es war zwar schneller als gedacht zur Gewohnheit geworden, ihm nahe zu sein und gemeinsam mit ihm einzuschlafen, aber das hier war etwas ganz anderes, neues. Wir hatten früher unzählige Male beieinander übernachtet – miteinander getanzt hatten wir nie. Obwohl ich es mir so sehr gewünscht hatte.

Er platzierte seine Hände rechts und links an meinen Hüften und kam näher, als wir uns im Takt der Musik zu bewegen begannen.

Augenblicklich beschleunigte sich mein Herzschlag.

»Du bist wunderschön.«

Ich vergrub mein Gesicht in seiner Halsbeuge, um seinem intensiven Blick auszuweichen. »Hör auf, mich nervös zu machen«, murmelte ich.

Sein raues Lachen hallte in meinem Ohr wider. »Warum macht dich das nervös? Ich sag nur die Wahrheit.«

Ich schmiegte die Wange an seine Brust.

Sein Griff um meine Taille wurde fester.

»Es ist einfach ungewohnt, dich solche Dinge aussprechen zu hören.«

»Ich sorge schon noch dafür, dass du dich dran gewöhnst.« Und damit beugte er sich zu mir herunter. Seine Bartstoppeln kitzelten mich.

Wie von selbst senkten sich meine Lider. Wen scherte schon unser Drama? Wen scherte die Vergangenheit? Nichts konnte dieses Gefühl beschmutzen. Diese Wärme. Die Nähe.

Ich schlug meine Augen erst wieder auf, als der Song in

eine schnellere Nummer überging und Noah mich von sich drückte, um mich ein paarmal um meine eigene Achse zu wirbeln. Lachend fiel ich zurück in seine Arme und sah aus dem Augenwinkel eine überglückliche Briony gefolgt von einer schon ziemlich angetrunken wirkenden Matilda an uns vorbeistolpern.

Noahs und meine Blicke verfingen sich ineinander. Er starrte zu mir herunter, als sähe er mich zum ersten Mal. Unsere Nasenspitzen berührten sich.

»Es kostet mich gerade meine gesamte Selbstbeherrschung, dich nicht zu küssen«, murmelte er.

Der Cocktail war mir in den Kopf gestiegen. Vielleicht lag es aber auch an meinem hinreißenden Tanzpartner, dass mir auf einmal ganz schwindelig war.

Ich streckte eine Hand aus und strich langsam über seine Wange. Irgendeine heftige Emotion flackerte als Reaktion in seinem Gesicht auf, bevor er sich wieder unter Kontrolle hatte und ein kleines Lächeln zustande brachte.

»Wir ... könnten abhauen?«, hörte ich mich sagen und biss mir auf die Unterlippe.

Sein Lächeln wurde breiter. »Du meinst, uns irgendeinen leer stehenden Seminarraum zum Knutschen suchen?«

Langsam schüttelte ich den Kopf und ließ den Blick über seine Schultern wandern, seine verwuschelten weichen Haare, seine vertrauten Augen. Mein Mund war auf einen Schlag staubtrocken. »Ich meine richtig abhauen«, wisperte ich. Meine Stimme ließ keinen Zweifel übrig, worauf ich hinauswollte.

Ich fixierte ihn. Wartete. Versuchte, seine Reaktion abzuschätzen. Ich wollte ihn nicht überfordern. Aber wenn die Chance bestand, dass er gerade so fühlte wie ich, dann wollte ich keine weitere Sekunde verschwenden.

Abrupt ließ er mich los, trat zurück und griff nach meiner Hand.

»W-Was hast du vor?«

Mit dem Kinn wies er in Richtung Ausgang.

»Meinst du nicht, wir sollten uns verabschieden?«, fragte ich halbherzig, während wir unsere Finger miteinander verschränkten.

»Sehen die so aus, als würde es sie interessieren?«

Matilda hatte ihr Haarband verloren, und ihre Locken hüpften bei jeder Bewegung wild auf und ab. Sie tanzte mit allen drei Typen gleichzeitig und schien selten so viel Spaß gehabt zu haben – von ihrer schlechten Laune war nichts mehr zu sehen. Einer mit blondem Haarschopf beugte sich gefährlich nah zu ihr herunter, doch sie drückte ihn weg, nur um sich anschließend seinen Kumpel, einen Kerl mit asiatischen Zügen, der sie am wenigsten offensichtlich angrub, zu schnappen und ihm einen Kuss aufzudrücken.

Briony tanzte wieder eng umschlungen mit Anthony und schien vergessen zu haben, dass in diesem Raum, geschweige denn im restlichen Universum, jemand außer ihrem hübschen Tanzpartner und ihr existierte. Dieser wiederum starrte mit angespanntem Kiefer auf einen Punkt in der Menschenmasse.

Während ich mich von Noah an der Tanzfläche vorbeiführen ließ, folgte ich Anthonys Blick, der eindeutig auf Matilda gerichtet war. Ich schaute wieder zu ihm. Seine Miene war unergründlich, aber Spaß sah auf alle Fälle anders aus. Wieso beobachtete er Matilda, während Briony sich in seinen Armen befand?

»Hey«, rief mir Noah kurz vor der Eingangstür über die hämmernde Musik hinweg zu. »Nur unser eigenes Drama heute, okay?«

»Na schön.«

Kaum waren wir durch die Drehtür nach draußen gestolpert, empfing uns erbarmungsloser Platzregen.

Einen Herzschlag lang sahen wir uns an. Herausfordernd. Wie früher. Es hatte eine Zeit gegeben, in der ein einziger Blick ausgereicht hatte, um uns gegenseitig zu einer Challenge herauszufordern. Wer erklomm den Berg neben meinem Haus in weniger Sekunden, wer erreichte zuerst das Schultor, wer war schneller, wer gewann?

Zeitgleich rannten wir los, ohne unsere Hände voneinander zu lösen. Zum ersten Mal fühlte es sich an, als würden wir nicht gegeneinander antreten. Wir waren unbesiegbar. Die Welt gehörte uns. Der Geruch nach Abgasen, kaltem Zigarettenrauch und nassem Asphalt erfüllte die Luft, der Geschmack von süßen Kirschen lag auf meiner Zunge, und meine Haare trieften binnen Sekunden.

Lachend schlitterten wir die Straße entlang und suchten Schutz unter dem Bushaltestellendach. Noah lehnte sich gegen die viel zu schmale Sitzbank und zog mich zu sich. Uns blieb keine Zeit, nach Luft zu schnappen oder das zu tun, was wir den ganzen Abend über hatten tun wollen, denn genau in diesem Moment fuhr der rote Doppeldeckerbus ein, und ich sprang wild winkend auf. Diesmal zog ich ihn mit, während mein ganzer Körper immer noch vor Lachen vibrierte.

Wir hielten unsere Oyster-Cards an das Terminal und wankten die Stufen nach oben, als der Bus schon wieder losgefahren war. Ich spürte Noahs Hände die ganze Zeit über an meinen Hüften, ohne zu wissen, ob er versuchte, mich zu stützen oder sich selbst festzuhalten. Ganz hinten, auf den letzten nebeneinanderliegenden Sitzen am Fenster, nahmen wir Platz. Doch sobald ich mich gesetzt hatte, umfasste er mich wieder und zog mich auf seinen Schoß, sodass mein Kopf am Fenster lehnte und meine Beine in der Luft baumelten.

»Geht's noch?«

»Was?« Mit Unschuldsmiene wickelte er eine meiner nassen Haarsträhnen um seinen Finger und sah mir in die Augen. Sein Duft benebelte meine Sinne. »Mehr Platz für die anderen Passagiere!«

»Du bist so unfassbar selbstlos«, flüsterte ich, und dann lagen meine Lippen endlich auf seinen.

»Mhmmm ... Und du schmeckst nach Kirsche«, raunte er in den wenigen Sekunden, in denen wir uns zum Luftschnappen voneinander lösten.

»Du nach Kokosnuss.«

»Wir müssen hier raus.«

Ich starrte geradewegs in seine geweiteten Pupillen. Der Bus hielt, und ich wandte mich ab, um aus dem Fenster zu schauen, an dem der Regen in Schlieren herunterlief.

Ich sprang von seinem Schoß und zog ihn durch den Gang zur Treppe, die Stufen runter und ins Freie.

An der frischen Luft blieben wir stehen, obwohl es nach wie vor wie aus Eimern schüttete.

»Wie geht's deinem Herzen?«, rief ich laut, damit er mich trotz des Donnergrollens verstand.

»Was?«, gab er in derselben Lautstärke zurück und trat auf mich zu.

Als der Regen für einen Augenblick nachließ, sah ich die Panik in seinem Gesicht. Er hatte mich sehr wohl verstanden.

»Wir müssen nicht nach Hause«, ruderte ich sofort zurück und tastete nach seinen Händen. Möglicherweise hatte ich die Zeichen falsch gedeutet. Von mir aus konnten wir auch stundenlang im Regen herumlaufen. Für die Zeit mit ihm hätte ich auch eine Lungenentzündung in Kauf genommen.

Sein Blick wanderte an meinem Körper abwärts. »Deine Bluse ist durchsichtig«, stellte er fest und fing einen Regentropfen mit der Zungenspitze auf.

Ich hob eine Braue. »Versuchst du etwa, vom Thema abzulenken?«

»Nee, dafür sorgst du schon.«

»Noah!« Ich versuchte ernst zu bleiben, obwohl sein Gesichtsausdruck Hitzewellen durch meinen Körper schickte. »Ich wollte dich nicht unter Druck setzen. Wir müssen wirklich nicht ...«

Er löste seine Hände von meinen. Sein lodernder Blick ließ meine Knie weich werden.

»Sag, dass du dir keine Sorgen um mich machst.«

»Was?«

»Sag: Noah, wir gehen jetzt nach Hause, und ich reiß dir die Klamotten vom Leib, ohne Schiss zu haben, dass du wieder einen Rückzieher machst.« Er ging ein paar Schritte rückwärts. Uns trennten nur wenige Meter von der Ginger Cat Bar. »Ohne zu befürchten, dass du durchdrehst, weil du mich schon einmal verloren hast und es dein eigener Fehler war, den du dir nie verzeihen wirst.« Er gab sich Mühe, lässig zu klingen, aber ich hörte die Angst hinter seinen Worten.

Ich folgte ihm zum Hauseingang. Anstelle einer Antwort stellte ich mich auf die Zehenspitzen und küsste ihn.

Irgendwie schafften wir es, die dunkelblaue Tür aufzuschließen, ohne die Lippen voneinander zu lösen. Bis in den zweiten Stock brauchten wir eine halbe Ewigkeit, weil er mich auf jedem Treppenabsatz mit seinem Oberkörper gegen die Wand presste und seine Zunge in meinen Mund gleiten ließ.

Als wir endlich an der richtigen Tür angelangt waren und es ins Wohnungsinnere schafften, raste mein Puls, und ich kam beinahe um vor lauter Sehnsucht nach seinem Körper. Jede Sekunde, in der er mich weder küsste noch berührte, fühlte sich wie Verschwendung an. Als wäre seine Nähe überlebenswichtig für mich.

»Weißt du was?«, keuchte er an meinen Lippen, während er mich durchs Wohnzimmer lotste. »Vielleicht drehe ich doch ein bisschen durch.« Er packte meine Hand und drückte sie an seine Brust.

Unwillkürlich zuckte ich zurück. Sein Herzschlag ging noch schneller als meiner. Es war mir ein Rätsel, wie das überhaupt möglich war. Seine Augen waren weit aufgerissen, seine Haare genauso nass wie meine, und er atmete hektisch.

Ich zwang mich, ihm nicht gleich wieder um den Hals zu fallen. »Noah?«, hauchte ich stattdessen und strich ihm behutsam über die Brust. Seine Haut schien unter dem Hemd förmlich zu glühen.

»Liv?«

»Ich hab einen Plan.«

Hilflos suchte er im Halbdunkel meinen Blick. Lediglich die Lichter der Stadt erhellten den Raum.

»Okay?« Seine Unsicherheit war allgegenwärtig.

»Wir machen es diesmal auf meine Art, ja?«

Er schluckte schwer. »Was bedeutet das?«

»Das bedeutet, ich zeige dir, wie man Sex mit Bedeutung hat.«

Im Dunkeln zogen wir uns langsam aus, bis wir uns nur noch in Unterwäsche vor meinem Bett gegenüberstanden.

Noah hielt die Luft an und stieß sie zitternd wieder aus.

Seltsamerweise half mir seine Nervosität dabei, die Nerven zu behalten.

»Weißt du, was verrückt ist?«, murmelte er, setzte sich auf die Bettkante und zog mich an sich, bis ich zwischen seinen Beinen stand. »Ich weiß, wie du tickst. Ich kenne deinen Körper so gut, und nackt gesehen habe ich dich auch schon. Aber ich habe keine Ahnung, was dir Spaß macht.« Er küsste meinen Bauchnabel, während ich mit beiden Händen durch seine nassen Haare fuhr.

»Spaß?«

Er hob den Kopf, suchte meinen Blick. »Magst du es schnell oder langsam, wo muss ich dich anfassen, damit du den Verstand verlierst, was sind deine Fantasien?«, zählte er auf. »Es macht mich wahnsinnig, dass ich das alles nicht weiß.«

Die Hitze schoss mir in die Wangen. »Äh, ich hab keinen Schimmer, wie dir das entgangen sein kann, aber ich hatte letztes Mal offensichtlich ziemlich großen Spaß. Bevor es ziemlich abrupt zu Ende war.«

Er runzelte die Stirn und begann damit, meinen Rücken entlangzustreichen. Als er mit einem Finger meine Wirbelsäule nachzeichnete, bekam ich eine Gänsehaut.

»Du hast gesagt, es war furchtbar.« Er klang ernsthaft besorgt.

Meine Anspannung löste sich, und mir entwich ein Lachen. Ich ließ von seinen Haaren ab, stützte mich auf seine Schultern und kletterte rittlings auf seinen Schoß. »Ich hab gesagt, es war *danach* furchtbar«, stellte ich klar, während ich meine Stirn an seine lehnte. »Es ging viel zu schnell, und wir waren beide nicht bereit.«

Er legte seine Arme um mich und drückte mich fest an sich. »Okay, also magst du keinen schnellen Sex?«

»Doch. Es geht ... um das Gesamtpaket.«

Mit einem leisen Stöhnen löste er seinen Griff und ließ sich mit dem Rücken auf die Matratze plumpsen. »Liv, ich glaub, ich bin richtig schlecht darin«, raunte er verzweifelt gen Decke. »Im Ernst, ich bin ’ne absolute Katastrophe und tauge einfach zu nichts außer zu emotionslosem Vögeln.«

Es war ihm eindeutig sehr ernst, aber die Situation war einfach zu absurd. Schon wieder stieg ein Lachen meine Kehle empor. Wie unvorstellbar, dass ich ihm bei unserem ersten Wiedersehen auch nur für einen Augenblick die Arschloch-Nummer abgenommen hatte. Noah war immer noch er selbst – mein impulsiver Noah, der sich viel zu viele Sorgen machte und sich gerne mal in Gedankenspiralen verlor, wenn man ihn nicht stoppte.

»He, lachst du mich aus?«, rief er entrüstet und packte mich, um mich auf die Matratze zu ziehen und sich über mich zu beugen.

»Ich lach dich nicht aus.« Meine Stimmlage strafte meine Worte Lügen.

»Sei ruhig! Ich mach mir echt Sorgen«, brummte er an meinem Dekolleté, während er seine Hände meine Hüften hinabwandern ließ.

»Das bist so sehr du. Deshalb lache ich. Ich bin erleichtert.«

»*Erleichtert?*« Er biss mir leicht in den Hals, was die nächste Gänsehaut und ein leises Quietschen meinerseits hervorrief. »Weil ich ein Desaster bin?«

Ich umfasste sein Gesicht und zwang ihn, mich anzusehen. »Weil du immer noch mein Noah bist«, korrigierte ich und küsste ihn. »Hör auf, dir den Kopf darüber zu zerbrechen. Wir kriegen das hin.«

Das schien seine letzten Zweifel zu beseitigen. Ein glühender Ausdruck trat in seine Augen. »Genug geredet.« Seine Hände wanderten unter meinen Rücken, und er löste meinen BH-Verschluss. Im nächsten Moment lag sein Mund auf meinem, und wie von Zauberhand verschwand auch mein Slip in den nächsten Sekunden.

Wir klammerten uns aneinander fest, der dünne Stoff seiner Boxershorts war das einzige Hindernis zwischen unseren nackten Körpern. Ich griff nach dem Bund, wollte sie ihm ausziehen, doch er hielt mich zurück, auch wenn ich deutlich spüren konnte, dass er ebenso erregt war wie ich.

»Nein«, nuschelte er in unseren Kuss hinein. »Erst bist du dran.«

Frustriert stöhnte ich auf und wich ein paar Zentimeter zurück. »Ich will dich anfassen.«

Jetzt zierte ein anzügliches Grinsen sein Gesicht. »Du darfst anschließend alles mit mir machen, was du willst.«

Die Hitze in mir wurde beinahe unerträglich. »Ich nehm dich beim Wort«, flüsterte ich brüchig und zog ihn zu mir.

Unterdessen wanderten seine warmen Finger quälend langsam meinen Bauch hinab. Als sie an meinem Venushügel angekommen waren, verharrte er, während unsere Zungen erbarmungslos miteinander kämpften. Ich wand mich heftig unter seiner Berührung.

»Du wolltest es langsamer«, sagte er atemlos und offenbar sehr zufrieden mit sich, dass ich bereits vollkommen durchdrehte, obwohl er noch nicht mal richtig losgelegt hatte.

»Noah Seymour, ich warne dich …«

Mit einem selbstsicheren Lachen zog er meine Unterlippe zwischen seine Zähne, bevor er sie wieder freigab – allerdings ohne auch nur daran zu denken, sich zu beeilen.

Ich stand kurz vor der Explosion. Und ich würde ganz sicher nicht betteln. Kurzerhand löste ich eine Hand von seinen Schultern, griff nach seiner und führte sie zwischen meine Beine. »Du wolltest wissen, was mir gefällt«, murmelte ich kaum verständlich, weil ich mich mit aller Macht vom unkontrollierten Stöhnen abhalten musste.

Sein Körper erbebte, und sein selbstgefälliger Gesichtsausdruck wurde von reiner Lust abgelöst.

Mal mit, mal ohne Worte zeigte ich ihm, wo er mich berühren sollte, wie viel Druck mir gefiel und wie schnell ich es wann mochte. Er war ein zügiger Lerner, und schon bald zuckten Blitze vor meinen geschlossenen Augenlidern, und die Welt versank in einem Strudel aus Wärme, Ekstase und Wohlgefühl.

Er löste erst dann die Finger von meiner Mitte, als ich ein letztes Mal laut aufstöhnte und mich fest auf die Matratze presste. Und auch dann hielt er nicht in seinen Berührungen inne. Genüsslich, beinahe träge, strich er über meine Oberschenkel, küsste meine Brüste und meinen Hals, fuhr mir durchs Haar.

Sobald mein Orgasmus verebbte, richtete ich mich auf, legte die Hände auf seinen Oberkörper und drückte ihn in die weichen Kissen.

Er befeuchtete seine Lippen und sah zu mir auf, als würde er seinen Augen nicht trauen. »Du … bist unglaublich.«

Ich grinste. »Du hast ja keine Ahnung.« Rasch zog ich ihm die Boxershorts von den Hüften, was von einem Stöhnen seinerseits quittiert wurde.

Ganz langsam verteilte ich Küsse auf seiner nackten Haut, erforschte jeden Zentimeter mit meinen Händen und Lippen, ließ mir Zeit. Meine Augen hatten sich inzwischen vollständig an das Halbdunkel gewöhnt, sodass mir keine seiner Regungen, kein Zucken, kein Winden, entging. Wie in Zeitlupe arbeitete ich mich nach unten, speicherte die Empfindung für alle Ewigkeit ab. Eigentlich hatte ich mich rächen, ihn quälen wollen, wie er mich gequält hatte, doch jetzt hatte ich einen anderen Grund, das Tempo zu verringern. Ich wollte mich später erinnern. Wollte nie vergessen, wie er sich unter mir anfühlte.

»Liv«, keuchte er nach einer wunderbaren Ewigkeit, in der er ein bisschen unter mir gezappelt, mir aber freie Bahn gelassen hatte. Mein Name hatte noch nie so schön geklungen. »Bitte.«

Ich war kurz unter seinem Bauchnabel angekommen und schaute auf. »Bitte … was?«, fragte ich leise.

»Bitte hör auf, mich in den Wahnsinn zu treiben.«

Und endlich kam ich seinem Flehen nach und erlöste ihn. Seine weiche, empfindliche Haut und die abgehackten Laute aus seinem Mund waren fast berauschender als meine eigene Erregung. Ich pausierte nur kurz, um ihn zu fragen, ob ich etwas anders machen sollte. Doch er ließ mich nicht mal richtig zu Wort kommen.

»Bitte … genau … so«, stöhnte er und schloss die Augen.

Ich hatte kaum eine Minute weitergemacht, da zuckten seine Hände zu meinen Schultern. »Kommando zurück. Du musst aufhören.«

Ich richtete mich leicht auf und fuhr mir mit der Zunge über die Lippen. »Warum klingst du, als würdest du genau das Gegenteil meinen?«

Er schenkte mir ein schiefes, ziemlich benommenes Lächeln. »Liegt wohl daran, dass du leider ziemlich genau weißt, was du tust.«

Ich wollte meine Lippen wieder auf ihn senken, aber

er zog mich zu sich hoch, strich mir die Haare hinter die Ohren und legte anschließend behutsam seine Hände an meine Wangen.

»Leider?«, fragte ich mit erhobener Augenbraue.

»Ich will … alles. Und wenn du weitermachst, ist der Spaß ziemlich schnell vorbei.«

Meine Lippen verzogen sich unwillkürlich zu einem Lächeln, während mein Herz drohte, mir aus der Brust zu springen.

Er ließ von mir ab und stand auf, ohne mich auch nur eine Sekunde aus den Augen zu lassen. Es bereitete mir eine gewisse Genugtuung zu sehen, dass er ein wenig mit seinem Gleichgewichtssinn zu kämpfen hatte.

»Nicht bewegen«, zischte er, dann schlüpfte er aus der Tür. Die Dielen im Flur knarzten geräuschvoll, als er in Rekordgeschwindigkeit in sein Zimmer und wieder zurück rannte.

Mein Oberkörper hob und senkte sich ungewohnt schnell, und ich drückte meine Nase in das zerknitterte Kopfkissen neben mir.

Krachend fiel die Tür hinter ihm zu, und in drei großen Schritten stand er vorm Bett und ließ sich direkt auf mich fallen.

Mit einem Kichern schlang ich Arme und Beine um seinen Körper. Wir küssten uns wie Ausgehungerte, bis meine Haut sich unter seinen Bartstoppeln ganz wund anfühlte. Er nutzte die kurze Unterbrechung und drehte sich zur Seite, um sich das Kondom überzuziehen.

»Du führst«, murmelte er, sobald er fertig war, gab mir einen Kuss auf die Nasenspitze und zog mich auf sich.

Zeitgleich stießen wir den angehaltenen Atem aus. Seine Züge wechselten sekündlich zwischen panisch und erregt.

»Bereit?«, flüsterte ich.

»Seit ungefähr fünf Jahren«, erwiderte er heiser, ohne sich die Mühe zu machen, seine Nervosität zu verbergen.

Wir ließen uns nicht aus den Augen, als ich ihn langsam in mich aufnahm. Die Empfindung erfüllte meinen ganzen Körper. Alles war neu. Das erste Mal. Das richtige erste Mal. Nicht nur das erste Mal für uns zusammen, sondern das erste Mal einem anderen Menschen nah sein, wirklich nah, nicht weil man vergessen wollte, sondern weil man keine andere Wahl hatte. Das erste Mal entblößen und mutig sein. Es war kein Spiel mehr. Vielleicht hatte ich mir nur etwas vorgemacht, und es war nie eines gewesen. Einen Herzschlag lang waren wir sechzehn, dann siebzehn, achtzehn. Teilten diesen Moment miteinander, so wie es immer hatte sein sollen. Naiv. Rein. Nichts und niemand stand zwischen uns. Wir hatten uns gefunden und niemals losgelassen.

Doch das stimmte nicht. Wir waren keine Teenager. Wir waren nicht unschuldig – wir hatten Menschen verletzt. Hatten uns selbst und gegenseitig verloren. Die verpassten Chancen, die mangelnden Antworten, die Fehler, sie verschwanden nicht. Auch nicht, wenn ich in diese Augen schaute, die ich so vermisst hatte. Auch nicht, als wir uns im Einklang zu bewegen begannen und das Verlangen mich erzittern ließ. Aber sie schmälerten das Glück nicht, sie waren ein Teil davon. Der Beweis, dass ich am Leben war.

Und er bei mir.

Danach hatte ich vergessen, was Schmerz überhaupt bedeutete. All die Nächte, in denen ich mir die Augen aus dem Kopf geheult hatte, waren verschwunden. Wie ausgelöscht. Ich lag in seinen Armen, unsere Körper noch glühend von der Anstrengung, meine Lider bleischwer, und vergaß, dass die Wahrheit gefährlich war.

»Ich bin verliebt in dich«, brachte ich mit letzter Kraft hervor, kaum mehr richtig da. »Ich war es schon immer.«

Und dann brach die Erschöpfung über mir zusammen und begrub mich unter sich. Ließ mich ebenfalls vergessen. Dass es einen Grund gab, wieso ich Angst vorm Fallen gehabt hatte. Dass Noah mich schon einmal nicht aufgefangen hatte.

Und dass auf meine Worte ohrenbetäubende Stille folgte.

15. KAPITEL

Could've, should've, would've

NOAH

Ich hasste Techno. Diesen wummernden, kopfschmerzerregenden Sound. Ich hasste die leeren Augen der Clubgänger, die sich in dem bunten Lichtermix bewegten wie Tiere. Ich hasste, dass ich genau wusste, wo ich hinmusste. Männertoilette. Letzte Kabine. Ich hasste es, dass Tonys Name ausreichte, um mir Eintritt zu gewähren. Nicht weil er das Zeug selbst einschmiss, sondern weil er den Kerl von früher kannte. Tony würde mich umbringen, wenn er erfuhr, dass ich hier war.

Ich hielt Milo die Scheine vor die Nase, vergewisserte mich nicht einmal, ob es zu viele waren, und nahm die hellblauen Pillen entgegen. Kleine Herzen waren in die Oberfläche gestanzt.

Herzen. Um ein Haar hätte ich gelacht. Was auch sonst?

Ich wartete nicht mal, bis ich draußen war oder sich die Schlange vor den Toiletten verkleinert hatte, sondern holte eine aus der kleinen Plastiktüte und warf sie mir in den Mund. Schluckte. Eine für jetzt, eine für später, wenn die Wirkung nachließ. Heute Nacht benötigte ich alle Glückshormone, die mein Körper in der Lage war zu produzieren.

Die Bildfragmente waren nicht aufzuhalten, während ich mich auf die Tanzfläche begab. Genauso wenig wie die Stimme in meinem Kopf. Livs Stimme.

»Ich bin verliebt in dich.«

Ich wollte sie packen und schütteln und anbrüllen.

»Ich war es schon immer.«

Meine Lider wurden schwer, und ich begann mich hektisch im Takt der Musik zu bewegen. Immer aggressiver, als könnte ich damit die verräterischen Tränen stoppen, die mir über die Wangen liefen.

Was hätte ich dafür gegeben, der Mensch zu sein, der diese Worte verdiente … Was hätte ich dafür gegeben, sie weiterhin im Arm zu halten und ihr beim Einschlafen zuzusehen. Sie zu küssen. Mit ihr zu verschmelzen, bis wir nicht mehr wussten, wo ich aufhörte und sie anfing.

Ich war so ein krankes Arschloch. Hatte mich von der Illusion einhüllen lassen, dass es in Ordnung sein würde. Dass selbst ich einen Neuanfang verdiente. Dass sie mich lieben konnte, trotz allem. Sie hatte keine Ahnung. Keine verdammte Ahnung, was sie da sagte. Zu *wem* sie diese Worte sagte. Ich war nicht mehr der Noah von damals, so sehr sie es sich auch wünschte. Dafür hatte ich in dieser alles zerstörenden Nacht gesorgt.

Bis hier und nicht weiter. Viel zu lang hatte ich mitgespielt.

Jäh drang die Musik in mein Inneres ein. Es kam nicht langsam wie sonst, es bahnte sich nicht an, sondern schlug ein wie eine Bombe und ließ die Tränen versiegen. Rauschendes Adrenalin peitschte durch meine Adern, vertrieb das Chaos in meinen Gedanken. Ich schlug die Augen auf.

Die Gesichter, die mir eben noch so leer vorgekommen waren, schienen jetzt voller Leben. Voller Wärme und Farben. Der Schweiß rann meine Schläfen entlang, und ich warf den Kopf in den Nacken und tanzte. Mir ging es gut. So, so, so gut. Der Beat war nicht mehr nervtötend, er weckte meine Energiereserven. Ließ meine Bewegungen schneller werden, ruckartiger, und mein Herz rasen.

Ich befand mich auf dem Gipfel der Welt. Und ich dachte nicht daran, was folgen würde. Was die einzig logische Konsequenz war, wenn man die Spitze erreicht hatte und es nicht mehr höher ging.

Das Glück verschwand genauso schnell, wie es gekommen war. Die bunten Lichter wurden grell, erzeugten einen stechenden Schmerz in meinem Kopf. Die lächelnden Gesichter verzogen sich zu Fratzen. »Sie wird dir nie verzeihen«, schrie mir eine zu.

Von allen Seiten zerrten sie an mir und verhöhnten mich, als ich mich zu befreien versuchte. Mein wild gewordener Herzschlag übertönte die gottverdammte Musik.

»Du bist es nicht wert.«

»Was hast du dir nur dabei gedacht?«

Ich wollte mir die Ohren zuhalten, sie alle ausblenden. Vergeblich.

Eine Stimme kristallisierte sich heraus, schien geradewegs aus den Lautsprechern zu kommen. Eine Stimme, die ich seit drei Jahren nicht mehr gehört hatte. Von der ich geglaubt hatte, sie nie wieder zu hören.

»Du bist der Grund, aus dem ich tot bin.«

Ein gellender Schrei ließ die Wände erzittern und den Boden vibrieren. Vielleicht war es mein eigener. Scheißegal.

Es gelang mir, den Fratzen-Händen zu entkommen. Besinnungslos stolperte ich zu den Toiletten, ignorierte alle Schattengestalten auf dem Weg, suchte mir eine freie Kabine, schloss ab und sank neben der Toilettenschüssel auf den Boden. Vergrub das Gesicht in den Händen.

Mach, dass es aufhört, mach, dass es aufhört, bitte mach, dass es aufhört.

»Ich werde nicht aufhören, Noah.«

Mein Kopf ruckte in die Höhe.

Die schmutzigen Fliesen begannen sich von der Wand abzulösen und krachten zu Boden. Auf mich. Der Schmerz war nichts gegen den Anblick des jungen Mannes, der vor mir in die Hocke ging. Die Fliesen schienen ihm nichts anzuhaben, sie prallten einfach an ihm ab.

»Bitte«, schluchzte ich. »Bitte nicht.«

Er trug das rote Hemd. Zwei Knöpfe fehlten. Seine Haare waren zerzaust wie immer. Vom Braun seiner Augen war kaum mehr etwas übrig, die Dunkelheit verschluckte alle Farben.

»Gute Arbeit«, flüsterte er, und ein gespenstisches Lächeln erhellte seine Züge. Wenn er lächelte, war die Ähnlichkeit zu seiner kleinen Schwester nicht zu übersehen. »Du brauchst nicht mal mehr nachlegen, das wird schon ausreichen. Jetzt musst du es nur noch aus diesem Drecksloch schaffen, dich auf dein Motorrad setzen und losfahren. Scheiß auf den Helm, Noah. Wir wollen es so realistisch wie möglich gestalten, nicht wahr?«

Ich schüttelte den Kopf, hin und her, während ich meine Arme schützend über mich hielt. Wieso half mir niemand? Wieso hörte niemand den Lärm?

Er packte mich an den Schultern und donnerte mich gegen die Kabinenwand. »Hör auf, dich dagegen zu wehren!«, schrie er. »Du hast nichts anderes verdient! Sie weiß nicht, was du getan hast.«

Rileys Gesicht verschwamm hinter meinen Tränen. Ich blinzelte heftig.

»Es tut mir leid«, keuchte ich. »Es tut mir … so leid.«

»Ich hab dich gebraucht, verdammte Scheiße! Du warst der einzige Mensch, der mich verstanden hat«, brüllte er weiter. Er schien mich überhaupt nicht zu hören. »Sie hat dich mir weggenommen, und du hast es zugelassen! Und dann hast du es nicht mal geschafft, ihr zu sagen, was du für sie empfindest. Ich bin für *nichts* gestorben! Warum solltest ausgerechnet du das Recht auf Glück haben? Weshalb sollte es bei dir anders laufen?«

Auf einen Schlag wurde ich ganz ruhig. Ich blinzelte die Tränen weg. Nahm jedes Detail seines Gesichts in mich auf. Ich hatte es so vermisst.

»Du hast recht, Riles. Du hast recht.«

Sein Lächeln war zurück, und er ließ mich los, stand auf und reichte mir eine Hand. Die Fliesen befanden sich wieder an der Wand.

Stille kehrte ein. Nur seine Stimme ertönte, diesmal ganz sanft.

»Dann lass es uns zu Ende bringen.«

16. KAPITEL

How to save a life

LIV

»Schalt einen Gang zurück, ich versteh dich kaum.«

Ich atmete tief durch und hielt Anthony im Gehen den Papierfetzen hin, den ich auf der Matratze neben mir gefunden hatte. Kein hübsches Wort stand darauf, keine romantische Nachricht oder eine Erklärung, wohin Noah verschwunden war, während ich ein, zwei Stunden weggenickt war.

Ich kann das nicht mehr. Es tut mir leid.

Anthony runzelte die Stirn und fuhr sich mit einer Hand durch die rotblonden Haare. Ich hatte nicht lange gefackelt – nachdem ich in der Dunkelheit aufgeschreckt war und mein Bett sowie die WG leer vorgefunden hatte, hatte ich Briony angerufen. Sie und Matilda befanden sich immer noch auf der Party, und ich hatte darum gebeten, mit Anthony zu sprechen. Am Telefon hatte ich ihn beschworen, mir ehrlich zu sagen, ob Noah sich bei ihm gemeldet hatte. Fehlanzeige. Er hatte nicht verstanden, wieso ich mitten in meiner Erzählung in Tränen ausbrach und kaum mehr ein richtiges Wort über die Lippen brachte. Ich verstand es ja selbst nicht. Ich wusste nur eins: Egal was Noah dazu verleitet hatte, diese Worte zu schreiben, irgendetwas lief gerade verdammt schief. Das war keine Nachricht, die man hinterließ, wenn man sich nur mal schnell die Beine vertreten gehen wollte.

Als mir bewusst geworden war, dass er nicht nur sein Handy ausgeschaltet hatte, sondern auch sein Motorrad nicht mehr unten vor der Tür stand, war ich endgültig durchgedreht. Vor drei Jahren hatte ich gewusst, an welchen Ort er sich zurückzog, wo er Ablenkung suchte. Weil ich ihn in- und auswendig gekannt hatte. Aber jetzt? Jetzt wusste ich gar nichts mehr. Ich hatte absolut keine Ahnung, wo Noah hinging, wenn ihm alles zu viel wurde.

Anthony griff nach meinem Arm und drückte ihn leicht. Wir befanden uns in einer überfüllten Straße in Clerkenwell, um uns herum lauter betrunkene Leute, und steuerten unser letztes Ziel an.

Anthony hatte am Telefon drei Läden aufgezählt: Flex, The Crow, Loophole. Am Anfang hatte ich nicht kapiert, worauf er hinauswollte. »Der ist garantiert losgezogen, um sich abzuschießen«, hatte er erklärt. »Entweder das, oder er ist bei … Grace. Wir treffen uns beim Loophole, ich helf dir. In einer halben Stunde, ja?«

Für den Moment war es mir scheißegal, wer Grace war und was Noah bei ihr zu suchen hatte, und das sagte einiges über mein Paniklevel aus. Hauptsache, es ging ihm gut.

Im Flex war er schon mal nicht – Anthony hatte sich auf dem Weg hierher vergewissert, und auch im zweiten Club gab es keine Spur von Noah; ein Freund von Anthony arbeitete dort und hatte ihm Bescheid gegeben.

»Hey. Liv.«

Schon wieder verschwand Anthony hinter einer Wand aus Tränen. Ich blinzelte heftig. »Glaubst du, er würde sich etwas antun?«, brachte ich hervor.

»Was?« Er klang vollkommen perplex.

»Wie verstehst du das denn sonst?«, rief ich und deutete auf die Worte.

Er kniff die Augen zusammen und zog hektisch an seiner Zigarette. »Noah ist nicht lebensmüde. Der ist ein bisschen durch den Wind, das ist alles.«

Aber warum? Warum war er durch den Wind? Ich war jede Sekunde des Abends noch einmal in Gedanken durchgegangen, während ich die U-Bahn hierher genommen hatte. War er nicht bereit für Sex gewesen? Hätte ich ihm nicht sagen sollen, wie ich mich fühlte? Wann war alles den Bach runtergegangen?

»Er ist mit dem Motorrad unterwegs!« Meine Stimme überschlug sich.

»Na und?« Anthony sah jetzt ehrlich verwirrt aus.

»Mein … Mein Bruder ist so gestorben.«

Er starrte mich an. »Dein Bruder?«

»Er hat dir nie davon erzählt?«

Pause.

»Riley ist *dein* Bruder?«

Also hatte er ihm doch davon erzählt. Ich wischte mir über die Wangen. »War«, schnaubte ich.

Anthonys Blick wurde glasig. »Was ist heute Nacht passiert, Liv? Was genau ist passiert?«

Ich fixierte ihn und zwang mich, ruhig zu bleiben, obwohl ich kurz vorm Ausrasten war. »Wir haben miteinander geschlafen«, sagte ich und wich einer grölenden Männergruppe aus.

»Es war ja nicht das erste Mal, dass ihr das versucht habt, oder?«

Auch das hatte Noah nicht vor seinem besten Freund geheim gehalten.

Ich schüttelte den Kopf und wich seinem Blick aus. »Diesmal war es anders. Es hat was bedeutet.«

»Was noch? Ist noch was passiert?«, drängte er. Weshalb war er plötzlich genauso panisch wie ich?

»Ich hab ihm gesagt, dass ich verliebt in ihn bin.«

»Fuck!«

Abrupt blieb ich stehen. »Anthony? Was ist los?«

Er tigerte auf und ab, warf die Zigarette in eine Regenpfütze und fuhr sich mit beiden Händen durch die Haare, zerrte regelrecht daran. »Er ist im Loophole«, wisperte er und deutete auf eine flackernde Leuchtreklame ein paar Meter vor uns. Dann packte er meine Hand, und mir blieb nichts anderes übrig, als mitzurennen.

Außer Atem blieben wir vor dem Eingang stehen. Nur ein gelangweilt aussehender Türsteher lehnte daneben an der Wand.

»Woher willst du wissen, dass er ausgerechnet hier ist?«, japste ich.

Anthony ließ meine Hand los und drehte den Kopf weg, als wäre mein Anblick zu viel für ihn. Oder als wollte er irgendetwas in seinem Gesicht vor mir verbergen. »Er gibt sich die Schuld am Tod deines Bruders.«

Die Worte gingen im lauten Johlen der Gruppe hinter uns verloren, doch ich verstand sie problemlos.

Meine Gesichtszüge entglitten mir. »*Was?* Was hat das mit meinen Gefühlen zu tun? Und mit dem Club hier?«

Anstatt mir zu antworten, drehte er sich um und ging mit zwei großen Schritten zum Bordstein hinter uns.

»Hey! Was zur Hölle tust du?«

Er warf einen Blick zu mir zurück und sah so erleichtert aus, dass es sich prompt auf mich übertrug, obwohl ich keine Ahnung hatte, wieso.

»Das ist seins«, sagte er mit einem leisen Stöhnen und deutete auf das geparkte Motorrad am Straßenrand. Im nächsten Moment war er bei mir und griff wieder nach meiner Hand.

»Sag mir jetzt sofort, was los ist«, entfuhr es mir, während wir den Eingang ansteuerten. Der Türsteher sah nicht mal auf, als wir an ihm vorbeischlüpften.

»Er hat was eingeschmissen«, erwiderte er.

»Wie ... Was ...«

»Komm!«

Es gab keine Gelegenheit, mehr aus ihm herauszukriegen, denn als wir die spärlich beleuchteten Treppenstufen runterstolperten, wurde jedes andere Geräusch von den wummernden Bässen elektronischer Musik verschluckt. Der konzentrierte Geruch nach Rauch, Schweiß und Hochprozentigem kam mir wie eine Wand entgegen und ließ meinen Magen rebellieren. Bunte Neonlichter blitzten stroboskophaft über die tanzenden Menschen. Obwohl es schon nach vier sein musste, war der kleine Raum überfüllt. Nur die Bar in der hintersten Ecke schien vollkommen verlassen.

Zielstrebig führte Anthony mich durch die Meute. Die meisten Clubgäste tanzten nicht, sie zuckten. Ihre Gliedmaßen schienen ein Eigenleben zu führen, und ihre weit aufgerissenen Augen und Münder ließen keinen Zweifel daran, was hier abging.

Mein Herz überschlug sich.

Wir drückten uns an einem Zigarettenautomaten und

einem wild knutschenden Paar vorbei und steuerten das WC-Neonschild an.

Vor der Männertoilette hielt Anthony inne und schaute mich an. »Willst du warten?«, rief er mir zu.

Ich riss mich los und funkelte ihn an. »Willst *du* mich verarschen?«

Er schluckte und stieß die Tür auf. »Milo!«, brüllte er gegen den hämmernden Techno an. Noahs hübscher, immer gut gelaunter bester Kumpel war verschwunden, und an seine Stelle war ein vor Wut zitternder Kerl getreten, dem man ungern in einem solchen Szenario begegnen wollte.

Ich folgte ihm, nahm den widerlichen Gestank nach Erbrochenem und Urin aber nur am Rande wahr, denn in diesem Moment trat ein junger Mann aus der letzten Kabine. Sein Kopf war rasiert, seine Augen trüb. Er verzog die Lippen zu einem müden Lächeln, als sein Blick auf uns traf. Ich schätzte, dass er noch keine zwanzig war.

»Tony! Alter Falter, schon lang nicht mehr gesehen. Was machst du denn …«

Er verstummte, als Anthony auf ihn zustürmte, ihn am Kragen packte und gegen die Fliesen neben dem Waschbecken presste. »*Wo ist er?*«

Ich riss mich von ihrem Anblick los, ignorierte die zwei Männer, die an den Pissoirs hinter mir standen, und stieß die Kabinentüren auf. Alle schwangen auf. Alle außer eine.

»Jetzt komm mal runter«, hörte ich den Kerl hinter mir keuchen. »Es waren nur zwei Teile!«

»Ich hab dir gesagt, du verkaufst ihm nichts mehr!«, schrie Anthony ihn an.

»Der Abend lief beschissen, was soll ich machen? Das letzte Mal war außerdem Ewigkeiten her, der hat sich seit

Monaten nicht mehr hier blicken lassen. Woher soll ich denn wissen, dass er gleich so ’ne Paranoia schiebt?«

Ich schluckte die Galle herunter, die in meiner Kehle aufstieg, und klopfte gegen die verschlossene Kabinentür. »Noah? Noah, bist du da drin?«

»Was hast du ihm gegeben, du Volltrottel?«

»Nichts Besonderes.«

»*Was du ihm gegeben hast!*«

»Lass mich los, du Wahnsinniger. Molly, ziemlich sicher. Ach, keine Ahnung, vielleicht hat er auch 2C-B erwischt.«

»*Keine Ahnung? Ist das dein fucking Ernst, Milo?*«

»Ist ja gut, ist ja gut, ich hab meine Lektion gelernt! Der hat minutenlang hier rumgeschrien und versaut mir das ganze Geschäft!«

Ich sank auf den Boden, ohne mit dem Hämmern aufzuhören. Bildete ich es mir nur ein, oder war da ein Wimmern?

»Noah. Noah, hier ist Liv, bitte schließ die Tür auf.«

Anthony ließ von dem Kerl ab, der wie ein nasser Sack auf den Boden sank, und kam zu mir, ging neben mir auf die Knie. »Noah, mach die gottverdammte Tür auf.«

»Was … Was ist das? Was hat er genommen?«

Er legte mir einen Arm um die Schultern und sah mir fest in die Augen. »Ein Halluzinogen. Nicht so schlimm. Es wird ihn nicht umbringen.«

»*Nicht so schlimm?* Wie kannst du dir so sicher sein?«, fauchte ich und schlug meine Faust erneut gegen die Tür. »Noah, bitte.«

»Weil ich den Scheiß selbst schon geschluckt hab. Es wird nur problematisch, wenn er zu kotzen beginnt und nicht mehr bei Sinnen ist … *Noah, die Tür!*«

Ich schüttelte seinen Arm ab. »Hat er das von dir? Wusstest du deshalb, wo er zu finden ist?«

Ein schmerzvoller Ausdruck huschte über sein Gesicht. »Danke für dein Vertrauen. Ich nehm das Zeug seit Jahren nicht mehr, und ich hab es noch nie mit ihm …«

Die Tür schwang nach innen auf, und wir verloren beide das Gleichgewicht.

Anthony bekam den Rahmen zu fassen und packte mich am Unterarm, was mich in letzter Sekunde davon abhielt, vornüber auf die schmutzigen Fliesen zu stürzen.

Falscher Alarm. Das war mein erster Gedanke, als ich Noah bewegungslos über uns stehen sah. Er wirkte weder betrunken noch anderweitig benebelt. Eine Welle der Erleichterung schwappte über mich hinweg.

Doch dann richtete ich mich auf und schaute ihm richtig ins Gesicht. Seine Wangen waren nass, seine Augen mitternachtsschwarz. Er war ganz ruhig und machte Anstalten, sich an uns vorbeizuschieben, als seien wir zwei Fremde, die ihm zufällig im Weg standen.

Anthony reagierte zuerst. Er stellte sich direkt vor ihn, sagte seinen Namen. Erst behutsam, dann drängender, nachdem keine Reaktion folgte.

»Ich muss weg«, murmelte Noah wie zu sich selbst. »Lass mich durch, bitte.«

Tränen schossen mir in die Augen. »Noah, was ist los?«

Zum ersten Mal schien er unsere Anwesenheit zu registrieren. Er hob die Arme und presste sich beide Handflächen an die Schläfen. »Nicht real«, wisperte er. »Nicht real, das ist nicht real.«

»Alter! Wach auf! Wir sind hier. Es ist okay.«

Ich trat einen Schritt vor, neben Anthony. Nur wenige Zentimeter trennten mich von Noah. Dann streckte ich eine Hand aus, berührte Noah ganz sanft am Arm. Er fuhr so heftig zusammen, dass ich mich sofort zurückzog.

»*Du bist nicht real!*«, schrie er und wankte zurück. »Du bist nur hier, um mich zu quälen.« Er vergrub das Gesicht in den Händen und sank zu Boden, während unkontrollierte Schluchzer aus ihm hervorbrachen. »Das ... Motorrad. Ich muss ... bitte ...«

Ohne zu überlegen, kniete ich mich neben ihn. Achtete aber diesmal darauf, dass ich ihn nicht berührte.

»Bleib bei ihm«, hörte ich Anthony wie durch Watte sagen. »Hör nicht auf, mit ihm zu reden. Ich hol Wasser und schaff die Leute hier weg.«

Ich nickte, ohne den Blick auch nur eine Sekunde von Noah zu lösen. »Was ist mit dem Motorrad?«, flüsterte ich und wischte mir meine eigenen Tränen aus den Augen. Die Musik, die Gespräche der Leute, das Gelächter. Alles vermischte sich zu einem unbedeutenden Hintergrundrauschen. Da war nur noch die zusammengekauerte Gestalt vor mir.

»Ich muss ... zu ... Riley ... Er will, dass ich es beende.«

Eisige Kälte machte sich in mir breit. Fassungslos schüttelte ich den Kopf, doch er sprach schon weiter. Ganz nah musste ich mich zu ihm beugen, um ihn überhaupt zu verstehen.

»Er hat recht. Ich habe nichts anderes verdient. Es ist alles meine Schuld.«

Er war nicht klar, ich sollte ihn besser nicht provozieren, sollte einfach ganz ruhig auf ihn einreden, bis er zu sich kam. Aber seine Worte rissen die alten Wunden auf, und plötzlich gab es kein Zurück mehr.

»Einen Scheiß hat er! Es war ganz allein Rileys Entscheidung, auf dieses gottverfluchte Höllending zu steigen. Er ist tot, Noah! Riley ist tot. Er ist mit dem Motorrad über die Brücke gefahren, weil er weiß Gott was intus hatte. Und wir müssen jetzt damit leben, dass es ihm scheißegal war, was für Folgen sein verantwortungsloses Verhalten hatte!«

Abrupt hob er den Kopf. Mit tränenüberströmtem Gesicht sah er mich an. *»Du bist nicht hier! Du bist nicht real!«*

Ich ignorierte alle Alarmglocken, griff nach seiner Hand. Presste sie gegen meine nasse Wange. »Fühlst du das?«, schluchzte ich. »Das ist real. *Ich* bin real. Riley ist es nicht mehr.«

Er wollte seine Hand wegziehen, aber mein Griff war eisern. »Liv«, brachte er nach einer Ewigkeit hervor. Ungläubig. Verzweifelt.

Ich schlang meine Arme um ihn. Zog ihn an meine Brust und strich ihm über die schweißnassen Haare. »Ich bin hier.«

Ein paar Sekunden ließ er die Berührung zu, bevor er ruckartig zurückwich. Mit einem unschönen Geräusch krachte sein Kopf gegen die Fliesen. Er schien es nicht mal zu spüren.

»Das ist nicht richtig. Du kannst nicht … Ich kann das nicht.«

»Das sind nur die verdammten Drogen!« Meine Stimme bebte. Ein erbärmlicher Versuch, mich selbst zu überzeugen. Als er mir die Nachricht hinterlassen hatte, hatte er noch nichts eingeworfen, oder?

Es kamen immer mehr Tränen nach, aber inzwischen wurde er nicht mehr von Schluchzern geschüttelt. Er sah mich an, sah mich richtig an, obwohl seine Pupillen noch immer viel zu groß waren.

Erneut schloss ich ihn in die Arme, hielt ihn ganz fest, redete beruhigend auf ihn ein. Die Minuten vergingen, vielleicht wurden sie zu Stunden, ab und zu sagte Anthony etwas, hielt die anderen Clubgänger davon ab, in unsere Kabine zu kommen.

Als ich mir fast sicher war, dass Noah an meiner Schulter eingeschlafen war, hob er plötzlich den Kopf. Seine Stimme klang noch immer nicht normal, doch die Worte sprudelten auf einmal aus ihm hervor, als könnte er sie keine Sekunde länger zurückhalten. »Die ganze Zeit über habe ich versucht, meinen Mut zusammenzunehmen. Ich habe dich in seinen Armen gesehen und bin innerlich gestorben. Ich wusste, es war der falsche Moment, aber ich wusste auch, dass nie der richtige kommen würde.«

Verständnislos erwiderte ich seinen Blick. Wovon zum Teufel sprach er?

»Der Abschlussball«, fuhr er mechanisch fort. »Als du mit Josh getanzt hast, habe ich euer gemeinsames Leben vor Augen gehabt und es nicht mehr ertragen. Es ist dämlich. Vor allem, weil ich schon seit Jahren wusste, was ich für dich empfinde. Ich hab es jeden Tag gespürt, wenn ich dich angesehen hab. Jede Sekunde, in der du gelacht hast oder traurig warst oder genervt oder irgendwas. Du warst meine beste Freundin, und ich war so hoffnungslos verloren. Ich hab mich dagegen gewehrt, wollte das zwischen uns nicht zerstören, weil ich der größte Schisser war.« Hektisch schnappte er nach Luft, und ich wollte ihn erneut umarmen, wollte ihm zeigen, was seine Worte in mir anrichteten, doch er hielt mich mit beiden Händen auf Abstand. »Du verstehst es nicht, Liv. Du verstehst gar nichts.«

»Dann erklär's mir!«

»Ich hab dich nicht verdient, weil mir erst klar wurde, dass ich wirklich etwas unternehmen muss, als ich dich am Arm eines anderen gesehen habe. Du hast jemanden wie ihn verdient. Jemanden, der dich sieht und alles dafür tut, auch von dir gesehen zu werden. Nicht jemanden, der wartet, bis die Eifersucht ihn fast umbringt, bevor er etwas tut.«

»Darum geht es dir? Ist das dein Ernst? Ich dachte, darüber haben wir gesprochen. Ich war genauso bescheuert wie du. Ich hab auch gewartet! Und ja, natürlich hast du recht. Josh war perfekt für mich. Aber so funktionieren Gefühle nicht, du Vollidiot!«

»Hör auf zu sagen, dass du Gefühle für mich hast«, wisperte er.

»Ich hab nicht nur irgendwelche Gefühle für dich, ich …«

»Das ist nicht der einzige Grund, wieso ich dich nicht verdiene«, fiel er mir ins Wort. Seine Stimme klang mit einem Mal so resigniert, so leer. Als hätte er aufgegeben. Ich wagte kaum zu atmen. »An diesem Abend wollte ich dir sagen, dass ich verliebt in dich bin. Ich habe an nichts anderes gedacht. Irgendwann kam Riley völlig verballert zu mir. Wir haben geredet, hinter der Sporthalle bei den Bäumen. Ich war auch schon ziemlich angetrunken. Er wollte mich davon überzeugen, auf sein Motorrad zu steigen. ›Vergiss es, Noah, das wird nichts mehr‹, hat er gesagt. ›Vergiss meine perfekte kleine Schwester, er passt doch viel besser zu ihr. Vergiss sie und lass uns gemeinsam abhauen.‹ Aber ich konnte dich nicht vergessen. Ich war so sauer auf ihn, weil es die Wahrheit war, also habe ich ihm die schlimmsten Dinge an den Kopf geworfen. ›Du willst nur, dass ich ein Versager bleibe wie du, damit du nicht mehr alleine bist.‹ Das waren meine Worte an ihn. Und auf einen Schlag war seine Wut weg. Eine Weile hat er mich nur angeschaut, und dann hat er zu weinen begonnen. Ich war so perplex, so verwirrt, weil ich den ganzen Abend nur an dich und an mein eigenes Versagen gedacht hatte. Ich hatte keine Ahnung, was ich tun sollte, also habe ich gar nichts gemacht und mir eingeredet, die Drogen seien der Grund für seine heftige Reaktion, obwohl ich ihn nie zuvor angeschrien hatte. Ich weiß noch, wie ich gehofft habe, dass er so schnell wie möglich abhaut, damit ich wieder zu dir kann.« Dicke Tränen rollten über seine Wangen und fielen auf den Boden. Sein Gesicht verschwamm vor meinen Augen. ›Liegt es daran, dass sie eine Frau ist?‹, hat er mich schließlich gefragt, und seine Stimme war ganz klein. Ich stand immer noch unter Schock, aber dann habe ich verstanden, dann habe ich endlich, endlich verstanden, was für ein blinder Vollidiot ich die ganze Zeit gewesen war. Seine Macho-Sprüche über Frauen, ohne je wirklich etwas mit einem Mädchen angefangen zu haben, seine herablassenden Kommentare über Jude, der sich in der Siebten geoutet hatte. Seine lässige, unnahbare Art, hinter der er seine wahren Gefühle verborgen hat. All das wurde mir in dem Moment klar. Ich hab den Kopf geschüttelt und geantwortet: ›Es liegt daran, dass sie Liv ist.‹ Scheiße, du hättest seinen Blick sehen sollen. Er war so am Ende. Die Tränen sind ihm übers Gesicht geströmt, und er hat sich nicht einmal dagegen gewehrt. Ich war viel zu überrumpelt, um ihn zu trösten. Und weißt du, was dann passiert ist?« Nur mühsam brachte er die Frage hervor. »Dann ist Riley losgefahren. Ich hab ihn nicht aufgehalten, hab es nicht mal versucht. Er hat sich überschlagen, ist über die Cleveland Bridge gestürzt und gestorben.«

Drei Jahre hatte ich nicht nur jeden Gedanken an Noah verdrängt, sondern auch an meinen großen Bruder. Jetzt kam alles geballt zurück. Manchmal war ich morgens schweißgebadet aus einem Albtraum aufgewacht, in dem ich seinen Tod miterlebt hatte. So oft hatte ich ihn mir in den ersten Tagen danach vorgestellt, bis ich es mir ganz verboten hatte. Mein Unterbewusstsein konnte ich nicht austricksen. Aber mit der Zeit war ich dankbar für die Träume geworden. Denn das Schlimmste war nicht die Trauer, sondern der Gedanke daran, mich irgendwann nicht mehr an sein Gesicht erinnern zu können. Oder an seine Stimme. Oder an sein höhnisches Lachen. Nein, wir hatten nie ein gutes Verhältnis zueinander gehabt. Aber wir waren so verdammt jung gewesen, und er hatte uns die Chance genommen, das jemals zu ändern. Ich würde nie erfahren, ob es später besser geworden wäre, wie meine Eltern immer prophezeit hatten. Ob wir irgendwann einen Zugang zueinander gefunden hätten. In einer Sekunde war er noch da gewesen, in der anderen weg. Einfach so. Ich konnte mich nicht mal an den letzten Moment mit ihm erinnern. Vermutlich hatte er mich damit aufgezogen, dass mein Kleid besser zu einer Beerdigung als zu einem Abschlussball passte. *Tja, der Scherz ging nach hinten los, Bruderherz.* Eine Woche später hatte ich mich auf seiner befunden.

Ich zwang mich, den Blick auf Noah zu richten. Als ich sprach, war meine Stimme nicht mehr tränenerstickt. Der Schock lähmte mich. »Deswegen hast du den Kontakt zu mir abgebrochen«, fasste ich tonlos zusammen. »Deswegen bist du aus meinem Leben verschwunden, als wärst du in dieser Nacht an seiner Seite gestorben.«

Ein Teil von mir hatte geglaubt, Erleichterung zu empfinden. So viele Stunden, Tage, Nächte hatte ich mir den Kopf darüber zerbrochen, was geschehen war. Was meinen besten Freund, meinen Seelenverwandten dazu verleitet hatte, einfach abzuhauen. Doch die Wahrheit war keine Erleichterung. Sondern das Gegenteil. Drei Jahre. Wir hatten drei verdammte Jahre verloren. Kalte Wut breitete sich in mir aus.

»Vielleicht wären wir dann alle besser dran«, wisperte er.

Einen Herzschlag lang starrten wir uns an, sein Blick voller Angst, meiner voller Zorn, dann holte ich aus und haute ihm eine runter.

»Hey!«

Ich wandte den Kopf. Der Aufschrei war nicht von Noah gekommen, sondern von Anthony, der außerhalb der Kabine mit angezogenen Beinen an der Wand saß, weiß Gott wie lange schon. Die restlichen Toiletten schienen verlassen zu sein, ich hatte weder jemanden kommen noch gehen gehört. Andererseits hätte wahrscheinlich die Welt untergehen können, ohne dass ich es bemerkt hätte.

»Er ist immer noch auf dem Trip«, schob Anthony hinterher und streckte mir die Wasserflasche in seiner Hand hin. »Beruhig dich.«

Ich nickte und drehte mich wieder zu Noah. Die Angst in seinem Gesicht war zu ausgewachsener Panik geworden. Von der Ohrfeige schien er nichts zu spüren.

Ein paarmal atmete ich tief durch. »Du hast gesagt, ich soll dir eine runterhauen, wenn du dich wie ein Arschloch verhältst.«

Er nickte, presste sich mit dem Rücken an die Wand. »Nicht mal du kannst mich so sehr hassen, wie ich mich selbst hasse. Ich werde mir das niemals verzeihen. Meine Gefühle für dich waren der Grund dafür, dass ich seine nicht ernst genommen, sie nicht mal richtig bemerkt habe. Ich habe sie mit Füßen getreten, habe nicht einmal versucht, mit ihm darüber zu reden. Es ist meine Schuld, dass er tot ist. Und ich war zu feige, es dir zu sagen.«

»Verdammt noch mal!« Ich stellte die Wasserflasche neben uns, kniete mich vor ihn und legte beide Hände an seine Wangen. Zwang ihn, mich anzusehen. »Ich werde dir diese Worte sagen, sobald die Wirkung der Scheiße in dir nachlässt. Wieder und wieder und wieder. Bis du sie verstehst. Und ich sag sie dir jetzt, falls irgendwo da drin mein richtiger Noah steckt.«

Seine Unterlippe bebte, seine Augen waren geweitet, aber die Pupillen fast wieder auf ihre normale Größe geschrumpft. Eine Tatsache, die mir Mut machte.

»Du bist nicht verantwortlich für Rileys Tod«, sagte ich und betonte jedes Wort einzeln. »Der einzige Verantwortliche ist Riley. Euer Streit hat ihn nicht umgebracht, und du konntest nichts dafür, weil du überfordert warst. Wir wissen nicht, was geschehen wäre, wärst du mit ihm auf dieses Motorrad gestiegen. Vermutlich wärt ihr beide gestorben.«

»Oder … Oder ich hätte ihn retten können.«

Ich strich ihm ein paar widerspenstige Strähnen aus der Stirn. »Man kann Menschen nicht retten, Noah«, zitierte ich aus diesem verfluchten Artikel, mit dem alles begonnen hatte und der sich jetzt so weit weg, so lächerlich anfühlte. »Man kann sie nur lieben und ihnen die Hand halten, während sie versuchen, sich selbst zu retten.«

Die Sonnenstrahlen brachen durch die graue Wolkendecke und verteilten ihr Licht über Londons Straßen, als Anthony und ich es endlich schafften, Noah aus dem Club und in ein Taxi zu zerren. Davor übergab er sich noch zweimal und hatte eine kurze Schüttelfrost-Attacke. Die Wirkung der

Droge ließ zwar insgesamt nach, schien aber immer wieder kurz aufzuflackern. Immerhin ließ er sich von mir halten, und auch Riley erwähnte er nicht mehr.

»Kommst du klar?«, fragte mich Anthony.

Wir waren vor der Ginger Cat Bar angekommen. Das Sonnenlicht brannte in meinen Augen. Noah hatte einen Arm um meine Schultern geschlungen, zwischendurch fiel er immer wieder in einen Sekundenschlaf. Mit Ausnahme von zwei Straßenkehrern und einigen Frühaufstehern, die in der Bäckerei gegenüber unserem Wohnhaus einkauften, herrschte kaum Leben auf der Straße. Die Feierwütigen lagen inzwischen in ihren Betten, alle anderen schliefen noch.

»Soll ich mit hoch?«

Ich schüttelte den Kopf und rang mir ein Lächeln ab. »Danke. Danke für alles. Sorry für vorhin. Für das, was ich dir vorgeworfen habe, ich …«

Mit einem Grinsen winkte Anthony ab. »Ich habe nicht die geringste Ahnung, wovon du sprichst. Wenn du was brauchst – du hast ja jetzt meine Nummer.«

Ich verstärkte meinen Griff um Noahs Taille. »Es tut mir auch leid, dass ich dir den Abend versaut habe.«

Er verdrehte die hellgrünen Augen. »Darling, du gewöhnst dich besser schnell dran, dass ich diesen Chaoten zu meiner Familie zähle. Wenn's ihm schlecht geht, geht's mir schlecht. Ich weiß schon, ihr zwei wart immer beste Freunde, Seelenverwandte und der ganze Spaß, aber mich werdet ihr deshalb nicht los.«

Mein Lächeln wurde breiter. »Ich bin froh, dass er dich hat.«

»Dito.« Er warf mir eine Kusshand durchs Fenster zu und lehnte sich zurück, als sich das Taxi wieder in Bewegung setzte.

Noah schien von alldem nichts mitzubekommen. Es war eine Herausforderung, ihn das Treppenhaus hochzuschleppen, aber obwohl ich völlig erschöpft war, machte es mir nichts aus. Heute Nacht war etwas geschehen, worauf ich jahrelang gewartet hatte, und diese Gewissheit verlieh mir die nötige Energie.

Ich bemühte mich, leise zu sein, als ich die Wohnungstür aufschloss. Mein Handy explodierte vor Nachrichten von meinen Mitbewohnerinnen, doch ich hatte noch keine Gelegenheit gehabt, ihnen zu antworten.

Beide Schlafzimmertüren öffneten sich zeitgleich, kaum dass wir durchs Wohnzimmer gewankt waren. Eigentlich hatte ich Noah gerade ins Bad lotsen wollen, offensichtlich musste er sich aber noch einen Moment gedulden.

Zwei müde Gesichter erschienen in den Türrahmen.

»Wie viel Uhr ist es?«, krächzte Matilda. Ihr Eyeliner war bis zu den Schläfen verschmiert, und sie bekam ihre Augen nur mit Mühe auf.

»Alles in Ordnung bei euch?« Briony gähnte herzhaft. Im Gegensatz zu Matilda hatte sie es geschafft, sich abzuschminken, dafür standen ihre blonden, von der Aufführung noch gelockten Haare in alle Richtungen ab.

Beim Anblick der beiden wurde mir ganz warm ums Herz. »Alles okay«, versicherte ich. »Wir brauchen nur 'ne Dusche und ganz viel Schlaf. Danke noch mal für vorhin, und sorry, dass ich deinen Abend ruiniert hab.«

Sie schüttelte verstreut den Kopf. »Den hat Tilda sowieso frühzeitig mit ihrem Alkoholkonsum beendet.«

Matilda knuffte sie in die Seite, und sie kicherten beide.

»Seymour, ist alles gut bei dir?«, fragte sie anschließend ungewohnt ernsthaft.

Noah schaffte es doch tatsächlich zu blinzeln. Ruckartig

richtete er sich auf und sah sich in der Runde um, als würde er uns und seine Umgebung seit dem Betreten der Wohnung zum ersten Mal richtig wahrnehmen. »Wisst ihr, was komisch ist?«, murmelte er und seufzte leise. »Irgendwie mag ich euch alle voll.« Dann nahm er den Arm von meinen Schultern und stapfte in Richtung Bad.

Die Mädels tauschten perplexe Blicke und wirkten auf einmal gar nicht mehr so müde.

»Ich glaub, ich träume noch«, murmelte Matilda, doch Briony trat vor und drückte mich fest an sich.

»Du hast diese WG gerettet, Liv! Wir lassen dich nie wieder gehen.«

Ein wenig überfordert tätschelte ich ihr den Rücken.

Nach wenigen Sekunden wich sie zurück und rümpfte die Nase. »Leider stinkst du.«

Ich musste lachen. »Das mit der Dusche war kein Scherz. Gute Nacht, ihr beiden. Wir reden morgen, ja? Und nur damit das klar ist, ich schließe mich Noah an: Ich mag euch auch voll.«

Die nächsten vierundzwanzig Stunden vergingen wie im Zeitraffer. Wir duschten nacheinander, fielen gemeinsam in meinem Bett in einen tiefen Schlaf und wachten erst auf, als es draußen bereits wieder stockdunkel war. Und auch da verließen wir mein Zimmer nur, um Matilda und Briony mitzuteilen, dass wir noch lebten, und um Vietnamesisch zu bestellen. Wir aßen in meinem Bett und gingen noch mal duschen, diesmal zusammen. Ich seifte seinen Körper ein und er im Gegenzug meinen. Es war nicht sexuell. Das waren einfach nur wir. Noah und Liv, Liv und Noah. Näher und näher und all die Jahre nie nah genug. Wir waren keine zwei Parallelen mehr – wir waren eins geworden. Als könnten wir so die Monate aufholen, die uns eine einzige Nacht vor drei Jahren gestohlen hatte. Als könnten wir damit die Einsamkeit ungeschehen machen. Unter dampfend heißem Wasser umklammerten wir uns und ließen erst los, nachdem unsere Haut ganz schrumpelig war. Wir trockneten uns gegenseitig ab und gingen zurück in mein Bett. Worte waren nicht nötig. Es war genau wie früher, ich musste Noah nur ansehen und wusste, was er dachte. Keine Sekunde lang ließen wir voneinander ab. Wir fuhren unsere Gesichter und Körper mit den Fingerspitzen nach, versuchten den ganzen Schmerz mit Glück zu übermalen. Auch die Tränen kamen, obwohl ich mir sicher gewesen war, dass wir sie in der vergangenen Nacht für alle Ewigkeiten aufgebraucht hatten. Mal weinte er, mal ich. Es war in Ordnung. Unsere Tränen zeugten nicht mehr von Verzweiflung. Sie mussten einfach freigelassen werden. Wir strichen sie uns von den Wangen, steckten die Köpfe zusammen, hielten uns aneinander fest, bis es vorüber war. Irgendwann schliefen wir wieder ein.

Als ich das nächste Mal die Augen aufschlug, erfüllte ein eigenartiges Kribbeln meinen Körper. Das Gefühl, etwas Wichtiges übersehen zu haben. Ich drehte mich zur Seite. Mein Blick traf auf dunkelblonde Wimpern und leicht geöffnete Lippen. Er wirkte so friedlich. Lächelnd streckte ich eine Hand aus und fuhr ihm behutsam über die Bartstoppeln, die in der durchs Fenster fallenden Sonne funkelten. Als er leise stöhnte, zog ich mich sofort zurück, um ihn nicht zu wecken.

In Zeitlupe drehte ich mich um und griff nach meinem Handy, das neben meiner Bettseite auf dem Holzboden lag. Es war kurz nach sieben. Ich klickte auf das WhatsApp-Symbol.

Lauren: Schickst du mir bitte UMGEHEND ein Update zu dem Artikel? Noch vor der Sitzung morgen. Ich möchte sichergehen, dass deine Notizen weiterhin zu irgendwas zu gebrauchen sind.

Es war mir ein Rätsel, wie sich die Welt ganz normal weiterdrehen konnte, nach allem, was in der Nacht auf Samstag passiert war. Ich massierte meine Stirn mit aggressiven Bewegungen, schaltete den Chat stumm und verschob ihn ins Archiv. Willkommen zurück, Verdrängungsmechanismus.

Ich hatte keinen blassen Schimmer, was ich ihr antworten sollte. »*Plot Twist, mein Fuckboy ist die Liebe meines Lebens, das habe ich euch dummerweise verschwiegen? Er hat sich vorgestern die Kante gegeben und mir verraten, wieso er den Kontakt zu mir abgebrochen hat? Ich kann unmöglich diesen Artikel schreiben, das ist mir zu privat, sorry?*«

Hastig klickte ich auf die nächste ungelesene Nachricht, die das Chaos in mir jedoch leider nur verschlimmerte.

Mum: Wann dürfen wir dich heute erwarten, mein Schatz?

Natürlich. Ich schloss den Chat und schaute überflüssigerweise aufs Datum. Natürlich war es heute.

Ich nahm eine Bewegung neben mir wahr und ließ das Handy augenblicklich sinken. Dann legte ich mich auf die Seite, sodass ich nur Zentimeter von Noah entfernt war.

Er blinzelte verschlafen und schenkte mir ein schiefes Lächeln. »Hi.«

Seine Stimme klang ziemlich kratzig.

»Hi.« Ich erwiderte sein Lächeln und fuhr mit den Fingern über seine Wange. »Alles in Ordnung?«

»Das wollte ich gerade dich fragen.« Liebevoll verwuschelte er mir die Haare.

Ich nickte, obwohl alles in mir *Nein* schrie. Nein, es war nicht in Ordnung, in was für eine Scheiße ich mich mit dem Artikel geritten hatte. Und es war definitiv nicht in Ordnung, dass ich heute nach Hause fahren sollte und es verpennt hatte. Was für ein Monster musste man sein, um den Geburtstag seines toten Bruders zu vergessen?

Er legte eine Hand an meine Wange und fuhr mit dem Daumen langsam über meine Unterlippe. »Ist alles in Ordnung zwischen *uns*?«

Diesmal war mein Nicken aufrichtig.

»Es tut mir leid, was vorgestern Nacht passiert ist«, wisperte er.

Erneutes Nicken. »Ich weiß.«

»Es tut mir leid, dass ich dir diese Nachricht hinterlassen und mich abgeschossen habe. Und es tut mir leid, dass du ... dass du das mit Riley so erfahren musstest.«

Ich presste meine Stirn an seine und inhalierte seinen konzentrierten Duft. »Ich bin froh, dass du es mir gesagt hast. Auch wenn ich dich mit tatkräftiger Unterstützung von Anthony einliefern lassen werde, wenn das wieder vorkommt.«

Er runzelte die Stirn. »Es ist mein Ernst, Liv, ich ...«

»Oh, es ist auch mein Ernst«, erwiderte ich. »Ist das so ein regelmäßiges Ding? Wie oft hast du das Zeug genommen?«

Noch vor ein paar Tagen hatte ich mir eingeredet, es ginge mich nichts an, wie Noah sein Leben führte. Das Blatt hatte sich ganz schön gewendet. Es ging mir am

Allerwertesten vorbei, wie spießig ich klang. *»Riley will, dass ich es beende.«* Diesen Satz aus seinem Mund würde ich so schnell nicht vergessen.

»Ein paar Mal, als ich nach London kam. Vor der Aktion im Loophole ewig nicht mehr. Nachdem ich Tony kennengelernt hatte, ging's mir besser. Der Mistkerl ist schlimmer als meine Eltern.« Er schmunzelte, wurde aber sofort wieder ernst. »Aber darum geht es doch nicht. Es geht um Riley und darum, dass du jetzt die Wahrheit kennst.«

Ich wich ein Stück zurück und suchte seinen Blick. »Ich habe alles genauso gemeint, wie ich es auf diesem widerlichen Toilettenboden gesagt habe. Erinnerst du dich daran?«

»Glaub ... Glaub schon.«

»Gut. Dann wäre hiermit alles geklärt.«

Er schüttelte den Kopf, und ich wollte schon loslegen und ihm den nächsten Vortrag halten, aber er kam mir zuvor.

»Sag mir, was dich noch beschäftigt.«

Wie auf Knopfdruck begann mein Herz zu rasen. »Ich muss nach Bath«, würgte ich die Worte hervor. Ich wollte nicht die nächste Katastrophe auslösen. Ihn nicht gleich wieder damit konfrontieren, da doch gerade ein wenig Frieden eingekehrt war. »Weil ...«

»Weil heute sein Geburtstag ist«, vervollständigte er den Satz für mich. Sein Blick war unergründlich, als er seinen Kopf leicht neigte und auf die eintätowierten römischen Zahlen auf seinem Hals deutete. »Ich könnte dieses Datum nicht vergessen, selbst wenn ich es wollte.«

Ich schluckte den schmerzhaften Kloß in meinem Hals runter. »Ich hab es vergessen«, gab ich voller Bitterkeit zu. »Zum ersten Mal, seit er gestorben ist. Und die letzten

Male bin ich nicht nach Hause gefahren, weil ich der größte Feigling des Universums bin.«

Er erwiderte nichts, begann lediglich, mir über die Haare zu streichen.

Ich betrachtete sein vertrautes Gesicht. Die Schatten unter seinen Augen. Die zusammengezogenen Brauen. Dann verschwand das Bild, wurde ersetzt durch die Erinnerung an sein Schluchzen, seinen panischen Gesichtsausdruck, sein unkontrolliertes Gebrüll. Es war ein Privileg, dass er hier neben mir lag. Jede verdammte Sekunde mit ihm war ein Privileg. Und plötzlich wusste ich, was zu tun war.

Vielleicht hatte er recht. Vielleicht hätte Riley gewollt, dass wir es beendeten. Aber nicht so, wie Noah in seiner schlimmsten Stunde angenommen hatte. Was, wenn mein großer Bruder uns gerade sehen konnte? Wenn er in der Lage war, unseren Schmerz zu spüren? Unsere Verzweiflung? Vielleicht hoffte er, dass wir endlich damit abschlossen und weitermachten. Weil er es nicht mehr konnte.

»Noah?«

Seine Finger verharrten an meinem Hinterkopf. Er sah mich an, als wüsste er genau, was jetzt folgen würde.

»Lass es uns zusammen beenden. Für uns. Für ihn. Lass uns mit der Vergangenheit abschließen und neu beginnen.«

»Fährst du mit mir nach Bath?«

Ich stand vor Noahs Motorrad und beäugte es wie ein gefährliches Raubtier.

»Bist du dir sicher?«, fragte er mich.

»Ja. Und du?«

»Ich fahr seit zwei Jahren damit rum, auch schon deutlich längere Strecken, habe also genug Fahrerfahrung, deswegen musst du dir keine Sorgen machen. Das ist momentan das kleinste Problem.«

Wir befanden uns in einer verlassenen kleinen Gasse in Clerkenwell, vor dem Loophole, das bei Tageslicht auch mit dem Eingang zu einem leer stehenden Kellergeschoss verwechselt werden konnte.

»Es ist mir absolut unverständlich, wie du hier neben mir stehen kannst, als sei alles beim Alten«, murmelte er, während er den Blick über meine Gestalt wandern ließ.

Statt einer Jacke trug ich zwei Pullover übereinander, den dicken Strickschal hatte ich mir mehrmals um den Hals geschlungen. Meine Haare waren zu einem zerzausten Zopf nach oben gebunden.

Auch er trug einen schwarzen Pullover unter seiner Lederjacke, dazu zerrissene Jeans. Sein Gesicht war gezeichnet von einer Mischung aus Erschöpfung und Ungläubigkeit. Er nahm mir immer noch nicht ab, dass ich ihm nicht böse war.

»Und was ist das größte Problem?«, fragte ich und steckte beide Hände unter seine geöffnete Jacke, um seine Mitte zu umschlingen. Das Kinn an seiner Brust sah ich zu ihm auf.

»Wieso willst du mit dem Motorrad fahren?«, wich er mir aus, legte seine Arme um mich und drückte mich an sich.

Ich atmete seinen würzig-männlichen Duft nach Wald und Regen und Zuhause ein. Und dann sagte ich die Wahrheit. »Ich habe nie versucht, ihn zu verstehen, weißt du? Er war mein großer Bruder und die meiste Zeit ziemlich ekelhaft zu mir. Er hat es mir also nicht gerade leicht gemacht, an ihn ranzukommen, aber … ich möchte wissen, wie es ist. Was er gefühlt hat. Die letzten drei Jahre habe ich damit verbracht, alles zu verdrängen, was mit ihm zu tun hatte und auch mit dir. Josh hatte recht, er durfte eure Namen nicht mal erwähnen, sonst wäre ich sofort in die Luft gegangen. Das ist keine Art zu leben. Ständig wegrennen, ständig verdrängen. Ich will frei sein.«

Während ich gesprochen hatte, waren ihm Tränen in die Augen gestiegen. Er kämpfte nicht dagegen an, sondern hielt mich weiter fest und erwiderte meinen Blick. »Ich kann mich an keine Zeit in meinem Leben erinnern, in der ich so viel wie in den letzten Tagen geheult habe. Selbst nicht nach seinem Tod. Aber seltsamerweise fühlt es sich weder wie mein Untergang an noch wie eine Schwäche. Es ist befreiend. Ich habe dir den schlimmsten Fehler meines Lebens gestanden, und du bist immer noch bei mir und siehst mich mit diesem Blick an.« Ich öffnete den Mund, doch er sprach schon weiter, während ein gequälter Ausdruck sein Gesicht verzerrte. »Das größte Problem ist, dass ich nicht weiß, wie ich deinen Eltern gegenübertreten soll, Liv«, antwortete er auf meine ursprüngliche Frage. »Es ist so lange her.«

Ich sah ihm fest in die Augen. »So wie du mir gegenübergetreten bist. Zugegeben, ich habe dich mehr oder weniger dazu gezwungen. Aber sieh uns an. Wir sind hier. Es ist das Beste, was passieren konnte, oder?«

Er nickte, wenig überzeugend. Noch immer wirkte er gequält. Ich kannte diese Miene.

»Erde an Noah. Ich weiß, was du denkst. Und du kannst direkt damit aufhören.«

Meine Worte entlockten ihm ein kurzes Lächeln, das er sofort wieder unterdrückte.

»Du denkst, ich habe nicht verstanden, was du mir erzählt hast«, fuhr ich fort. »Oder nicht verarbeitet. Dass der große Zusammenbruch erst noch kommen wird.«

Er presste die Lippen zusammen. Offensichtlich hatte ich ins Schwarze getroffen.

»Weißt du, was für eine Erleichterung es war, dich darüber sprechen zu hören? Nicht nur, weil ich jetzt endlich weiß, was uns auseinandergebracht hat, sondern auch, weil ich mit jemandem darüber reden kann, der da war und es miterlebt hat. Kein Mensch will sich mit dem Tod befassen. Wir gehen täglich durchs Leben und tun so, als könnte es uns nicht jeden Augenblick selbst erwischen. Versteh mich nicht falsch, ich bin immer noch wütend auf dich, dass du es mir damals nicht einfach gesagt hast. Aber das Wichtigste ist, dass du es mir *jetzt* gesagt hast. Du musst es meinen Eltern nicht erzählen. Niemand erwartet das von dir.«

»*Ich* erwarte es von mir«, erwiderte er heftig. »Deine Eltern waren meine zweite Familie. Ich habe nicht nur dich aus meinem Leben verbannt, sondern auch sie. Deine Mum hat mir vor Rileys Tod so oft gesagt, wie froh sie ist, dass ich in ihrem Leben bin. Im Leben ihrer Kinder. Ich bin es ihnen schuldig. Ich …«

Ich schüttelte den Kopf. »Du denkst noch immer, du bist der Einzige auf der Welt, der schwierige Dinge verdrängt. Ich bin viel schlimmer als du.«

Mit zusammengezogenen Augenbrauen funkelte er mich an. »Wie könntest du jemals schlimmer als ich sein?«

»Meine Eltern denken, ich bin noch mit Josh zusammen. Nur so als Beispiel.«

»Wieso?«

Ich lachte bitter und trat einen Schritt zurück. »Weil es beschissen schwer ist, die Wahrheit zu sagen. Weil ich Angst vor ihrer Reaktion habe. Weil ich sie nicht enttäuschen möchte. Weil sie sich sowieso schon so viele Sorgen um mich machen. Fällt dir was auf?«

»Was soll mir auffallen? Dass du auch nur ein Mensch bist?«

»Tja, Noah, das hättest du nicht sagen sollen, denn jetzt kann ich dich mit deinen eigenen Waffen schlagen. Ich verrate dir ein Geheimnis.«

»Du bist unmöglich.« Er wollte offensichtlich ernst bleiben, aber er scheiterte kläglich. Seine Augen funkelten jetzt nicht mehr wegen der Tränen.

»Du. Bist. Auch. Nur. Ein. Mensch.«

»Ich …«

»Klappe«, schnitt ich ihm das Wort ab. »Ich hab eh recht.«

Seine Mundwinkel zuckten, und im nächsten Moment erhellte ein Lächeln sein Gesicht. »Ich fasse es nicht, dass du immer noch diese Wirkung auf mich hast.«

»Du bist auch nur ein Mensch, der Fehler macht«, wiederholte ich, während mein Herz angesichts seiner Worte Purzelbäume schlug. »Das wird unser ganzes Leben vermutlich so weitergehen, also sollten wir uns langsam daran gewöhnen.«

»Ich kann mich an alles gewöhnen, solange du bei mir bist«, entfuhr es ihm. Sein Gesichtsausdruck verriet, dass er sich am liebsten auf die Zunge gebissen hätte.

»Gut zu wissen, das werde ich in Zukunft definitiv gegen dich verwenden«, sagte ich, so locker ich konnte. »Dann hilf mir jetzt, auf diese Teufelsmaschine zu steigen, und lass uns nach Hause fahren.«

Ich war nie auf Rileys Motorrad gestiegen. Ich hatte mich geweigert, weil er keinen zweiten Helm besorgen wollte, und nach diesem kurzen Moment der Hoffnung, als er mir seine Maschine gezeigt hatte, waren wir zurück in unsere

Rollen geschlüpft: er der rebellische Aussteiger, ich seine nervtötende Schwester. Mum und Dad kamen irgendwann hinter sein Geheimnis, es gab einen Riesenkrach, und Riley war überzeugt davon, dass ich ihn an sie verraten hatte – was nicht stimmte. Einmal, zweimal, dreimal erklärte ich ihm, dass sie es nicht von mir erfahren hatten, doch er schien mir nicht zuzuhören. Manchmal fragte ich mich, ob er wirklich daran geglaubt oder ob er bloß einen Vorwand gesucht hatte, um die Mauer zwischen uns wiederaufzubauen, diesmal noch höher.

Ich wusste nicht, wie oft ich nach seinem Tod davon geträumt hatte, wie wir gemeinsam auf seiner Maschine saßen. Es war die immer gleiche Szene: Wir fuhren ins endlose Nichts und lachten. Dabei sprachen wir kein Wort, aber das mussten wir auch nicht. Es waren keine Albträume, und dennoch war mein Kissen tränennass, und mein Herz raste wie verrückt, wenn ich aufschreckte.

Mit einem Seufzen umfasste ich Noahs Mitte und lehnte mich an seinen Rücken.

Er wandte den Kopf leicht und schob den Sichtschutz seines Helms hoch. »Wenn du es dir anders überlegst, kannst du es jederzeit sagen. Dann nehmen wir den Zug.«

Ich knuffte ihn in die Seiten. »Jetzt fahr schon los.«

Garantiert würde ich es mir nicht anders überlegen. Wenn ich mir etwas in den Kopf gesetzt hatte, dann zog ich es durch. Heute war Rileys Geburtstag. Und nach allem, was ich vorgestern Nacht erfahren hatte, wollte ich es erst recht tun.

Trotzdem sackte mein Magen eine Etage tiefer, als das Motorrad unter mir zu vibrieren begann und Noah losfuhr. Wir zischten über den Asphalt, und der Wind peitschte an unseren Körpern entlang.

Nachdem wir die schmaleren Straßen hinter uns gelassen hatten und ich mich ein wenig an das Gefühl gewöhnt hatte, da war es plötzlich nicht mehr Noah, an dem ich mich festhielt, sondern wie in meinem Traum.

»Fühlst du das, Schwesterchen?«, erklang Rileys euphorische Stimme in meinem Ohr. Sie übertönte den Straßenlärm und das Rauschen des Windes. »Schließ die Augen und konzentrier dich darauf. Nichts übertrifft dieses Gefühl. Hier kannst du alles vergessen. Die Sorgen, die Verpflichtungen, die Angst. Es ist wie Fliegen. Hier bist du frei. Du kannst überallhin. Stell es dir vor.«

Heiße Tränen schossen mir in die Augen und strömten mir über die Wangen. War es ihm auf seiner letzten Fahrt gelungen, die Sorgen hinter sich zu lassen? Hatte er sich für den Bruchteil einer Sekunde frei gefühlt? Hatte es ihn getröstet? Und wo war er jetzt? Sah er mir zu, während ich meine eigene Panik überwand und in seine Fußstapfen trat? Tat es ihm weh, mich zusammen mit Noah zu sehen, oder hatte er mir, wo auch immer er sich befand, verziehen, dass ich in Noah verliebt war und er sich für mich entschieden hatte? Hätten wir eines Tages Witze darüber reißen können, dass wir uns doch nicht so unähnlich waren, wie wir immer geglaubt hatten, da wir immerhin auf denselben Typ standen?

Ich blinzelte die Tränen weg.

Als wir an einer Ampel links von der British Library hielten, löste Noah eine Hand vom Lenker und legte sie auf meine, die an seinem Bauch ineinander verkrallt waren. »Alles okay?«, rief er nach hinten.

Ich drückte mich fester an seinen Rücken. »Alles okay«, gab ich in derselben Lautstärke zurück, doch die Worte waren nicht nur für ihn bestimmt.

»Ich hoffe, eines Tages wird es wirklich okay sein, Riles. Selbst wenn ich es gewollt hätte, ich weiß nicht, wie ich es hätte verhindern können. Du hast es ja auch nicht geschafft. Denn wenn er lächelt, ist man verloren, nicht wahr? Es ist ein bisschen, wie auf dem Motorrad über die Landstraße zu rasen. Sorgen, Verpflichtungen, Ängste – alles ist vergessen. Verdammt, er lächelt, und man befindet sich im Sturzflug.«

17. KAPITEL

The way it ends

NOAH

Kaum drei Stunden später fuhren wir in die Sydenham Road, und jegliche beruhigende Mantras, die ich auf dem Weg hierher in Gedanken wiederholt und die dank Livs Wärme an meinem Rücken auch funktioniert hatten, lösten sich auf und gingen in einem Hagelgewitter an Erinnerungen unter.

Wir hatten nur einen Zwischenstopp eingelegt, um uns mit starkem Schwarztee aufzuwärmen und Blumen zu besorgen. Und jetzt waren wir hier. Livs Elternhaus lag näher am Ortseingang, also wäre es nicht mal eine gute Ausrede gewesen, erst bei meinen Eltern vorbeizuschauen. Nicht, dass dieser Besuch in meiner Vorstellung weniger stressig verlaufen wäre.

Ich zog mir den Helm vom Kopf, schüttelte meine Haare und stieg vom Motorrad, bevor ich Liv runterhalf. Ich hatte am Ende der Straße unter einer großen Eiche geparkt, weit genug entfernt vom Haus, damit Adele und Ted das Motorrad nicht sahen.

»Du hast sie vorgewarnt, richtig?«, raunte ich, während

wir, ausgestattet mit den Blumen, losliefen. Mein Blick wanderte über die im georgianischen Stil erbauten Reihenhäuser und die Rosenranken über den Gartenzäunen.

Sie kam nicht dazu, mir zu antworten, denn in diesem Moment flog die Eingangstür drei Häuser vor uns auf. Livs Mum musste einen siebten Sinn besitzen, oder sie hatte den ganzen Tag am Fenster gesessen und gewartet. In Hausschuhen stürmte sie durch den Garten, riss das Tor auf und kam uns auf der Straße entgegen.

Ein paar Sekunden lang hatte ich ein heftiges Déjà-vu. Adele Averill hatte nicht selten die gesamte Nachbarschaft auf den Kopf gestellt, wenn Liv und ich uns mal wieder mit der Zeit verzettelt hatten und nicht rechtzeitig zum Abendessen erschienen waren. Sie sah exakt so aus, wie ich sie in Erinnerung hatte: blond gefärbte kinnlange Locken, Nickelbrille. Sowohl Riley als auch Liv hatten ihre großen dunklen Augen geerbt, ansonsten kamen sie beide eher nach ihrem Vater. Ihr rundliches Gesicht strahlte vor Freude, als sie bei ihrer Tochter angekommen war und sie in eine innige Umarmung zog.

Unschlüssig, was ich tun sollte, trat ich nervös von einem Bein aufs andere. Die weißen Ranunkeln in meiner Hand wirkten mit einem Mal schäbig. Übelkeit machte sich in mir breit. Wie hatte ich auch nur eine Sekunde annehmen können, dass meine Anwesenheit hier angebracht war?

»Meine Süße, ich hab dich so vermisst!« Adele schob Liv eine Armlänge von sich, wahrscheinlich um herauszufinden, ob sie abgemagert wirkte oder anderweitig verwahrlost aussah.

»Hi, Mum«, hörte ich Liv leise sagen. Ihre Mutter war drauf und dran, sie erneut an ihre Brust zu ziehen, aber in diesem Moment fiel ihr Blick über Livs Schulter, und ihre Gesichtszüge erstarrten.

Mein Herz klopfte mir bis zum Hals, und meine Augen wurden feucht. Verflucht noch mal, ich war wirklich zum Nervenbündel mutiert.

Sie ließ Liv los, die irgendetwas Unverständliches murmelte, worauf jedoch weder Adele noch ich achteten. »Noah?«, entwich es ihr völlig entgeistert.

Unfähig, etwas zu sagen, nickte ich bloß wie ein kompletter Vollidiot.

»Ich fass es nicht!« Noch bevor ich zweimal blinzeln konnte, stand sie schon vor mir und schlang ihre Arme um mich. Ich konnte gerade noch meine Hand mit den Blumen zur Seite strecken, damit sie nicht zerquetscht wurden. »Ach du liebe Güte, du bist es wirklich.«

Ihr vertrauter Geruch nach Gebäck und Lavendel hüllte mich ein. Ich kratzte jedes bisschen Selbstbeherrschung zusammen, um nicht an Ort und Stelle loszuheulen.

Sie wiederholte das gleiche Prozedere wie bei ihrer Tochter – umklammerte mich erst, nur um mich anschließend wegzuschieben und von oben bis unten zu mustern. »Großer Gott, du bist so erwachsen geworden.«

Ihr Blick wanderte über meine zerzausten Haare, meine Schultern und meinen Oberkörper. Zum Glück verbarg meine Lederjacke die meisten Tattoos.

Sie fasste sich an die Brust und blinzelte verzückt, bevor sie sich nach Liv umdrehte, die uns mit leicht besorgter Miene beobachtete. »Du hättest uns ruhig vorwarnen können, Schatz!«

Ich fixierte Liv und nickte übertrieben zur Bestätigung.

Liv lächelte ihre Mutter zaghaft an. »Das war … eine relativ spontane Entscheidung.«

Adele griff nach Livs und meiner Hand und führte uns zum Gartentor. »Was für eine wunderbare Überraschung.«

Hinter ihrem Rücken warf ich Liv verzweifelte Blicke zu, doch sie hob nur die Schultern.

»Ted, Liv ist hier!«, rief Mrs. Averill in Richtung der offen stehenden Eingangstür, während wir den gepflegten Garten durchquerten. »Und du wirst *nicht* erraten, wen sie uns mitgebracht hat!«

Livs Dad kam uns im Hausflur entgegen. Auch bei seinem Anblick war mir, als hätte jemand die Zeit zurückgedreht und mich geradewegs in meine Jugend katapultiert. Die grauen Haare, das karierte Flanellhemd, das schmale Gesicht und diese ruhige Aura. Alles war wie immer. Im Gegensatz zu seiner Frau konnte er seinen Schock allerdings besser überspielen.

»Jetzt lass sie doch erst mal ankommen«, sagte er und klopfte mir, nachdem er seine Tochter umarmt hatte, zur Begrüßung auf den Rücken. »Noah Seymour, wie schön. Es ist viel zu lange her.«

Fünf Minuten später saßen wir mit Tee auf der vertrauten Ledercouch im kleinen Wohnzimmer, das sich kein Stück verändert hatte. Die Bilder an den Wänden zeigten noch immer Liv und Riley in allen Altersklassen, die bunten Kissen waren dieselben, und sogar die Pflanzen von damals standen an gleicher Stelle. Am heftigsten traf mich jedoch der Geruch. Egal wie viel Jahre vergangen waren, den Geruch dieses Hauses hätte ich jederzeit und überall wiedererkannt.

Mr. und Mrs. Averill fragten mich abwechselnd über mein Leben aus und schienen darüber ganz zu vergessen, dass Liv neben mir saß. Sie wirkte nicht, als würde es sie stören, eher im Gegenteil. Gedankenverloren spielte sie mit dem Teebeutelfaden, wahrscheinlich froh, zur Abwechslung mal nicht diejenige zu sein, die von ihren Eltern in die Mangel genommen wurde. Brav beantwortete ich alle Fragen zu meinem Studium und meinem Befinden. Erst als sie wissen wollten, seit wann Liv und ich wieder Kontakt zueinander hatten, wandte ich mich Hilfe suchend an sie.

Hastig verzog sie die Lippen zu einem aufgesetzten Lächeln. »Wir sind uns zufällig auf dem Campus über den Weg gelaufen«, rief sie mit unnatürlich hoher Stimme. »Ist das nicht witzig?«

Obwohl der Moment denkbar unpassend war, hätte ich beinahe gelacht. Es erinnerte mich einfach zu sehr an all die Male, in denen wir gemeinsam hier gesessen und irgendwelche Märchengeschichten erfunden hatten, wo wir uns angeblich rumgetrieben hatten.

»Mum, Dad, wir haben nur einen Serienmarathon veranstaltet und sind dabei eingepennt. Natürlich haben wir nicht geraucht, Sally hat bloß ein Lagerfeuer auf dem Grundstück ihrer Großeltern veranstaltet, deshalb riechen wir so. Gott, nein, wir haben nichts getrunken, das ist eine Lebensmittelvergiftung. Ganz üble Geschichte, irgendein Schulessen muss verdorben gewesen sein, unsere halbe Klasse liegt flach!«

Adele beäugte ihre Tochter misstrauisch, aber Ted lächelte.

»Riley würde sich sehr darüber freuen«, verkündete er. »Noah, kommst du mit auf den Friedhof?«

Mein Mund war auf einen Schlag staubtrocken. Mit Mühe rang ich mir ein Nicken ab.

»Wo ist eigentlich Josh, Schatz? Hatte er keine Zeit mitzukommen? Du erinnerst dich doch an Josh, Noah, oder?«

Erneutes Nicken.

Liv neben mir war ganz still geworden. Ich wagte einen Seitenblick. Die unterschiedlichsten Emotionen tobten in ihren Augen, bis sie die Schultern straffte und sich aufrichtete. »Lasst uns später in Ruhe darüber sprechen, okay?«

Mrs. Averills Mund klappte auf, doch ihr Mann legte ihr sanft eine Hand auf den Arm. »Wir sollten zum Friedhof fahren. Er schließt um achtzehn Uhr.«

Liv sprang auf und zog mich mit sich. »Auf geht's. Bald wird es dunkel.«

Drei frische Blumensträuße standen neben dem Grab, dazwischen ein gerahmtes Bild von Riley. Das Einzige, auf dem er lächelte. Spöttisch, nicht glücklich, aber immerhin. Auf der Trauerfeier hatte es riesengroß neben dem geschlossenen Sarg gethront.

Manch einem mochte es seltsam vorkommen, dass wir uns zu seinem Geburtstag hier einfanden. Das Grab war zu seinem Todestag immer von doppelt so vielen Blumen umgeben. Ich hatte mich die letzten beiden Male nachts hingeschlichen, wenn ich mir sicher sein konnte, dass ich keinem bekannten Gesicht begegnete. Immer wenn ich meine Eltern besuchte, kam ich hierher.

Mrs. Averills Worte von seiner Beerdigung hatten etwas in mir ausgelöst – nichts auf der Welt konnte uns die Zeit mit ihm nehmen, so kurz sie auch gewesen war. Rileys Todestag würden wir nie vergessen. Er hatte mein Leben verändert, und es war jedes Mal eine Herausforderung, ihn zu überstehen. Sein Geburtstag war anders. Deshalb hatte ich ihn mir auch tätowieren lassen. Er war der Beweis, dass mein Freund echt gewesen war. Dass die Erinnerung an ihn nicht nur Schmerz und Dunkelheit bedeutete. Meine Welt drohte jedes Mal auseinanderzubrechen, wenn ich an ihn dachte, aber das war nicht alles. Riley war mehr als sein viel zu früher Tod. Er war ein Mensch mit unbegrenzten Möglichkeiten gewesen. Klug, lustig, aufmerksam – auch wenn er diese Seite von sich nicht vielen Leuten gezeigt hatte.

»Ich bin wirklich froh, dass ihr heute bei uns seid«, murmelte Livs Mum und wischte sich eine Träne aus dem Augenwinkel. »Wollt ihr ein paar Worte sagen?«

Stille.

Eine leichte Brise brachte die Bäume zum Rascheln, und von irgendwoher wehte das Bellen eines Hundes herüber. Ein friedlicher Moment. Und trotzdem lähmte mich die Panik.

Mr. Averill räusperte sich und legte einen Arm um Livs Schultern, drückte sie kurz an sich und gab sie wieder frei, bevor er seinen Blick auf den Grabstein richtete.

Riley Averill
In Liebe
1999–2018

Darunter war das Gedicht »Do Not Stand At My Grave And Weep« von Mary Elizabeth Frye eingraviert. Ich brachte es nicht über mich, die Worte zu lesen. Inzwischen kannte ich sie sowieso auswendig.

»Du wärst heute zweiundzwanzig geworden«, begann Mr. Averill leise. »Und es vergeht kein Tag, an dem wir uns nicht fragen, wie es wäre, dich altern zu sehen. Was für ein Mensch du jetzt wärst. Man sagt, es gibt für Eltern nichts Schlimmeres, als das eigene Kind zu überleben, und das stimmt. Ich bin mir sicher, ich werde nie einen tieferen Schmerz fühlen. Aber Riley, ich habe auch nie zuvor ein tieferes Glück empfunden als an dem Tag, an dem du zur Welt kamst. Und an dieses Glück möchte ich mich heute erinnern.«

Livs Mum schniefte, und auch meine Augen brannten. »Danke, Ted. Das hätte ich besser nicht sagen können.«

Bevor sich erneut Schweigen ausbreiten konnte, trat Liv vor.

Ihre Eltern wechselten einen Blick. In ihren Augen spiegelte sich Erstaunen, dann waren sie voller Liebe.

»Riley.« Ihre Stimme bebte. Meine Kehle war wie zugeschnürt. »Ich bin so wütend auf dich. Ich weiß, es ist nicht ungewöhnlich, kein gutes Verhältnis zu seinem großen Bruder zu haben, vor allem wenn man so jung ist. Aber ich wollte die Chance haben, mich mit dir anzubrüllen, um mich irgendwann später vielleicht wieder zu vertragen. Ich wollte, dass du weitermachst und dein Leben auf die Reihe bekommst. Dass du existierst, auch wenn du es nicht an meiner Seite getan hättest. Selbst wenn wir uns für immer aus den Augen verloren hätten. Ich bin so wütend auf dich, aber ich will, dass du weißt, dass ich dir verzeihe.« Ich sah ihr Gesicht nicht, aber ihr Schluchzen war nicht zu überhören. »Ich verzeihe dir, und … und ich werde dich jetzt loslassen.«

Auch Mrs. Averill schluchzte haltlos und vergrub das Gesicht an der Schulter ihres Mannes, der mich mit einem traurigen Lächeln bedachte. Seine Augen waren gerötet, als er mir aufmunternd zunickte.

Der Friedhof verschwand vor mir, während ich neben Liv trat. Ihre warme Hand schlüpfte in meine. Ich schloss die Augen. Sah ihn vor mir. Gestochen scharf, wie im

Drogenrausch. Aber diesmal war da keine Wut in Rileys Gesicht. Er lächelte. Nicht spöttisch, sondern aufrichtig. Und plötzlich kamen die Worte wie von alleine.

»Du warst nie ein Versager«, sagte ich leise. »Nicht mehr als wir alle. Du warst nur ein bisschen verloren. Und ich wünschte, ich wäre da gewesen. Ich wünschte, ich wäre mit dir auf dieses Motorrad gestiegen. Ich wünschte, ich hätte dich gerettet. Du warst nie alleine, Riley, und du bist es immer noch nicht. Ich hoffe, du weißt das inzwischen, wo auch immer du dich gerade befindest. Es tut mir ... so unendlich leid.«

Ich schlug die Augen auf, ließ Livs Hand los und drehte mich um. Mrs. Averill weinte noch immer, aber sie schloss mich fest in ihre Arme. Mr. Averill wirkte bestürzt. Nach wenigen Sekunden löste ich mich von ihr. Ihre Nähe war einfach zu viel.

»Es tut mir so leid«, wiederholte ich krächzend und zwang mich, den Blick nicht von ihnen zu nehmen. Sie hatten es verdient, dass ich ihnen in die Augen sah. »Ich hätte ihn retten können in dieser Nacht, und ich habe versagt.«

»Ach, Noah«, schluchzte Mrs. Averill und schüttelte den Kopf. »Wir hätten ihn alle retten können. Wir haben alle versagt.«

»Ihr ... Ihr versteht nicht«, setzte ich an, doch Mr. Averill schüttelte den Kopf.

»Riley hat sich mit dem Leben schwergetan, Noah. Er hat nie zu den unbekümmerten Teenagern gehört und alles mit sich selbst ausgemacht, obwohl wir noch so oft versucht haben, an ihn heranzukommen. Wir haben uns so viele Vorwürfe gemacht, sind alle Möglichkeiten durchgegangen, wie wir es hätten verhindern können, aber Liv hat recht, mein Junge. Wir müssen loslassen. Wir können uns nicht für immer fragen, was gewesen wäre. Wir müssen nach vorne blicken und leben. Für ihn.«

Ich öffnete den Mund. Zwecklos. Die Worte wollten nicht kommen, stattdessen taten es die Tränen.

Im nächsten Moment ließ ich mich erneut in eine Umarmung ziehen, und dann standen wir alle vier da, Arm in Arm, Tränen im Gesicht, Riley im Herzen. Und zum ersten Mal seit jener Nacht fühlte es sich an, als könnte ich eines Tages wieder richtig atmen.

»Mum? Dad? Ist es okay, wenn Noah und ich noch ein bisschen hierbleiben?«

Wir hatten das Tor erreicht, das zu den Parkplätzen vor dem Friedhof führte.

Mrs. Averill drehte sich zu ihrer Tochter um und öffnete den Mund. Doch ehe sie etwas sagen konnte, legte ihr Mann ihr sanft eine Hand auf den Rücken und schüttelte kaum merklich den Kopf.

»Wir nehmen einfach den Bus«, fuhr Liv fort und warf ihrem Vater einen flehenden Blick zu. »In einer Dreiviertelstunde schließt der Friedhof sowieso.«

»Ich hab Kuchen gebacken«, sagte Mrs. Averill und tupfte sich die Wangen mit einem Taschentuch ab. »Er wird kalt.«

Mr. Averill lächelte. »Adele, der Kuchen ist schon längst kalt.«

»Kalt wird er genauso lecker sein wie warm, Mum!« Liv umarmte ihre Mutter und drückte ihr einen Kuss auf die Wange.

Diese seufzte. »Na schön. Bis später. Noah, du bist natürlich auch herzlich eingeladen.«

Ich schenkte ihr ein Lächeln.

Nachdem sie losgefahren und die Rücklichter ihres

Wagens in der nebligen Dunkelheit verschwunden waren, räusperte ich mich. »Was ist dein Plan?«

Liv schob ihre Hand wieder in meine und zog mich zurück auf den Kiesweg, der zu Rileys Grab führte. Inzwischen befand sich außer uns keine Menschenseele mehr auf dem Friedhof. »Es gibt keinen. Ich möchte nur ein bisschen Zeit schinden und mich innerlich auf den Dritten Weltkrieg später vorbereiten.«

Aufmerksam sah ich sie an. »Wegen der Sache mit Josh?«

Diesmal fiel es mir deutlich leichter, seinen Namen auszusprechen. Meine Eifersucht erschien mir angesichts der neuesten Ereignisse einfach nur hirnverbrannt. Na gut, das war sie schon vorher gewesen.

Sie nickte. »Also, lass uns zwei Fliegen mit einer Klappe schlagen. Das hier ist unser Neuanfang.« Für einen Moment blieben wir stehen, und sie ließ meine Hand los, um ihre Arme um meine Mitte zu schlingen.

Das Wort »Neuanfang« klang viel zu gut, um wahr zu sein. Ich zog sie näher. Meine Augen brannten von den ganzen Tränen, die ich vergossen hatte, und der emotionalen Erschöpfung, trotzdem breitete sich jetzt ein Lächeln auf meinen Lippen aus. »Wir haben eine ganze Menge aufzuholen. Fang an. Erzähl mir alles, was ich verpasst habe. Ich möchte eine Aufzählung jedes Buches, jedes Filmes und jeder Serie, die du in den letzten Jahren gefeiert hast. Geheimtipps, klischeehafter Mist, der dir trotzdem gefallen hat, abgefahrenes Nischenzeug. Und so weiter.«

»Das dauert mindestens bis zum Morgengrauen. Willst du hier übernachten?« Sie lachte.

Das Geräusch wanderte bis tief in mein Inneres. Wie

absurd es war, zwischen den Grabsteinen zu stehen und zu lachen. Wie absurd und wunderbar und verrückt zugleich.

»Du denkst, das war alles? Das war der Anfang! Danach folgt nämlich Musik. Du hast ja keine Ahnung, was ich in den letzten Jahren für krasse Interpreten ausgegraben habe. Und wenn wir mit Musik fertig sind, das Studium. Ich will jeden deiner Artikel lesen. Will wissen, wie sie entstanden sind und warum.«

Kurz bildete ich mir ein, einen Schatten über ihr Gesicht huschen zu sehen. Dann hob sie eine Braue. »Sagt der Typ, der mir auf keinen Fall sein Manuskript zeigen will.«

Ich verdrehte übertrieben genervt die Augen. »Ich zeig's dir, wenn's fertig ist.«

»Verrat mir wenigstens, worum es geht! Das hast du früher auch immer gemacht.«

Ich biss mir auf die Unterlippe. *Was soll's?* Ich wollte nie wieder ein Geheimnis zwischen uns stehen haben. »Um zwei Kinder, die seelenverwandt sind, sich aus den Augen verlieren und erst als Erwachsene wieder aufeinandertreffen.«

»Ist es eher eine platonische Seelenverwandtschaft?«, fragte Liv unschuldig. Sie beherrschte ein perfektes Pokerface, das musste man ihr lassen.

Ich schüttelte den Kopf. Meine Mundwinkel taten vom Dauergrinsen schon ziemlich weh. »Sorry, ich muss dich enttäuschen, es driftet eher ins Romantische ab.«

Jetzt konnte sie nicht mehr gegen ihr Lächeln ankämpfen. »In der Tat sehr enttäuschend.« Sie löste ihre Arme von mir und tänzelte ein paar Schritte rückwärts.

Ohne zu überlegen, folgte ich ihr. Ich hatte überhaupt keine Wahl, wenn sie mich so ansah.

»Also bin ich deine Muse?«

Ich seufzte und holte sie wieder ein, schlang einen Arm um ihre Schultern und drückte sie an mich. »Du warst schon immer meine Muse. Professor Blythe ist übrigens begeistert.«

»Blythe? *Der* Blythe?« Ungläubig schaute sie zu mir auf.

»Keiner meiner Texte konnte ihn die letzten Jahre überzeugen. Und dann kommst du zurück in mein Leben, und plötzlich ist er vollkommen von den Socken.«

»Oh Gott, du musst mir seine Bücher signieren lassen.«

»Mit dem größten Vergnügen. Er wollte außerdem wissen, wann er dich kennenlernt.«

Die nächste halbe Stunde raste dahin wie Sekunden. Wir schafften es nicht mal ansatzweise, alle Themen anzuschneiden. Mit ihr verflog die Zeit immer doppelt so schnell wie mit anderen Menschen – das war schon damals so gewesen. Ich hatte mich immer gefragt, wie es sein konnte, dass ich mich an ihrer Seite nie langweilte oder uns der Gesprächsstoff ausging. Es war eher andersrum: Je mehr Zeit wir miteinander verbrachten, desto öfter und länger wollte ich sie sehen. Daran hatte sich nichts geändert.

Dreimal kamen wir in der Dämmerung an Rileys Grab vorbei. Dreimal drohte ich die Fassung zu verlieren. Und dreimal sorgte seine kleine Schwester dafür, dass ich es nicht tat.

18. KAPITEL

Nothing but the truth

LIV

Mum hatte Banoffee Pie gebacken, Rileys Lieblingskuchen. Obwohl ich die Mischung aus Karamell, Bananen und noch mehr Karamell sonst unwiderstehlich fand, stocherte ich jetzt nur lustlos auf meinem Teller herum. Mir war schlecht.

»Ich muss euch etwas sagen.«

»Was ist los, Schatz?« Mum versuchte, ihre Sorge mit einem aufmunternden Lächeln zu verschleiern, aber ich kannte sie zu gut. In Gedanken rief sie gerade den Notstand aus und ging die furchtbarsten Möglichkeiten durch: Schwangerschaft, Studienabbruch, Drogenabhängigkeit ... Die Liste war endlos.

Dad ließ mich nicht aus den Augen. »Du kannst mit uns über alles sprechen«, sagte er ruhig. »Das weißt du.«

Ich spießte ein Bananenstück mit der Gabel auf und betrachtete es von allen Seiten, um sie nicht ansehen zu müssen. »Es wird euch nicht gefallen.«

»Liv, langsam machst du mir Angst!«, rief Mum.

»Hat es etwas damit zu tun, dass du wieder Kontakt zu Noah hast?«

Mein Kopf ruckte hoch. Ich starrte meinen Vater an. Es warf mich völlig aus der Bahn, dass ein wissendes Lächeln auf seinen Lippen erschien.

Gerade so brachte ich es über mich zu nicken. Währenddessen wanderte mein Blick zu dem leeren fünften Stuhl hinüber. Auf einmal war es ganz leicht, mir meinen Bruder dort vorzustellen. Lockenkopf, hochgezogene Augenbrauen, gelangweilter Blick.

»Spuck's endlich aus, Schwesterchen. Ich habe den Weg sowieso schon für dich geebnet, es kann kaum schlimmer als mein Scheiß sein. Mum dreht grad völlig am Rad und weist dich in ihrer Vorstellung in 'ne Entzugsklinik ein. Also um Himmels willen, erlöse sie.«

Riley verschwand vor meinen Augen, dafür musste ich mit aller Macht gegen ein Grinsen ankämpfen. Ich holte tief Luft und gab mir einen Ruck. »Josh und ich haben uns getrennt. Genauer gesagt, er hat sich von mir getrennt. Ich weiß, ihr haltet ihn für perfekt, und vermutlich ist er das auch, trotzdem ist er nicht der Richtige für mich. Diese Beziehung … Sie war unfair. Josh war mein Zufluchtsort, mein Sicherheitsnetz, er hat mir geholfen, die schlimmste Zeit meines Lebens zu überstehen, aber ich muss jetzt auf eigenen Beinen stehen.«

Stille. Ohrenbetäubende Stille.

Mein Herz schlug so schnell, dass es wehtat. Eine halbe Minute brauchten sie, um den Schock zu verarbeiten, dann brach ein Blitzgewitter von Fragen los.

»Was soll das heißen, er hat sich von dir getrennt?«

»Was ist passiert?«

»Wart ihr unglücklich?«

»Ihr wohnt aber noch zusammen, richtig?«

»Wie lang geht das schon so?«

»Warum bist du nicht früher zu uns gekommen?«

»Und was hat das mit Noah zu tun?«

Die letzte Frage schien mir am einfachsten zu beantworten. Hastig sah ich zwischen meinen Eltern hin und her. »Das vorhin war gelogen. Ich habe Noah nicht auf dem Campus wieder getroffen. Sondern zufällig bei der Wohnungssuche. Ich bin in seiner WG gelandet.«

Erneut redeten sie auf mich ein. Selbst Dad konnte nicht ruhig bleiben, sie steigerten sich gegenseitig hoch.

Ich hatte damit gerechnet. Womit ich allerdings nicht gerechnet hatte, war das Gefühl der Erleichterung, das mich von Kopf bis Fuß erfüllte. Sie reagierten ungefähr so, wie ich erwartet hatte. Stellten meine Zukunft und meine Sicherheit infrage. Warfen mir alles vor, wovor ich Angst gehabt hatte. Aber das war okay. Ich hatte keine Ahnung, wie es war, das eigene Kind zu verlieren. Von einem Moment auf den anderen nur noch eins zu haben und jede Sekunde darum zu bangen, was mit ihm geschah. Viel wichtiger war, dass ich endlich etwas kapiert hatte: Die Wahrheit nahm sie mit, machte ihnen Angst, doch letztendlich würde sie uns alle befreien.

In meiner Vorstellung schnappte sich Riley mein massakriertes Kuchenstück, da ich zu abgelenkt damit war, unsere Eltern zu beruhigen, lehnte sich schmatzend in seinem Stuhl zurück und schaute mit einem Feixen zu mir rüber. *»So, Miss Perfect«*, sagte er genüsslich. *»Jetzt bist du an der Reihe. Zeig, was du vom Meister gelernt hast.«*

Für einen kurzen, wunderbaren, schmerzhaften Moment verweilte mein Blick auf dem leeren Stuhl, bevor ich mich wieder meinen Eltern zuwandte.

Ja, Riley. Jetzt bin ich an der Reihe.

Wir flogen vorbei am Hyde Park, standen ewig im Stau vor dem Buckingham Palast. Und als wir endlich den Piccadilly Circus erreichten und an den prunkvollen Bauten vorbeifuhren, die von den wichtigsten Theater- und Musicalensembles des Landes bespielt wurden, überfiel mich eine solche Euphorie, dass ich aus Angst, sonst vom Motorrad zu kippen, Noahs Taille fester umschlingen musste. Im Alltag vergaß ich häufig, in was für einer Wahnsinnsstadt ich lebte. Das hier war genau das, was Noah und ich uns immer ausgemalt hatten. Das blühende Leben, Verfall und Fortschritt, Moderne und Tradition Hand in Hand, an jeder Ecke unbegrenzte Möglichkeiten. Wann hatte ich aufgehört, die Schönheit dieser Stadt wahrzunehmen? Wann hatte ich angefangen, für selbstverständlich zu halten, dass ich nur ein Leben hatte, nur einmal jung war und das Privileg hatte, hier zu wohnen?

Ich presste meine Wange an Noahs Rücken, das kühle Leder traf auf meine überhitzte Haut. Wir hatten in Bath übernachtet. Nach einem kurzen Besuch bei Mr. und Mrs. Seymour, die mich ebenso herzlich begrüßt hatten wie meine Eltern Noah, waren wir mit drei neuen Flaschen Pflaumenschnaps und einer riesigen Tupperbox voller Shepherd's Pie im Gepäck losgefahren.

Meine Eltern hätten mich am liebsten ans Haus gekettet und dort behalten, da war ich mir sicher. Wir hatten gestern noch stundenlang geredet, und ich hatte sie kaum beruhigen können. Es würde nicht einfach werden in nächster Zeit. Aber immerhin lagen die Karten jetzt auf dem Tisch.

Die Ampel vor uns sprang auf Grün, und Noah fuhr los.

Mein Magen machte einen Satz. Trotz Rileys Unfall konnte ich das Motorradfahren inzwischen genießen, obwohl es so eine Überwindung gewesen war. Jetzt war es wie Achterbahnfahren, nur besser, weil man die ganze Umgebung beobachten konnte. Zwar wurde es nach über zwei Stunden ziemlich kalt, aber der Kick nahm nicht ab.

»Ich hab schlechte Neuigkeiten, Liv.«

Noah trat vor die dunkle Eingangstür und lugte dann in eins der riesigen Erkerfenster daneben.

»Hm?«

»Der Laden öffnet erst um zwölf.« Er warf einen Blick auf sein Handy. »Noch über 'ne halbe Stunde.«

Ich hatte ihn gebeten, erst zu einer Adresse in Chelsea zu fahren, bevor wir in die WG zurückkehrten.

Grinsend trat ich neben ihn. »Ich weiß. Genau deshalb sind wir ja auch so früh hier.«

Heute Morgen, als er noch geschlafen hatte, war mir eine spontane Idee gekommen, und ich hatte einen alten Bekannten angerufen.

»Hä?«

Statt einer Antwort ging ich in die Hocke und hob den Blumentopf an, der neben der Eingangstür stand. Ich tastete ein bisschen auf dem kalten Boden herum, dann schlossen sich meine Finger um den Schlüssel. »Bingo! Auf Bennett ist Verlass.«

»Ich komme nicht ganz mit. Wer ist Bennett?« Er klang eindeutig verwirrt, doch seine Tornadoaugen funkelten vergnügt. Eine Riesenlast schien von uns beiden abgefallen zu sein, seit wir wieder hier waren.

»Der Besitzer des schönsten Buchladens Londons.« Ich deutete auf die goldene Schrift über uns – *Bennett Butler Books* –, steckte den verschnörkelten Schlüssel ins Schloss und drehte ihn um, bis die Tür mit einem Klicken aufsprang.

»Hereinspaziert, Mister!«, rief ich überschwänglich und ließ ihm den Vortritt.

Ungläubig fixierte er mich und lief rückwärts ins Ladeninnere, ohne mich aus den Augen zu lassen. »Und wie genau hast du ihn dazu überredet, dir den Schlüssel zu geben?«

»Zweifelst du gerade an meinem Charme?«

Er lachte. »Würde ich nie tun.«

Ich schloss hinter uns ab und atmete den unvergleichlichen Duft nach alten Büchern ein. Die dunklen Holzregale reichten bis unter die Decke des ineinander verschachtelten Ladeninneren. Auf dieser Ebene gab es drei verschiedene Räume, und von jedem führte eine versteckte Wendeltreppe in den ersten Stock und ins Untergeschoss.

»Vor ein paar Monaten habe ich mal ein Interview mit ihm geführt, als er kurz vor dem Ruin stand, weil kaum jemand mehr in unabhängigen Buchläden einkauft. Die meisten Leute shoppen bei den großen Ketten oder online. Außerdem ist der Gute schon über siebzig, weiß zwar alles über Bücher, aber kennt sich kein bisschen mit Marketing aus. Ich habe eine Reportage über ihn geschrieben, meine Kollegen von der Studentenredaktion haben Fotos geschossen, den Hashtag #SaveBennettBooks auf Instagram ins Leben gerufen und ordentlich die Werbetrommel gerührt. Dadurch ging's wieder aufwärts, und der Laden hat an Popularität gewonnen. Und Bennett liest mir seitdem jeden Wunsch von den Lippen ab.«

Eine Welle der Zuneigung überschwemmte mich, als ich an unser Telefonat heute früh dachte. Er hatte mich nicht mal ausreden lassen, als ich ihn gefragt hatte, ob ich einer besonderen Person, die es ganz sicher zu schätzen wusste, seinen Laden zeigen durfte, bevor die ersten Kunden eintrudelten. Überschwänglich hatte er zugestimmt.

Mit vor Staunen geöffnetem Mund lief Noah durch die Räume, nahm die Regale unter die Lupe und berührte die Buchrücken behutsam mit den Fingerspitzen. Er sah aus wie ein kleines Kind im Süßwarengeschäft.

»Es werden hier auch Lesungen veranstaltet«, sagte ich mit einem weiteren Lächeln.

Noah schüttelte den Kopf. »Ich will zu keiner Lesung. Ich will hier mit dir einziehen«, erwiderte er todernst, dann wandte er sich blitzschnell um und überbrückte den Abstand zwischen uns mit zwei großen Schritten. Er packte mich an den Hüften und hob mich in die Höhe.

Kichernd schlang ich ihm die Arme um den Hals. »Meinst du nicht, es ist ein bisschen zu früh, um übers Zusammenziehen zu reden?«

Seine Brauen wanderten in die Höhe. »Meines Wissens nach wohnen wir schon zusammen.«

»Du weißt, was ich meine.« Ich beugte mich zu ihm herunter und drückte meine Lippen auf seine.

Sofort trat unsere hübsche Umgebung in den Hintergrund. All meine Sinne wurden von ihm beansprucht. Seine Zunge an meiner, seine harten Muskeln, seine Hände, die mich an seinen Körper drückten, fester, immer fester ... Unwillkürlich schlang ich meine Beine um seine Taille und überkreuzte sie auf seinem Rücken.

Noah wankte rückwärts, bis wir gegen ein Regal neben der Eingangstür stießen. »Liv«, keuchte er, als wir kurz voneinander abließen, um nach Luft zu schnappen. Seine Erregung war nicht zu übersehen. »Wir ... können ... nicht ...«

Ich legte ihm eine Hand auf den Mund und deutete an

ihm vorbei. »Da ist eine Wendeltreppe, die nach unten führt«, erwiderte ich, ebenfalls völlig atemlos. »Im Keller gibt's ganz viele Prachtexemplare, die du dir nicht entgehen lassen solltest.«

Für eine Sekunde schien er mit sich zu ringen, doch dann ergab er sich. Im nächsten Moment verzog er die Lippen zu einem anzüglichen Grinsen. »Wenn du das sagst.«

In Rekordgeschwindigkeit trug er mich die schmale Treppe hinunter, während ich mich seinen Hals entlangküsste. Sobald er die letzte Stufe erreicht hatte, betätigte ich den kleinen Lichtschalter neben uns, und schon wurde der fensterlose Raum in warmes Licht getaucht. Noch mehr Regale, noch mehr Bücher. Auf dem knarzenden Holzboden dazwischen lagen dicke Perserteppiche.

Noah ließ mich herunter, und ich führte ihn zu einem dunkelgrünen Samtsessel, der in einer Ecke bei den Klassikern stand. Die Bücherregale waren im Halbkreis darum angeordnet.

»Hier finden die Lesungen statt«, wisperte ich und verschränkte unsere Finger miteinander. »Ich habe immer mal wieder eine besucht. Die Gäste sitzen auf kleinen Kissen davor. Es ist ziemlich eng, aber auch ziemlich kuschelig. Und jedes Mal, wenn ich den Worten der Autoren gelauscht habe, musste ich daran denken, wie es wäre, dich hier sitzen zu sehen. Nicht neben mir, sondern genau hier auf dem Sessel.« Ich stellte mich direkt vor ihn und hob den Kopf, damit ich ihm in die Augen sehen konnte. »Eines Tages wirst du hier sitzen, Noah. Und ich werde da sein, um darüber zu berichten.«

Bewegungslos sahen wir uns an. Das Grau seiner Augen wurde weicher, wärmer, wie flüssiges Silber.

Er beugte sich zu mir herunter und legte seine Stirn an

meine. »Du machst mich so glücklich«, murmelte er. »Ich habe geglaubt, nie wieder so ein Glück empfinden zu können. Ich war mir so sicher, es nicht verdient zu haben, bis du wieder in mein Leben getreten bist.«

Unsere Lippen trafen aufeinander. Ich legte alles in diesen Kuss hinein, ließ ihn jede Emotion spüren, die ich im Laufe der Jahre unter Verschluss gehalten hatte – Sehnsucht, Verlangen, Liebe, Trauer, Eifersucht, Verzweiflung. Und er erwiderte den Kuss mit derselben Intensität.

Gegenseitig zerrten wir uns die Jacken vom Körper, machten weiter mit der restlichen Kleidung, glitten zu Boden, versanken in unserer eigenen Welt. Inmitten der Bücher fanden wir zueinander. Inmitten all der Worte schrieben wir unsere Geschichte neu.

Später, wieder zu Hause, fanden wir die WG leer vor.

Noah wollte sich heute an sein Manuskript setzen, und auch ich hatte eine Mission.

Erst jetzt traute ich mich, einen Blick aufs Handy zu werfen. Ich sank auf mein Bett, scrollte bis zu den archivierten Chats runter und klickte mit einem Seufzen darauf.

Lauren: Wo steckst du? Dein Verhalten ist absolut verantwortungslos. Wir stehen kurz vor Redaktionsschluss!!!! Und die Vorschau ist schon online, also WEHE DIR, wenn du es vermasselst.

Und schon kündigte sich eine neue Nachricht an, allerdings nicht im Redaktionschat.

Cassie: Liv, alles okay bei dir? Lauren dreht ein bisschen durch. Kannst du gleich ins Büro kommen?

Ich öffnete Laurens Nachricht erneut.

Vorschau.

Ach du Scheiße.

Fluchend sprang ich auf und stürzte zum Schreibtisch, klappte meinen Laptop auf und tippte darauf herum, bis die Website von *Newsflash* lud.

Coming Soon, stand da in den typischen gelben Großbuchstaben. *Die neue Ausgabe – überall auf dem Campus und im Kiosk eures Vertrauens erhältlich! Coverstory: Wie ich einen Fuckboy bekehre – ein Selbstversuch von Liv Averill.* Und als sei das nicht schon schlimm genug, grinste mir mein eigenes Gesicht in einem herzförmigen Rahmen entgegen.

Oh Gott.

Ich begann auf und ab zu laufen. Mir die Haare zu raufen. Okay, ganz ruhig, das war nur die *Newsflash*-Seite. Was hatte Matilda bei unserem Kennenlernen gesagt? Keine Sau las das Magazin. Sie hatte recht. Niemand würde was davon erfahren.

Ich beugte mich wieder über den Laptop und öffnete das Dokument mit meinen Notizen. Überflog die Worte, während mein Magen sich umdrehte.

Doch auf einmal wusste ich, was zu tun war.

In Rekordschnelle zog ich mir frische Kleidung an, schnappte mir meine Handtasche und flüchtete aus der Wohnung, gottfroh, dass Noah den Geräuschen zufolge unter der Dusche stand und ich ihm nicht gegenübertreten musste.

Völlig außer Atem rannte ich die Stufen in den zweiten Stock hinauf und stieß die Tür zum Büro auf. Erst in dieser Sekunde kam mir der Gedanke, dass sie sich eventuell im Café befanden. Allerdings war es erst kurz nach zwölf, vielleicht hatte ich Glück …

Hatte ich nicht. Der Raum war verlassen. Ein Luftzug fegte durch zwei geöffnete Fenster, und mehrere Blätter wirbelten durch die Gegend. Mit einem Stöhnen ging ich in die Knie und machte mich daran, sie aufzusammeln. Meine Gedanken liefen derweil Amok. Das letzte Treffen kam mir vor, als sei es Monate her. Ich war ein anderer Mensch gewesen. Die Redaktion war nach wie vor wichtig für meinen Abschluss und für meinen Lebenslauf. Aber der Fuckboy-Artikel war nicht irgendein ernst zu nehmender Text, den ich unbedingt hatte schreiben wollen. Sondern einer, der alles zerstören würde, wenn er gedruckt wurde. Ich hatte Noah wieder in meinem Leben. Er hatte alles auf den Kopf gestellt und gleichzeitig alles wieder zurechtgerückt. Nichts war wie zuvor und doch alles so, wie es immer hatte sein sollen. Ich würde es nicht überleben, wenn er noch einmal aus meinem Leben verschwand.

»Wo zum Teufel hast du gesteckt?«

Hätte ich mich nicht im letzten Moment an der Schreibtischkante vor mir festgehalten, hätte ich vor Schreck das Gleichgewicht verloren.

In Zeitlupe erhob ich mich, legte die Blätter auf den Tisch, sammelte mich und holte tief Luft. Mit einem gewinnenden Lächeln auf den Lippen drehte ich mich um und traf auf Laurens mörderischen Blick. Es hätte mich nicht gewundert, wenn ihre roten Locken wie elektrisiert von ihrem Kopf abgestanden hätten.

»Wir müssen reden, Lauren.«

»Was du nicht sagst«, giftete sie los. »Es gibt nur einen einzigen Grund, warum ich dich nicht auf der Stelle aus dem Team schmeiße, und der …«

»Du musst die Vorschau löschen«, fiel ich ihr ruhig ins Wort. Ich hatte keine Nerven für einen Streit. Ich hatte meine Entscheidung getroffen.

»Ich muss *was?*«

»Ich kann den Artikel nicht schreiben«, fuhr ich fort. »Mir ist klar, dass es kurzfristig und daher maximal ungünstig ist, aber es geht nicht anders.«

Sie trat einen Schritt auf mich zu. Ihre Augen schossen spitze Pfeile auf mich ab, ihre Nasenflügel bebten. »Willst du mich auf den Arm nehmen?«

Ich schüttelte den Kopf. »Ich ... Ich kann dir meine Notizen schicken. Du darfst alles verwenden, wenn du meine Identität geheim hältst. Ich könnte den Artikel auch für dich schreiben, aber er kann nicht unter meinem Namen veröffentlicht werden.«

Sie musterte mich für ein paar Sekunden, als könnte sie sich nicht entscheiden, ob sie handgreiflich werden oder mich verfluchen sollte, dann brach ein hohles Lachen aus ihr hervor. »Du meinst das wirklich ernst, oder? Du denkst, du kannst nach Tagen Funkstille hier auftauchen und irgendwelche Extrawünsche äußern?«

Tief durchatmen, Liv. Tief durchatmen.

»Es war nicht so geplant. Ich habe das nicht absichtlich gemacht, aber ...«

»Lass mich raten, du hast dich in deine Testperson verliebt.«

Irgendwie schaffte ich es, ihrem boshaften Blick standzuhalten. »Ich war schon immer in ihn verliebt. Aber inzwischen weiß ich, dass er genauso für mich empfindet.«

»Herzlichen Glückwunsch!« Ein weiteres zynisches Lachen folgte. »Gott, ich wusste schon immer, dass du eine Enttäuschung bist, aber für ein Klischee habe ich dich nie gehalten. Die Antwort lautet Nein. Das kannst du vergessen. Du schreibst diesen Artikel.«

Ich seufzte tief. »Es tut mir leid, ich werde ihn nicht schreiben. Das ist mein letztes Wort.«

Ihr Gesicht war inzwischen fast so rot wie ihre Haare. »Gut«, zischte sie. »Dann schick mir deine verdammten Notizen. Wenn das erledigt ist, kannst du deinen Schreibtisch räumen. Und dir schon mal überlegen, was du zu deiner Verteidigung bei deinem zweiten *Gentlewoman*-Vorstellungsgespräch erzählst. Immerhin denken die, dass du hier arbeitest und Erfahrungen sammelst. Falls du überhaupt noch hingehst. Wenn du mich fragst, verschwendest du damit nur deren Zeit. Hat mich nicht gefreut, mit dir zu arbeiten. Auf Nimmerwiedersehen – das ist *mein* letztes Wort.«

Ich hatte es erwartet. Allerdings hatte ich nicht erwartet, dass es sich so sehr nach einer Niederlage anfühlen würde.

Die ganze U-Bahn-Fahrt über versuchte ich den Gedanken an meine Zukunft auszublenden. Zwecklos. Rileys Stimme flüsterte mir all die Dinge zu, die ich verdrängen wollte.

»Du willst also von einer Beziehung in die nächste springen, um ja nicht alleine zu sein. Du setzt deinen Platz in der Redaktion aufs Spiel für die Liebe. Hat er dir überhaupt gesagt, dass er dich liebt? Hat er nicht nur von der Vergangenheit gesprochen? Du steigerst dich da gerade in was rein, Liv, und du weißt es. Ihr kennt euch überhaupt nicht mehr, ihr könnt nicht drei Jahre ungeschehen machen und so tun, als sei das real.«

»Halt den Mund!«, rief ich so laut, dass mir eine entgegenkommende Touristengruppe erschrocken auswich. Erst jetzt realisierte ich, dass ich mich kurz vor der

Wohnung befand. Wie im Delirium war ich aus der Bahn ausgestiegen und die Straßen entlanggelaufen, im Arm einen Karton mit Notizblöcken, Büchern, Kugelschreibern und einem Kaktus, der schon längst tot war. Keine Ahnung, wieso ich ihn nicht entsorgt hatte. Wahrscheinlich weil ein Teil von mir nicht glauben wollte, dass Lauren mich wirklich aus dem Team geschmissen hatte.

Ich zwang mich, zum Hauseingang zu laufen. Jeder Schritt war eine Zumutung. Immerhin, als ich im zweiten Stock ankam, hatte ich mich zumindest davon überzeugt, dass ich Noah wieder guten Gewissens entgegentreten konnte. Vielleicht würde ich ihm eines Tages davon erzählen, und wir würden gemeinsam darüber lachen, dass so ein dämlicher Artikel uns quasi zusammengeführt hatte. Aber nicht heute. Nicht nach dem Besuch in Bath. Dafür war das Eis, auf dem wir uns bewegten, noch viel zu zerbrechlich.

Ich klemmte den Karton zwischen meinen Körper und die Wand, um in meiner Manteltasche nach dem Schlüssel zu kramen. Als meine Finger ein Stück Papier ertasteten, zog ich es heraus. Beim Lesen der handgeschriebenen Worte darauf machte mein Magen einen Satz.

Meraki. Substantiv. Der Zustand, der eintritt, wenn man einen Teil von sich in seiner Arbeit zurücklässt. Wenn man etwas so sehr liebt, dass man ein Stück seiner Seele hineingibt.

Wann hatte er den Zettel in meine Tasche gesteckt? Und war das ein Zeichen des Universums? Auch ich hatte einen Teil von mir in dem Artikel gelassen. Von uns. Den zerbrechlichsten.

Nur ein Zufall. Es war nur ein gruseliger Zufall.

Ich stopfte den Zettel zurück in meinen Mantel, griff nach dem Schlüssel und sperrte auf.

Im Flur stieg mir der Duft nach Grapefruit in die Nase – mit relativ großer Sicherheit stammte er von Brionys heutiger Duftkerze.

Kaum hatte ich mich aus meiner Jacke geschält, kamen mir meine Mitbewohnerinnen im Flur entgegen.

»Liv!«

»Da bist du ja endlich.«

Beide sprachen mit gesenkten Stimmen. Zeitgleich schlossen sie mich in eine Umarmung.

Als wir uns voneinander lösten, sah ich Sorge in ihren Gesichtern. Nun ja, in Matildas eher Argwohn.

»Ich war in der Uni, was ist los?«

»Wann seid ihr zurückgekommen?«, fragte sie mich im Flüsterton.

»Heute Morgen, wieso?«

»Alles okay bei euch?«, wollte Briony wissen.

»Ähm … ja?«

»Seymour hat sich in deinem Zimmer eingeschlossen. Nachdem er Kaffee mit uns getrunken hat«, erklärte Matilda. »Er meinte, er will in inspirierender Atmosphäre an seinem Manuskript arbeiten, bis du wiederkommst.«

»Er kann so süß sein, wenn er will«, murmelte Briony mit einem Seufzen.

Ich verdrehte die Augen. Daher wehte der Wind. Sie wollten wissen, wie die Lage war. Ob sie ekelhaft romantische Stimmung in der WG erwarten durften.

»Ihr müsst euch keine Sorgen machen«, beeilte ich mich zu sagen. »Es ist alles gut. In der WG wird sich nichts verändern, wir …«

»Machst du Witze? In der WG hat sich einiges verändert, seit du eingezogen bist, und das ist auch gut so!« Briony strahlte übers ganze Gesicht.

Matilda nickte, wirkte aber definitiv nicht ganz so zufrieden. »Deswegen machen wir uns keine Sorgen. Er marschiert seit zwanzig Minuten in deinem Zimmer auf und ab wie ein Wahnsinniger – man hört die Dielen knarzen. Willst du mal nachschauen, ob das nur sein normaler Kreativprozess ist?«

»Klar.«

»Was ist das für ein Karton?« Briony deutete hinter mich, doch ich winkte ab.

»Lange Geschichte.« Ich bildete mir ein, einen wissenden Ausdruck in Matildas Augen zu erkennen, doch auch das spielte für den Moment keine Rolle.

Hastig marschierte ich ins Wohnzimmer und steuerte den Flur zu den Schlafzimmern an. Tatsächlich. Noah veranstaltete einen Höllenlärm in meinem Zimmer. Die Holzdielen ächzten bei jedem Schritt. Aus Gewohnheit zog ich mein Handy hervor, kurz bevor ich die richtige Tür erreicht hatte. Und erstarrte.

Er hatte versucht, mich anzurufen. Fünf Mal in den letzten zehn Minuten.

Meine Gedanken rasten, und mein Herz setzte einen Schlag aus. Gerade als ich meinen Mut zusammengenommen hatte und nach der Klinke greifen wollte, flog die Tür auf.

Ein Blick in sein Gesicht genügte. Die Gewissheit durchdrang jede Zelle meines Körpers. Seine Augen glühten, und er schien am ganzen Körper vor Anspannung zu beben. Bereit zum Angriff. Oder zur Flucht.

»Noah.« Mehr brachte ich nicht hervor. Meine Beine

zitterten. Ich musste mich zusammenreißen, ich durfte jetzt nicht den Verstand verlieren, ich …

»Bitte sag mir, dass das ein riesengroßes Missverständnis ist.«

Ich schaute über seine Schulter. Auf meinem Schreibtisch stand mein aufgeklappter Laptop. Mit ziemlich großer Wahrscheinlichkeit hatte ich ihn offen stehen lassen, bevor ich aus der Wohnung gestürmt war. Und selbst wenn nicht – Noah hatte mir nicht hinterherspioniert. Er hatte sich garantiert nichts dabei gedacht, meinen Computer zu benutzen, ich kannte ihn. Früher hatten wir nie Geheimnisse voreinander gehabt, sein Eigentum war genauso meines und andersrum. Das war leider wirklich nicht der Punkt.

Mein Blick zuckte zurück zu ihm.

Bewegungslos stand er vor mir. Schmerz und Wut wechselten sich in seiner Miene ab und jagten mir eine Gänsehaut über den Rücken.

»Es ist egal«, entfuhr es mir. »Nichts davon ist von Bedeutung. Ich …«

»Was ist das?«, schnitt er mir das Wort ab und deutete hinter sich. Vielleicht hatte ich Glück. Vielleicht hatte er nur die Vorschau gesehen.

»Ein schwachsinniger Artikel. Für *Newsflash*, die Studentenredaktion, in der ich arbeite. Ich wollte ihn nicht schreiben, aber sie haben gedroht, mich rauszuschmeißen, weil ich in den vergangenen Monaten viel Mist abgeliefert hab, also war es meine letzte Chance. Es war ganz am Anfang, als ich wütend auf dich war. Ich … Ich …« Meine Worte verloren sich im Geräusch meines donnernden Herzens. Mir war schlecht, aber das spielte jetzt keine Rolle. Ich musste ihm alles sagen. Er musste verstehen.

»Das ist es, was du wirklich über mich denkst, oder?«

Er wich ein paar Schritte zurück, als könnte er es nicht ertragen, mir körperlich nahe zu sein. Und plötzlich war die Wut aus seinem Gesicht verschwunden. »Ich bin toxisch? Jemand, dem man nicht zu nahe kommen sollte, wenn man sich nicht selbst aufgeben will?«

Fuck.

Meine Hoffnung verflüchtigte sich so schnell, wie sie gekommen war. Er hatte definitiv nicht nur die Vorschau gelesen.

»Noah, ich habe diese Worte geschrieben, als ich noch keine Ahnung hatte, was mit dir los war.«

Er schien mich kaum zu hören. »Hast du mich deswegen geküsst? Hast du deswegen mit mir *geschlafen*, verdammte Scheiße?« Er war immer lauter geworden. »Weil du mich bekehren wolltest? War das alles nur ein Test?«

Ich fuhr zusammen und widerstand dem Bedürfnis, in Tränen auszubrechen. »So … So war es nicht.« Meine Stimme brach. Ich schüttelte den Kopf. »Doch, weißt du was, doch, so war es. Ich hatte keine Ahnung, was mit dir los war, und es hat mich wahnsinnig gemacht, dass du nicht mit mir reden wolltest. Ich musste irgendetwas *tun*! Ich dachte, so kriege ich es aus dir raus. Und es hat funktioniert, oder?«

Ungläubig sah er mich an. »Wie vielen Leuten hast du davon erzählt, Liv? Von Dingen, die niemanden etwas angehen außer dich und mich?«

»Nur meinem Redaktionsteam. Der Artikel ist noch nicht veröffentlich. Ich war gerade in der Uni, um ihnen zu sagen …«

Er ließ mich den Satz nicht beenden.

»Ich will, dass du gehst«, sagte er gefährlich ruhig. »Ich will, dass du deine Sachen packst und ausziehst.«

»Noah.« Ich trat einen Schritt auf ihn zu, er automatisch einen zurück.

»Wag es nicht, mich anzufassen«, zischte er. »Ich habe keine Ahnung, wer du überhaupt bist.«

»Was ist hier los?«, ertönte Matildas Stimme hinter uns. Ich hatte sie nicht mal näher kommen hören.

Ruckartig wandte ich den Kopf, wollte ihr gerade sagen, dass sie sich am besten raushielt, aber da ergriff Noah wieder das Wort.

»Liv wird ausziehen. Du kannst ihr gleich beim Packen helfen.«

Die Verachtung in seinen Worten schnürte mir die Luft ab.

»Was ist passiert?« Das war Briony.

Schön, die ganze WG war versammelt.

»Er will, dass Liv auszieht«, bemerkte Matilda mit gelangweilter Stimme. Entweder kapierte sie nicht, was hier abging, oder sie hatte bewusst entschieden, sich nicht von Noahs Wut aus der Ruhe bringen zu lassen.

Noah nahm mich ins Visier, starrte mich mit seinem Blick nieder.

»Bitte, hör mir zu«, versuchte ich es ein letztes Mal.

»Ich will dir nicht zuhören. Ich will, dass du endlich aus meinem Leben verschwindest«, brüllte er.

Im nächsten Augenblick befanden sich Matilda und Briony rechts und links von mir. Sie verschränkten die Arme vor der Brust.

»Kommt nicht infrage!«, rief Briony mit hoher Stimme. »Liv ist das Beste, was unserer WG passieren konnte.«

»Ich hab 'ne bessere Idee, Seymour«, schob Matilda hinterher. »Was, wenn stattdessen du aus unserem Leben verschwindest?«

Mein Mund klappte auf, doch es war zu spät. Noah gab mir keine Gelegenheit mehr, die Wogen zu glätten.

Er schaute uns alle drei abwechselnd an, dann nickte er. Seine abrupte Gelassenheit machte mir noch mehr Angst als das Geschrei. »Ihr habt recht. Ihr habt absolut recht. Ich habe noch nie in diese WG gehört.« Mit diesen Worten schob er sich an uns vorbei, verschwand im Flur und anschließend in seinem Zimmer.

Zehn Minuten später zog er einen Koffer durch die Wohnung, ignorierte jeden meiner Versuche, mit ihm zu reden, und flüchtete ins Treppenhaus.

Ich folgte ihm bis auf die Straße, wo er in das erstbeste schwarze Taxi stieg und aus dem Fenster durch mich hindurchblickte, als würde ich nicht mehr existieren.

Matilda und Briony fanden mich als schluchzendes Häufchen Elend auf dem Bordstein, halfen mir auf und zogen mich zurück in die Wohnung. Im Wohnzimmer angekommen, drückten sie mich aufs Sofa, stellten die hochprozentigen Überbleibsel von der Party auf den Tisch und warteten, bis ich wieder sprechen konnte. Bis die ganze verdammte Story aus mir hervorbrach.

Die Wahrheit war nicht immer befreiend. Manchmal tat sie auch einfach nur beschissen weh.

Es stellte sich heraus, dass Liebeskummer nicht erträglicher dadurch wurde, dass man ihn zum zweiten Mal durchlebte. Man könnte meinen, nachdem ich jahrelang in Noah verliebt gewesen war, ohne Hoffnung, dass er diese Liebe jemals erwiderte, hätte ich den Schmerz gewöhnt sein sollen. Doch das war nicht der Fall. Vor allem, weil ich ihn mir diesmal selbst zu verdanken hatte. Trotzdem versteckte ich mich nicht vor der Welt, und ich verbrachte die Tage auch nicht damit, heulend in meinem Bett zu liegen. Das sparte ich mir für die Nächte auf. Zum ersten Mal in meinem Leben hatte ich keine Beziehung als Ablenkung von dem ganzen emotionalen Mist, und Verdrängung war keine Option. Dafür hatte ich etwas gefunden, das viel wertvoller – und gesünder – war: Freunde.

Matilda, Briony und ich verbrachten die meiste Zeit miteinander. Sie zeigten mir ihre liebsten Café-Spots in Soho, wir gingen ins Kino, stellten die Vintage-Läden in unserem Viertel auf den Kopf und führten stundenlang tiefgründige Gespräche. Wir sprachen über unsere Träume, unsere Ängste, unsere Vergangenheit. Über alles außer Männer. Ich erzählte ihnen von Riley und wie sehr er mir manchmal fehlte, auch wenn wir uns nie besonders gut verstanden hatten.

Meine Eltern waren noch immer besorgt um mich, doch anstatt ihnen aus dem Weg zu gehen, nahm ich jeden ihrer Anrufe an, sprach mit ihnen über das, was mich beschäftigte, erklärte ihnen die Beweggründe meiner Entscheidung wieder und wieder, bis sie es irgendwann tatsächlich leid wurden, dieselben Fragen zu stellen.

In den ersten Tagen versuchte ich noch, Noah anzurufen. Ich schickte ihm unzählige Nachrichten. Aber ich hörte auf, als nichts zurückkam. Über Briony erfuhr ich, dass er bei Anthony untergekommen war.

An das zweite Vorstellungsgespräch bei *The Gentlewoman* wollte ich nicht denken, ich hatte viel zu große Angst davor, dass Lauren recht behielt und es vollkommen umsonst war, dort hinzugehen. Allerdings brachte ich es auch nicht über mich, es abzusagen. Um mich abzulenken, suchte ich nach Jobs in kleinen Redaktionen und bewarb mich auf die ein oder andere Stelle, allerdings ohne große Hoffnung auf Erfolg. Es spielte keine Rolle, ob sie mich ablehnten, ich würde es einfach weiter versuchen. Ich hatte viel zu lange mit meinem Leben pausiert. Es kam mir vor, als wäre ich mit meinem Einzug in die WG aus einem monatelangen Schlaf erwacht, und ich wehrte mich mit Händen und Füßen dagegen, mich von meinem Liebeskummer wieder in dieselbe Motivations- und Tatenlosigkeit treiben zu lassen.

Den Gedanken an *Newsflash* verdrängte ich – bis mir auf einmal Cassie schrieb.

Ich hatte es mir gerade auf dem Balkon bequem gemacht und genoss den ersten wirklich warmen Frühlingstag, während Matilda uns in der Küche zur Feier der Sonnenstrahlen Eiskaffee zubereitete. Als ich den Namen meiner ehemaligen Redaktionskollegin auf dem Display meines Handys las, war mein erster Impuls, die Nachricht ungelesen in den Papierkorb zu verschieben. Doch ich widerstand dem Bedürfnis, pustete mir energisch die Ponysträhnen aus der Stirn und entsperrte den Bildschirm.

Die Länge der Nachricht bereitete mir augenblicklich Kopfschmerzen.

Cassie: Lauren hat mir deine Notizen geschickt, damit ich den Artikel an deiner Stelle schreibe. Ich habe mir jetzt ein paar Tage Gedanken gemacht und mit James darüber gesprochen. Heute Abend ist die Deadline. Ich will diesen Artikel nicht schreiben, Liv. Es ist nicht meine Geschichte. Ich weiß nicht, was zwischen Noah und dir passiert ist, aber egal was es ist: Schreib darüber. Wir sind Journalistinnen. Es ist unsere Aufgabe, die Wahrheit zu schreiben. Es steckt etwas in dir, das rauswill. Wir glauben an dich. Hör nicht auf die Giftspritze.

»Du machst den Eindruck, als hättest du gerade ’ne Erleuchtung. Könnte allerdings auch bloß die Sonne in deinem Gesicht sein.«

Matilda stand nur in einem Body aus schwarzer Spitze vor mir. In den zwei Gläsern, die sie in den Händen hielt, türmten sich Vanilleeis und riesige Sahneberge.

Ich ließ mein Handy sinken und hielt mir einen Arm vors Gesicht. »Das sieht verboten gut aus«, sagte ich und nahm ihr eins der Gläser ab, als sie sich neben mich auf einen der hölzernen Klappstühle setzte.

»Meinst du mich oder den Kaffee?«

Ich lachte. »Beides. Auch wenn ich kaum Kaffee darin erkennen kann.«

Sie grinste, dann schaute sie auf mein Handy. »Hat er dir geantwortet?«

Kopfschüttelnd nippte ich an meinem Glas. Viel Zucker war genau das, was ich gerade brauchte.

Meine Gedanken rasten. Sie glaubten an mich? Das waren ja ganz neue Töne. Vielleicht hatte ich unterschätzt, wie wenig das gesamte Team unsere herzallerliebste Chefredakteurin leiden konnte. Und was noch unfassbarer war: Cassie erinnerte sich an Noahs Namen.

»Ähm, wo willst du hin?«

Erst in diesem Augenblick fiel mir auf, dass ich aufgestanden war.

»Keine Sorge, bin gleich zurück. Ich muss kurz meinen Laptop holen. Möglicherweise hatte ich gerade tatsächlich eine Erleuchtung«, murmelte ich.

Eine Minute später saß ich wieder auf dem Balkon, schob mir die riesige Sonnenbrille auf die Nase, die Matilda mir mit einem zufriedenen Lächeln hingehalten hatte, und öffnete das verfluchte Dokument.

Die Wahrheit.

Ich musste einfach die Wahrheit schreiben.

Wahrscheinlich kam nur Müll dabei raus. Aber das machte nichts. Ich hatte nichts mehr zu verlieren. Also band ich mir meine Haare zusammen, straffte die Schultern, nahm einen großen Schluck von meinem Eiskaffee und tippte drauflos.

Die Sonne war schon lange untergegangen, als ich auf Senden klickte und gemeinsam mit Matilda den Balkon verließ, weil es draußen zu kalt wurde. Sie war gerade dabei, mich zu überreden, mit ihr in die Ginger Cat Bar zu gehen.

»In zwei Stunden, ja? Vorher muss ich noch was erledigen.«

Sie seufzte theatralisch. »Du bist so mysteriös. Und deinen Artikel hast du mich auch nicht lesen lassen.«

Ich umarmte sie überschwänglich und schlüpfte in meine Vagabonds. »Ich erzähl dir später alles bei einem Glas Wein. Das werde ich dann bitter nötig haben.«

»Cliffhanger beherrschst du!«, rief sie mir hinterher, bevor die Tür hinter mir ins Schloss fiel.

Mit dem neuen Album von Ludovico Einaudi in den Ohren trat ich auf die Straße und machte mich auf den Weg zur Tottenham Court Road, wo ich mich von der Rolltreppe in den Untergrund tragen ließ. In der überfüllten Central-Line lächelte ich meinem verschwommenen Spiegelbild zu, und als ich in die Piccadilly-Line umstieg und die fünf Haltestellen bis zu der Station fuhr, die ich am besten in ganz London kannte, blieben meine Augen trocken. Ich war glücklich, und ich war traurig, und für den Moment war beides in Ordnung.

Die gewohnten Eindrücke empfingen mich, während ich

die Gillespie Road entlanglief, vorbei an der Golden Fish Bar und an dem überteuerten Feinkostgeschäft. Sanfter Sprühregen setzte ein, funkelte im Schein der Straßenlaternen und spülte die Erinnerungen an mein altes Leben fort.

Vor dem Haus blieb ich ein paar Minuten stehen, um all meinen Mut zusammenzunehmen. Im zweiten Stock brannte Licht – damit war die erste Hürde aus dem Weg geräumt. Ich gab mir innerlich einen Schubs, doch kaum dass mein Zeigefinger über dem Klingelschild schwebte, hielt ich erneut inne. Er hatte es noch nicht ausgetauscht. *Winters & Averill* stand dort nach wie vor.

Entschlossen senkte ich meinen Zeigefinger.

Es dauerte nur ein paar Sekunden, bis es knackte und Joshs verzerrte Stimme aus der Sprechanlage drang.

»Hallo?«

»Ich bin's«, sagte ich hastig.

Stille.

»Bitte lass mich rein. Es dauert nicht lang, versprochen.«

»Was willst du?« Selbst durch das Rauschen hörte ich seine Feindseligkeit heraus.

»Nur kurz reden. Bitte.«

Ich würde es verstehen, wenn Josh mich zum Teufel schickte und ich den Rückzug antreten musste. Trotzdem war es einen Versuch wert.

Erleichterung durchflutete mich, als das Summen des Türöffners ertönte.

Ich huschte ins Treppenhaus und nahm zwei Stufen auf einmal. Erst als ich schwer atmend im zweiten Stock ankam, setzte die Nervosität ein.

Josh wartete im Türrahmen. Er trug eine Jogginghose und seine Lesebrille, sein Haar war ganz zerzaust. Ich versuchte, den Stich in meinem Herzen zu ignorieren.

»Danke, dass du mich reingelassen hast«, wisperte ich und blieb an der Türschwelle stehen.

Der Ausdruck in seinen braunen Augen war hart. »Was willst du?«, wiederholte er, aber jetzt klang es nicht böse, sondern resigniert.

»Ich möchte mich bei dir entschuldigen.«

Er rührte sich nicht von der Stelle, und es wäre vermutlich zu viel verlangt, wenn ich ihn fragte, ob ich reinkommen durfte. Immerhin schien er bereit zu sein, mir zuzuhören. Das war schon mehr, als ich erwartet hatte.

»Nicht nur für unsere letzte Begegnung, auch wenn die absolut beschissen gelaufen ist. In erster Linie möchte ich mich dafür entschuldigen, dass ich dich benutzt habe.«

Seine Augen weiteten sich kaum merklich, und er presste die Lippen zusammen.

»Du hattest mit allem recht, was du mir an den Kopf geworfen hast. Ich habe jemanden gebraucht, und du warst da. Und das war verdammt unfair von mir. Aber bei einer Sache hast du dich getäuscht. Du warst nicht mein Lückenfüller. Du warst der Grund, aus dem ich die Zeit damals überlebt habe. Es tut mir so leid, dass ich dir nicht zurückgeben konnte, was du mir gegeben hast.«

Er wich meinem Blick aus und krallte seine zitternden Finger ineinander. »Du … Du liebst ihn, oder?«

Mein Herz raste. Ich holte tief Luft. Er hatte die Wahrheit verdient.

»Ja«, sagte ich leise.

Als er den Kopf hob, lag ein trauriges Lächeln auf seinen Lippen. »Das wusste ich eh schon. Keine Ahnung, wieso es trotzdem so wehtut, es zu hören.«

Ich kämpfte gegen die Tränen an. »Es tut mir so leid, Josh. Du hast etwas Besseres verdient. Schon immer.«

Dafür war ich gekommen. Jetzt durfte er mir die Tür vor der Nase zuknallen.

Stattdessen wurde er plötzlich ganz ruhig, löste seine Finger voneinander und trat blitzschnell vor. Im nächsten Augenblick schlang er die Arme um mich und drückte mich an seine Brust.

Seine Wärme, sein Duft. Alles war so vertraut. Ich konnte die Tränen nicht länger zurückhalten.

»Mir tut es auch leid«, flüsterte er in mein Haar.

Ich stieß die Luft durch die Nase aus. »Dir muss gar nichts leidtun.«

»Ich habe dich auf ein Podest gestellt, Liv.« Er umklammerte mich fester. Seine Stimme klang erstickt. »Obwohl du mich gleich zu Anfang gewarnt hast. Mir war klar, wie es in dir aussah. Ich bin mit der Zeit nur immer besser darin geworden, die Wahrheit zu verdrängen und an meinem Idealbild von dir festzuhalten.« Er wich zurück und ließ die Schultern hängen. Seine Augen waren rot gerändert. »Auf eine kranke Art hat es mir geholfen, dich mit ihm zu sehen. Es war wie ein Weckruf. In den letzten Tagen ist mir immer wieder derselbe Gedanke gekommen. Dass du vielleicht nicht die Liebe meines Lebens sein kannst.«

Vergeblich versuchte ich, meinen Tränenfluss zu stoppen.

»Weil es zwei dafür braucht«, fuhr er fort. »Und wenn ich Glück habe, finde ich diese zweite Person eines Tages auch.«

Ich nickte. Das wünschte ich ihm von ganzem Herzen. Erneut wollte ich ihn an mich drücken, doch er schüttelte den Kopf.

»Das war mein optimistisches, reifes Ich. Es kommt in

letzter Zeit nur sehr spärlich zum Vorschein. Ich brauche Abstand, um mich mit der ganzen unreifen Scheiße in mir auseinandersetzen zu können, okay?«

»O...Okay.« Ich trat zurück. Er weinte nicht, aber am Zittern seiner Unterlippe erkannte ich, dass nicht mehr viel fehlte. Es war an der Zeit, ihn in Frieden zu lassen. »Danke fürs Zuhören. Wenn du bereit bist, bin ich da.«

»Pass auf dich auf, Liv.«

Er schloss die Tür.

Eine ganze Weile lauschte ich seinen Schritten und ließ zu, dass sein Schmerz in mein Inneres wanderte und mich mitriss. Als meine Tränen versiegt waren, drehte ich mich um und setzte mich in Bewegung. Mit jeder Treppenstufe verabschiedete ich mich nicht nur ein weiteres Stück von Josh und unserer kleinen heilen Welt, sondern auch von der Vergangenheit. Ich ließ die alte Liv zurück und mit ihr die Scham und die Schuldgefühle.

Als ich die Tür aufstieß und der Wind meine Haare nach hinten wehte, breitete sich vollkommene Leere in mir aus. Doch anstatt in Panik zu geraten, streckte ich mein Gesicht gen Himmel, spürte die Regentropfen auf meiner Haut und atmete ein.

Leere war nicht schlecht. Sie bedeutete, dass ich endlich frei war.

19. KAPITEL

A losing game

NOAH

Ich hielt mich vom Ecstasy fern. Das Versprechen hatte mir Anthony abgenommen, nachdem ich kommentarlos vor seinem Loft aufgetaucht war und er mir geholfen hatte, den Koffer reinzutragen. Seine Sorge war nachvollziehbar, aber unnötig. Ich hatte meine Lektion nach dem letzten Horrortrip gelernt.

In den ersten Tagen ließ er mich in Ruhe. Kein einziges Mal drängte er mich zum Reden, allerdings bekam ich mit, dass er sämtliche Verabredungen absagte. Er schien nicht vorzuhaben, von meiner Seite zu weichen, bis ich bereit war, mich zu öffnen. Seltsamerweise regte mich das nicht mal auf – ich hatte bloß ein schlechtes Gewissen, weil der Kerl schon wieder auf mich aufpasste, als sei ich sein Kind. Inzwischen war ich an einem Punkt angelangt, an dem ich mir eingestehen konnte, wie sehr mir seine Anwesenheit half, auch wenn wir nicht redeten.

Ich verbrachte meine Tage damit, auf seine Gemälde zu starren, ihn beim Malen zu beobachten und zu schlafen. Sobald die Sonne unterging und der Raum in Dunkelheit getaucht wurde, begann ich zu schreiben. Stundenlang. Meine Finger auf der Tastatur entwickelten ein Eigenleben – wenn ich irgendwann mit brennenden Augen und Nackenschmerzen den Laptop zuklappte, hatte ich keine Erinnerung mehr daran, was ich geschrieben hatte. Wie nach einem Filmriss. Nur mit dem Unterschied, dass ich danach gut schlafen konnte und nicht von Albträumen heimgesucht wurde.

Ich verlor jegliches Zeitgefühl. Die Tage gingen nahtlos ineinander über. Prüfungen hatte ich auch keine mehr, nur das Manuskript war irgendwann fällig. Im Philosopher's meldete ich mich krank.

Ich tauchte erst aus den unendlichen Tiefen meines Selbstmitleids auf, als Tony eines Nachmittags mit einem Stella-Artois-Sixpack nach Hause kam. Dass Nachmittag war, wusste ich nur wegen des Lichts, das durch die vergitterten Fenster fiel. Ich war ein Meister darin geworden, die Uhrzeit anhand der Farben des Himmels einzuschätzen. Mein Handy hatte ich seit Tagen nicht mehr aufgeladen.

Tony schob das Bier mit den Füßen quer durch sein Loft. Das schleifende Geräusch war so haarsträubend, dass ich beinahe aus der Hängematte fiel.

»Wo steckst du?«, rief er mit einem leichten Lallen in der Stimme. »Deine Schonfrist ist vorbei, Darling.«

Ich hob den Kopf. »Bist du angetrunken?«

Er war vor ein paar Stunden verschwunden, um zu einem seiner unzähligen Jobs aufzubrechen. In seiner Abwesenheit hatte Mr. Wellington, sein in die Jahre gekommener Vermieter, geklingelt und mich durch die verschlossene Tür lautstark davon in Kenntnis gesetzt, dass Tonys Miete seit zwei Monaten überfällig war. Also hatte ich mir seinen Laptop geschnappt, mich in sein Konto eingeloggt – der

Idiot hatte seine Zugangsdaten gespeichert – und die Kontonummer seines Vermieters kopiert, um ihm das Geld für die zwei rückständigen und gleich noch die drei nächsten Monate zu überweisen. Tony würde mich umbringen, aber das war mir egal. Es war das Mindeste, was ich tun konnte, wenn er mich hier weiß Gott wie lange ertrug.

»Yep, bin auf dem Rückweg Jerry begegnet, der wollte zu einer Semesterabschlussparty und hatte zu viel Whisky dabei.«

»Zu viel Whisky? Wie kann man zu viel Whisky dabeihaben?«

»Er war kurz vorm Kotzen, und es ist noch nicht mal vier Uhr«, stellte Tony fest und warf sich mit einer Bierflasche in der Hand aufs Sofa.

Gegen meinen Willen musste ich lachen. »Jerry war der mit den exhibitionistischen Installationen, richtig?«

»Mhm, genau der. Apropos: Konnte ihn gerade noch davon abhalten, sich auf der Tower Bridge nackig zu machen. Willst du ein Bier?«

Ich zögerte für den Bruchteil einer Sekunde, bevor ich aus der Hängematte sprang und mich neben ihn aufs Sofa fallen ließ. Auch vom Alkohol hatte ich die Finger gelassen. Diesmal würde ich es nicht überleben, wenn ich alles unterdrückte, nur damit es mich irgendwann geballt einholte. Ich hatte in den letzten Tagen nicht verdrängt. Ich hatte geschrieben. Aber ich war vollkommen erschöpft. Und ich vermisste mein altes Leben.

Du wirst dein altes Leben nie wieder zurückbekommen. Dafür hat Liv gesorgt …

Tony hielt mir ein Bier hin, und wir prosteten uns zu.

»Cheers, auf unsere improvisierte WG. Kam Wellington zufällig vorbei?«

»Wer?«, nuschelte ich und widmete mich dem Etikett meiner Flasche.

»Mein Vermieter. Du weißt schon, der Typ mit den schulterlangen weißen Haaren und der Hakennase.«

»Hm, nee, nicht dass ich wüsste.« Ich nahm einen großen Schluck. Fast augenblicklich spürte ich, wie sich Wärme in meinem Bauch ausbreitete, als das wässrige Zeug durch meine Speiseröhre in den Magen floss. Das letzte Mal hatte ich vor etlichen Stunden die kalten Chicken-Tikka-Masala-Reste vom gestrigen Lieferservice gegessen, dem Stand der Sonne nach zu urteilen zum Frühstück. Mir fehlte die Motivation, etwas zu kochen, also bestellte ich seit Tagen Essen für Tony und mich.

»Okay, Noah. Sprich.« Er streckte seine Beine aus und überkreuzte sie auf zwei Farbeimern, die als improvisierter Tisch dienten.

»Muss ich?«

»Du musst. Wie gesagt, die Frist ist abgelaufen. Eigentlich schon vor zwei Tagen, aber da war ich mit meiner Abgabe für Kunstgeschichte beschäftigt.«

»Du hattest noch Abgaben?« Ich nahm einen weiteren großen Schluck und heftete meinen Blick auf das halb fertige Gemälde auf der Staffelei. Ein abstraktes Gemisch aus verschiedenen Rot- und Schwarztönen. Ich verstand überhaupt nichts von Kunst, aber ich konnte seine Bilder stundenlang betrachten und immer neue Details darin finden. Sie bargen das, was Professor Blythe all die Semester vergeblich in meinen Texten gesucht hatte: Emotionen.

»Lenk nicht vom Thema ab.«

Seufzend trank ich einen weiteren Schluck, registrierte, dass die Flasche bereits fast leer war, und griff dankend nach der vollen, die Anthony mir, aufmerksam wie er war, mit einem wissenden Grinsen hinhielt.

»Wir sind zusammen nach Bath gefahren«, begann ich, ohne ihn anzusehen. »Nach der Katastrophennacht. Du … Du hast alles mitbekommen, oder?«

»Im Loophole, meinst du?« Auf einmal klang er stocknüchtern. Seine Stimme war voller Mitgefühl.

Ich nickte und trank und starrte auf die Farbspritzer.

»Ja«, sagte er schlicht.

»Es war Rileys Geburtstag. Wir … Wir sind zu Livs Eltern gefahren und dann zusammen auf den Friedhof gegangen.«

»Das Datum ist eins deiner Tattoos, oder?«

Reflexartig drehte ich den Kopf und sah ihn überrascht an.

»Du bist mein bester Freund, Noah«, sagte er mit fast beleidigtem Unterton. »Du musst gewisse Sachen nicht aussprechen, damit ich sie checke.«

»Manchmal frag ich mich, ob du Gedanken lesen kannst. Und ob du mich deshalb damals bei dieser beschissenen Erstsemesterparty unter deine Fittiche genommen hast, weil du gesehen hast, wie verkorkst es in mir aussieht, woraufhin du es zu deiner Lebensaufgabe gemacht hast, mir den Arsch zu retten.«

Tony warf den Kopf zurück und lachte. »Ich *wünschte*, ich könnte Gedanken lesen«, sagte er, nachdem er sich etwas beruhigt hatte, und fuhr sich mit einer Hand durch die rotblonden Haare. »Dann müsste ich dir nicht alles aus der Nase ziehen und wüsste, wieso du dich bei mir einquartiert hast, anstatt mit deiner Angebeteten zu kuscheln.«

Bei seinen letzten Worten zuckte ich so heftig zusammen,

dass er mir eine Hand auf die Schulter legte und leicht zudrückte.

»He, was ist denn passiert?«

Ich schüttelte ihn ab. »Ich bin ein Fuckboy, Tony. Das ist alles, was ich bin.«

»Bin mir nicht ganz sicher, ob ich dir folgen kann, Kumpel.«

»Alles, was Liv zu mir gesagt hat, war Bullshit. Sie schreibt einen Artikel darüber, wie man einen Fuckboy mit seinen eigenen Waffen schlägt und bekehrt. Deshalb hat sie sich an mich rangemacht.«

Tony kniff die Augen zusammen. »Einen Artikel?«

Ich erzählte ihm alles, was ich in Erfahrung gebracht hatte. Was ich gelesen und was sie zu ihrer Verteidigung gesagt hatte. Doch er hatte die Augen noch immer leicht zusammengekniffen, als könnte er mich nicht richtig verstehen.

»Und weißt du, was das Schlimmste ist?« Ich hatte nicht mal gemerkt, wie ich auch das zweite Bier in Sekundenschnelle runtergestürzt hatte. Ich knallte die leere Flasche auf den Farbeimer vor mir und sprang auf. »Damit hat sie mir alles bestätigt, was ich sowieso schon wusste. Ich bin kaputt, und das lässt sich nicht rückgängig machen. Das Schlimmste ist, dass sie mir für ein paar Sekunden Hoffnung geschenkt hat. Sie hat mir das Gefühl gegeben, ich könnte wieder normal sein.«

»Noah, du …« Tony brach ab und schüttelte den Kopf. »Bist du dir darüber im Klaren, was für ein ausgemachter Schwachsinn das ist?«

»Was?«, blaffte ich ihn an.

»Sie ist verliebt in dich, verflucht noch mal! Hör auf, dich so dumm anzustellen!«

»Du kennst sie nicht mal.«

»Aber *du* kennst sie! Du weißt, wer sie ist, und du besitzt ein Bauchgefühl, auf das du dich verlassen kannst. Glaubst du allen Ernstes, sie hat dich angelogen, als sie diese Worte auf dem Toilettenboden zu dir gesagt hat? Das Mädel hat die halbe Nacht nur geheult, weil sie außer sich vor Sorge um dich war. Das macht sie doch nicht wegen eines lächerlichen Artikels!«

Ich schüttelte den Kopf, hin und her, wieder und wieder. »Hör auf! Hör auf damit. Sie hat recht! Niemand kann mich lieben … weil ich es nicht verdient habe.«

Tony stellte sein Bier ab und richtete sich auf. »Du drehst völlig ab. Und ich glaube nicht, dass es an dem Scheißartikel liegt. Ich glaube, du hast wahnsinnige Angst davor, sie ein zweites Mal zu verlieren, und deshalb redest du dir ein, nie eine reale Chance gehabt zu haben. Aber es war real, und das weißt du. Das hier, das ist das einzig Wahre. Die ganze Welt ist auf der Suche danach, und du hast es direkt vor der Nase, aber zu viel Schiss, es dir zu schnappen!«

»Zur Hölle, du weißt nicht mal, wovon du sprichst!«, brüllte ich zurück und stolperte nach hinten, stieß ein Glas mit Pinseln um, das scheppernd auf den Boden rollte.

»Du bist ein Feigling, Noah. Ich liebe dich, aber du bist ein Feigling.«

»Halt die Klappe.« Der Raum verschwamm vor meinen Augen. Tonys hellgrüne Augen blieben als einzige Konstante übrig. Ich zitterte am ganzen Leib. In diesem Moment hasste ich ihn so sehr wie nichts auf der Welt. Ja, ich hasste ihn sogar mehr als mich selbst.

»Du musst dir für damals verzeihen, und dann musst du aufhören, so ein gottverfluchter Feigling zu sein.«

»Du sollst die Klappe halten!«

Tony hob beschwichtigend die Hände, und sein eindringlicher Blick wich einem bestürzten Gesichtsausdruck. »Komm mal runter, Alter, ich will dir nichts Böses, sondern helfen.«

Ich hörte ihn schon kaum mehr. In Sekundenschnelle durchquerte ich den Raum, schnappte mir meine Lederjacke und kramte mein totes Handy aus den Tiefen meines Koffers hervor.

»Wo willst du hin?«

Ich schüttelte bloß den Kopf. Mein Blick fiel auf den Motorradhelm. Sollte ich …

Ich zwang mich, tief durchzuatmen. Nein. Selbst in diesem Zustand wusste ich, dass das eine beschissene Idee war. Ich vergewisserte mich, den Geldbeutel eingepackt zu haben, und stürmte ohne ein weiteres Wort aus dem Loft.

Es gab jetzt nur eine Person, die mir helfen konnte.

»Harter Tag?«

»Hartes Leben.«

Grace warf die Ginflasche hinter dem Rücken in die Luft und fing sie mit einem selbstsicheren Lächeln wieder auf, bevor sie das Zeug aus der Höhe in mein mit Eiswürfeln gefülltes Glas goss. Die Kerle, die neben mir an der Bar standen – und die sie alle ignorierte, seit ich den Laden betreten hatte –, konnten die Blicke nicht von ihr lösen. Die blonden Locken, die Tattoos, das eng anliegende schwarze Top, das ihren schlanken Körper betonte. Ihre lockere Art und das gelöste Lachen rundeten das Gesamtbild ab. Grace war der feuchte Traum eines jeden Mannes. Und sie hatte nur Augen für mich.

»Wie hast du mich eigentlich gefunden?«, fragte sie mit einem Zwinkern.

Ich hob das Glas und prostete ihr zu. »Das ist mein dritter Stopp. Ich hab einfach alle Adressen abgeklappert, an denen du dich befinden könntest.«

Mein Handy hatte sie hinter der Bar zum Laden angesteckt. Nicht dass ich es jetzt, da ich sie gefunden hatte, noch benötigte. Ich wollte weder die Nachrichten noch die verpassten Anrufe sehen.

Grace hob eine Braue. »Hast mich ganz schön vermisst, was?«

Ich zwang mich zu einem Grinsen und nahm einen Schluck von meinem Drink, bevor ich mich näher zu ihr beugte. »Oh ja.«

Ungerührt sah sie mich an. »Und?«

»Und ich wollte mich für mein Arschlochverhalten letztes Mal entschuldigen. Es hatte nichts mit dir zu tun.«

Sie legte den Kopf schief und grinste. »Entschuldigung angenommen. Meine Schicht ist in zehn Minuten vorbei. Bock zu vögeln?« Sie machte sich nicht mal die Mühe, ihre Stimme zu senken, und ich spürte die Todesblicke der Typen rechts und links von mir.

Ich lachte. Genau deswegen mochte ich sie so. Bloß keine Zeit verschwenden.

»Bin eigentlich hergekommen, um tiefgründige Gespräche mit dir zu führen, Baby, aber wenn es unbedingt sein muss …«

»Hey, willst du uns vielleicht auch mal bedienen, statt hier rumzuturteln?«, rief ein Glatzkopf vom Ende der Bar.

Grace drehte sich in Zeitlupe zu ihm um und schenkte ihm ein falsches Lächeln. »Leck mich, Aaron.«

»Mit dem größten Vergnügen«, rief er zurück, und seine Freunde grölten.

Sie verdrehte die Augen und kümmerte sich um die Bestellungen.

Aus den zehn Minuten wurden zwanzig, weil ihr Kollege sich verspätete – das kam wohl nicht nur im Philosopher's vor –, und als sie hinter der Bar hervorkam und nach meiner Hand griff, um mich zu den Umkleiden hinter dem Lagerraum zu führen, drehte sich alles in meinem Kopf von den drei Drinks, die ich in der Zeit gekippt hatte.

»Hier?«, raunte ich ihr ins Ohr.

Sie biss sich auf die Unterlippe und taxierte mich im Gehen von oben bis unten. »Ich will in einer Stunde bei 'ner Party in Peckham sein, also müssen wir praktisch denken. Oder willst du mitkommen?«

Ich schüttelte den Kopf. Fremde Menschen waren heute keine gute Idee.

»Dachte ich mir, Mr. Eigenbrötler.«

Sie stieß mich in den kleinen Raum und verriegelte die Tür hinter uns, bevor sie den Lichtschalter betätigte und sich in einer fließenden Bewegung das Top über den Kopf zog. Die Musik aus der Bar dröhnte durch die geschlossene Tür. Eine Coverversion von »I Wanna Be Yours«. Arctic Monkeys.

Ich schluckte. Versuchte, mich auf ihr spektakuläres Dekolleté zu konzentrieren. Auf ihre Haut, die selbst in dem sterilen Deckenlicht unwiderstehlich weich und glatt aussah.

Scheiße, Scheiße, Scheiße.

Nicht nur, dass die Arctic Monkeys meins und Livs erstes gemeinsames Konzert gewesen waren, ausgerechnet dieses verdammte Lied war gelaufen, als ich sie zum ersten Mal in unserem WG-Wohnzimmer wiedergesehen hatte.

Sie war überall. Sie würde immer überall sein. Bis ich aufhörte wegzulaufen.

Du bist ein Feigling, Noah.

Grace trat auf mich zu und hielt sich an meinen Schultern fest. Stellte sich auf die Zehenspitzen.

Ich griff nach ihren Hüften und drückte sie gegen den Spind, der rechts von mir an der Wand stand.

Scheiß drauf. Du schaffst das. Es wird wie immer sein.

Als ich mich zu ihr runterbeugte, um ihren leicht geöffneten Lippen zu begegnen, hielt ich inne. Nur einen Herzschlag lang, doch es fühlte sich an wie ein ganzes Leben. Ich sah sie nicht. Nur Liv. Hörte ihr Lachen. Schmeckte ihren Atem auf meiner Zunge.

Mit einem Fluch wich ich zurück und schob hastig eine Entschuldigung hinterher.

Nur kurz huschte ein Ausdruck der Verwirrung über Grace' Gesicht, dann seufzte sie und fischte ihr Top vom Boden.

»Liv, richtig?«

Mein Herz setzte einen Schlag aus. »W…Was?«

»So heißt sie, oder?«

»Wer?«

Grace lächelte mitleidig. »Die Frau, die der Grund dafür ist, dass du es mir nicht mehr besorgen willst.«

Ich konnte nichts erwidern.

Mein Gesicht war wohl ein einziges Fragezeichen, denn sie zog sich ihr Top wieder an und knuffte mich freundschaftlich in die Seite. »Schau mich nicht so an, Noah, ich bin nicht von gestern. Du hast ihren Namen im Schlaf geseufzt, als ich bei dir gepennt hab.«

»Es tut mir leid. Ich schwöre, es liegt nicht an dir, ich …« Mein unbeholfenes Stammeln fand ein Ende, als sie heftig den Kopf schüttelte und mich angrinste, diesmal aufrichtig.

»Das brauchst du mir nicht sagen, ich weiß schon, dass du mich nach wie vor heiß findest. Aber das hilft alles nichts, wenn Gefühle im Spiel sind, was?«

Mir kam nicht mehr als ein Krächzen über die Lippen.

»Warum bist du hier, du Vollidiot? Warum bist du nicht bei ihr?«

Ich schüttelte lediglich den Kopf und wandte den Blick ab, während der Song von draußen immer lauter in mir widerhallte.

»Okay, du hast recht, geht mich auch nichts an. Lass dir nur eines sagen: Sex mit anderen wird es nicht besser machen.« Sie gab mir einen Kuss auf die Wange, bevor sie die Tür wieder aufschloss und Richtung Bar verschwand.

Das Lied fand ein Ende und ging in eine schnelle Popnummer über. Als hätte man mir einen Eimer Eiswasser über den Kopf gekippt, stand ich eine Weile wie erstarrt da und schnappte nach Luft.

Dann lief ich ihr hinterher, holte mir mein Handy hinter der Bar, das inzwischen voll geladen war, ignorierte die unzähligen Benachrichtigungen und die gehässigen Kommentare der Typen, die noch immer an der Bar standen, und wählte Tonys Nummer.

Er nahm den Anruf schon nach dem ersten Klingeln an.

»Das ging schneller als erwartet.«

»Tony, es tut mir leid.«

»Ich weiß.«

»Du hast recht.«

»Auch das weiß ich.« Er lachte, wurde aber sofort wieder ernst. »Bist du okay?«

Bildfragmente und Wortfetzen tauchten in meiner

Erinnerung auf. Liv, wie sie im Loophole mit tränenüberströmtem Gesicht vor mir kniete. Riley, wie er mich anflehte, mit ihm zu gehen. Der Friedhof. Sein Grab. Und wieder Liv. Im Laufe der Jahre immer an meiner Seite. Dann neben mir im Bett. Ihre Worte. *»Ich bin verliebt in dich.«*

Ich schüttelte den Kopf. Ich war alles andere als okay.

Die Worte platzten geradezu aus mir heraus. Viel zu lange hatte ich sie unter Verschluss gehalten. »Ich liebe sie, Tony. Ich liebe sie, wie ich noch nie einen Menschen geliebt habe, und ich habe so unfassbar viel Schiss davor.«

Mein bester Freund schwieg. Einen Moment lang fragte ich mich, ob er mich überhaupt verstanden hatte, doch da räusperte er sich.

»Dann solltest du schnellstmöglich deinen Hintern herbewegen. Hier ist was für dich angekommen.«

20. KAPITEL

When all is said and done

LIV

»Ich habe mich dagegen gewehrt, diesen Artikel zu schreiben. Nicht nur, weil ich Gefühle für meinen besten Freund habe, obwohl die Katastrophe damit schon vorprogrammiert war, ich hatte auch keine Ahnung, wie so eine Bekehrung in der Praxis aussehen soll. Folgende Tipps hatte ich mir zusammengesucht: körperliche Nähe initiieren, dann sofort auf Abstand gehen, bloß nicht emotional werden, immer ein bisschen weniger investieren als er. Klingt theoretisch ganz plausibel (wenn auch schwachsinnig).

Nun, dann ging es an die Umsetzung, und ich habe getan, was ich immer tue: das Gegenteil von dem, was ich sollte.

Ich habe ihn geküsst, bin dabei tausend Tode gestorben – verständlich, wenn man sein halbes Leben diesem einen Moment entgegengefiebert hat –, und anstatt mich zu distanzieren, habe ich ihn so lange provoziert, bis er mich an sich rangelassen hat. Und ich ihn an mich. Verzweiflung statt Coolness, All In statt Low Investment, Hartnäckigkeit statt Gelassenheit. Sprich: all die Dinge, die man vermeiden sollte, wenn man sich nicht verletzlich machen will. Ich habe versucht, mein Herz zu verschließen, und ich bin genauso kläglich daran gescheitert wie schon die letzten Jahre.

Man kann also sagen, ich habe auf voller Linie versagt und nicht das Geheimrezept gefunden, wie man Fuckboys zu anständigen Menschen macht. Vielleicht, weil das von vornherein nicht mein Plan war. Ich konnte nicht daran glauben, dass Menschen so eine 180-Grad-Wende hinlegen können. Deshalb war ich auch fest davon überzeugt, dass mein bester Freund sich nie geändert hat. Ich hatte die Beweise vor Augen, habe gesehen, wie er mit den Leuten in seinem Umfeld umgegangen ist, habe am eigenen Leib seine Abneigung gespürt, und wisst ihr was? Es war mir egal. Ich wollte einfach in seiner Nähe sein. Das große Geheimnis lüften. Lächerlich, nicht wahr? Aber es kommt noch schlimmer.

Gerne würde ich sagen, mein Verhalten war der Grund für mein Scheitern und mein gebrochenes Herz. Das wäre eine gute Lektion. Wie man es nicht schafft, einen Fuckboy zu bekehren, und dabei so richtig auf die Schnauze fällt – ein Selbstversuch.

Der Witz ist, ich habe es geschafft. Ich habe ihn dazu gebracht, mir seine Gefühle zu gestehen. Ich habe den Grund für sein Verhalten herausgefunden, und statt mein Wissen gegen ihn zu verwenden, habe ich ihn dafür nur noch mehr geliebt. Liebe ist nicht an Bedingungen geknüpft, und sie gehorcht keinen Regeln. Wenn man jemanden liebt, dann kann er noch so ein beschissenes Verhalten an den Tag legen, die Liebe wird nicht weniger. Das ist alles andere als gesund, ich weiß. Aber ich weiß auch, dass er mir nie wehtun wollte.

Aber dann habe ich ihm wehgetan.

Ich wünschte, ich könnte die Zeit zurückdrehen und alles ungeschehen machen. Oder auch nicht. Denn vielleicht hätte ich nie erfahren, dass er all die Jahre genau wie ich empfunden hat, hätte ich nie eingewilligt, diesen dämlichen Artikel zu schreiben. Vermutlich hätte ich nie den Mut aufgebracht, ihn zu küssen, hätte ich mir nicht eingeredet, dass ich es nur wegen eines Experiments tue. Ich bereue nichts. Das ist das Leben – wir machen Fehler, und wir verzeihen uns und versuchen, es besser zu machen. Das ist mir tausendmal lieber, als auf Nummer sicher zu gehen, alles zu unterdrücken und so zu tun, als wäre es nicht von Bedeutung.

Viel zu lange habe ich auf Sparflamme gelebt, und damit ist jetzt Schluss. Es gibt Menschen, die erleben ihre Zwanziger nicht. Sie werden nie erfahren, wie furchtbar und wunderbar zugleich diese Zeit ist. Es ist ein Privileg, jung zu sein und sein Herz gebrochen zu bekommen, hinzufallen und wieder aufzustehen. Das Einzige, was ich bereue, ist, nicht früher die Wahrheit gesagt zu haben.

Aber hier ist sie nun, Noah. Besser spät als nie.

Ich kann dich nicht retten, genauso wenig wie du mich retten kannst. Ich kann dir nur sagen, es ist mir egal, ob du ein Fuckboy oder mein bester Freund oder der Kronprinz von England bist. Denn zufälligerweise bist du auch die Liebe meines Lebens, du Idiot.«

Lauren sprach kein Wort mit mir. Nicht, als ich den Karton mit meinem Zeug zurück ins Büro schleppte und alles, inklusive dem toten Kaktus, wieder auspackte. Nicht, als wir mit dem Layout fertig waren und das restliche Team mir zu dem Artikel gratulierte. Nicht, als Brian berichtete, dass sich unsere Klicks auf Instagram und auf der Website häuften. Und auch nicht, als sie die Release Party auf der Campus-Wiese vor dem Wilkings-Gebäude ankündigte. Ich konnte mich nicht erinnern, wann ich das letzte Mal auf einer Release Party von *Newsflash* gewesen war.

»Normalerweise besteht diese ›Party‹ aus höchstens zehn Leuten, die so tun, als hätten sie Spaß und als würden sie die Redaktion genauso ernst nehmen, wie Lauren es tut«, flüsterte mir Cassie zu. »Mit ein bisschen Glück sind es diesmal mehr, weil wir im Freien sind und kostenlos Alkohol ausschenken. Wenn du also irgendjemanden kennst, der Partystimmung verbreitet und ein Menschenmagnet ist, bitte mitbringen. Je mehr Leute die Ausgabe kaufen, desto besser.«

Wie es der Zufall wollte, hatte ich direkt zwei Kandidatinnen im Sinn – und Briony und Matilda ließen sich nicht lange bitten.

»Dann können wir auch endlich den Artikel lesen, der es geschafft hat, Seymour zu vertreiben und ein bisschen Ruhe in diese WG einkehren zu lassen«, verkündete Matilda.

Ich seufzte tief, während Briony sie zurechtwies. Sie war in den letzten Tagen sehr einfühlsam gewesen, auch wenn sie am Anfang ziemlich schockiert auf die ganze Geschichte reagiert hatte.

»Schon gut«, murmelte ich und winkte ab. Matilda hatte schließlich nicht ganz unrecht.

Briony hatte Anthonys Adresse für mich herausgefunden, und sobald ich die erste Ausgabe in den Händen gehalten hatte, war ich nach Bermondsey gefahren, hatte eine halbe Stunde lang nach dem richtigen Gebäude gesucht und mich schließlich bei den Nachbarn umgehört, die mich zu einem ziemlich verwahrlost wirkenden Loft geführt hatten. Mit mulmigem Gefühl hatte ich einen letzten Blick auf das Cover und den reißerischen Titel geworfen und schließlich das Magazin neben den schmutzigen Fußabtreter vor die Tür gelegt und geklingelt, bevor ich mit klopfendem Herzen hastig den Rückzug antrat.

Wenn ich Glück hatte, ließ er sich nicht von dem Titel beirren und gab meinen Worten eine Chance. Wenn ich Pech hatte, warf er das Ding ungelesen in den Müll.

Die Sonne war gerade untergegangen und tauchte den Campus und die Gesichter der Menschen in bläuliches Licht. Der Sekt stieg mir langsam in den Kopf, und die Wirkung des ansteckenden Optimismus meiner Mitbewohnerinnen ließ langsam nach. Es waren fünf Stunden vergangen, seit ich das Magazin vor Anthonys Wohnung abgelegt hatte. Seit drei waren wir hier.

Es waren deutlich mehr als zehn Leute gekommen. Wir hatten zwei Lichterketten zwischen den Bäumen gespannt und einen Stand mit Sekt, einen Verkaufsstand für das Magazin und einen mit Snacks aufgebaut. Das Wetter spielte mit, und man konnte wohl sagen, dass es ganz gut lief. Sogar zwei bekannte Gesichter vom Kunstuni-Magazin ließen sich blicken und kauften mit erhobenen Brauen ein Exemplar.

Cassie gesellte sich zu mir, gratulierte mir zu dem Artikel und beugte sich dann verschwörerisch näher. »Sag mal, du hast dich doch auch für ein Praktikum bei *The Gentlewoman* beworben, oder?«

»Ja, wieso?«

»Und du wurdest zur zweiten Runde eingeladen?«

Ich nickte. Worauf wollte sie hinaus?

»Ich habe herausgefunden, warum Lauren dich nicht leiden kann.« Sie senkte die Stimme. »Du hast es nicht von mir, aber: In den letzten Semesterferien war sie auch beim ersten Vorstellungsgespräch, wurde im Gegensatz zu dir aber *nicht* noch mal eingeladen. Obwohl sie einen Kontakt dort hat … Tja, scheint so, als wäre Vitamin B nicht alles im Leben.« Sie zwinkerte mir zu und huschte davon.

Wie vom Donner gerührt schaute ich ihr hinterher. Das war also der wahre Grund, aus dem Lauren die ganze Zeit über so speziell biestig zu mir gewesen war. Ich hatte nicht einmal gewusst, dass sie sich ebenfalls für ein Praktikum bei *The Gentlewoman* beworben hatte. Wenn wir in der Vergangenheit darüber gesprochen hatten, hatte sie es immer so klingen lassen, als wäre ihr ein Platz als Redakteurin nach dem Studium so gut wie sicher … Wenn sie abgelehnt worden war, dann erklärte das einiges.

Leider konnte mich diese Enthüllung aber auch nicht besonders lange davon ablenken, im Fünf-Minuten-Takt auf mein Handy zu schauen – bis Matilda es mir schließlich aus der Hand riss und in ihre Handtasche stopfte.

Im selben Moment kam Briony mit einer Sektflasche und einem strahlenden Lächeln auf uns zu.

»Wer hat dir denn die mitgegeben?«, murmelte ich, während ich ihr mein leeres Glas hinstreckte.

»Deine Redaktionskollegen! Die sind echt supernett, Liv, vor allem diese Lauren.«

»Lauren ist die Chefredakteurin, und sie hasst mich, Briony. Gerade habe ich auch herausgefunden, wieso. Sie hat mich aus dem Team geschmissen, weißt du noch?«

»Also mir hat sie gerade erzählt, wie stolz sie auf dich ist und dass sie schon immer wusste, was in dir steckt.«

Matilda prustete los, während ich mir ein Lächeln nicht

verkneifen konnte. Es sah ganz danach aus, als hätte Lauren sich geschlagen gegeben.

»Vielleicht will sie ja endlich das Kriegsbeil begraben.«

»Aber jetzt mal ehrlich, ich weiß, das ist nicht deine favorisierte Art von Journalismus, aber mich hat der Artikel wirklich mitgenommen. Er ist so schonungslos echt und mutig.« Brionys Lächeln wurde noch breiter und ihr Blick leicht glasig.

Matilda schnaubte. »Hoffnungslose Romantikerin.« Dann fügte sie an mich gewandt hinzu: »Ich fand ihn auch super, und das muss was heißen.«

»Das muss echt was heißen. Tilda tut nämlich meistens so, als besäße sie überhaupt kein Herz.« Briony kicherte, bevor sie sich abwandte, um die Sektflasche wieder am Stand abzugeben.

Plötzlich leuchtete auch Matildas Gesicht auf. Nur für einen kleinen Moment. Nur bis sie sich wieder unter Kontrolle hatte und ein Pokerface aufsetzte. »Ich ... Ich muss kurz was mit Bry besprechen. Bin gleich zurück.«

»Bitte lass mich nicht alleine«, jammerte ich. »Oder gib mir wenigstens mein Handy zurück.«

»Keine Chance. Du musst die Stellung halten, das hier ist der beste Spot.« Bevor ich protestieren oder sie fragen konnte, was um Himmels willen sie mit dem besten Spot meinte, fasste sie mich mit einem Zwinkern an den Schultern und drehte mich sanft um. »Wurde aber auch langsam Zeit, du Vollidiot«, hörte ich sie murmeln.

Und dann hörte ich gar nichts mehr.

Die Worte waren für den Kerl bestimmt gewesen, der mit großen Schritten die Wiese überquerte und geradewegs auf die kleine Party zusteuerte, in den Händen ein gelbes Magazin. Seine Haare wehten leicht in der Brise, er trug nur Jeans und ein schwarzes T-Shirt, die Tattoos auf seinen Armen bildeten einen starken Kontrast zu seiner hellen Haut.

Neben Noah ging Anthony. Ich sah, wie er mir kurz zuwinkte und dann in einer Menschentraube verschwand, eindeutig, um sich auf die Suche nach meiner Mitbewohnerin zu machen – fragte sich nur, welche von beiden.

Noah blieb kaum einen Meter vor mir stehen. Sein Gesichtsausdruck war nicht zu deuten.

Reflexartig trat ich einen Schritt vor. Mein Herz schlug einen Salto nach dem anderen.

Er hob die *Newsflash*-Ausgabe in die Höhe. »Es ist so typisch für dich, mir eine Liebeserklärung an den Kopf zu knallen und direkt eine Beleidigung hinterherzuschieben.«

Hilflos hob ich die Schultern. »Sorry«, bekam ich heraus. »War aber ein bisschen verdient, oder?«

Seine Mundwinkel zuckten verräterisch. »Ja.«

»Was führt dich her?«, schob ich mutig hinterher, während ich mich in seinen Tornadoaugen verlor.

Für einen Moment zuckte ein echtes Lächeln über seine Lippen. »Ich möchte auch kein Leben auf Sparflamme mehr«, wisperte er und kam näher. Er blieb so dicht vor mir stehen, dass ich den Kopf in den Nacken legen musste, um unseren Blickkontakt aufrechtzuerhalten. Sein vertrauter Duft stieg mir in die Nase. »Auch wenn es mir Angst macht. Nein, streich das. Auch wenn ich noch nie so viel Panik hatte, etwas zu versauen. Riley hat mal zu mir gesagt, du und ich, wir sind wie zwei …«

»Parallelen«, rutschte es mir heraus. »Ich hab euch damals gehört. Immer nah beieinander, ohne uns je zu berühren.«

Er nickte. »All die Jahre habe ich dich nur nicht berührt,

weil ich Angst hatte. Angst davor, dass du meine Gefühle nicht erwiderst, aber vor allem davor, dich endgültig zu verlieren. Und dann habe ich dich trotzdem verloren, und mir wurde klar, wie idiotisch es war, mich zurückgehalten zu haben. Wenn ich Riley eines Tages wiedersehe, dann will ich ihm sagen können, dass ich alles getan habe. Ich will ihm sagen, dass ich richtig gelebt habe und er in mir, so bescheuert das klingt. Ich glaube, ein Teil von ihm wird immer in uns sein.«

»Es klingt nicht bescheuert«, flüsterte ich. »Und du musst dich nicht mehr zurückhalten.«

Er war noch näher gekommen. Streckte eine Hand aus und tastete behutsam nach meinem Gesicht, fuhr mit den Fingern über meine Haut, als würde er sie zum ersten Mal berühren.

»Eines Tages werden wir nichts als Geschichten sein. Ich will, dass du in meiner vorkommst, Liv. Bis zum Schluss.«

Mein Blick zuckte zu seinen Lippen, und das Bedürfnis, ihn zu küssen, wurde übermächtig. Ich stellte mich auf die Zehenspitzen, um ihm entgegenzukommen, doch er hielt mich zurück. Sah mir fest in die Augen.

»Darf ich dir etwas zeigen, sobald du hier fertig bist?«

Nach einem schnellen Blick über meine Schulter schaute ich wieder zu ihm und lächelte. »Ich bin offiziell hier fertig.«

»Wo fahren wir hin?«

»Wie schon dreimal gesagt, es ist eine Überraschung. Also hör auf zu fragen und lass dich überraschen. Meine Lippen sind versiegelt, Liv.«

Ich liebte es, wie er meinen Namen aussprach. Ich liebte die Lachfältchen um seine Augen. Ich liebte alles, alles, alles an ihm.

Hand in Hand stolperten wir die Rolltreppe an der Oxford-Circus-Station hoch. In der freien Hand hielt ich eine halb volle Sektflasche, die wir von der Party geklaut hatten.

Diesmal hatten wir es sogar geschafft, uns von meinen Kollegen und unseren Freunden zu verabschieden. Sie hatten alle Verständnis dafür gezeigt, dass wir den heutigen Abend in Zweisamkeit verbringen wollten, auch wenn Matilda so heftig die Augen verdreht hatte, dass ich mir für einen Moment Sorgen gemacht hatte, sie würde in Ohnmacht fallen.

»Ich hab ja wirklich nichts gegen Überraschungen einzuwenden«, nuschelte ich. »Aber eigentlich will ich mich gerade einfach nur mit dir im Bett verkriechen und rumknutschen.«

Abrupt blieb er stehen und zog mich an sich. »Das können wir auch hier tun«, raunte er, ehe er mein Gesicht zwischen seine Hände nahm und mich küsste, bis mein Gleichgewichtssinn sich in Luft auflöste. »Und glaub mir, diese Überraschung lohnt sich«, murmelte er an meinem Mund, nachdem er ein Stück zurückgewichen war. Dann legte er beide Hände an meine Taille und drehte mich von sich weg, da wir soeben oben angelangt waren. Keine Sekunde zu früh verließ ich die Rolltreppe.

»Wie wär's mit einem klitzekleinen Tipp?«

Nachdem wir unsere Oyster-Cards gescannt hatten und die Station verließen, empfing uns die angenehm kühle Nachtluft.

Er schüttelte den Kopf. »Noch exakt vier Minuten. Das hältst du aus.«

Wir brauchten deutlich mehr als vier Minuten, was hauptsächlich daran lag, dass wir an jeder dunklen

Straßenecke zwischen den leuchtenden Geschäften innehielten und übereinander herfielen.

»Hier. Wir haben's geschafft.« Noahs warmer Atem strich über mein Gesicht.

Ich stellte die Sektflasche auf dem Boden ab, um beide Hände frei zu haben. In Zeitlupe strich ich ihm durch die Haare, ließ meine Finger über seinen Nacken gleiten, wanderte tiefer … »Ich werde nie genug davon bekommen.«

Er vergrub sein Gesicht in meinen Haaren. »Das hoffe ich für dich. Mich wirst du nämlich nicht mehr los.«

Meine Mundwinkel taten vom vielen Grinsen schon ziemlich weh. »Ist das die Überraschung? Noah Seymour für immer und ewig? Um mir das mitzuteilen, musstest du mich zu dieser wunderschönen Fish-&-Chips-Imbissbude führen? Das ging nicht splitterfasernackt unter deiner Bettdecke?«, zog ich ihn auf.

Er hob den Kopf und hielt meinen Blick fest. »Nein. Das ist nur der Bonus. Und den hast du dir selbst zuzuschreiben, Liv. Man bezeichnet nicht mal eben jemanden als die Liebe seines Lebens, ohne an die Konsequenzen zu denken.«

Mein Puls schoss in die Höhe. »Was, wenn ich mir genau diese Konsequenzen gewünscht habe?«

»Umso besser.« Er stupste meine Nasenspitze mit seiner an. »Also, wie betrunken bist du?«

Gespielt empört stieß ich ihn von mir, war allerdings gottfroh, dass er mich sofort wieder zu fassen bekam. »Was hast du vor?«

Mit dem Kinn wies er neben den Imbiss. »Wir müssen die Feuertreppe hochklettern. Die Überraschung befindet sich dort oben. Und es wäre mir recht, wenn wir uns beeilen, denn wegen deines Kommentars kann ich jetzt leider nicht aufhören, an deinen nackten Körper zu denken. Danke dafür.«

Lachend gingen wir zum Geländer hinüber, das im Schatten der Straßenlaternen lag.

Ich legte den Kopf in den Nacken. »Welcher Stock?«

»Der dritte.«

»Ist das legal?«

»Vermutlich nicht.«

»Worauf warten wir noch?«

Er ließ mir den Vortritt, und ich begann mich am Geländer nach oben zu hangeln.

»Boah, wetten, du wolltest eine romantische Aussicht, um mir einen Heiratsantrag zu machen ...«

»Kein Heiratsantrag. Nicht heute.«

Erneutes Lachen.

Er sagte noch etwas, doch ich hörte ihn nicht mehr. Ich nahm überhaupt nichts anderes mehr wahr als die Fenster neben mir. Wir waren direkt vor einem Großraumbüro gelandet. Fast alle Lichter waren ausgeschaltet. Nur ganz schwach war das Licht einer kleinen Lampe zu sehen, wo noch jemand am Schreibtisch saß.

Es war nicht irgendein Großraumbüro.

»Du ...« Ich fuhr herum und starrte in Noahs Gesicht. »Woher ...«

»Ich habe kein einziges Wort vergessen, das du jemals zu mir gesagt hast«, erwiderte er.

Plötzlich fiel mir das Schlucken schwer.

»Ist es immer noch dein Traum?«

Meiner Stimme vertraute ich nicht, also nickte ich bloß und wandte mich wieder dem Fenster zu.

The Gentlewoman. Der Traum, den ich zwischenzeitlich wieder begraben hatte, weil er zu unmöglich, zu unerreichbar schien. Ein Kribbeln erfüllte mich von Kopf bis Fuß, so wie immer, wenn ich die elegante Schrift sah.

»Du gehörst hierhin«, hörte ich ihn hinter mir flüstern. »Auch wenn du manchmal selbst nicht daran glaubst. Ich bin hier, um dich daran zu erinnern, wenn es hart wird, okay? Mir ist schon klar, dass ich ein wenig voreingenommen bin, aber Liv, dieser Artikel ... Er hat mich wieder daran erinnert, was für ein Talent du hast. Und egal, wie viele Steine dir in den Weg gelegt werden, egal, wie viele Leute dir sagen, dass du es nicht schaffst, du musst weitermachen. Und vor allem musst du zum zweiten Vorstellungsgespräch gehen.« Er nahm noch eine Stufe, lehnte sich gegen das Geländer und schlang von hinten seine Arme um mich, bevor er sein Kinn auf meiner Schulter ablegte und gemeinsam mit mir in das minimalistisch eingerichtete Büro starrte.

Ich neigte leicht den Kopf. »Das sagst du, nachdem ich dich als Testobjekt benutzt und unsere Beziehung in meinem Artikel ausgeschlachtet habe?«

Er lachte leise. »Nach dem zweiten Absatz habe ich ein paar Momente lang vergessen, dass du über mich geschrieben hast. Ich konnte einfach nicht aufhören zu lesen. Es ist egal, worüber du schreibst, weil du den Leser immer bei der Stange hältst. Keine Ahnung, wie du das machst, aber du schaffst es, mit wenigen Worten unglaublich viel zu sagen.«

Ich konnte immer noch nicht aufhören, die Schreibtische hinter der Glasscheibe anzustarren, doch bei seinen Worten wurde mir immer wärmer. »Und du schaffst es, mit vielen Worten unglaublich viel zu sagen, Mister Future-Bestseller-Autor.«

»Wir werden eins dieser unausstehlichen Paare, das

nicht nur dauerhaft verliebt, sondern auch unverschämt erfolgreich ist, oder?«

Ich riss mich vom Anblick des Büros los und drehte mich in seinen Armen um, damit ich ihm in die Augen schauen konnte. »Sag das noch mal.«

Seine Augen funkelten. »Was? Wie erfolgreich wir werden?«

Ich schüttelte den Kopf und hauchte ihm einen Kuss auf die Lippen.

Als wir uns voneinander lösten, war jeglicher Schalk aus seinem Gesicht verschwunden. »Olivia?«

»Noah?«

»Danke für deine Wahrheit. Hier kommt meine. Besser spät als nie.«

Das altbekannte Gefühl des Fallens in meinem Magen setzte ein.

Seine Lippen teilten sich, und er sprach die Worte aus, auf die ich mein halbes Leben gewartet hatte.

Und endlich begriff ich. Die ganze Zeit über hatte ich mich geirrt. Weil ich in den letzten drei Jahren versucht hatte zu vergessen, wie es sich anfühlte. Wie es sich schon immer an seiner Seite angefühlt hatte. Es war nicht nötig, dass er mich auffing. Ich musste keine Angst vor dem Aufprall haben.

Denn so fühlte sich nicht Fallen an, sondern Fliegen.

Danksagung

Valentinstag 2019. Mein erster Single-Valentinstag seit Jahren. Ich saß in einer kleinen Einzimmer-Altbauwohnung in Wien und habe eine Schlussmachszene geschrieben. Die Erinnerung an das Ende meiner eigenen Beziehung war noch relativ frisch – und damit die Erinnerung an meine Überzeugung, dass jetzt alles vorbei sei. Genau wie Liv hatte ich damals keine Ahnung, was mich erwarten würde. Und genau wie Liv habe ich mich geirrt – es war nicht das Ende. Es war der Anfang.

Ich danke dem gesamten Penguin-Team und insbesondere Laura Lichtenwalter für ihre Begeisterung und ihr Engagement, sowie für den schönsten Liebesbrief überhaupt, nachdem sie die Leseprobe dieser Geschichte gelesen hat. Danke auch an Melike Karamustafa – dein Blick fürs Detail und deine tollen Ideen haben den Text zu dem gemacht, was er heute ist. Es macht so unglaublich viel Spaß, mit euch beiden zusammenzuarbeiten!

Vielen Dank an meine allerliebste Lieblingsagentur (the one and only erzähl:perspektive), ihr seid der Wahnsinn und habt meine Träume wahr werden lassen. Micha und Klaus Gröner – danke, dass ihr von Anfang an so begeistert von diesem Projekt wart und das alles mit mir durchgestanden habt.

Danke an meine Eltern, die live dabei waren, als ich im Mai 2019 halb lachend, halb weinend meine E-Mails aktualisiert habe und nicht realisieren konnte, was da gerade passiert.

Danke an meine Kolleg*innen & Schreib-Buddys, die rund um die Uhr für virtuelle und Real-Life-Working-Dates & Pep-Talks zur Verfügung stehen und den Schreibwahnsinn zu 100 Prozent nachempfinden können: Lea Melcher – für gemeinsame 5k-Schreibtage und weil du diese Geschichte innerhalb kürzester Zeit gelesen hast und mich nicht nur dazu bringst, besser zu schreiben, sondern auch netter zu mir selbst zu sein. Jonas Hoppe – weil du der witzigste Mensch bist, den ich kenne, und ich ohne euch vier wahnsinnig werden würde. Kathinka Engel – für deinen Humor, dein London-Insiderwissen und deine Unterstützung. Sophie Bichon – weil du weißt, wie es sich anfühlt, heulend vorm Laptop zu sitzen und dabei zu vergessen, dass unsere Charaktere nicht real sind (es liegt meistens nicht am Wein). Emily Crown – danke, dass du mich von Anfang an auf dieser Reise begleitet hast und mich immer motivierst. Jess Trevisi – weil du Matilda genauso sehr liebst wie ich, die besten Titelideen hast, und dein NA-(Cover-)Wissen unschlagbar ist. Ava Reed – für die besten verbalen Popo-Tritte bei unseren Schreibsessions und deine liebe Unterstützung. Stella Tack – weil du mich mit deiner Kreativität so sehr motivierst und ich jedes Mal lachen muss, wenn wir schreiben. Carolin Wahl – für Stuttgart-Dates und herzzerreißende Textschnipsel. Michelle Michalk – weil du meintest, es sei egal, welches Genre ich schreibe, es werde immer das Nena-Genre sein.

Ich danke meinen Testleserinnen, die das Rohmanuskript unter Zeitdruck gelesen und mir wertvolle Tipps geliefert haben: Rebecca (deine Musik-Vorschläge sind immer on point), Julia (ich liebe deine Live-Lesereaktionen), Melanie (weil du so sehr mit Noah & Liv mitgefühlt hast und mich inspirierst), Corinna (ich fasse es nicht, wie schnell du diese Geschichte gelesen hast), Effi (wenn ich nur für eine Person auf der Welt schreiben könnte, würde ich für dich schreiben), Eli (deine lieben Nachrichten waren so, so motivierend).

Außerdem ein großes Dankeschön an meine anderen Lieblingsmenschen, die meinen Weg begleitet, meine Stimmungsschwankungen ertragen und mir mit ihrer Freundschaft und ihrer Geduld geholfen haben, an diesen Punkt zu kommen: Sabrina – für stundenlange Gespräche und dafür, dass du mit mir für ein Kreativwochenende nach Krakau gefahren bist, wo ich dieses Manuskript beendet habe. Corinna – für täglichen Deeptalk und unzählige Arbeitsdates in Wien. Maria – weil du immer für mich da bist. Louise – weil es egal ist, wie oft wir uns sehen, es wird jedes Mal sein, als wäre keine Zeit dazwischen vergangen. Diana – für deinen Support und die ganze Liebe.

Ich danke allen New-Adult-Autorinnen, deren Geschichten ich im Laufe der Jahre gelesen und geliebt habe. Es geht nicht nur um romantische Gefühle oder um erste sexuelle Erfahrungen – es geht darum, diese verrückte, nervenaufreibende, wunderbare und zugleich schreckliche Zeit zwischen Jugend und Erwachsensein einzufangen (hi, ich befinde mich auch mittendrin). Es geht um Unterhaltung und Spaß. Um Freundschaft. Um Drama. Und es geht um Hoffnung.

Zuletzt danke an jede einzelne Leserin und jeden Leser da draußen – danke, dass du meiner London-Künstlertruppe eine Chance gibst. Es ist ein Privileg, dieses Leben zu führen (= das Gegenteil von einem Sparflammenleben), und ohne dich wäre das nicht möglich. Über Instagram & Co. bin ich jederzeit erreichbar und freue mich auf den Austausch mit dir! 😊

Lesen Sie weiter >>

LESEPROBE

Die große Soho-Love-Reihe geht weiter!

Matilda hat das Drama um die Liebe satt. Die Psychologie-Studentin ist sich sicher, dass man keinem Mann trauen kann. Davon versucht sie auch ihre Mitbewohnerin Briony zu überzeugen, die sich in den gut aussehenden Künstler Anthony verliebt hat. Denn Matilda durchschaut sofort, dass er mit ihrer besten Freundin spielt. Um Briony noch größeren Herzschmerz zu ersparen, geht sie einen gefährlichen Deal mit Anthony ein: Wenn er endlich aufhört, Briony falsche Hoffnungen zu machen, lässt Matilda sich von ihm malen – und zwar nackt. Doch Anthony kann ihre Gefühle besser nachvollziehen, als sie ahnt. Mit jedem Pinselstrich erinnert er sie nicht nur an ihren längst begrabenen Traum, sondern auch an den Menschen, der sie früher war. Und plötzlich beginnt ihre Fassade zu bröckeln …

1. KAPITEL

All the good girls go to hell

MATILDA

»Du bist ein Kontrollfreak. Du kommst in die Hölle. Und davor wirst du eingewiesen, weil du mit dir selbst redest.«

»Hallo? Alles in Ordnung?«

Ich fuhr herum und setzte mein überzeugendstes Lächeln auf.

Na immerhin. Er sah ganz süß aus. Und war eher in meinem Alter als sein Kollege, der vor zehn Minuten zum Rauchen in den Hof gekommen war. Fast hätte ich den ausgewählt. Die Ironie eines rauchenden Fitnesstrainers war der perfekte Gesprächsöffner, aber dummerweise hatte er die ganze Zeit über telefoniert.

»Hi …« Mein Blick zuckte zu dem Namensschild auf dem türkisfarbenen Shirt. »Nick. Wie schön.« Beim letzten Wort musterte ich ihn extra offensichtlich von oben bis unten.

Der arme Kerl runzelte die Stirn und fuhr sich durchs sandfarbene Haar. »Das hier ist der Mitarbeitereingang«, sagte er und deutete auf die Tür hinter sich.

Darauf wäre ich nie gekommen, Nick.

PureGym London stand in fetten Lettern darauf. *Zutritt nur für Personal.*

»Kann ich dir helfen?«

Mein Grinsen wurde breiter. »Das hoffe ich doch.«

Als würde ich einen spontanen Hitzeanfall erleiden, befreite ich mich von meinem dicken Schal und stopfte ihn in meine Handtasche. »Ich interessiere mich für eine Mitgliedschaft«, sagte ich und zog mir auch den schwarzen Beanie vom Kopf, bevor ich meine Locken schüttelte. Die Mütze war der essenziellste Teil meiner Tarnung gewesen, da meine Haare das Erste waren, was man bemerkte, wenn ich den Raum betrat. Und sie waren auch das Erste, was meiner besten Freundin auffallen würde, wenn sie mich im Hinterhof ihres Fitnessstudios herumlungern sah. Zum Glück war sie inzwischen über alle Berge.

»Ähm, also, ich hab gerade Mittagspause«, sagte Nick und hob das Sandwich in seiner Hand, doch mir entging nicht, wie er dabei ebenfalls meinen Körper scannte. »Am besten wendest du dich an einen meiner Kollegen, du musst einfach hier ums Eck zum Eingang und ...«

»Ich hätte aber gerne *deine* Hilfe«, unterbrach ich ihn und biss mir auf die Unterlippe.

Wow, ich würde es ihm echt nicht verdenken, wenn er mich zum Teufel schickte. Die Erfolgschancen bei solcher Dreistigkeit standen fifty-fifty, vor allem, wenn er Hunger hatte. Entweder ich war sein Typ und er ein Fan von plumpen Anmachen oder ...

Eine zarte Röte breitete sich unter seinen Sommersprossen aus, und er erwiderte – wenn auch ein wenig ungläubig – mein Lächeln.

Okay, alles klar. *Sorry, Nick.*

Ich trat einen Schritt auf ihn zu. »Wie wär's, wenn ich

dir in deiner Pause ein bisschen Gesellschaft leiste und du erzählst mir was über die verschiedenen Abos, die man bei euch abschließen kann?«

»O-Okay.«

Zehn Minuten später lag sein Sandwich noch immer verpackt auf dem Boden, aber mein schlechtes Gewissen hielt sich in Grenzen. Nachdem ich den ersten Schritt gemacht hatte, wurde seine Unsicherheit von Erregung abgelöst und wir knutschten ziemlich hemmungslos rum.

Nach ein paar Minuten wich ich zurück und drückte ihn mit einer Hand gegen die rote Ziegelwand. »Ich brauche einen Gefallen«, begann ich, ein wenig außer Atem.

»Wegen ... Wegen der Mitgliedschaft?« Er sah mich mit glasigen Augen an, ohne die Hände von meinen Hüften zu nehmen.

Lächelnd beugte ich mich vor und biss leicht in seine Unterlippe.

Er schauderte.

»Nee, das war gelogen«, hauchte ich. »Du musst was in eurem System nachschauen.«

»Ich muss was?«

Ich ließ meine Hand über seinen Oberkörper gleiten und langsam immer tiefer wandern. »Es ist keine große Sache. Ehrlich.«

Er grub seine Finger in meine Haut und schob mich eine Armlänge von sich. »Hast du mich deswegen geküsst?«

Offensichtlich gab er sich Mühe, ernst zu klingen, doch sein Blick, der zu meinen feuchten Lippen zuckte, verriet ihn.

»Yep. Und weil du so heiß bist.« Mit diesen Worten drückte ich mich an seinen Körper und küsste ihn erneut.

Als wir uns das nächste Mal voneinander lösten, seufzte er tief. »Ich darf keine Daten rausgeben.«

»Ich brauche weder einen Namen noch eine Adresse. Nur eine kleine Info.«

»Was für eine Info?«

»Wie oft Briony Clifford die letzten Wochen hier war.«

Mein fünfzehnminütiger Heimweg vom Fitnessstudio in Marylebone nach Soho war der reinste Walk of Shame. Und das, obwohl ich Nicks Angebot, ihn in den Umkleideräumen zu vögeln, ausgeschlagen hatte. Was vermutlich mein Fehler gewesen war. Unverbindlicher Spaß war wohl kaum ein Grund für Schamgefühle. Allerdings hatte ich keine große Lust mehr auf Sex gehabt, nachdem er meiner Bitte nachgekommen war. Nein, meine Scham hatte einen anderen Grund – unnötige Spionage.

Seufzend wich ich drei schnatternden Teenagern mit Einkaufstüten aus und bog in die weniger belebte Broadwick Street ein.

Natürlich war ich erleichtert, dass ich mich getäuscht hatte. Dreimal die Woche Sport zu treiben, war weder außergewöhnlich noch besorgniserregend. Eher etwas, das ich ebenfalls in Erwägung ziehen sollte, um meine Zeit sinnvoll zu nutzen, anstatt sie damit zu verbringen, grundlos meiner Freundin hinterherzuspionieren, verflucht noch mal.

»Darling, was ziehst du denn für ein Gesicht?«

Ich blickte auf. Nur noch wenige Meter trennten mich von der Ginger Cat Bar – dem urigen Pub, über dem sich meine WG befand. Zwei Häuser weiter saß eine zusammengekauerte Gestalt mit einem Pappbecher in den runzeligen Händen im Schutz des Eingangs, die Kapuze ihres schmutzigen Anoraks tief ins Gesicht gezogen.

»Hi, Regina.« Hastig lief ich zu ihr und ließ mich neben sie auf die Stufen fallen.

Im Haus hinter uns befand sich eine Anwaltskanzlei, aber die Mitarbeiter fingen früh an und verließen häufig erst spät am Abend das Büro. Die Wahrscheinlichkeit, dass man uns in den nächsten Minuten verscheuchen würde, war also nicht besonders hoch.

»Raus mit der Sprache«, sagte sie mit heiserer Stimme und wandte mir ihr verknittertes Gesicht zu. Unter der Kapuze blitzten silbergraue Haare hervor, und zwei ihrer Backenzähne fehlten, dafür strahlten ihre braunen Augen all die Wärme aus, an der es London heute fehlte. Oder mir. Für Ende März war es wirklich arschkalt.

»Ich hab was richtig Dummes getan«, murmelte ich und kramte eine Fünfpfundnote aus meiner Jeanstasche, die ich ihr in den Becher steckte. »Es war gut gemeint, jedenfalls rede ich mir das ein, damit ich mir nicht eingestehen muss, dass ich langsam, aber sicher den Verstand verliere und einfach nur das krankhafte Bedürfnis habe, Kontrolle auf meine Mitmenschen auszuüben. Der Ursprung dafür ist klar, ich ...«

»Und selbst psychoanalysiert hast du dich auch schon, wie ich höre«, fiel sie mir sanft ins Wort und lachte ihr Schmirgelpapierlachen. »Sei nicht so hart zu dir, Liebes. Du hast ein gutes Herz.«

Ich sprang auf und begann mich rückwärts Richtung Wohnung zu bewegen. »Du meinst den harten schwarzen Klumpen in meiner Brust?«, rief ich ihr zu und ignorierte die argwöhnischen Blicke der anderen Passanten gekonnt.

Erneutes Lachen. »Bis später, Matilda.«

»Bis später!«

Links von der Bar schlüpfte ich in den Gang, dessen Wände beinahe vollständig von Efeu berankt waren, und fischte den Schlüsselbund aus meiner Handtasche. Nachdem ich mich mehrmals gegen die Haustür geworfen hatte, ging sie mit einem Ächzen auf. Gemächlich schlurfte ich das Treppenhaus nach oben.

Du wirst dich zusammenreißen und dein bestes Verhalten an den Tag legen. Das waren für heute genug Schwachsinnsaktionen.

Im zweiten Stock angekommen, schlug mir der Duft von süßem Gebäck entgegen. Ich beschleunigte meine Schritte und schloss die Tür auf, während mir bereits das Wasser im Mund zusammenlief.

Bingo! Der Geruch stammte tatsächlich aus unserer Wohnung. Das war einer der wenigen Vorteile, wenn man mit einem ekelhaft verliebten Paar zusammenwohnte – das Liebesglück mit Liv hatte die Back- und Kochmotivation unseres Ex-WG-Arschlochs Noah angekurbelt. Vor ihrem Einzug hatten Briony und ich nicht einmal gewusst, dass Seymour einen Herd bedienen konnte. Geschweige denn ein normales Gespräch mit uns führen … Tja, und dann war seine Kindheitsfreundin Schrägstrich große Liebe durch einen Zufall, an dem ich nicht ganz unbeteiligt gewesen war, in die WG gezogen, und nach anfänglichem Drama waren die zwei unzertrennlich und aus ihm fast ein anständiger Kerl geworden. Fast.

Ich kickte meine Schuhe von den Füßen und lief geradewegs in die Küche. Zwei Bleche Zimtschnecken lachten mich aus dem Ofen an, die Ränder der aufgegangenen Gebäckstücke schon ein bisschen zu braun.

»Habt ihr nicht was vergessen?«, rief ich, während ich sie auf die Anrichte hievte.

Meine Stimme ging in verdächtig lauter Rockmusik unter, die aus dem Flur durchs Wohnzimmer bis in die offene Küche scholl. Arctic Monkeys – ihr persönlicher Soundtrack.

Ich verdrehte die Augen und lief in Richtung unserer Schlafzimmer – und blieb auf halbem Weg wie angewurzelt stehen. Natürlich. Wie hatte ich auch nur für einen Moment etwas anderes annehmen können? Die Musik diente lediglich dazu, das Ächzen der Matratze und ihre keuchenden Atemzüge zu übertönen.

Ich grinste und klopfte an Seymours Tür. »Hi Leute, ihr könnt die Musik auch einfach weglassen, wir sind weder blöd noch taub, und ihr braucht euch doch nicht für eure wunderbare Liebe zu schämen!«

Auf einen Schlag war nur noch der wummernde Bass zu hören, alle anderen Geräusche waren verstummt.

»Wollte nur sagen, dass ich eure Zimtschnecken vor dem Verbrennungstod gerettet habe und im Gegenzug mindestens ein Blech vernichten werde.«

»Hau ab, Matilda!«, ertönte Noahs Stimme, die mehr einem Knurren glich.

»D-Danke fürs Rausholen«, folgte Livs atemlose Antwort.

Ich kicherte. Okay. Genug genervt. Die beiden waren weiß Gott nicht die Einzigen in der WG, die ihre Mitbewohner mit ihrem Sexleben unterhielten. Außerdem freute ich mich für Liv. Und, wenn ich ganz ehrlich war, freute ich mich auch für das WG-Arschloch.

Ich wollte gerade Brionys Zimmer ansteuern, als ein anderes Geräusch an meine Ohren drang. Ein Geräusch, das mein Herz kurzzeitig zum Stillstand zwang.

Bevor ich es mir anders überlegen konnte, ging ich

weiter bis zum Bad am Ende des Flurs und drückte mein Ohr gegen das weiß lackierte Holz.

Kontrollfreak, Kontrollfreak, Kontrollfreak!

Die Dusche lief. Das war nicht ungewöhnlich – Briony hasste es, im Fitnessstudio oder im Schwimmbad zu duschen. Ungewöhnlich war, dass sie nicht unter der Dusche stand. Die Laute waren unverkennbar.

Ich kniff die Augen zusammen. Presste beide Handflächen an die Tür, als könnte ich ihr damit helfen. Ich durfte nicht vom Schlimmsten ausgehen, vielleicht hatte sie einfach was Falsches gegessen … Warum drehte sie das Wasser nicht ab, wenn sie doch eindeutig über der Kloschüssel hing? Vermutlich aus genau demselben Grund, aus dem sie es ihre ganze Jugend über nicht getan hatte.

Ich schlug die Augen auf, trat einen Schritt zurück und klopfte behutsam. Einmal, zweimal.

Wie eben bei Liv und Noah verstummten die Geräusche hinter der Tür.

»Hey«, rief ich so unbeschwert, wie ich konnte. »Bry?«

»Ich bin gleich fertig«, kam sogleich die hektische Antwort. Ihre Stimme klang rau und aufgesetzt fröhlich, sprich: exakt wie meine.

Es gab tausend Dinge, die ich darauf erwidern wollte – von *»Bitte sag mir, es ist nicht wie damals«* und *»Ich bring diesen Schwachkopf um, wenn er dir auch nur ansatzweise das Gefühl gibt, du bist nicht perfekt«* bis hin zu *»Ich bin hier, wenn du mich brauchst, ich werde es immer sein«* –, doch ich kannte diese Frau da drinnen besser als mich selbst. Und ich wusste, was geschehen würde, wenn ich die kontrollsüchtige Psycho-Freundin raushängen ließ. Das, was auch bei ihrer jüngsten Dating-Geschichte geschehen war: Sie würde mich ausschließen. Aufhören, mit mir darüber zu reden. Ich konnte einiges ertragen. Dass Briony ihr Leben für mich zensierte, gehörte nicht dazu. Ganz egal, wie viele Sorgen ich mir machte, ich musste mich beherrschen.

Also wandte ich mich von der Tür ab, obwohl mich eine unsichtbare Macht davon abhalten wollte, und zwang mich, zurück in die Küche zu gehen.

Die Zimtschnecken hatten inzwischen die perfekte Temperatur, doch mir war der Appetit vergangen. Wortfetzen und Szenen aus unserer Schulzeit bombardierten mich von allen Seiten. Unsere erste Begegnung in der Mädchentoilette der überteuerten Privatschule, in die ihre Eltern sie nach dem »Vorfall« gesteckt hatten. So nannten sie es bis heute: einen Vorfall. Ein unschöner Kratzer in der perfekten Fassade. Tja, ich hatte es wohl mit aufgelösten Mädels und Toiletten. Zuletzt hatte ich vor ein paar Wochen die heulende Liv von einer der Letzteren in unsere WG geschleppt.

Als Briony fünf Minuten später aus dem Bad kam, saß ich auf dem Sofa und hatte mein bestes Pokerface aufgesetzt.

Sie trug ihren bunten Kimono, die hellblonden Haare steckten in einem pinkfarbenen Handtuchturban, und auf ihrem Gesicht lag ein strahlendes Lächeln.

»Hi, Tilda, sorry, dass es so ewig gedauert hat.« Ihre blauen Augen waren gerötet, und ihr Teint war noch blasser als sonst. Trotzdem erwiderte ich ihr Lächeln.

»Hast du dich für dein Date vorbereitet?«

Ihr Lächeln verblasste. Doch nach einem Moment hatte sie sich wieder gefangen und hob eine Braue. »Ach, darf ich jetzt mit dir darüber reden, ohne dass du gleich in die Luft gehst?«

Sie lief zur Küchentheke, schnappte sich einen großen

Teller aus dem Schrank und begann, Zimtschnecken darauf zu häufen.

»Tut mir leid«, nuschelte ich, während ich aufsprang und ihr in die Küche folgte. »Ich weiß, ich bin manchmal unerträglich.«

Blitzschnell stellte sie den Teller ab, wandte sich zu mir um, schlang beide Arme um meine Mitte und drückte mich an sich. Der Geruch ihres Himbeershampoos stieg mir in die Nase.

»›Manchmal‹ ist gut.« Sie grinste zu mir auf, wurde aber sofort wieder ernst. »Tilda, die Sache ist mir wichtig, okay? Es ist alles gut. Ich weiß, was ich tue. Hab Vertrauen und versuch dich für mich zu freuen.«

»Ich vertrau dir!« Nur dem Mistkerl vertraute ich nicht. »Ehrlich! Und natürlich freu ich mich.« Was ich noch mehr getan hätte, wenn mir nicht klar gewesen wäre, wie die Geschichte enden würde. »Ich will, dass du heute das beste Date deines Lebens hast.« Ich würde ihn kastrieren, wenn er ihr wehtat.

»Ganz, ganz, ganz ehrlich?« Sie drückte mich an sich, bis ich kaum noch Luft bekam. Jetzt war das Strahlen, das ihr Gesicht erhellte, keine Maskerade mehr. Ihre Freude war echt.

Ich verdrehte die Augen und drückte ihr einen Kuss auf die Wange. »Ich finde immer noch, du hast was Besseres verdient. Aber ja. Ehrlich. Was macht ihr?«

Mit einem zufriedenen Nicken ließ sie von mir ab und schnappte sich den Teller mit den Zimtschnecken, bevor sie mit der freien Hand nach meiner griff und mich zurück in den Wohnbereich zog.

»Wir wollen auf den Primrose Hill. Er hat ein Picknick vorbereitet.«

Wir ließen uns auf die beiden einander gegenüberstehenden Sessel fallen.

»Zum Sonnenuntergang?«, hakte ich nach und konnte den Sarkasmus nicht ganz aus meiner Stimme tilgen.

»Ja, Miss Ich-hasse-alles-was-mit-Romantik-zu-tun hat, zum Sonnenuntergang!« Sie kicherte und sah dabei so gelöst aus, dass ich für einen Moment alle Bedenken vergaß. Wenn er sie auch so zum Lachen brachte, war vielleicht alles nur halb so schlimm? Außerdem griff sie nach einer Zimtschnecke. Hatte ich mir die Geräusche hinter der Badezimmertür nur eingebildet?

»Apropos Romantik«, fuhr sie fort und nickte in Richtung unserer Schlafzimmer. »Die haben ganz schön Spaß, was?«

Ich stöhnte. »Hätten wir das vorher gewusst …«

»Dann hätten wir Liv erst recht einziehen lassen«, vervollständigte sie meinen Satz. »Ich hätte nie gedacht, dass es so angenehm sein kann, mit einem Pärchen zusammenzuwohnen.«

»Angenehm?« Ich riss die Augen auf. »*Das* findest du angenehm?«

»Seit wann bist du so prüde?« Sie hob die Zimtschnecke in ihrer Hand. »Und einen netten Nebeneffekt hat es auch.«

»Seit wann erfreust *du* dich an Sexgeräuschen in dieser WG?«

Sie errötete leicht und lehnte sich im Sessel zurück. Ihre nächsten Worte waren so leise, dass ich mich über den selbst gezimmerten Paletten-Tisch beugen musste, um sie zu verstehen. »Seit ich selbst die Aussicht darauf habe.«

Ich spürte förmlich, wie meine Gesichtszüge einfroren.

Lächeln, Matilda! Supportive. Wir sind supportive. Es ist durchaus möglich, dass er es im Bett bringt und sie anständig behandelt. Wenigstens was das Körperliche angeht.

»Du ... Also ...« Ach du Scheiße, ich musste mich wirklich zusammenreißen. »Hast du dir überlegt, ihn zu vögeln?«

»Tilda!« Die Röte in ihren Wangen verdunkelte sich.

Ich grinste anzüglich. »Also ja?«

»Und wenn?«

Betont lässig zuckte ich mit den Schultern. »Ist doch gut. Wie war eure Kuss-Chemie?«

Sie sah absolut entgeistert aus.

Wäre der Grund dafür nicht so traurig, hätte ich über ihre Miene gelacht. Seit mehreren Tagen bandelte sie mit Anthony an, und es war das erste Mal, dass ich ihr normale Fragen dazu stellte, die nicht darauf abzielten, ihn ihr auszureden. Sorgen hin oder her – was war ich für eine beschissene Freundin? Sie hatte sich die letzten Jahre jede meiner Männergeschichten angehört. Auch wenn die nie ins Romantische abgedriftet waren, doch das war nun wirklich nicht der Punkt.

»Wie gesagt, tut mir leid, dass ich mich in letzter Zeit wie eine Helikopter-Mum verhalten hab. Also: Ich muss den Typen nicht feiern, um dich zu feiern, okay?«

Sie ließ die Zimtschnecke sinken, und ihre Augen wurden schmal. »Was, wenn ich keine Lust mehr habe, mit dir darüber zu reden, weil du mich sowieso verurteilst?«

»Ich verurteil dich nicht! Heiliges Non-Judging-Breakfast-Club-Versprechen.«

»Es ist Nachmittag«, erwiderte sie trocken, aber da war etwas in ihrem Blick. Ein Glitzern.

Ich hatte sie fast.

»Komm schon, Bry! Willst du keine Blowjob-Tipps?«

Sie schnappte nach Luft. »Du bist *unmöglich*!«

»Sorry.« Ich stützte mich mit beiden Händen auf dem Tisch zwischen uns ab, beugte mich noch näher zu ihr rüber und schaute ihr verschwörerisch in die Augen. »Willst du?«

»Matilda, du hast …« Sie fuchtelte mit der Zimtschnecke in ihrer Hand herum.

»Ich habe viele Qualitäten, und meine beste Freundin unterstützen, war in den letzten Tagen leider keine davon«, vervollständigte ich ihren Satz. »Meine Blowjobs sind allerdings unschlagbar. Lass dir dieses Wissen nicht entgehen, nur weil ich ein treuloses Miststück bin.« Ich zog mein Handy aus der Hosentasche. »Ich hab auch Referenzen. Willst du sie sehen?«

Sie legte die Zimtschnecke zurück auf den Teller, lief um den Tisch herum und warf sich mit Schwung auf mich, wobei sie mir das Handy aus der Hand riss und aufs gegenüberliegende Sofa pfefferte. »Du. Hast. Einen. Dachschaden.«

Binnen Sekunden wurden wir beide von einem Lachflash geschüttelt, bei dem ihr das Handtuch vom Kopf rutschte, sodass ihre nassen Haare in mein Gesicht fielen. Ich versuchte mich zu befreien, doch sie begann damit, mich zu kitzeln. Genauso wie ich Briony in- und auswendig kannte, wusste auch sie bis ins kleinste Detail über mich Bescheid – inklusive Schwachstellen.

»Ich gebe auf«, japste ich und rollte unter ihr weg auf den Boden. »Du hast gewonnen, dann eben keine Blowjobs für Anthony!«

Mit knallrotem Kopf stand sie auf und zog mich an beiden Händen hoch. Ohne mir Zeit zum Protestieren zu lassen, zerrte sie mich in ihr Zimmer und schloss die Tür hinter sich. Das Rockkonzert von schräg gegenüber war trotzdem noch zu hören. Anschließend drehte sie sich mit auf einmal vollkommen ernster Miene zu mir um.

»Matilda«, wisperte sie.

Sofort war meine Sorge zurück. Ich schluckte. Sollte ich sie darauf ansprechen, dass sie sich übergeben hatte? Wollte sie darüber reden? Oder hatte sie Zweifel?

»Was ist los, Süße?«

»Ich habe Angst.« Sie biss sich auf die Unterlippe und ging zu ihrer Kleiderstange, an der auf einem Bügel ein fein säuberlich ausgewähltes Outfit hing, dass sie sich vermutlich für ihr Date zurechtgelegt hatte. Typisch Briony.

»Du musst das nicht tun«, sagte ich. »Du musst überhaupt nichts tun, was du nicht willst. Du bist ihm nichts schuldig. Du ...«

»Tilda«, fiel sie mir mit einem Seufzen ins Wort und griff nach ihrer weißen Jeans, während sie sich von mir weg in Richtung des großen Ganzkörperspiegels drehte. Ich war die einzige Person, vor der sie sich umzog, und selbst bei mir hasste sie es.

Ich ließ mich auf ihr Bett fallen und wandte den Kopf in Richtung Fenster, damit sie nicht das Gefühl hatte, beobachtet zu werden.

»Ich will das. So, so sehr. Ich hab bloß Schiss, dass er mich seltsam findet.«

Einatmen. Ausatmen. Es ist ganz leicht. Sie braucht keine Furie, sie braucht 'ne gottverdammte Freundin.

»Wieso sollte er dich seltsam finden?«, brachte ich zwischen zusammengebissenen Zähnen heraus.

»Weil ich ... es noch nie getan hab.«

Gerade hatte ich es mir auf dem Bett zwischen ihren unzähligen Kissen gemütlich gemacht, doch die Verletzlichkeit in ihrer Stimme zerstörte irgendetwas in mir. Mit einem Satz war ich auf den Beinen. Sie hatte den Kimono ausgezogen und knöpfte gerade die Jeans zu. Sobald ich mich näherte, verschränkte sie reflexartig die Arme vor der Brust, obwohl sie einen BH trug.

»Bry.« Ich fasste sie sanft an den Schultern und drehte sie zu mir um.

Sie versuchte trotzig zu schauen, aber die ausgewachsene Panik konnte ich ihr trotzdem an der Stupsnase ablesen.

»Es gibt kein Ablaufdatum für das erste Mal Sex«, sagte ich und schaute sie eindringlich an. Wir führten dieses Gespräch nicht zum ersten Mal. Heute war es allerdings wichtiger denn je für sie, diese Worte zu hören. »Es ist scheißegal, ob du vierzehn oder achtzehn oder zweiunddreißig bist. Das Alter ist nicht mehr als eine dumme Zahl. Vielmehr geht es darum, dass du deinem Partner vertraust, Spaß hast und dich wohlfühlst.«

»Du klingst echt wie meine Mum. Also, vielleicht nicht direkt wie meine, weil die solche trivialen Dinge wie ihre Tochter nicht interessieren, aber ... Du weißt, was ich meine«, plapperte sie drauf los und ließ die Arme sinken.

Von verkorksten Familienverhältnissen konnten wir beide ein Lied singen. Im Gegensatz zu mir hatte Briony allerdings immerhin noch eine *intakte* Familie. Leider legte diese aber mehr Wert auf den perfekten Schein als auf die Wahrheit.

Ich griff nach ihren Händen und drückte sie leicht. »Bry. Du bist der Jackpot. Und ja, mir ist schon bewusst, dass du mir nicht glaubst, weil ich dich liebe und du denkst, ich bin dadurch verpflichtet, das zu sagen, aber es stimmt trotzdem. Dieser dumme Hipster-Freak kann sich glücklich schätzen, dass du überhaupt auf ein Date mit ihm gehst.«

Die Beleidigung entlockte ihr ein unfreiwilliges Lachen. »Hey! Du wolltest nicht urteilen!«

Ich grinste. »Sorry. Also: Kuss-Chemie? So auf einer Skala von Waschmaschine bis Explosion?«

Brionys Blick wurde seltsam verklärt. »Explosion«, hauchte sie nach einer kurzen Pause, in der sie sich garantiert vorstellte, wie dieser Penner sie küsste. »Er ist so ... Also ... Wow.«

Ich nickte. »Gut. Wow ist gut. Das wirst lustig, glaub mir. Spaß steht an erster Stelle. Nicht sexy aussehen oder so ein Mist. Wenn es dir zu stressig ist, sag ihm, er soll das Licht ausschalten. Und das mit dem Blowjob war natürlich nur blödes Gelaber, um dich zum Lachen zu bringen. Genauso wie jeder Frauenkörper anders ist, mag auch jeder Kerl was anderes. Alles, was zählt, sind die richtige Kommunikation und Spaß. Alles, was sich gut anfühlt.«

Sie nickte ebenfalls und atmete tief durch. »Okay. Was, wenn er es trotzdem seltsam findet?«

»Du kennst die Antwort.«

Wir sahen uns ein paar Sekunden in die Augen. Ich musste es nicht aussprechen. Auch wenn sie ein bisschen nervös war und gutgläubiger, als ihr guttat – sie war stark und konnte für sich selbst einstehen. Briony hatte die Hölle durchgemacht und war trotzdem auf der anderen Seite wieder herausgekommen. In einem Stück. Und auch durch meine Hölle hatte sie mich geführt.

Auf einmal straffte sie die Schultern und reckte das Kinn. »Wenn er es seltsam findet, hat er mich nicht verdient«, verkündete sie entschlossen.

Meine Mundwinkel zuckten. »Das ist mein Mädchen!«

Anschließend verzog ich mich wieder aufs Bett und überließ Bry ihrem Outfit.

Ich studierte Psychologie und hatte den Mist länger recherchiert als sonst irgendeinen Bereich. Mir war schon klar, dass ein einziger Typ nicht ihr komplettes Selbstvertrauen zerstören konnte. Menschen hatten immer nur so viel Macht über uns, wie wir es zuließen. Und dennoch schnürte sich meine Kehle zu, während ich die wolkenverhangene Stadt hinter den Fenstern betrachtete.

Anthony Sinclair hatte vielleicht nicht die Macht, sie von Grund auf zu zerstören, doch das musste er gar nicht. Es reichte schon, dass er die Macht hatte, ein Trigger zu sein.

Aber so weit durfte es nicht kommen. Dafür würde ich sorgen.